세계를 복음화로
The Gospel to the World

세계를 복음화로
The Gospel to the World

by
[Dr. Pual Min, Pastor]

초판 1쇄 발행 2015년 4월
2판 1쇄 발행 2018년 4월

First Edition: January 2015
Printed in the United States of America
ISBN: [1633184110-9781633184114]

1. 약력

미국이름: 민 바울 (Paul Min)
한국이름: 민 영수
총회 신학 대학원 졸업
베다니 신학 대학원 졸업 (신학 박사)
웨이스 신학 대학 졸업 (교육학 박사)
지져스센터 교회 당회장 (현)
아틀란타 신학 대학 학장 (현)
아틀란타 직업 종합 전문학교장 (현)
러빙핸즈 방문간호회사 회장 (현)
한인 장로회 미주 선교 총회 총회장 (현)
아틀란타 타운 번영회 회장 (전)
서울, 강릉 베데스다 기도원 원목 (전)
각종 부흥집회 780 여회 인도
총회신학교 영성학 교수 (역임)
'93 대전 엑스포 (과학 박람회) 기독교관 및 종교관 총관장 역임
경찰청 경목 중앙위원 및 국회 경찰 경비대 교회 경목 실장 역임
한국 개신교단 연합회 부흥 강사단 총무 역임
법무부 교정국 교화 위원 (교목) 역임
예레미야 세계 선교회 회장 역임
제이그룹 회장 (현)

2. 저서

- 알기 쉬운 구약 성경 개론
- 알기 쉬운 신약 성경 개론
- 교회 부흥과 성장학
- 성령론
- 예수 영성과 훈련

머 리 말

할렐루야!

지난 30 여년 간의 나의 목회 사역을 뒤돌아 보면 모든 것이 부족하기만 했었고 부끄러운 일들 밖에 없어 그 동안 간증집을 발간하라는 주님의 음성이 들려 왔었지만 그때마다 하나님께 변명으로 미루곤 했습니다. 그러나 나에겐 오직 주님 밖에 자랑할 것이 없기에 심히 두렵고 떨리는 마음으로 이 글을 쓰게 되었습니다. 잠시 지난 세월을 뒤돌아 보면 평탄하게 목회 사역을 감당하시는 많은 훌륭하신 목사님들에 비해 나에겐 단 하루도, 한 순간도 편안함이 없는 고난과 핍박과 시련의 세월이었던 것 같습니다.

그러나 오늘에 와서 돌이켜보니 하나님께서 어리석고 부족하고 연약한 종을 붙들어 쓰시기 위해 수 많은 고난과 시련, 아픔, 핍박과 몰아치는 태풍을 앞에 놓아 주셨던 것 같습니다. 그런 시련들 앞에 철저히 두 무릎을 꿇고 통곡하는 기도가 없이는 한 순간도 자신을 지탱할 수 없도록 다구치심으로 감히 지금까지 주신 사역을 감당할 수가 있었습니다. 그러니 이제 지난 날 그 숱한 고통도 환란도 핍박도 모두가 하나님의 섭리였다는 것을 깨닫게 되었습니다. **고린도 후서 12장 7-9절**에 육체의 가시가 떠나기를 세번씩이나 주께 간구한 후 주님께서 사도 바울에게 주신 말씀을 오늘 날 제게도 주시는 것 같습니다. **"내 은혜가 네게 족하도다. 이는 내 능력이 약한데서 온전하여 짐이라."** 연약한 인생에 능력으로 함께 해주신 주님의 은혜를 더욱 더 깨닫게 됩니다.

주님께서는 지난 날 이 큰 죄인을 성령으로 거듭나게 하셔서 수 많은 은사와 기적들을 체험하게 하셨고 고국에서 전국 교도소, 경찰, 검찰, 법원, 학원, 체육계, 군부대, 소록도 나환자 병원, 양로원 등 17 곳에 약 14년 간 선교 사역을 감당케 해주셨습니다. 그러면서도 전국 교회, 기도원 등에서 750여회의 부흥회 강사로도 세워 주셨습니다. 특히 지난 '93 대전 엑스포 사역은 (당시 118개국 기독교관 참여, 외국인만 80만명 이상) 세계인들에게 고국에서 세계 복음화 선교를 감당하게 해주셨습니다. 이때 세계 선교의 영적 육적 훈련을 시키신 하나님께서 또 큰 사역을 위해 강권석으로 비국 이민을 인도 하셨습니다.

그리고 또 한번의 기적을 베풀어 주심으로 한때는 미국에서 신학 대학을 무일푼으로 세우게 하시고 미국 이민사 이래 가장 급성장하는 신학 대학 중 하나로 우뚝 세워 주셨습니다. 그리고 계속 세계 복음화를 위해 일익을 감당하는 인생을 살도록 직업 종합 대학과 세계 선교 센터의 꿈을 주시며 그 꿈을 품고 오늘도 열심히 뛸 수 있는 열정을 주십니다.

간증집을 도와주신 양영경님과 사랑하는 아내와 딸들에게 감사 드리며 지금까지 기도로 물질로 여러 모양으로 동역해 주신 고국의 수많은 분들과 세계에 흩어져 사역하고 있는 동역자 분들께 깊히 다시 한번 감사드립니다. 이 엄청난 기적과 하나님의 능력을 간증케 하심으로 오늘도 살아 역사하시는 좋으신 하나님이 여러분의 사역과 삶의 현장에서도 동일하게 역사해 주실 것을 믿고 간구 드리며 부족한 종은 성령님께 순종하는 마음으로 본 간증집을 발간합니다.

로렌스빌 교정에서 학장 기독교 교육학 박사 민바울

제 1부 – 민족 복음화 현장을 뛰다.

I. 나의 소년 시절과 사명의 자각

- 나의 소년 시절
- 우리 가정에 닥친 뜻하지 않은 시험
- 10 년 간의 외식을 청산하고 사람 낚는 어부가 되다
- 사명의 자각
- 어머님의 기도 응답

II. 하나님의 훈련

- 하나님의 훈련
- 순간적인 기도에도 응답하시는 하나님
- 빈대까지 동원하신 하나님의 훈련
- 지혜의 은사를 주시는 하나님
- 산 속 눈구덩이 속에서도 하나님의 품 안에서의 따뜻한 사랑
- 교만을 꺾으시는 하나님의 훈련
- 성령님께서 개인 교수님을 보내주셨다

III. 생애 첫번째 개척교회 사역

- 무일푼으로 개척교회를 세우게 하시다.
- 판자촌 교회
- 사랑의 훈련
- 하나님의 뜻대로 행한다고 기도하면서도 모든 일을 내 뜻대로
- 죽음을 각오한 심야의 기도
- 떠난 사람과 남은 사람
- 죽기를 각오하고
- 기도는 공짜가 없다
- 천사를 보내 주신 하나님

IV. 하나님이 주신 은사

1) 신유의 은사

- 신유의 능력을 주시옵소서
- 현신애 권사님과의 만남
- 하나님이 주신 은사
- 홍성 교도소에서의 성령님의 역사
- 나를 친히 만져 주신 치유의 역사

2) 사랑의 은사

- 소록도 교회 소개
- 소록도 교회의 특별한 사명
- 어머님의 사랑에 대한 작은 보답
- 이후에는 알리라
- 어머님의 은혜와 사랑
- 사랑의 시험
- 주일 저녁의 대소동

3) 선교의 은사

- 선교할 수 있다는 것은 하나님께서 베풀어 주신 특수한 은사
- 선한 일을 하다가 낙심치 말라
- 100 원이면 한 영혼을 얻는다

V. 시련과 도망칠 수 없는 사명

- 큰딸 은영이를 떠나보내고
- 어린딸을 먼저 보내면서
- 도망칠 수 없는 사명
- 정든 둥지를 털고
- 낯설고 물설은 새로운 시무지로
- 두번째 교회를 개척하다

제 2부 – 세계 복음화의 비젼을 품다.
"엑스포 선교를 통한 세계 복음화의 1차 응답"

I. 엑스포 세계 선교

- 엑스포란?
- 엑스포 선교의 중요성

II. 엑스포 선교의 준비과정

- 세계 복음화의 응답
- 타 종교와 어울어진 이색적인 종교관
- 계속되는 시험과 강권적인 하나님의 역사
- 무일푼으로 출발한 엑스포 선교
- 성전에서 매매하는 자들
- 하나님의 일은 하나님의 사람을 통해 이루신다

III. 엑스포 세계 선교와 하나님의 놀라운 역사

- 엑스포 장은 세계 인종 전시장
- 118 개국의 목회를 고국 땅에서 이루다
- 하나님께서 손수 이끌어 가시는 엑스포 선교
- 가장 천한 자들을 들어서 귀하게 쓰시는 하나님
- 소록도 기도의 동역자님들을 엑스포 현장으로 초청 연합 기도 집회
- 엑스포 현장에서 소록도 교회 당회
- 가장 싫어하는 것은 꼭 통과 시키시는 하나님
- 높게 쳐진 인간들의 담장
- 이름도 없이 빛도 없이 함께 해준 봉사자들
- 영적인 고도의 분별력이 필요한 자리
- 인간이 쳐놓은 담장을 허물고
- 사랑하는 막내딸 한나의 부탁
- 심은대로 거두게 하시는 하나님

제 3부 – 세계 복음화 현장을 뛰다.
"세계 복음화의 2차 응답 – 낯설고 물설은 미국 땅에서"

- 성도님들의 손을 잡을 때마다 흐르는 눈물
- 신비의 자동차 세차원이 되다
- 땀흘려 얻은 돈으로 헌금의 기쁨
- 집사님들과 함께 흘린 눈물
- 오해를 풀어 주신 하나님
- 아름다운 성장을 주신 하나님
- 섬기는 목회의 즐거움

III. 세계 복음화를 향한 도약

- 신학 대학 설립의 청신호를 주신 하나님
- 학교 설립 배경
- 신학 대학을 향하신 하나님의 비젼
- 하나님의 비젼을 증명해 준 사람들
- 급성장을 주신 하나님
- 철저한 신학 바탕 위에
- 예수 그리스도의 영성으로 무장한 학교를 꿈꾸며
- 하나님의 인도로 아틀란타 캠퍼스 확장
- 또 한번의 기적
- 바뀌어진 허가 도면
- 축복 후의 한바탕의 폭풍
- 우연한 기적은 없다
- 나를 좌절케한 동족의 배신
- 스트레스성 당뇨와의 싸움
- 7년 기도 응답으로 어거스타 캠퍼스를 얻다.
- 애틀란타 캠퍼스를 주신 하나님
- 나는 학고방 건물을 원치 않는다

IV. 사선을 넘어

- 위암 선고를 받다
- 안개와 같은 인생인 것을 ...
- 믿음의 의사를 만나게 해주신 하나님

- 고통 중에 찾아오신 예수님
- 홀로 가는 인생

V. 산산조각이 난 세계 복음화의 꿈

- 또 한번의 불같은 시험
- 방향 전환으로 인한 대소동
- "종아! 나처럼 십자가에서 죽으라. 그러면 살리라."
- 하나님의 심판의 자리에 앉은 목회자들의 횡포
- 거듭난 참 하나님의 사람들
- 또 다시 빈털털이가 되어
- 교회는 나의 안식처
- 겨울 장미 한송이의 위로
- 믿음의 사람들을 통한 격려
- 어느 날 어린딸의 통곡
- 죽고 싶은 충동뿐이었다
- 계속되는 핍박
- 강달희 목사님을 보내주시다
- 영적 아비를 잃은 슬픔

VI. 세계 복음화의 은혜의 현장과 비젼

- 실패를 딛고 다시 서기란 정말 힘든 일이다
- 실패한 그 자리에 다시 서서 간증하리라
- 딸의 인생을 축복해 주신 하나님
- 고마우신 사돈댁
- 딸아 너는 나를 어떻게 보느냐?
- 한마디 말이 운명을 바꾸어 놓을 수 있다
- 나의 귀한 기도 동역자
- 2년만에 다시 세워주신 하나님
- 세계 복음화를 향한 또 다른 꿈을 꾸며

제 1 부

민족 복음화 현장을 뛰다

제 1부 - 민족 복음화 현장을 뛰다

I. 나의 소년 시절과 사명의 자각

❷ 나의 소년 시절

나는 경북 문경 시골의 한 작은 마을에서 태어났다. 우리 마을은 약 110여 가구가 살고 있었는데 마을 사람의 반은 우리 친척으로 집안 사람들이었다. 당시 우리 집은 시골이었지만 살림은 꽤 부유한 편이었다. 아버님께서 양봉과 큰 과수원을 하고 계셨기 때문에 땅도 많았고 형제 또한 4남 3녀로 다복한 가정이었다.

시골 마을이라면 대부분 그렇지만 우리 마을 역시 조상 적부터 내려오는 우상 숭배가 심한 곳이었다. 그러나 우리 큰 형님께서는 일찍부터 주님을 영접하여 26세의 젊은 청년으로 집사 직분을 받으신 분이셨다. 우리 큰 형님께서 출석하시던 교회는 작은 시골 교회였지만 형님께서는 너무나 열심히 봉사하셨고 우리 7남매도 매 주일 형님에게 이끌려 교회를 다녀야만 했다. 그러나 시골 마을이고 유교 사상이 엄격한 곳이라 마을 어른들과 집안 어른들께서는 예수 믿는 것을 크게 걱정하시며 극심한 반대를 하셨다. 그 이유는 예수를 믿으면 집안이 망하고 온 동네가 망한다는 것이었다. 지금 생각하면 우습기 짝이 없는 말이지만 그 당시에는 많은 사람들이 그와 같은 생각을 가지고 예수 믿는 사람들을 핍박하던 시절이있다.

처음엔 잠잠하셨던 부모님도 이런 이야기를 자꾸 듣게 되자 교회에 나가는 것을 반대하기 시작하셨다. 아버님께서는 성경과 찬송가를 몇번씩이나 불태우셨고 심지어는 매질까지 하셨지만 그럼에도 불구하고 형님께서는 우리 형제들을 이끌고 매 주일 교회에 나가 봉사를 하셨다. 지금 생각하면 그만큼 형님의 믿음이 크셨던 것 같다.
나는 당시 주일학교 학생이었는데 형님께 야단을 맞지 않으려고 억지로 교회를 나갔기 대문에 신앙은 전혀 없었다. 그리고 내가 교회에 열심히 다닌 또 다른 이유는 과자 때문이기도 했다. 당시 시골에는 과자가 무척

귀했는데 교회에 가면 예배를 마치고 나서 항상 선생님들이 큰 알사탕 한알씩을 입에 물려 주어 과자를 얻어 먹는 재미도 컸다.

이런 저런 일로 . . . 나는 고등학교 2학년 때까지 교회를 다녔다. 그러나 그때까지도 체험적인 믿음의 신앙은 전혀 없었다.

℮ 우리 가정에 닥친 뜻하지 않은 시험

나의 작은 형님은 무척이나 잘 생기신 데다가 마을 어른들이나 집안에서도 항상 칭찬을 듣는 분이셨다. 그만큼 모든 면에서 자상하고 예의 바르고 무슨 일을 하든 매끄럽게 잘하는 분이셨다. 그 당시 큰 형님께서는 문경 세재가 있는 이화령 고개에서 양봉을 치고 계셨는데 매주일이면 주일 성수를 하기 위해 집으로 내려 오시곤 했다. 큰 형님이 집으로 오시면 그곳의 일을 돌보기 위해 작은 형님께서 큰 형님 대신 양봉장이 있는 곳으로 가셨다.

그런데 작은 형님께서 문경에 가신 어느 날 주일 오후에 뜻하지 않은 사고가 일어났다. 당시 좁은 세재 고갯 길을 넓히기 위해 군인들과 민간 업자들이 다이너마이트를 많이 취급했는데 옆방의 주인집에서 그것을 잘못 만지다가 폭발하는 사고가 일어났던 것이다. 이 일로 작은 형님은 크게 중상을 입으셨고 사고가 난 지 이틀만에 세상을 떠나고 말았다.

이 사고로 인한 화살은 온통 자연히 큰 형님과 큰 형님이 믿고 있던 예수님께 쏟아졌다. 온 집안 친지를 비롯하여 부모님까지 예수 믿는 것에 대해 거센 반대를 하셨고 그토록 신앙심이 강하던 큰 형님께서도 주일 날 일어난 어처구니 없는 사고로 마음이 흔들려 교회를 멀리하기 시작하셨다. 그 후 큰 형님께서는 고향을 떠나 서울에 상경하였고 발명 특허에 심취하면서 많은 시간과 금전을 덧없이 흘려 보내셨다.

큰 슬픔으로 집안이 시름에 잠겨 있을 때 또 하나의 시험이 우리 집안을 향하여 다가오고 있었다. 어머님께서 들에 나가셔서 일을 하시다가 손을 다치셨는데 상처가 아물지를 않고 계속 크게 번지기만 하는 것이었다. 당시는 시골이라 병원도 없고 군내 보건소에서 진료를 하고 치료를 받았는데 아무리 치료를 받아도 상처는 더 커지기만 할 뿐 수 개월이 지나도록 낫지를 않았다. 상처가 몹시 심해진 후에 알게 된 사실은 그것이 나병(일명 문둥병)의 증세라는 것이었다. 당시에 어렸던 나는 잘 몰랐지만 어른들은 이 사실을 이웃에게 숨기며 갖은 방법으로 치료를 다했다고 한다. 그러나 치료도 소용없이 상처는 점점 더 커져갔고 이웃에게 알려지기 시작했다.

이 일로 나는 사춘기의 나이에 많은 상처를 안고 성장했다. 당시 나는 친구가 많았는데 그 많은 친구들이 나를 경계하고 나를 멀리하기 시작했던 것이다. 우리 집보다 못사는 친구들은 우리 집에 와서 늘 과일도 먹고 밥도 먹고 하면서 항상 같이 지냈는데 이 일 후에는 나와 같이 밥 먹는 것도 꺼려했고 학교에서도 여러번 책상을 옮기게 했다. 나와 함께 앉는 것도 꺼려했기 때문이었다. 그러나 친구들보다 더 힘들었던 것은 교회 생활이었다. 내가 가면 다들 불편해 하고 경계를 했다. 교회에 다니며 예수 믿는 사람들은 일반인들과는 달리 사랑으로 가득차 있는 줄 알았는데 그것은 온통 형식과 외식이고 모두 다 위선자들로만 보여서 나는 교회를 멀리하게 되었다.

그 후로 나는 항상 혼자 였다. 예민한 사춘기 시절이라 그 외로움을 잊어 보려고 체육관에 다니기 시작했고, 샌드백을 치며 열심히 운동하면서 마음을 달랠 수 있었다. 지금 생각하면 그 모든 것도 다 하나님의 크신 섭리였다. 8살 어린 나이에 시작한 태권도가 공인 8단을 보유할 수 있게 되었다. 이렇게 하나님께서는 육신을 단련하도록 인도하시고 참 하나님을 만날 수 있도록 준비를 시키신 것이다. 그리고 이 태권도는 훗날 선교에도 학교 사역에서도 놀랍게 쓰임을 받았다.

하나님 감사합니다.
주님의 일을 위하여 주신 사명 잘 감당하도록 인도하옵소서.

❷ 10년 간의 외식을 청산하고 사람 낚는 어부가 되다.

상처도 많고 아픔도 많은 소년 시절을 보내고 나는 군에 입대하게 되어 3년간의 군 생활을 하였다. 그리고 나서 1974년도 제대 후에는 곧바로 서울로 상경하여 건설회사를 경영했다. 당시에는 회사도 순조롭게 잘 운영되었고 그러다보니 하나님은 잊어버리고 나는 대구 동화사와 대전에 동학사 등 유명한 사찰을 찾아다니며 불교에 심취하기 시작했다.

모든 것이 순조로울 것 같았던 내 인생이 어느 날 찾아온 교통 사고로부터 전혀 다르게 전개되기 시작했다. 사고를 당한 주일 오후에 나는 경부 고속도로 상에서 차량의 충돌 사고로 뇌에 심한 타박상을 입게 되어 15일간이나 혼수 상태에 빠져 있게 되었다. 그때 응급실에 누워 있는 내 모습을 바라보신 전도사님 한분이 나의 소생을 위해 일주일간이나 심방하시면서 안수 기도를 해주셨다고 한다. 나는 이런 사실도 모른 채 15일 간이나 긴 잠에 빠져 있었다. 영원히 깨어나지 못할 것 같았던 나는 이런 많은 분들의 염려와 기도 속에 깊은 잠에서 깨어날 수 있었다.

그런데 정신이 들면서 나의 귀에 "내 모든 시험 무거운 짐을 주 예수 앞에 아뢰이면 근심에 쌓인 날 돌아보사 내 근심 모두 맡으시네 무거운 짐을 나 홀로지고 견디다 못해 쓰러질 때 불쌍히 여겨 구원해 줄 이 은혜의 주님 오직 예수 . . .'라는 찬송가 363 장이 점점 크게 들려오기 시작했다. 나는 이 찬송 소리와 함께 머리 한 복판에서 마치 바늘로 찌르는 듯한 통증이 느껴졌는데 이 통증은 삽시간에 뜨거운 불로 변하여 나의 온 전신을 감싸 안았다. 수천 도의 뜨거운 불이 몸에 닿자 나는 마치 전기에 감전된 듯이 너무나 뜨거워 침대에서 펄쩍 뛰었고 침대에서 떨어진 채 온 병원 바닥을 뒹굴며 하나님 앞에 회개의 기도를 한시간이나 드렸다고 한다.

그렇게 오랜 시간을 뒹굴면서 눈물, 콧물이 섞인 기도를 한 후에 정신을 차리고 창 밖을 내다 보는데 이게 웬일인가! 창 밖에 예수님께서 머리에 가시관을 쓰시고 이마에 선지 피를 흘리시면서 서 계시는 것이었다. 나는 너무도 가슴이 아파서 '주님! 주님!' 하고 주님을 소리쳐 불렀다. 그러자 예수님께서는 부드러운 음성으로 "사랑하는 아들아 내가 너를 위해 이 피를 흘리고 있으니 너는 고침을 받았느니라" 라고 하셨다.

이 말씀을 들은 순간 나는 지금까지 느껴보지 못했던 가슴이 터질 것만 같은 환희에 사로 잡혔고 온 병원 안은 천국과 같았고 밖에서 지저귀는 새소리는 마치 천사들의 찬양 소리로 들렸다. 그때 나는 하나님께서 성령의 불로 치료해 주신 덕분에 15일 간의 식물 인간에서 새로운 생명체로 거듭나게 되었고 나의 이런 놀라운 체험으로 온 병원에서는 대소동이 일어 났다.

이처럼 하나님의 사랑을 몸소 체험하고 극적으로 완치를 받아 건강을 회복하게 되자 나는 하나님의 크신 구원의 은총이 너무나 감사하여 늘 찬양과 감사의 기도를 드리게 되었다. 성경에 나오는 탕자의 이야기는 바로 나를 위한 말씀이었던 것이다. 그때 나는 비로소 인생을 어떻게 살아야 하나님 앞에 보람 되게 사는 것인지 생각하게 되었다. 그렇게 기도하던 어느 날 하나님께서는 "사람을 낚는 어부가 되라"는 음성과 함께 누가복음 5장 1절-11절의 성경말씀을 주셨다. **'곧 시몬에게 이르시되 깊은 데로 가서 그물을 던지라'** 베드로가 주님의 명령에 순종함으로 많은 물고기를 낚는다는 말씀이었다.

그러나 나는 설마 목사가 되라는 명령은 아니겠지 라는 생각에 하나님께서 주신 말씀을 왜곡하여 해석하였다. 나는 내가 운영하고 있던 회사를 다시 일으키고 교회의 장로가 되어 하나님의 교회를 100개 이상 건축하여 하나님께 영광을 돌리리라 결심했다. 그리고 사업이 잘 되도록 인도하시고, 물질의 축복을 내려 주시기를 간절히 하나님께 기도드렸다. 그리고 일주일 간을 금식하며 작정하여 기도하기 시작했는데 이상하게도 계속적으로 강하게 세계적인 선교를 감당하는 부흥 강사가 될 것이라는 음성을 하나님께서 내 마음에 강력히 주셨다.

급기야 금식 기도를 마치는 마지막 날 밤에 기도하는 중 하나님께서는 '성령을 받으라"는 말씀과 함께 나의 혀가 끝에서부터 말려 들더니 강권적으로 나도 모르는 낯선 언어로 기도(방언기도)가 터져나왔다. 그리고 마치 TV를 보는 것처럼 환하게 사물이 보여지기 시작하는데 (환상의 은사), 환상 중에 내가 여의도 5.16 광장에서 열리는 대 집회에 참석하고 있었다. 수십만명이 모인 집회장에서 순복음 교회 조용기 목사님께서 첫번째 강사로 설교를 하고 계셨는데 대단한 은사와 성령의 능력이 나타났고 집회가 절정에 달해 있을 때 갑자기 조용기 목사님께서는 다음 강사를 소개하겠다고 하시며 나를 부르시는 것이었다. 나는 얼떨결에 강단에 서서 설교를 하였는데 설교가 시작되자 마자 성령님께서 얼마나 강하게 역사하시는지 모인 군중들이 앉은 자리에서 뒹굴고 귀신이 도망가고 앉은뱅이가 일어나고 . . . 온갖 역사가 다 나타나는 엄청난 기적이 일어났다. 깜짝 놀라 정신을 차려보니 나는 앉은 채 기도하는 중이었다. 그때 보고 느낀 그 감격이 얼마나 강했던지 근 30 여년이 지난 지금도 생생하게, 아니 가면 갈 수록 오히려 더욱 선명하게 되새겨지고 있다.

그 후 다시 작정 금식 기도를 드릴 때 환상의 은사가 또 다시 임하였다. 내가 큰 저수지에 앉아 낚시를 하고 있는데 우뢰와 같은 큰 소리가 들려왔다. "야! 이 사람아 지금이 어느 때인데 그따위 낚싯대를 가지고 이 많은 고기를 잡으려고 하는가, 그릇을 빨리 준비하라"고 하시더니 저수지 수문이 활짝 개방되었다. 그러자 그 많던 물은 삽시간에 빠져나가 저수지 바닥이 드러났고 저수지 안은 온통 나의 키만한 잉어 떼로 가득했다. 펄떡 펄떡 뛰는 그 잉어 떼를 가마니에 넣고 리어카에 싣는 모습을 바라보다가 기도를 멈추게 되었는데 지금도 그때의 하나님의 음성은 생생하게 되살아나고 있다.

"지금이 어느 때인데 낚싯대를 가지고 이 많은 고기를 잡으려 하느냐. 때가 급하다. 때가 급하니라. 그릇을 준비하라." 하나님의 이 다급한 음성이 나로 하여금 오늘도 열심히 기도하며 선교 현장에서 뛰게 하는 원동력이 되고 있다.

'아버지여 내가 여기 있나이다. 나를 보내소서. 주의 일을 위하여 나를 보내소서 . . . ' 사실 이런 놀라운 체험을 얻고난 후에도 나는 이런 고백을 할 만큼 목회자에 대한 소망은 없었다. 나와 같은 죄인이 목사가 된다면 얼마나 많은 사람들이 웃을까 하는 생각에 거듭 사양의 기도를 올렸다. 대신 하나님께서 내가 현재 하고 있는 사업이나 잘 되게 해주시면 나는 교회의 장로로 봉사하겠다는 이기적이고 정욕적인 기도만을 드렸다. 이렇게 기도하기를 한 열흘 쯤 지났을까, 새벽기도를 하는데 이상한 현상이 나타났다.

갑자기 내 속에 있던 나의 영혼이 빠져나왔고, 빠져나온 내 영혼은 내동댕이쳐져 누워 있는 나의 육체(육신의 옷)를 1 미터쯤 떨어진 위에서 바라보게 되었다. 누워있는 나의 몸은 정말 보잘 것 없고 추악한 모습이었다. 나는 그때 크게 깨닫기를 육신은 무익한 것이고 하나님께서 주신 생명의 영혼이 떠나면 아무 곳에도 쓸모가 없고 오히려 짐만 되는 것이구나 하는 것이었다. 이런 교훈을 얻고나서 공중에 떠 있는 영혼이 육신 속에 들어가려 안간힘을 썼고 또 도와 달라고 큰 소리도 질렀지만 내 소리를 아무도 듣지 못했다. 그런 상태로 3-4시간이 지난 뒤 갑자기 내 영혼은 자유로와져서 내 육신 속으로 다시 들어 갈 수 있었고 이때 나는 마치 새옷으로 갈아입은 듯한 새로운 기분이 들었다.

후에 신앙이 자라고 나서 알고보니 그때의 그 체험은 하나님께서 너무나 강한 나의 자아를 깨뜨리시고 하나님의 능력을 체험하여 자신을 다시 바라볼 수 있도록 하시기 위해 입신의 은사를 주셨다는 사실이었다. 나는 이때 육은 무익한 것이고 하나님을 찬양하는 것으로 가득찬 영혼이 중요한 것이라는 참 교훈을 체험하게 되었다.

❷ 사명의 자각

입신의 은사를 체험하고 난 후 나는 하나님의 사명을 거부하면 생명을 거두어 가실수도 있다는 것을 알게 되었다. 나의 생명의 주인은 내가 아니고 하나님이심을 깨닫고 늦은 나이에 무일푼으로 만신창이의 몸을 가지고 1982년도에 선지학교의 문을 두드리게 되었다. 막상 신학교 등록을 하려고 보니 수중엔 돈이 한 푼도 없었다. 왜냐하면 생명을 연장 받고도 세상 권세 세상 명예를 끊치 못해 하나님께 정욕적인 기도만 드리고 있으니 하나님께서는 당시 경영하던 회사에 어려움을 주시기 시작했다. 충남 대전에 큰 호텔 공사 현장에서 수억의 공사비를 받지 못하게 되었고 그일로 인하여 상당한 자금 압박과 어려움을 겪었었다. 이일로 인하여 급성장하던 회사를 다른 경영인에게 넘겨야 하는 아픔을 겼어야 했다. 철저한 실패와 가난, 절망이란 불청객만이 함께 할 뿐이었다. 나는 몇번이나 포기하려 했지만 하나님께서는 성령님의 역사로 끝까지 공부할 수 있도록 도와주셨다.

학비 마련이 너무도 어려워 하루는 다니던 신학교의 서무 처장님을 찾아가 면담하면서 외상 공부를 부탁드렸다. 예상대로 그분은 단호히 거절하셨으나 나는 포기하지 않고 매일 같이 찾아가 간곡히 말씀드렸다. 자존심 강한 내가 그와같이 할 수 있었던 것은 성령님의 도우심 때문이었다. 계속해서 10일 이상을 찾아뵙자 그분은 나에게 꼭 이런 봉변을 감수하면서라도 공부를 하고 싶냐고 물었다. 나는 아무 망설임도 없이 이 학교에서 공부하여 목사가 되는 것은 하나님께서 명령하신 것이므로 어떤 일이 있어도 공부를 해야 한다고 말씀드렸다. 나의 대답을 들으신 서무 처장님은 내 손을 잡으시면서 지금까지 학교에 근무하는 동안 당신처럼 사명에 불타는 사람을 만나기는 처음이라고 하시면서 외상 공부를 허락해 주셨다. 그래서 나는 학사 편입학으로 신학부 전 학년을 외상으로 공부했고 그 돈은 졸업 후 개척교회를 섬기면서 갚을 수 있었다. 개척 교회 당시 설교 시간에 간증을 했는데 간증을 들으신 교우님 중에서 성령님께 감동되신 분이 헌금을 해주셨던 것이다.

아버지여!
이 큰 죄인을 주님의 손으로 붙드시고 주님의 일을 하는 사역자로 삼아 주심을 감사드립니다. 일평생 주님만을 위하여 충성하게 하옵소서.

✪ 어머님의 기도 응답

다시 나의 어린 시절 어머님 이야기로 돌아가보자.
나의 어머님은 병세가 계속 악화되셔서 결국엔 가족과 헤어져 소록도 국립 나환자 병원에 입원을 하시게 되었다. 이런 가슴 아픈 일로 인하여 1년에도 몇번씩 굿을 하시고 반무당처럼 잡신에 의지하여 사시던 나의 어머님께서는 그렇게도 거부하시던 예수님을 소록도에서 영접하게 되었다.

소록도 병원에 입원하신지 6개월이 지난 어느 날 그곳에서 김두영 목사님을 만나게 되었는데 김목사님의 지극하신 정성과 사랑으로 돌과 같았던 어머님의 심령이 녹아내려 세례를 받으시고 하나님께서 주시는 갖가지 은사를 체험하게 되셔서 신앙이 무척이나 깊어지셨다. 더 놀라운 것은 어머님께서는 함께 입원해 있는 동료 환자 교우님들(당시 약 3천명)과 3년 6개월 동안 나를 위해 기도하셨다는 것이다. 어머님과 소록도 교회 교우님들이 하루 10-12시간씩 통곡하며 기도한 내용은 나를 세계적인 부흥 목사가 되도록 해달라는 것이었다고 한다. 후에 깨달은 일이지만 어머님과 그분들의 기도 때문에 하나님께서는 죄악을 향하여 달음질하는 나를 불러서 생명의 길에 세우시고 많은 영혼을 주님 앞으로 인도하는 목사로 삼아주신 것이다.

할렐루야!
살아계신 하나님을 찬양합니다.
살아계신 하나님께서는 우리 가정의 작은 환란을 통하여 부족한 저를 주의 종으로 세우시고 우리 가족이 하나님을 영접하도록 인도하셨습니다.

나는 이런 감사의 기도를 고백하지 않을 수 없었다. 더욱이 감사드리는 것은 어머님께서는 천국에 가실 때까지 변함없이 하루 10여 시간

이상을 아들 목사를 위해 기도하심으로 나로 하여금 부족함이 없이 하나님의 일을 할 수 있도록 기도의 동역자가 되어 주셨다.

이런 하나님의 크신 계획과 섭리도 모르고 나는 어릴 적에 어머님을 많이 원망했었다. 아니 미워했었다. 아이들이 문둥이라고, 문둥이 아들이라고 놀리고 외면하고 핍박할 때마다 너무나 많은 아픔의 눈물을 흘려야 했고 외로움에 허덕여야 했다. 그때마다 어머니는 내게 미움과 원망의 대상이었다. 그러나 이제 우리 어머니는 내게 있어 세상에서 가장 위대하시고 가장 자랑스러우신 분이시다. 아들을 사명자로 기르시기 위해 희생당하셔서 병마의 십자가를 지시고 약 30 여 년 동안을 아들의 목회와 선교를 위해 눈물로 헌신하시다가 83세가 되시던 해에 편안히 주님의 품으로 돌아가셨다.

II. 하나님의 훈련

● 하나님의 훈련

사명을 받기 전, 건설회사를 경영하면서 꽤나 큰 부를 누리고 살던 나는 그 모든 것을 포기하고 막상 신학을 공부하는 학생이 되자 생활이 엉망이 되었다. 그 때문에 이웃 사람들과 친척들은 나를 가리켜 "예수 또라이"라고 손가락질을 했고, 또 어떤 이들은 "무능한 존재, 현실 도피자, 실패자"라는 말로 나를 욕했다. 그러나 나는 나를 위하여 십자가에 달려 돌아가신 예수님이 계셨기 때문에 전혀 주변 사람들의 핍박을 의식하지 않았다.

> 주 예수 보다 더 귀한 것은 없네 이 세상 부귀와 바꿀 수 없네
> 영 죽은 내 대신 돌아 가신 그 놀라운 사랑 잊지 못해
> 세상 즐거움 다 버리고 세상 자랑 다 버렸네
> 주 예수 보다 더 귀한 것은 없네 예수 밖에는 없네

나에게는 예수, 오직 예수 밖에 없었던 것이다. 그러나 나의 영의 생활이 예수로 인하여 기쁨과 평안이 충만한 반면, 육신의 생활은 말이 아니었다. 저녁이면 잠잘 곳이 없어 거리를 헤매고 다녀야 했는데 그당시에는 통금

시간이 있어서 항상 불안한 생활의 연속이었다. 때로는 방 한칸 돈 몇 푼도 남기지 않고 몽땅 거두어 가신 하나님이 야속하기도 했지만 나는 나같은 죄인에게 새 생명을 주신 하나님의 은혜를 생각하며 모든 어려움을 감당할 수가 있었다.

그당시 나의 생활이란, 낮이면 서울역과 강남 고속버스 터미널, 파고다 공원 (현 탑골 공원) 등 사람들이 많이 모이는 곳에서 노방 선도를 하며 예수를 전하는 것이었고, 밤이면 신학교로 달려가 공부를 하고, 공부가 끝나고 나면 삼각산에 올라가 기도를 하는 일이었다. 혹자들은 낮에 막일을 하면 굶지는 않을 것이라고 했지만 나는 성령을 체험하고 난 후 심령 깊은 곳에서부터 끓어 오르는 뜨거운 주님에 대한 사랑 때문에 잠시 앉아 있을 수도 다른 일을 할 수도 없었다.
오직 "예수 믿으시오. 여러분! 예수 믿으시오. 예수 믿으면 구원을 얻고 영생을 받을 수 있습니다. 예수 믿지 않으면 전에 내가 그랬던 것처럼 멸망으로 달려갈 수 밖에 없습니다. 예수 믿으시오. 예수님은 지금 여러분을 기다리고 계십니다."라고 외치지 않고는 견딜 수가 없었던 것이다.

오랜 시간 길거리에서 예수님을 전하다 보면 별의별 일을 다 겪게 되고 별의별 사람을 다 만나곤 했다. 그 중 어떤 이들은 혀를 차며 "젊고 잘 생긴 사람이 예수에 미쳤구먼, 정말 딱하게 되었네" 하면서 동정어린 눈으로 바라보다가 1,000원짜리 지폐를 주머니에 넣어 주기도 했고, 또 어떤 사람은 시끄럽다고 하면서 발길로 차고, 때로는 재수 없다고 침을 뱉고 가기도 했다. "그래, 나는 발길에 차이고 침뱉음을 당해도, 아니 더 심한 모욕을 당한다 해도 과분하다. 지난 10년간 주님을 등지고 살면서 얼마나 많은 온갖 불의한 죄를 지었던가. 그 죄에 비하면 지금의 모욕은 아무 것도 아니다."

나는 이렇게 생각하며 복음을 전하였고 때로는 돈이 없어 금식 아닌 굶식을 하면서, 또 밤이면 잠잘 곳이 없어 불심 검문을 피하기 위해 삼각산 상봉에 올라가 밤새 기도를 하면서 늘 감사의 생활을 했다. 눈이 오나 비가 오나 나의 생활은 변함이 없었고 비록 힘겨운 생활이었지만 기도를 마치고 내려올 때는 항상 주님께서 주시는 소망으로 가득차 있었다.

그러던 어느 날, 삼각산 상봉에서 기도하고 있을 때 하나님께서는 아브라함에게 허락하셨던 바라봄과 연상의 법칙과 성취의 법칙으로 너무도 큰 소망을 나에게도 주셨다. 하나님께서는 바라봄의 법칙으로 삼각산 상봉에서 내려다 보이는 영등포 여의도 일대의 사방에 반짝이는 전등불을 사람으로 보이게 하셨던 것이다. 나는 그 전등 하나 하나가 다 사람이라는 생각에 그들을 위하여 기도를 하면서 방언과 찬송, 설교를 하기 시작했는데 7-8 시간이 지났을 무렵 하나님의 놀라운 역사가 나타나기 시작했다. 나도 모르게 모든 불빛들이 나의 품안과 손 안에 모두 들어오게 하셨는데 그것들이 나의 기도와 설교에 따라 자유자재로 움직인다는 느낌을 받았다. 그런 느낌을 받으며 나는 자신도 모르는 힘이 솟는 것을 알았고 양손으로 바위를 때리면 집채만한 바위가 흔들리는 것처럼 느껴왔다.

하나님께서는 이러한 기도를 3년 간이나 시키시며 갖은 은사를 다 부어주셨다. 그와 같은 기도와 단련 때문에 나는 오늘날 부흥 강사가 될 수 있었고 수십만명의 군중 앞에서도 조금도 떨림이 없이 집회를 인도할 수 있는 담대함이 생겼다. (이 일들이 지난 후 하나님께서 능력 행함의 은사와 권능의 은사를 주셨음을 깨달았다.)

좋으신 하나님!

주님의 사역을 감당토록 하기 위하여 훈련시켜 주시고 복음을 전할 수 있도록 능력과 권능을 주셨음을 감사드립니다. 예전의 저처럼 하나님의 품을 떠나 방황하는 불쌍한 심령들을 구원하기 위해서 예수의 이름을 더욱 소리 높여 전도할 수 있도록 인도하여 주시옵소서.

❷ 순간적인 기도에도 응답하시는 하나님

주의 일을 하기 위해 훈련을 받던 시절의 일이다. 하루는 강남 고속 버스 터미널에서 삼각산으로 향한 막차를 탄다는 것이 그만 연희동으로 가는 버스를 타게 되었다. 버스를 잘못 탄 줄도 모르고 피로에 지친 나는 졸게 되었고 잠이 깨어 일어났을 때는 이미 버스가 종점에 정차하여 버스 안에는 나 혼자만이 마지막 손님으로 남아 있었다. 나는 깜짝 놀라 허겁지겁 뛰어내려 시계를 보니 11시 45분이었다. 왜냐하면 당시엔 서울에 12시가 넘으면 통금 시간이 있었기 때문이다. 삼각산에 있는 기도처까지 가려면 택시를 타지 않고는 갈 수 없는 시간이었고 택시를 타자니 토큰 한개가 전재산인 내 처지로는 엄두도 낼 수 없는 상황이었다.

나는 그 자리에서 기도할 수 밖에 없었다.

하나님 지금 저를 보고 계시겠지요. 잠잘 곳도 없습니다. 하루 종일 금식을 했습니다. 그러나 모든 것은 다 참을 수 있습니다만 그러나 기도를 할 수 없는 것은 참을 수 없사오니 제가 밤마다 주님께 기도하며 주님과 밀회를 속삭이던 삼각산까지만 옮겨 주십시오.

짧은 시간의 기도였지만 당시 나의 생각으로는 수 시간처럼 길게 느껴졌었고, 진지했던 것 같다.

이 기도를 막 마치고 눈을 떠보니 내 앞으로 택시 한대가 달려오고 있었다. 나는 성령님께 사로잡혀 나 자신도 모르게 손을 들어 택시를 세우고 차에 오르면서 삼각산까지 갈 것을 요구했다. 토큰 한개가 전재산인 사람이 당시 기본 요금만도 700원인 영업용 택시에 오르자 갑자기 불안감이 엄습했다. 그런데 차가 막 떠나려 할 때 무심코 발 밑을 보니 1,000원짜리 지폐 한장이 놓여 있는 것이 아닌가. 나는 여러가지 생각을 할 겨를도 없이 그 돈을 집어 들고 안도의 한숨을 쉬었다. 그러면서 하나님께서 예비하신 것이라는 생각에 너무나 감사하기만 했다. (이 일이 지난 후 생각해보니 주운 물건이니 주인에게 돌려드렸어야 했는데 급한김에 내가 사용했다는 죄책감이 들어 많은 회개의 기도를 드렸다.)

일단 1,000원이라는 돈이 내 수중에 들어왔지만 나는 또 하나의 걱정을 하지 않을 수 없었다. 택시가 삼각산을 향해 가까워지면 질수록 미터기의 요금이 올라갔기 때문이었다. 뒷자리에 앉아 그 미터기만 바라보고 있노라니 심장이 멎는 것처럼 답답했다. 나의 수중에 있는 1,000원을 가지고 택시비가 않되면 어떻게 하나 하고 안타까와 하는 동안 벌써 미터기는 850까지 올라가고 있었고 안절부절 조바심에 애태우던 나는 별의별 생각을 다 하게 되었다.

"여기 내려서 걸어갈까? 이러다 망신 당하는 것은 아닐까?
한참을 고민하던 나는 모든 것을 기도하면서 하나님께 맡기자고 결심한 뒤 눈을 감아버렸다. 얼마쯤 갔는지 무척 먼 거리를 달려왔다는 생각을 하고 있는데, 다 왔다는 기사 아저씨의 음성이 들렸다. 조마 조마한 마음으로 눈을 떠보니 이럴 수가! 1,000원이 아닌가! 딱 1,000원이 나온 것이다. 돈을 지불하면서 나는 감사와 회개의 기도를 드리지 아니할 수가 없었다.

오, 하나님!
이토록 정확하게 예비해 주심에도 믿지 못하고 염려한 미련한 저를 용서해 주시옵소서.

단숨에 삼각산 상봉에 올라 늘 하던 기도 자리에 섰을 때 나는 회개의 기도를 하지 않을 수가 없었다. 그로부터 3-4 시간의 기도를 마치고 보니 허기로 인해 뱃 속에서 아우성 소리가 그치지를 않았다. 그도 그럴 것이 연 이틀을 아무 것도 먹지 못하고 굶식한 처지라 배가 고파 견딜 수가 없었던 것이다. 그때 시계를 보니 새벽 3시 30분경. 인적 없는 산 상봉에서 허기진 배를 채운다는 것은 하나님의 역사가 아니면 절대 불가능한 일이었다. 나는 배고픔을 잊기 위해 기도하다가 나 자신도 모르게 하나님께 먹을 것을 달라고 기도하기 시작했다.

이스라엘 민족을 광야에서 만나로 먹이시고 불기둥과 구름기둥으로 인도하신 하나님 . . . 하나님께서는 그들로 하여금 단 한끼의 식사를 굶기지 아니하시고 매일 일용할 양식으로 메추라기로 풍성하게 채워주셨던 권능의 하나님이심을 내가 믿습니다. 그때에 베푸신 하나님의 놀라운 역사를 나에게도 지금 베풀어 주시옵소서.

한참 동안을 눈물로 기도하고 있을 때 어디선가 여자분의 음성이 들려왔다. 그 음성은 "전도사님, 전도사님, 우유와 빵이 여기 있습니다." 하고 말했다. 순간 나는 반갑다기 보다 겁이 났는데, 그 이유는 산에서 기도를 많이 하셨던 선배 목사님들의 말씀이 생각났기 때문이었다. 삼각산에는 가끔 귀신이 나타나 기도 도중 목이 타서 허덕이는 사람에게는 물을 떠다 주고 허기져 배고픈 사람에게는 빵도 갖다주는데 그것을 물리치지 못하고 받아 먹는 사람은 귀신이 들어가 양신 역사를 하고 정신이 잘못되는 사람들이 많다는 것이다.

그래서 나는 하나님께 더 크고 강하게 방언으로 기도하기 시작했다. 예수 이름으로 명하노니 귀신아 물러가라. 사탄아 물러가라. 썩 물러갈지어다. 하고 물리치는 기도를 해도 계속 그 여자분의 음성이 들렸다. "전도사님, 나는 귀신이 아닙니다. 안심하십시요. 저는 교회의 권사입니다." 하는 것이었다. 나는 다시 하나님께 백배의 영분별의 능력을 주실 것을 기도하며 자세히 바라보니 분명히 사람이었다. 기도를 멈추고 안도의 숨을 쉬고 가까이 가서 보니 60대의 권사님께서 입가에 부드러운 미소를 띄우고 서 계셨다.

그분은 먼저 나에게 큰 일을 하는 목회자가 될 것이라고 말한 뒤 많은 빵과 우유를 나누어주셨다. 알고보니 그 권사님께서는 교회 교우님들과 기도하러 산에 올라 오셨는데 기도하다가 교우님들과 헤어져 그분들을 찾아 헤매다가 나의 애절한 기도 소리를 듣게 되었다고 하셨다. 때마침 자신이 모든 야식을 가지고 있던 터라 성령님의 감동하심으로 음식을 나누어주게 되었다고 하셨다. 나는 얼마나 감사하고 또한 배불리 먹었던지 지금도 그때의 빵과 우유 맛을 잊지 못하고 있다.

이토록 하나님께서는 무엇이든 기도하면 풍성하게 공급해 주셨으니 나는 그저 감사의 기도 밖에는 할 것이 없었다. 세상의 눈으로 볼 때에는 아무 것도 가진 것이 없는 나였지만 그 어느 누구보다도 더 하나님의 풍성하심 아래 훈련을 받았기 때문에 당시의 처지는 어렵고 힘들었지만 더 크고 더 아름다운 주의 일을 하게 해달라는 기도를 간절히 할 수가 있었던 것이다.

℮ 빈대까지 동원하신 하나님의 훈련

몇년간을 단 하루도 방에서 잠을 자지 못하고 계속 산에서 봄, 여름, 가을, 겨울을 보내던 처지라 나의 육신은 피곤함에 지쳐 쇠약해질 대로 쇠약해져 있었고, 찬바람이 불어오자 따뜻한 방이 너무도 그리웠다. 그래서 하루는 잘 알고 지내던 동생 집을 찾아가 며칠 간 쉬었다가 갈 수 있도록 부탁을 했다. 그 동생은 쾌히 승낙하며 내가 편히 쉴 수 있는 깨끗한 방 하나를 준비해 주었다.

오랜만에 방에 누워서 발을 뻗어보니 그야말로 최고의 안식이었다. 그 순간 왈칵 눈물이 솟구쳐 나와 한 없이 울고 또 울었다. "하나님, 나에게는 방도 주지 않으시렵니까? 지난 날 당신을 떠나 있을 때는 건설 회사의 사장으로 남 부럽지 않게 살게 하시더니 이제 당신을 만나 새로운 길에 들어섰는데 내 형편은 이렇게 초라하기만 합니다." 하는 한탄이 절로 나왔다. 그러나 곧 나의 한탄에 대한 회개의 기도를 드린 후 엎치락 뒤치락 하는 사이 어느덧 해가 지고 밤이 되었다.

그런데 눈을 부치고 막 잠이 들려고 하는 순간 갑자기 천정에서 투둑 투둑 하는 소리가 들리더니 나의 온 몸이 가렵기 시작했고 순식간에 두드러기 같은 것이 돋아났다. 깜짝 놀라 자리에서 일어나 불을 켜고 보니 온 몸에 빈대 떼가 붙어 득실거리고 있는 것이 아닌가. 그 순간 나는 하나님 앞에 용서를 구하는 기도를 드린 후 일어나 즉시 삼각산으로 향했다.

세계적인 선교를 하는 하나님의 일꾼이 되리라 마음 먹은 사람이 기도의 처소를 떠나서 육신의 장막에 거하면서 하나님을 향하여 원망하고 잠시나마 세상의 것들을 바라보았으니 하나님께서 빈대 떼를 동원하여 나에게 깨달음을 주시고 영적인 훈련장으로 몰아 내치시는 것이었다. 나는 밤중에 삼각산 상봉에 올라가 기도하면서 그곳이 바로 천국이었고 하나님과 대면하는 벧엘이었음을 다시 한번 깨달았다.

◉ 지혜의 은사를 주시는 하나님

신학을 공부하면서 나는 다른 신학도들처럼 학문에 필요한 책을 사볼 수가 없었다. 그래서 나에게 있는 유일한 책이라고 하면 성경과 사전 뿐이었다. 그 때문에 공부를 해도 다른 사람들보다 나는 두배의 노력을 해야 이해를 할 수가 있었다. 그런데 한번은 이스라엘 역사를 공부하는데 도저히 이해가 되지 않는 부분이 있었다. 그래서 은사이신 심경생 박사님께 전화를 드려 문제를 풀어 보려고 했지만, 박사님의 설명으로는 이해가 되지 않는 곳이 많았다.

그때 나는 잠시 시험에 빠져 나 자신의 부족함을 한탄도 해보고 자포자기도 해보았다. 그렇게 몇시간이 지난 뒤 성령님의 강한 책망을 들었다. 기도로 하나님께 지혜를 구하지 아니하고 사람의 생각대로 판단하여 실망한 것에 대한 꾸짖음이셨고, 나는 회개하며 그 자리에 거꾸러져 기도하기 시작했다.

능치 못함이 없으시는 하나님, 지혜의 눈을 열어 주시옵시고 이스라엘의 역사를 볼 수 있도록 성지 순례를 시켜 주시옵소서. 기도를 드리는 중 하나님의 음성을 들었는데 그 음성은 나에게 속히 여행 가방을 챙겨서 김포 공항에 가서 비행기를 타라고 명령하셨다. 그래서 나는 서둘러 공항에 나가 비행기를 탔고 나를 태운 비행기는 이스라엘을 향하여 빠르게 날아갔다.

이스라엘에 도착하여 성지인 겟세마네 동산과 홍해 바다, 요단강, 디베랴 바다 . . . 등 수 많은 곳을 수십일간 돌아보면서 지형과 지리, 역사, 배경 등 너무도 엄청난 산 공부와 함께 자세히 살펴볼 수가 있었다. 여행을 마치고 나서 깨달은 것인데, 나의 성지 순례는 깊은 기도 중 10여 시간 이상을 하나님과 함께 환상의 여행을 한 것이었다. 기도를 마치고 난 후 나는 너무나 놀랍고 감사하여 한동안 입을 열지 못했었다. 오, 하나님! 감사합니다. 투시와 환상의 은사를 주시고 성령님과 함께 이스라엘 성지를 돌아 볼 수 있게 해주시고 지혜의 은사로 깨닫지 못했던 것들을 깨달아 알 수 있도록 도우신 은혜를 감사드립니다.

이 일이 있은 후 학교에서 공부를 하면서 나는 이스라엘 성지 순례를 몇 번씩 다녀 오신 교수님들 보다 더 상세히 이스라엘 역사와 지리를 파악할 수 있었다. 그래서 많은 교수님들께서는 나에 대한 이야기가 나오면 이상한 사람이라고 이구동성으로 말씀하시곤 했다. 아마 이 글을 읽고 성령의 체험이 없는 분들 중에서는 나를 신비주의자라고 오해하시는 분들이 있을 수도 있겠는데 나는 분명히 보수 교단인 장로교단에 몸담고 있으며 성령님의 역사를 여러분들 앞에 고백하지 않을 수 없음을 밝히는 바이다. 또한 내가 경험한 이 놀라운 체험을 다른 많은 분들도 함께 경험하시어 더 크고 높은 하나님의 세계를 알 수 있게 되기를 진심으로 바랄 뿐이다.

ⓔ 높은 산 속 눈 구덩이 속에서도 하나님의 품 안에서의 따뜻한 사랑

기도하던 어느 날은 바람이 거세고 매서운 눈보라가 치는 밤이었다. 내가 입고 있던 외투는 모두 노방 전도하면서 나보다 더 가난한 이에게 벗어서 나누어 주었기 때문에 내게 있는 것이라고는 얇은 옷 한벌 뿐이었다. 그러나 이런 사정을 눈보라가 알리 없었다. 밤새 눈보라가 몰아쳐 도저히 추위를 이길 길이 없었던 나는 그만 그 자리에 엎드려 하나님께 눈물로 기도하기 시작했다. "하나님 추워서 견딜 수가 없습니다. 이런 추위에 갈 곳도 없고 눈 때문에 갈 수도 없습니다."

얼마의 시간이 지났을까, 기도하다 보니 갑자기 하늘 위에서 흰 보자기와 같은 원형의 포대가 내려와 내 온몸을 둘러 덮는데, 아! 조금 전까지 그렇게 몸서리치도록 춥던 추위는 삽시간에 사라지고 나는 따뜻함과 포근함에 싸여 잠시 잠이 들었다. 잠에서 깨어 일어나 보니 내가 앉아 있는 곳만 동그랗게 남아 있고 사방에는 내 앉은 키만큼 눈이 쌓여 있었다. 그리고 그 매서운 날씨에도 불구하고 하나도 춥지가 않았다. 나는 그 눈구덩이 속에서 해가 뜨는 아침까지 추위를 잊고 하나님의 보호하심과 품어 주심의 은혜에 감사의 기도를 할 수 있었다. 그토록 추운 겨울 날씨 속에서 밤을 수도 없이 세우며 기도했지만 감기 한번 걸리지 않고 건강하게 겨울을 날 수 있도록 하나님께서는 역사해 주셨다.

교만을 꺾으시는 하나님의 훈련

빈수레가 요란하다고 했던가 . . .
그당시 나는 몹시도 교만했었다. 그래서인지 하나님께서는 밤마다 삼각산 상봉 돌바위에 앉아 기도하게 하셨는데 기도 중 하나님께서는 돌바위 위에 나의 이마를 맞대게 하시고 양손을 뒤로 모으게 하셔서 마치 맷돌을 돌리듯 빙글 빙글 돌리면서 기도하게 하셨다. 그때문에 내 이마는 온통 피투성이가 되어있겠지 하는 생각에 새벽에 내려와 버스에 오를 때면 항상 바깥의 어두움을 배경삼아 유리창을 거울로 나의 이마을 살펴보곤 했는데 내 생각과는 달리 멀쩡하기만 했다. 정말 이해할 수도 없고 다른 사람들이 믿기도 어려운 나와 하나님만의 비밀이었다. 하룻밤에 5-6시간을 돌바위에 이마로 맷돌질을 하여 이마가 부서지는 것 같은 아픔에 괴로와했지만 아침이면 흔적도 없이 사라지는 것이었다.

이런 하나님의 훈련은 인간적인 나의 교만이 사라질 때까지 계속되었는데, 언제고 교만한 마음을 가질 때면 그때마다 어김없이 나의 앞 이마는 온통 산산히 부서질 것 같은 아픔으로 단련을 받았다. 그래서 지금도 나는 교만한 인간적인 생각을 하다가는 나 자신도 모르는 사이 "아이구 하나님 용서해 주시옵소서" 하면서 무심결에 앞 이마를 손으로 만지는 습관이 나타나곤 한다.

그뿐 아니라 하나님께서는 나의 교만을 훈련시키시기 위해 추녀 밑에 달아 만든 방에 (지붕은 비닐 스레이트이고, 그 밑에는 여러가지 각목이나 받침들이 있는) 6개월 이상을 기거하게 하시면서 교만의 병을 뿌리 뽑아 주셨는데, 지금도 기억나는 것은 아침에 벌떡 일어나면 여지없이 각목에 나의 머리가 쿵하고 부딪혀 머리에 밤알 만한 혹이 없어질 날이 없었다. 그래서 나는 잠을 자고 아침에 일어날 때도 하나님 오늘도 겸손함으로 살게 하여 주시옵소서 하고 기도한 후 머리를 숙이고 조심스럽게 일어서면 그날은 머리에 혹을 달지 않아도 되었었다. 나의 지난 날을 뒤돌아 보면서 하나님의 이러한 강권적인 훈련으로 오늘날 이만큼이라도 겸손하다는 말을 듣게 된 것이다.

하나님 감사합니다. 미련하고 교만에 가득찬 저를 사랑하여 주셔서 고된 훈련을 통하여 겸손을 배우게 하시고 예수 그리스도의 모습을 닮아가도록 인도하여 주셔서 감사합니다. 주님의 사역을 하는 동안에도 늘 겸손하게 하시고 주님과 동행하는 삶이 되도록 언제나 인도하여 주시옵소서.

ⓔ 성령님께서 개인 교수님을 보내 주셨다.

우리 집안에서 목사가 되기는 내가 처음인지라 목회자로서의 인간적인 배경은 전혀 없었다. 따라서 인간적으로 의지하고 바라볼 곳이 없는지라 오로지 하나님께 모든 것을 의지하고 기도하면서 구할 수 밖에 없었다. 아마 이러한 여건과 환경 때문에 하나님께서 순전히 당신의 방법대로 더욱 강권적으로 성장시켜 주셨는지도 모른다.

한번은 성령에 대한 공부를 하다가 또 다시 어려운 문제에 부딪히게 되었는데, 나는 환상 중 성지 순례의 체험을 되살리며 하나님께 기도하기 시작했다. 이번에도 하나님께서 해답을 주시리라 믿었기 때문이다. 나는 하나님께 "성령에 대한 권위있는 목사님을 보내 주십시요" 하고 기도하면서 특별히 하나님께서 가장 아끼시고 가장 사랑하시는 교수 목사님의 강의를 듣게 해달라고 기도했다. 깊은 기도 중 교수님이 나의 강의실에 오셨는데 그분은 하나님께서 전세계에서 가장 크게 사용하시는 여의도 순복음 교회의 조용기 목사님이셨다. 나는 당시 조 목사님의 말씀은 많이 들었으나 얼굴은 한번도 뵙지 못한 생소한 분이셨다. 그런데 조 목사님께서는 몇 시간 동안을 너무도 정열적으로 개인 강의를 해주셨고 나는 귀한 환상의 체험을 두번씩이나 경험했던 것이다.

이 일은 그당시의 생각으로는 정말 이해가 되지 않는 것이었다. 왜냐하면 내가 하나님의 부름을 받고 사명을 감당하게 되었을 당시 하나님께서는 여의도 5.16 광장에서 큰 부흥집회 도중 조 목사님께서 나에게 설교 마이크를 넘겨 주시는 환상을 체험하게 하셨고, 거기다 어려운 성령에 관한 문제에 부딪혔을 때에는 개인 강의를 해주시는 환상을 체험하게 하셨기 때문이다.

이러한 일들이 있고나서 7-8년 간의 시간이 지난 뒤 하나님의 인도로 여의도 순복음 교회 강단에서 철야 기도회를 인도하게 되었고, 그때 조 목사님께 이 간증을 드리자 조 목사님께서는 크게 기뻐하시며 많은 격려와 함께 축복 기도를 해주셨었다. 그 뒤 나는 세계에서 가장 큰 교회인 여의도 순복음 교회와 오산리 국제 금식 기도원에 여러 차례 부흥 강사로 초청 받아 설교를 하게 되었고 넘치는 하나님의 은혜를 증거하면서 그 은혜를 나 자신도 깨닫게 되었다.

처음으로 강단에 서면, 그것도 수만명이 운집한 큰 강단에 서게 되면 누구나 다리가 휘청거리고 목소리가 떨려 설교 말씀이 제대로 나오지 않는 것이 대부분일 것이다. 그러나 나는 오히려 느긋함과 담대함이 지배하였고, 몇년 전 삼각산 상봉에서 기도할 때에 수 많은 전등불을 끌어 안고 말씀으로 품었던 그 능력의 기도와 말씀의 영력에 사로 잡혀 뜨겁게 하나님의 말씀을 전하고 뜨겁게 기도할 때에 수 많은 능력과 성령님의 기적이 나타나는 역사가 일어났다.

이 일로 인하여 나의 이름은 꽤 알려졌고 부흥 강사로 인정을 받아 지금 까지 크고 작은 각종 부흥 집회를 750여 회나 인도케 되었다. 하나님께서는 예비하시고 준비하신대로 나를 사용하여 주셨던 것이다. 하나님의 일에는 결코 우연이라는 것이 없다. 하나님께서는 훈련과 인도를 통하여 하나님의 일들을 이루실 뿐 아니라 하나님께서 주시는 필요한 아픔과 필요한 연단, 그리고 필요한 고난을 통과 해야만 당신의 일을 위하여 사용하신다는 것을 우리는 알아야 한다.

그래서 예수님의 동생 야고보는 야고보서 1장 2, 3절에, '내 형제들아 너희가 여러가지 시험을 만나거든 온전히 기쁘게 여기라. 이는 너희 믿음의 시련이 인내를 만들어 내는 줄 너희가 앎이라 인내를 온전히 이루라. 이는 너희로 온전하고 구비하여 조금도 부족함이 없게 하려 함이라.' 했다. 그리고 12절에는 '시험을 참는 자가 복이 있도다. 이것에 옳다 인정하심을 받은 후에 주께서 자기를 사랑하는 자들에게 약속하신 생명의 면류관을 얻을 것임이니라.' 하셨다.

III. 생애 첫번째 개척교회 사역

⊙ 무일푼으로 개척교회를 세우게 하시다

신학교 졸업반 때, 하나님으로부터 많은 은혜를 체험한 나는 철야 기도회 인도, 교도소, 양로원 등 많은 곳에 강사로 초청받아 하나님의 말씀을 전하며 내가 받은 은혜를 나누는 일을 하고 있었다. 당시 나는 화곡동에 있는 작은 교회에서 교육 전도사로 있었는데, 어느 날 기도 중 성령님의 강권적인 역사에 이끌려 인도를 받게 되었다.

내가 성령님의 인도를 받아 도착한 곳은 서울에 와서 10여 년을 살았지만 한번도 가보지 않았던 도봉구 방학동이라는 곳이었다. 지금은 대단위 아파트가 들어서서 인구가 많아지고 많이 발전해 있지만 30여 년 전 그당시에는 논이 즐비했고 사방이 산으로 둘러 싸인 시골이었다.
나는 기도하다가 갑자기 그곳으로 이끌려 갔는데 산에서 내려오는 개천을 따라 수백 가구의 판자촌들이 밀집해 있는 그야말로 달동네였고 서울 시내에 이런 곳이 있다는 것이 믿어지지 않을 정도였다. 나는 그곳에 아는 분이 없는 것은 물론, 전혀 생각지도 못한 곳이었다. 게다가 내 수중엔 십원짜리 한장 없던 상황이었는데도 하나님께서는 공짜 버스를 두번씩이나 타게 하시면서 나의 걸음을 인도하시어 그곳으로 이끄셨다.

당시 나의 수중에는 성경책 한권과 찬송가 한권이 전재산이었다. 그래서 나는 그 날도 금식으로 허기진 배를 움켜잡고 기도할 곳을 찾던 중 약수터로 발걸음을 옮기게 되었고 약수터의 나무 의자 위에 앉아 기도하기 시작했다.

> 살아계신 하나님!
> 하나님의 뜻이 어디에 계신지 알게 하시고 만일 주님의 제단을 위한 일이라면 나에게도 교회를 세울 수 있는 동역자를 주시옵소서. 사도 바울이 기도할 때에 루디아를 보내신 것처럼 나에게도 하나님의 교회를 위해 동역할 수 있는 동역자를 보내 주시옵소서.

한참을 기도하는데 당시 27-28세쯤 되어 보이는 젊은 청년이 내게로 다가와 "전도사님이십니까?"라고 물으면서 자기는 예수를 믿는 사람으로 이 마을에 산다고 말한 뒤 갈 곳이 없으면 자기의 자취방으로 모시겠다고 하였다. 나는 하나님께 감사하며 그 청년을 따라 그의 집으로 갔고 그와 나는 밤을 새며 많은 이야기를 나누었고 그를 통해 하나님의 놀라우신 계획을 알게 되었다. 그리고 그 청년은 그의 전 재산인 10만원을 내어 놓아 반평 정도의 판자집 방 하나를 얻었고 (보증금 10만원에 월세 3만원) 그곳에서부터 교회가 창립되었다.

당시 나의 아내와 가족은 이사를 오지 않은 상태여서 전교인이라고 해도 그 청년과 나 둘 뿐이었고, 첫 주일 예배에 헌금이 드려졌는데 고작 800원이었다. 나는 예배를 마친 후 그 800원의 헌금을 안고 얼마나 울었는지 모른다.

하나님 내가 세상에서 하나님을 떠나 살 때는 수십만원도 돈으로 여겨지지 않아 방탕하며 살았는데 이렇게 작은 헌금을 모아 언제 교회를 세우며 언제 세계 선교를 감당하리이까

지금 생각해보면 그것은 하나님 앞에 드리는 기도가 아니라 하나님을 향한 절규요, 암담한 현실에 대한 신세타령 이었다. 그래도 무일푼으로 와서 기도의 처소를 마련토록 해주시고 동역할 수 있는 동역자를 붙여 주셨으니 얼마나 감사한 일인가. 그때 하나님께서 보내 주셔서 나와 동역하며 봉사하던 그 청년은 그후 같은 교회에 다니던 자매님과 결혼하였고 신학을 공부해 지금은 목사님이 되셨다. 그분이 바로 김기곤 목사님이시다. 당시 나는 꿈에도 이분이 목사님이 되리라는 생각은 못하고 있었는데 주의 일을 하는 동역자가 되신 것을 생각할 때면 하나님 앞에 너무나 감사한 일이고 지금도 교회를 개척할 당시 베풀어 주셨던 은혜에 감사하며 그분을 위해 많은 기도를 드리고 있다.

❻ 판자촌 교회

10만원의 보증금과 3만원 월세로 1983년도 서울 도봉구 방학 2동 개천가 판자촌에 방 한칸을 얻어 생애 첫번째 교회를 개척하게 되었다. 교인이라고는 김기곤 형제 한사람 뿐이었는데 사실 이분 마저 주일에도 일을 나가야 했기 때문에 나 혼자 예배를 드려야 했다. 당시 경제 사정으로 아이들과 아내는 이사를 오지 못했었다. 혼자 예배를 않드릴 수도 없고 그렇다고 혼자 정식 예배 순서대로 예배를 드릴 수도 없는 난처한 상황이었다.

나는 이 문제를 놓고 기도하던 중 하나님께서 이런 말씀을 마음에 주셨다. '사랑하는 종아, 너 혼자 힘이 드느냐. 그러면 옆집에 가서 큰 거울 4개만 빌려다가 네 벽에 걸어라. 그리하면 더 이상 너 혼자가 아니라 다섯 명이 될테니 말이다.' 나는 그 음성을 듣고 즉시 옆집 앞집 뒷집으로 가서 큰 거울 네개를 빌려와 네 벽에 걸었다. 그리고 서서 거울을 바라보니 하나님 말씀 처럼 나를 포함 다섯명이 되었다. 나는 거울을 바라보면서 열심히 찬양 인도, 통성 기도, 설교를 매일 몇 시간씩 했는데 훗날 돌이켜 보니 하나님께서 영성을 강하게 해 주시려는 영성 훈련 과정이었음을 깨달았다.

영성 훈련 중 가장 좋은 영성 훈련은 바로 자신이 거울 앞에 서서 자신의 얼굴을 똑바로 바라보고 자신의 얼굴 표정을 통해 영적 상태를 파악하는 일이다. 기도를 많이 하고 성령이 충만한 상태의 자신의 얼굴 모습은 밝고 환하지만 기도의 양이 부족하고 성령이 충만치 않은 날은 왠지 얼굴이 어둡고 그늘진 모습이 비춰지기 때문이다. 그래서 나는 그때부터 지금까지 늘 습관처럼 매일 매일 큰 거울 앞에서서 그날의 내 영적 상태를 점검하는 일을 계속 하고 있다.

약 두주간을 혼자 거울 앞에 서서 찬송하고 기도, 설교 하는 일을 거듭 했는 데 세째 주일 날 아침에 누군가가 방문을 두드리는 소리가 나서 문을 열어 보았더니 옆집에 사시는 할아버지 한분이 찾아 오셨다. '전도사님 혼자 거울 보고 춤추고 노래 하기가 힘드시지' 하시며 방안으로 들어 오셨다. '젊은 사람이 얼굴도 귀공자 같이 잘 생겼는데 어떡 하다가 예수 귀신이 붙어 이렇게 되었나 그래. 너무 불쌍하니 나라도 설교 들어 줄게. 내 앞에서 설교하고 춤추고 노래해 보게.' 하시며 내 앞에 자리를 잡고 앉으셨다.

나는 얼마나 감사하고 감사한지 할아버지 한분을 놓고 열심히 온힘과 정성을 다해 예배 인도를 했다. 그런데 이 할아버지가 방에 들어 오신 후 이상한 악취가 나기 시작했다. 나는 생각하길 날이 흐리니 방 앞에 흐르는 개천에서 나겠지 했다. 그런데 그것이 아니었다. 바로 방 안에서 그것도 할아버지에게서 나는 송장 썩는 냄새였다. 얼마나 지독한지 구역질이 나와 참기가 무척이나 힘이 들었다. 그러나 나는 이를 악물고 참아냈다.

그 후에 알게된 일이지만 이 할아버지는 젊을 때는 한의사 셨다고 한다. 치질암으로 인하여 항문이 없어 배 밑부분에 호스를 연결하여 항문 대신 호스로 대변을 받아 내시고 있었다. 마을 사람들은 냄새 때문에 이분만 지나가면 코를 잡고 얼굴을 돌리곤 한다는 것이다. 그러나 나에게는 천하 우주 보다 귀한 생명이요, 첫번째 등록하시는 귀중한 교우님 아니신가. 나는 하나님께 그분을 위해 죽기 살기로 기도했다. 제발 그분에게서 나는 냄새가 나에게는 향수 같은 좋은 냄새가 되게 해달라고 그야말로 매달렸다. 정말 놀랍게도 어느 시점부터 하나님께서 그 기도를 응답해 주셔서 전혀 역겨운 냄새가 아니라 구수한 냄새로 느낄 수 있었다.

그러던 어느 날 할아버지께서 하시는 말씀이 '전도사님 정말 예수님이 살아 계시는 것 같아요. 내가 전도사님을 만나기 전에는 무척 외롭고 힘들었는데 지금은 너무 기쁘고 감사하고 편안 합니다. 이럴줄 알았으면 진작 교회를 다닐 것을 몰랐습니다. 다음 주부터는 우리 아들, 며느리, 손자, 손녀 모두 데리고 오겠습니다. 기도해 주세요.'라고 하셨다. 나는 너무나 감동이 되어 그분의 머리 위에 손을 얹고 그 분을 위해 간절히 안수 기도를 해드렸다.

정말 말씀대로 그 다음 주부터 할아버님은 아들 내외분과 손자 손녀 등 다섯명을 데리고 오셔서 교회가 이분을 통해 이렇게 성장하기 시작했다. 이분은 그후 가족과 함께 약 2년간을 신앙 생활 하시다가 주님께로 돌아가셨다. 임종 직전 자녀분들에게 유언을 남기시길, '너희는 어떤 일이 있어도 우리 교회를 잘 출석하고 민 목사님 잘 모셔라. 그리고 내가 죽으면 민 목사님 집례로 기독교 장례를 치루어 주고 감사 생활, 십일조 생활도 잘 하거라.' 당부하신 후 고개를 돌려 내게도 한마디 하셨다. '목사님, 감사 했습니다. 이 다음에 천국에서 만나요. 나 천국가면 않아프다고 하셨지요. 천국 갈 수 있도록 찬송해 주세요.' 하시곤 내 손을 꼭 잡으셨다.

나는 가족들과 함께 '하늘 가는 밝은 길이 내 앞에 있으니 . . .' 찬송을 불러드렸고 찬송 중 할아버님은 너무도 평안하게 임종을 하셨다. 이분의 자녀분들은 그후 아버님의 유언대로 교회 생활을 열심히 하셔서 목회에 얼마나 큰 힘이 되었는지 모른다. 나는 이 개척교회 사역을 통해 신실하신 하나님에 대한 신뢰의 훈련, 영성의 훈련을 강도 높게 받을 수 있었다.

ⓔ 사랑의 훈련

반평짜리 판자집을 세 얻어 개척 교회를 설립한지 한달 가량이 되었을 무렵, 나와 아내는 저녁밥을 먹으려고 밥상 앞에 앉아 식사 기도를 드리고 있었다. 막 기도가 끝난 순간 누군가 우리집 방문을 세차게 두드리는 소리와 함께 욕설이 들려왔다. 나는 깜짝 놀라 문을 열고 밖을 내다 보았다. 방문 앞에는 생소한 얼굴의 청년이 서 있었는데 그 청년의 얼굴을 자세히 보니 우리 어머님께서 앓고 계시던 병(문둥병)과 같은 증상이 보였고 손을 보니 손가락이 꼬부라져 있었다. 그 순간 나는 이 사람이 바로 사람들이 이야기하던 주인집 아들이라는 것을 직감적으로 알았다. 불량스럽다는 그 청년은 밥좀 달라며 시비조로 말하고 나서 성큼 우리 방으로 들어와 밥상 앞에 앉았는데 그의 몸에서는 술 냄새와 담배 냄새가 코를 찌를 듯이 풍기고 있었다. 순간적으로는 언짢은 일이었지만 우리는 주님의 사랑을 생각하며 함께 식사할 것을 권하고 나서 숟가락을 주었다.

그 청년은 수저를 받아 밥을 먹는 체 하면서 입으로 숟가락을 빨더니 자신의 침이 묻은 숟가락을 찌개 속에 넣어 휘휘 젓더니 내가 어떻게 하나 지켜보는 것이었다. 나는 아랑곳하지 않고 찌개를 맛있게 먹었다. 그러자 그 청년은 나의 그런 모습을 보자 험악했던 표정 대신 의아한 표정으로 나를 바라보았다. 우리는 식사를 마치고나서 많은 이야기를 나누었는데 그 청년은 병마로 인하여 사람들과 사귀지 못하고 늘 혼자 생활하면서 소외감에 사로 잡혀 타락한 삶을 살고 있었던 것이었다. 한때는 소록도 나환자 병원에 강제 입원을 당하기도 했으나 죽음을 무릅쓰고 도망을 쳐 나왔고 집에 돌아와서는 술주정뱅이가 되어 온 식구와 이웃 사람들을 괴롭히게 되었다고 하였다. 때로는 자신을 달래기 위해 교회도 다녀 보았지만 그의 마음을 헤아려 주고 이해해 주는 곳은 한군데도 없었고 항상 소외만 당하고 상처만 입었다고 했다.

우리는 그후로 그 청년과 식사도 함께 하면서 가깝게 지내다가 정이 들게 되었고 얼마 후 그는 우리 교회에 나오기 시작했다. 그가 어느 날 조심스럽게 목사님 교회에 출석해도 되겠느냐고 내게 묻던 날 나는 너무도 감사하여 그 청년을 부둥켜 안고 울며 기도를 드렸었다. 그런데 그가 우리 교회에 출석을 한 후부터 교우들은 예배를 마친 후 식사와 친교 시간이 되면 모두 도망치듯 집으로 돌아가는 일들이 발생했다. 문둥병에 대한 지식이 없는 교우님들은 그 사람 옆에 가까이만 해도 병이 옮을 것이라고 생각하여 피하는 것이었다. 교우님들의 입장에서 보면 당연한 행동이었을 것이다. 나는 사랑을 베풀어 줄 것을 호소하였지만 참으로 어려운 일이었다.

이런 교우님들보다 더 큰 시험이 있었으니 그것은 바로 이 청년의 신앙 생활이었다. 토요일 저녁만 되면 소주 한 병을 손에 들고 담배를 입에 문 채 사택에 찾아와 술냄새, 담배 냄새를 피우며 주일 설교 준비로 바쁜 나를 몹시도 괴롭게 했다. 그래도 그때는 성령님의 은혜로 그가 그토록 사랑스럽고 좋아서 한번도 그를 미워하거나 원망해 본 일이 없었다. 오히려 없는 살림에도 용돈을 준비해서 그에게 주기도 하면서 그를 사랑했다. 이러한 관계가 2년 가까이 지속될 무렵, 그 청년은 기도하는 중에 큰 은혜를 받아 성령님을 체험하게 되었고 술 담배를 모두 끊고 열심있는 신앙의 사람이 되었다.

그리고 나서 몇 개월 후, 그의 기도 제목이 생겼는데 그것은 바로 배우자를 구하는 것이었다. 나는 내심 큰 걱정거리가 생겼구나 했다. 만일 이 청년이 기도하다가 배우자를 못만나게 되면 시험에 빠져 옛날처럼 타락한 길을 가지 않을까 하는 생각 때문이었다. 그런데 그가 배우자를 위한 기도를 시작한지 수개월이 지난 어느 날 밤에 그 청년은 한 자매님을 데리고 사택문을 두드렸다. 두 사람의 말인 즉, 자기들은 결혼을 하기로 하나님 앞에 응답을 받았는데 나에게 그것을 위해서 기도해 줄 것과 고향에 계신 자매님의 어머님께 허락을 받을 수 있도록 주선해 달라는 부탁을 하는 것이었다.

나는 순간 너무나 반가우면서도 한편으로는 또 하나의 짐을 지게 되었다는 것을 알았다. 그래서 나는 그 자매님과 진지한 대화를 나누어 보았다. 그 청년의 병에 대해서 알고 있으면서도 결혼을 결심했느냐는 나의 질문에 그 자매님은 자신도 불치병을 앓다가 하나님의 은혜로 고침을 받아 그때 서원하기를 건강하고 온전한 사람보다 좋지 않은 환경에서 병든 사람을 남편으로 맞아 평생을 그의 동반자가 되겠다고 서원했었다고 했다. 그리고 기도 중 그런 사람을 만나게 되었으니 결혼을 하겠다는 것이었다. 다만 자기는 전주 사람으로 아버지가 일찍 세상을 떠나시고, 홀로 되셔서 철물점을 운영하시면서 생계를 꾸리시는 어머니와 남동생이 하나 있는데, 그 어머님이 교회 집사님이기는 하지만 맏딸인 자기를 환자에게 시집보내는 것을 찬성하지 않을 것 같아 나에게 부탁을 하게 되었다고 했다.

나는 그들의 신앙에 감탄하면서도 하나님 앞에 큰 기도의 제목이 생겼음을 알았다. 그래서 그날부터 하나님의 뜻이 어디에 계신지 며칠 간을 기도하며 응답을 구했고 하나님의 응답을 얻고 나서 신랑측 어머님 집사님과 신랑될 청년과 함께 전주로 내려갔다. 그 자매님은 하루 먼저 내려가서 기다리고 있기로 약속을 했었기 때문에 세사람이 전주에 도착하니 자매님이 마중을 나와 있다가 어머님이 경영하시는 철물점으로 우리를 안내해 주었다. 그 당시 내 마음이 어떠했는지는 아마 아무도 헤아리기 힘들 것이다. 강한 기도의 힘이 아닌 인간적인 생각으로는 선뜻 그 철물점 안으로 들어서기가 어려웠다. 신랑될 청년과 그 부모님들께는 미안한 이야기지만 신부될 처녀 쪽의 부모 마음이라는 것이 얼마나 아프고 힘이 들었겠는가.

나는 용기를 내어 신부될 어머님께 인사를 드렸는데, 대꾸 한마디 없이 나를 물끄러미 바라보다가 다시 자신의 일만 묵묵히 계속하셨기 때문에 나는 그 자리에 서서 그분의 반응을 기다렸다. 약 30-40분을 서서 기다리던 나는 드디어 용기를 내어 입을 열어 그 집사님을 불렀다. 그리고 먼 곳에서 반갑지 않은 일로 온 목사지만 그래도 주의 기름부음 받은 종인데 이 무더운 여름날 40분 이상을 서서 문전박대를 당했으니 이만하면 충분한 것 같다고 말문을 열었다. 이제라도 나를 중매장이가 아닌 하나님의 일을 하는 목사로 보시고, 나 또한 하나님의 귀한 직분자의 가정으로 생각하여 축복기도나 하고 돌아가겠다고 말한 뒤, 무조건 방으로 들어가 자리를 잡고 앉았다. 그분은 하는 수 없다는 듯 들어와 냉장고에서 콜라를 꺼내어 컵에 따라 내 놓으시며 축복 기도하기를 기다렸다. 나는 순간 성령님의 강한 임재하심을 느꼈고 그 힘에 사로잡혀 뜨겁게 기도하기 시작했다

살아계신 하나님!
우리 소유물은 이 세상에서 아무 것도 없습니다. 나의 생명도, 나의 소유 재산도, 나의 자녀까지도 나의 것이 아니라 모두 하나님의 것이오니 당신의 뜻에 합당하게 쓰임받기를 원합니다 . . . 아멘

4-5분 간의 기도 후 우리 모두는 '아멘'으로 화답을 하였다. 나는 이 기회를 놓치지 않고 집사님께 자매님과 청년의 결혼은 하나님의 뜻이므로 그 뜻에 따라 결혼을 시키자고 권유하면서 이 청년이 앞으로 훌륭한 주의 종이 될 것이라는 이야기를 해드렸다. 그러나 그 집사님은 끝내 아무 말이 없으셨지만 나는 그 집사님의 심정을 조금은 이해할 수 있었다. 하나님의 뜻을 따르자니 아픔이고, 거역하자니 그 괴로움이 얼마나 크셨을까. 그후 두 사람의 결혼식은 이루어졌지만 정작 가장 기뻐하고 축복해 주셔야할 신부의 어머니 집사님은 참석하지 않았다. 그러나 나는 누구보다 그분의 마음을 이해할 수가 있었다. 눈에 넣어도 아프지 않을 큰 딸을, 그것도 신학 공부까지 시킨 귀한 딸을 재산도 없고, 건강치도 못한 환자 그것도 모든 사람이 꺼려하는 문둥병자에게 시집을 보내신다는 것은 인간적인 입장에서 보면 그 어느 누구도 상상할 수 없는 큰 괴로움이었으리라.

그러나 그 부부는 결혼 후 많은 고생도 했지만 청년은 신학을 해서 목사가 되었고 현재는 경기도 송탄에서 열심히 목회 생활을 하고 있다. 훗날 그 청년은 목사가 된 후 나를 찾아왔다. 그리고 나를 괴롭게 했던 것을 후회하고 많이 회개 했다고 하면서 자신이 목회를 해보니 그당시 나의 심정을 이해할 수 있게 되었다고 하였다. 아마도 모든 동역자 분들께서는 이러한 보람과 기쁨 때문에 해산하는 고통 만큼 어렵고 아픈 것을 참고 인내하며 저마다 목회 사역을 감당하고 있으리라 나는 생각한다. 지난 날 이 청년으로 하여금 나 자신이 사랑의 훈련, 인내의 훈련을 받은 것으로 생각해보면 하나님의 일은 모든 것이 합력하여 선을 이룬다는 진리를 다시 한번 깨닫게 되었다.

❷ 하나님의 뜻대로 행한다고 기도하면서도 모든 일을 내 뜻대로

나는 인간적인 열심과 정열, 지혜, 방법에 사로잡혀 개척 교회 3년만에 5천만원 이상의 빚에 시달려야 했다. 토요일이면 7-8명의 빚쟁이들이 교회와 사택으로 찾아와 몹시도 난처한 일들을 겪어야 했다. 때로는 주일 예배 시간에 찾아와 예배 시간 내내 나를 시종일관 바라보고 있다가 예배가 끝나면 바로 한적한 곳으로 나를 불러 당장 돈을 달라고 하니, 이 과정을 겪어보지 않은 사람은 도저히 그 당시의 심정을 이해하지 못할 것이다. 이러한 일들이 수 없이 반복되면서 전화 받기를 즐겨하던 세

딸들은 서로 전화 받기를 기피하게 되었다. 왜냐하면 전화를 받으면 받는 사람이 어른인지 아이인지 가리지 않고 상스러운 욕설부터 하면서 돈을 달라고 협박을 하는 일들이 잦았기 때문이다.

하루는 삼일 기도회를 마치고 사택에 들어서는데 큰 딸과 둘째 딸이 짐을 챙겨 어디론가 나가려는 준비를 하고 있었다. 당시 큰 딸 은영이는 초등학교 3학년, 둘째 딸 지영이는 유치원에 다니는 꼬마였다. 깜짝 놀란 우리 부부는 두 아이를 붙잡고 이유를 물어보니 울먹이며 대답하는 말이 집을 나가 껌 팔고 신문 팔아서 돈을 벌어 아빠가 교회하시면서 진 빚을 갚기로 둘이 약속했다는 것이었다. 어린 딸들의 입에서 이런 말을 들은 부모의 심정, 목회자의 심정은 그 어느 누구도 오직 하나님 외에는 헤아릴 수 없을 것이다. 나는 두 딸을 부둥켜 안고 통곡의 기도를 해주었고 이들에게 진정한 효도가 무엇인가에 대해 설명을 해주었다. 나는 찢어지는 마음을 감추며 두 아이를 안심시켰지만 그 사건이 지난 후인 지금까지도 그때의 일과 그당시의 아픔을 잊지 못하고 있다.

일이 이렇게까지 되자 밤이면 성전에 나가 울부짖는 기도를 드리지 않을 수가 없었다. 그런데 이상한 일은 본 교회는 재정난으로 점점 어려움을 겪는데 반해 외부 교회와 기도원 등에 부흥회 인도 초청을 받아 집회 인도만 하면 그곳의 어려운 문제 해결은 물론 헌금이 풍성하게 드려져 성도들이 나를 '축복 목사'라고 부른다는 것이다. 그에 반해 정작 내가 섬기던 본 교회는 너무도 어려움이 많았다.

그러던 어느 날 정말로 견디기 어려운 일이 생겼다. 토요일 날 밤늦게 어떤 집사님께서 대전에서 올라 오셨는데 (그분은 물론 빚쟁이였다.) 사택에 들어서자 마자 다짜고짜로 돈을 내 놓으라고 소리를 지르셨다. 당장 내놓지 않으면 사택에서 자살을 하겠다고 하면서 주머니에서 약봉지를 꺼내 협박을 했다. 만약 그렇게 되면 나의 목사 생명은 끝나게 될테니 교회당의 전세 보증금이라도 빼서 갚으라고 으름장을 놓았다. 나는 곤히 잠든 아이들이 눈치 챌까봐 밤새 통사정을 하여 겨우 한 주간을 연장 받았다.

생각해 보면 그 사람도 돈 때문에 힘이 들어 그랬겠지만, 그래도 사위가 목사님이고 자신 또한 교회의 집사의 직분을 받은 사람이 이럴 수가 있을까 하는 생각에 나는 잠시 아찔했었다. 돈을 못 받은 사람도 괴롭겠지만 그것을 갚지 못하고 있는 사람은, 그것도 주의 종의 입장이라면 얼마나 괴롭고 힘든지 이해하기가 어려웠을 것이다. 그러나 훗날 깨닫고 보니 하나님께서는 가장 가까운 사람을 통하여 훈련을 시키심을 알게 되었고, 지금도 나는 그 집사님을 위해 감사의 기도를 드리고 있다.

🌀 죽음을 각오한 심야의 기도

나는 인간적으로 견딜 수 없는 고통과 아픔을 다시 겪었다. 빚쟁이들이 매일처럼 찾아와 고소를 하겠다느니, 만 천하에 알려 명예 훼손을 하겠다느니, 또는 죽이겠다는 등의 갖가지 공갈과 협박을 했는데, 그중에서도 가장 견디기 어려웠던 것은 교회의 교인들에게 빚을 공개하겠다는 것이었다. 이 협박은 내게 있어 하늘이 무너지고 땅이 꺼지는 충격적인 것이었다. 무일푼으로 한 청년과 함께 시작한 교회가 몇 년만에 교인이 100여 명으로 늘어나고 이제는 제대로 성장하여 교회 건축을 꿈꾸며 기도하고 있는 이때에 그와같은 일이 생긴다면 어떤 현상이 벌어질지 눈앞이 암담했던 것이다. 더구나 교인 한 사람, 한 사람은 나의 피와 땀으로 얻은 심령들이 아닌가. 차라리 눈알이 빠지고 팔 다리가 잘려 없어진다 해도 우리 교우들과는 바꿀 수가 없는 것이었다.

한없는 통곡의 눈물을 흘리며 나는 하나님 앞에 기도했다. 기도하는 순간 모든 고민도, 산더미 같은 빚도 능히 감당할 수 있을 것 같았는데 막상 기도가 끝나고 나자신을 바라보면, 현실은 항상 냉혹한지라 죽음만이 도피처로 느껴지곤 했다. 어리석은 생각을 하던 나는 어느 날 밤이 깊어지자 교회당 옥상에 올라가 나이론 줄로 목을 매고 교회 십자가를 세운 철탑에 걸어 스스로 목숨을 끊으려는 시도를 세번 씩이나 했다. 그런데 막상 죽으려고 하니 주의 일을 하는 목회자로 하나님 앞에 용서 받을 수 없는 죄를 짓는 것은 물론, 첫째는 교우님들, 둘째는 아내와 어린 세 딸들이 마음에 걸렸고 지금까지 쌓아 올렸던 목회자의 수고가 공수표로 돌아간다는 것을 생각하니 도저히 죽을 수가 없었다. 내가 그렇게도 사랑하던 교우님들이 못난 목사를 만나서 목사가 자살했다는 그런 충격을 받으면 그들의 신앙이 흔들려 다시 불신자가 될까 두려웠고, 항상 못난 남편 때문에 갖은 고생을 하던 아내와 특히, 소록도에서 지금도 이 못난 아들 목사를 위하여 기도하고 계실 어머니를 생각할 때 참아 그런 어리석은 일을 저지를 수가 없었다.

그당시의 이런 저런 사정으로 나는 죽을 수도 그렇다고 살 수도 없는 상황이었다. 나는 마지막으로 죽느냐 사느냐의 최종 결정을 하나님 앞에 최후의 기도를 드린 후 하기로 하고 성전으로 다시 내려와 강단 위에 꿇어 앉았다. 어쩌면 나의 생애에 있어 마지막 기도가 될지도 모른다는 심정으로 최후의 기도를 드리기 시작했다. 아니 이것은 기도라기보다 하나님 앞에 내 힘으로는 어쩔 수 없는 현실에 대한 절규와 같은 것이었다.

하나님!
이 종은 죽어야지 도저히 살 수가 없습니다. 빚은 눈덩이처럼 늘어나고 갚을 방법은 없고 ... 답답하기만 하니 죽을 수 밖에 없습니다. 그런데 나를 따르고 섬기던 교우님들과 매주 부흥회 인도 시 각 곳에서 은혜받고 열심적으로 새삶을 살아가고 있는 교우님들 때문에 자살을 할 수도 없습니다. 차라리 이 밤에 당신께서 이 성전 건물의 콘크리트벽이 무너지게 하셔서 내 육신이 깔려 숨을 거두게 하옵소서. 그렇게 되면 목사가 기도하다가 순교했다는 은혜로운 소문으로 하나님께는 영광이요, 성도들에게도 자랑이 될 것이 아닙니까.

지금 생각해보면 얼마나 가증스러운 기도였는지 모른다. 그러나 그때 나는 어리석게도 이길만이 최선의 돌파구라고 생각하고 있었다.

'하나님! 주여! 주여!'
하늘을 향하여 목이 터져라고 울부짖던 나의 기도소리는 '하나님! 나 죽여, 하나님제발 나 죽여 주시옵소서'라는 소리로 내겐 들렸고 (주여 소리가 죽여 소리로) 이때 고함치는 소리를 타고 순간적으로 나의 온 육신은 하늘 높이 떠올랐다. 그리고 나서 하나님과 일문 일답의 기도가 시작되었다. 하나님께서는 아주 부드러운 음성으로 내게 질문하셨다.

'사랑하는 민 목사야! 네가 진 빚은 어디에 사용하였느냐?'
나는 대답하길 '하나님께서는 진정 몰라서 물으십니까? 그 돈은 모두 교회의 의자와 차량 구입, 유아원 운영, 성전세 . . . 등 모두 하나님의 교회를 위하여 사용하지 않았습니까?' 나는 하나님께 너무도 억울하여 달려드는 말투로 답변을 해드렸다.

그러자 이번에는 크게 진노하신 하나님의 음성이 나를 향하여 꾸짖으셨다.

'야, 이 도둑놈아!'

나는 순간 깜짝 놀라서 하나님께 되물었다. '하나님 어째서 제가 도둑입니까? 저는 성도들을 위해 사랑으로 섬기고 그들의 영적인 생활을 돕기 위해 교회 시설비와 운영비 때문에 빚을 졌는데 도둑이라니요?' 하며 하나님 앞에 대드는 기세로 기도를 드렸다.

그러자 하나님께서는 참으로 어리석은 나에게 바른 진리의 말씀을 들려 주셨다. 다름 아닌 성도들의 축복에 관한 말씀이셨다. 교회 차량을 비롯해 성전에서의 모든 필요한 것들은 은혜를 받은 교우들이 각자 자원하여 헌금을 드려 봉사해야 (심어야) 그들에게 물질의 축복, 건강의 축복 . . . 등 갖가지 하늘의 축복이 내려진다. 그리고 성도들이 축복을 받음으로 교회에 더욱더 소속감을 느껴 충성으로 섬김으로 교회가 건강하게 성장하게 된다.

그런데 목회자가 물질까지 앞질러 인간적 방법으로 행하여서 성도들의 축복권을 모두 가로 막았으니 네가 도둑놈이라는 것이었다. 나는 그때 하나님의 깊은 섭리를 깨닫게 되었고 이런 큰 진리를 주신 하나님께 감사의 기도를 드렸다. 그리고 나서 하나님께서는 나에게 '민목사여 두려워 말라. 놀라지 말라. 너는 내 것이다. 너의 순수한 마음을 내가 아노니 곧 축복을 주리라.'는 말씀을 주셨다.

나는 이때 축복에 관한 큰 비밀을 깨달았고 지금껏 목회를 하면서 이것만은 철저히 행하고 있다. 주의 종은 하나님이 주신 고유의 영권을 갖고 성도들에게 은혜만 끼치고 은혜받은 성도들이 하나님 앞에 축복의 씨앗을 심음으로 놀라운 기적의 역사가 넘쳐나는 것이다. 그래서 내 주위의 많은 성도들이 집회 때마다 은혜를 받고 은혜받은 대로 순종할 때 모두 엄청난 축복을 받아 하나님께 영광을 돌리며 살고 있다.

하나님과의 깊은 기도의 밤이 끝난 후 나는 곧 바로 기도원에 입산하여 5일 간 기도를 마치고 돌아와 본 교회 자체 부흥 집회를 열어 인도를 했다. 나는 이 집회를 인도하면서 교회 때문에 안게 된 목사의 사정을 (빚이 원금과 이자를 합하여 7천 만원 이상이 됨) 알렸고 이 문제로 부담이 가는 교우님들은 다른 부유한 교회, 훌륭한 종을 찾아 떠나도 좋다고 선포했다.   나는 이 말씀을 증거하고 나서 얼마나 홀가분했는지 모른다.   그도 그럴 것이 몇년 간을 빚쟁이들에게 협박받는 중 가장 괴로왔던 것이 바로 목사가 빚쟁이라는 것을 교인들에게 알려 교회를 엉망으로 만들겠다는 것이었다.   툭하면 이런 말을 들으며 괴로움을 당해오다가 먼저 터 놓고 이야기를 하게 되었으니 내 마음이 얼마나 가벼웠겠는가.

집회를 마친 후 우리 교회 교우님들 중의 약 반이 다른 교회로 떠나갔다.   이 일로 나는 너무나 가슴이 아파서 7-8일 간을 물 한 모금 마시지 못하고 아무 것도 먹지 못하는 큰 아픔을 겪어야 했다.   그러나 이것 또한 하나님의 뜻이라면 감사할 수 있는 믿음을 달라고 기도를 하면서 목회자로서 극한 아픔을 딛고 일어설 수 있었다.   한편으로는 이런 어려운 형편을 알면서도 교회에 남아 있어 준 교우님들께 너무도 감사하여 더욱 열심히 충성할 수 있었다.

이런 일로 나는 지금도 잊지 못하는 고마운 집사님 한분이 계신다.   그분은 박집사님으로 영감님께 용돈을 타면 조금씩 모아 놓았다가 매주일 닭 한마리를 사서 사택으로 가져오셔서 사모에게 주면서 ‘우리 목사님께 푹 고와드리십시요.   우리 목사님께서는 꼭 성공하실 것입니다.’하고 가장 힘들고 어려울 때 많은 용기와 힘을 주시던 분이셨다.   또한 언제나 나를 · 만나면 ‘목사님 박집사가 돈은 없지만 목사님을 위해 기도해 드릴께요.   힘내세요.   꼭 성공하실 거예요.’하고 말씀해 주셔서 나는 항상 큰 용기와 힘을 얻을 수 있었다.   이제 박집사님은 몇년 전 하나님 품으로 가셨지만 그분의 사랑을 나는 지금도 잊지 못하고 있다.

교회 안에 일들이 어느 정도 정리된 후 나는 이때부터 몰려오는 빚쟁이들에게 자신 있게 큰 소리로 하나님께서 곧 갚아 주신다고 하셨으니 염려하지 말고 기다려 달라 담대히 말할 수 있었다.   그리고 상상 외로 자신 있는 나의 모습을 본 빚쟁이들은 독촉을 멈추고 기다리게 되었다.   이 일로 나는 죽기를 각오한 만큼 하나님을 의지하는 철저한 신앙의 훈련을 받았다.   그리고 하나님께서는 하나님의 방법으로 모든 일들을 해결해 나가셨다.

◉ 떠난 사람과 남은 사람

하나님과 함께 나홀로 시작한 교회가 100여 명의 교회로 성장하기까지 4년이란 긴 시간이 흘렀다. 그 기간 동안 너무도 많은 어려움과 고난을 감내해내야 했었다. 그리고 이제 겨우 자리를 잡으려고 하는데 돈으로 인하여 목사가 어려움에 처해 있다는 사실을 알고 절반의 성도님들이 다른 교회로 떠나가 버렸다. 그런데 더 비참한 것은 남은 성도님들은 당시 가난하고 경제적으로 어려운 환경에 처해 있어 전세로 사는 분들이 단 한가정도 없을 정도였다. 모두가 내 형편처럼 월세방으로 어렵게 생활하시는 분들이었다. 오히려 교회를 떠나신 분들은 한결같이 집이라도 한 채 있고 경제적으로 괜찮은 분들이었다. 당시 난 암담한 현실 앞에 좌절할 수 밖에 없었는데 그때 하나님께서 고린도 전서 1장 27, 28절 말씀을 보라고 마음을 움직여 주셨다.

'하나님께서 세상에 미련한 것들을 택하사 지혜있는 자들을 부끄럽게 하려 하시고 세상에 약한 것들을 택하사 강한 것들을 부끄럽게 하려 하시며 하나님께서 세상의 천한 것들과 멸시 받는 것들과 없는 것들을 택하사 있는 것들을 폐하려 하시나니'

나는 이 말씀을 묵상하며 '낙심말고 기도하라. 그리하면 내가 다시 부흥케 하리라. 너를 믿고 남아준 가정들을 축복하리라'는 강한 말씀을 들을 수가 있었다. 나는 그 날부터 다시 말씀을 붙잡고 기도하면서 성도들과 함께 전심으로 기도하리라, 오늘 내 이 처절한 가난을 물리치리라, 강하게 다짐하고 그날 바로 교회 앞에 특별 새벽 기도를 선포했다. 첫째, 교회 부흥을 위해, 둘째, '남은 교우님들 모두 3년 안에 집 한채씩 갖게 하소서'란 두 제목을 놓고 100일을 특별 재단을 쌓았다. 전 교인이 합심하여 새벽 제단을 쌓았는데 그후 살아계신 하나님께서 우리의 기도대로 응답해 주셔서 교회도 다시 부흥이 되었고 전 교우님들도 3년 안에 집을 한채씩 사게 되었다.

하나님의 역사는 참으로 놀라왔다. 그당시 성도님들이 살고 있는 동네가 재개발 됨으로 아파트 입주권을 받게 되었다. 입주권을 받은 아파트가 세워져 이사를 하여 한순간 거짓말처럼 판자촌 삭월세 방에서 25평 아파트 주인이 되게 하신 것이다. 하나님의 기적같은 축복이었다. 이일로 나를 포함한 모든 성도님들이 얼마나 은혜를 받았는지 모른다. 그런데 우리 교회를 떠났던 가정들은 후에 알게 된 일이지만 교회를 옮긴 후 대부분 사업 실패와 가정에서 큰 어려움들을 겪었다고 했다.

❷ 죽기를 각오한 부흥 집회

1987년도에 교회가 한창 부흥 될 때 더 큰 부흥을 위해 세계적인 부흥 강사 강 달희 목사님을 모시고 축복 성회를 하려고 일정을 잡아 놓았다. 그런데 집회를 위해 기도를 하던 중 자꾸만 집회 장소가 마음에 걸렸다. 당시 우리 교회 예배당은 좁아 큰 부흥회를 한다는 것이 무리였기 때문이다. 그래서 여러가지로 생각하고 노력하던 중 집회가 1주일 밖에 남지 않았는데 별달리 큰 장소가 정해지지 않아 잠시 상심에 빠져 새벽 기도를 마치고 교회 옥상으로 올라갔다. 그곳에 올라가 하늘을 바라보며 '하나님 집회 장소를 주시옵소서' 간절히 외마디 절규를 했다. 그러다가 길 건너편 아파트 공사장을 바라보는데 '바로 이것이다'라는 생각이 전광석 처럼 스치고 지나갔다.

그 아이디어는 아파트 건축을 하려고 닦아 놓은 터 위에 4일간 집회를 하자 였다. 자, 이제 땅은 있는데 벽과 지붕이 없어 어떻게 해결해야하나 하고 고심하는 순간 '잠실 야채 시장에 가서 임시 천막을 빌려다 치자'는 생각이 떠올랐다. 당시 야채 시장 텐트는 한동이 약 150평 가량의 면적이 되니 6동만 치면 총 900평에 이르게 되니 몇천명을 수용할 수 있는 훌륭한 야외 집회장이 될 수 있다는 생각에 이르렀다. 나는 당장 이런 지혜를 주신 하나님께 감사하고 서둘러 잠실 야채 시장 텐트를 빌리러 갔다. 텐트 계약을 하고 바디메오 보컬 찬양팀도 초청 예약을 했다. 그런데 문제는 가장 중요한 신동아 아파트 소유 장소 대여와 관할 경찰서 구청 집회 허가 문제가 쉽지 않았다. 왜냐하면 당시 학생 데모 등으로 시국이 좋치 않았으니 몇천 명 집회 허가, 그것도 야외 임시 텐트로 대중 집회를 한다는 것은 무리였다.

그래서 나는 죽기를 각오하고 솔직히 집회를 마치고 감옥갈 각오를 하고 집회 하루전 전격적으로 아파트 현장과 관할 관청 허락도 없이 텐트 6동을 설치했다. 이렇게 엄청난 모험을 하며 겨우 겨우 집회 준비를 마쳤는데 야속하게도 그날밤 얼마나 강하게 바람이 부는지 . . . 나는 전 교우님들께 비상을 걸어 전 교우가 밤새도록 텐트를 붙잡고 통곡하며 기도할 수 밖에 없었다.

하나님!
  제발 바람을 멈추어 주소서.

**이 텐트 날라가면 내일 집회 못합니다.
그렇게 되면 하나님 손해 보십니다 . . .**

절박한 심정으로 눈물 콧물 범벅이 되어 온밤을 지새우며 기도를 했다. 낮 집회 시간이 되니 바람은 거짓말처럼 멈추었고 화창한 가을 햇살이 솟아 올랐다. 나는 힘이 나서 강단에 올라가서 보컬팀과 힘차게 준비 찬양을 인도했다. 그런데 왠일인가. 밖을 내다보니 수십명의 사람들이 손에 무엇인가 하나씩 들고 이곳을 향해 오고 있는 것이 아닌가. 맨 앞에 선 사람은 경찰관 같았다. 나는 직감적으로 무슨 일이 있구나 느낄 수 있었다. '무엇일까? 아, 집회를 방해 하려고 항의하러 오는 사람들이구나' 하는 생각을 순식간에 할 수 있었다. 어찌해야하나 하고 머뭇거릴 때 성령께서 '무엇을 머뭇 거리느냐, 기도하라! 기도하라!'는 음성을 주셨다. 나는 잠시 찬양을 멈추게 하고 다급하게 '기도합시다. 집회를 방해하는 마귀 떼가 몰려 오고 있습니다. 큰 소리로 함께 주여 삼창 하신 후 통성으로 마음을 다해 기도 드리겠습니다.' 하고 통성기도를 선포해 버렸다.

주여! 주여! 주여!

집회에 참여한 수천명의 군중들이 함께 소리를 치자 이곳을 향해 걸어오고 있던 무리들이 그 자리에 딱 멈추어 서서 멈짓거리는 것이 보였다. 후에 들은 이야기지만 우리가 통성 기도를 위해 큰 소리로 '주여! 주여! 주여!' 하고 외친 것이 불신앙인들인 이분들에게는 '죽여! 죽여! 죽여!' 소리로 들려 겁에 질려 한 발자욱도 꼼짝을 할 수 없었다고 한다. 순간 온몸이 떨리고 오금이 저려 결국 혼비백산하여 각자의 집으로 돌아 갈 수 밖에 없었다고 한다.

이분들이 집회 장소로 몰려 오게 된 것은 이미 먼저 아파트에 입주하신 분들이었는데 수천명의 군중과 9인조 밴드가 함께 하는 찬양과 통성 기도 소리 때문에 아파트 유리창이 떨리고 온벽이 진동을 해 도저히 참을 수가 없어 집회를 막으려고 파출소 직원과 함께 왔었던 것이다. 그런데 와보니 넓은 천막 안에 수천명의 군중이 운집해 '죽여, 죽여' 하고 소리를 치고 있으니 그냥 돌아가 당국의 힘을 빌리려 했다고 들었다.

나는 이런 저런 여러가지 어려움 속에 4일간 집회를 마쳤고 한국 기독교

100년 역사 중 강북 지방에서 3천여명 군중이 모인 집회는 처음인 역사적 집회를 죽음을 각오하고 치렀던 것이다. 이 일로 인하여 나는 아파트 아주머니들 사이에 '배짱좋은 목사님 짱이다. 그래 목사가 저 정도는 되야 한다 . . . '는 등, 하루 아침에 이름이 알려져 유명해졌다. 새벽이며, 낮, 밤 할 것 없이 인근에 사는 아파트 아줌마들이 교회를 찾아와 과일이며 과자, 빵, 떡, 그리고 어떤 극성적인 주부들은 런닝셔츠며 속옷 팬티에 양말 손수건까지 봇다리 봇다리 사다 주었다. 얼굴 한번만 다시보자고 하시는 분, 손 한번 잡아보자고 하는 분, '정말 잘 생겼다, 탤런트 같다'고 하시는 분, 갑자기 달려들어 껴안으려고 하는 분 . . . 집회의 여운은 이렇게 인근 주민들의 마음에 넘치는 은혜로 남아 있었다. 이로인해 우리 교회는 엄청난 부흥을 경험하게 되었다.

그리고 하나님의 은혜로 당시 관할 관청과 관련된 일도 잘 수습이 되어 죽기를 각오하고 순교의 신앙으로 달려든 부흥 집회는 기대 이상의 풍성한 은혜로 마무리 되었다. 아니 그렇게 죽기를 각오한 순교의 신앙 앞에는 그 무엇도 가로 막을 수 없었다는 표현이 맞을 것이다. 하나님은 그 나라와 의를 위한 일에는 다소의 무리 수가 있어도 당신의 방법으로 모든 일을 아름답게 마무리시켜 주심을 다시 한번 체험하게 되었다.

🍥 기도는 공짜가 없다

빚 문제 말고도 또 하나의 어려움이 있었는데 바로 사택 문제였다. 교회의 재정이 어려워지다 보니 사택이 월세를 내지 못해 거리로 쫓겨나게 되었는데 갈 곳이 없었다. 그래서 몇 달 동안 어린 딸들을 다른 교우님들 몰래 가깝게 지내던 집사님 댁에 맡겨놓고 나는 교회당에서 철야 기도를 하며 의자에서 잠을 자며 살게 되었다. 교우님들에게는 이 사실을 숨기려고 새벽이면 헐레벌떡 일어나 교회당 의자를 정리하고 밖에 숨어 있다가 교우님들이 새벽 기도회에 출석한 후 교회당으로 다시 들어서는 일들을 반복하던 시기였다. 그러던 어느 날, 당시 재정을 맡아 보시던 이 집사님께서 찾아와 하시는 말씀이 싸고 돈을 당장 지불하지 않아도 되는 28평짜리 빌라 주택이 있는데 사택으로 구입하라는 것이었다. 꿈에도 생각할 수 없는 일이라 거절했지만 하도 졸라서 하는 수 없이 집 구경을 가게 되었다.

그곳에 가서 그 주택을 보고 나는 깜짝 놀랐다. 하나님을 향해 기도하는 것은 하나도 땅에 떨어지지 않고 다 응답받는다는 진리를 다시 한번 깨달았다. 그 빌라가 세워진 땅은 우리가 몇년 전 성전 부지로 선정을 했던 곳이었다. 40일 간 온 교회 교우님들과 함께 여호수아와 이스라엘 백성들이 하나님의 명령에 순종함으로 (여호수아 6장) 여리고 성이 함락되었던 것처럼 그 주변을 돌며 우리 제단 성전터로 될 수 있기를 간절히 기도했던 곳이었다.

 기도하고 계획하던 중 사정이 여의치 못해 빌라 주택 자리로 놓치고 말았었는데, 이제 와서보니 하나님께서는 성전 대신 주의 종이 기거할 사택으로 예비하셨던 것이다. 그러고 보면 당시 우리가 드렸던 40일 간의 기도는 사택을 예비하기 위한 하나님께서 시키신 준비 기도였다.

나는 그밤에 하나님 앞에 많은 기도를 드렸다. 잠언서 16장 9절에, **'사람이 마음으로 자기의 길을 계획할지라도 그 길을 인도하는 자는 여호와시니라'**라는 말씀을 고백하며 모든 것을 주님 앞에 맡겼다. 그리고 이튿날 집 주인 아저씨를 만났는데 이분은 경찰관으로 재직하다가 정년 퇴임을 하신 분이셨다. 자제분들이 속을 썩여 집을 급히 팔려고 총 4,300만원으로 가격을 정하고 (당시 시가보다 500만원 정도 싼 가격) 대금은 가지고 있는 대로 달라고 하시며 먼저 명의 이전부터 해가라고 하셨다.

정말 믿기 힘들 정도로 좋은 조건이었지만 나는 도저히 엄두가 나지 않았다. 그도 그럴 것이 진 빚은 많고, 월세를 못내어 쫓겨나 있는 처지에 사택을 구입한다는 것은 말도 되지 않는 것이었다. 그리고, 또 이번 일을 통하여 새로운 시험이 올 수도 있다는 두려운 생각 때문이었다. 그래서 그냥 돌아오려는데 집 주인 아저씨가 막무가내로 조르며 계약을 하자고 나를 한나절이나 따라 다니며 졸랐다. 먼저 계약부터 하고 빨리 입주를 하라는 것이었다.

허허, 이것 참 . . .
이러지도 저러지도 못해 곤란해 하고 있는데 이 집사님께서 이것도 하나님의 뜻이니 믿고 입주를 한 뒤 후불로 지불을 하자고 권하셨다. 이 집사님은 '주님 믿습니다'라고 기도를 하신 후 내게 계약을 하자고 하면서 자꾸 권하여 나는 난처한 입장에 밀려 어쩔 수 없이 계약을 했다. 그리고 당장 사택이 없던 처지라 서둘러 입주를 하게 되었다.

오! 주여, 당신의 뜻이 어디에 있는지 알게 하여 주시옵소서.

이러한 나의 기도는 곧 응답을 받았다. 그후 주택 가격은 두배 이상 상승하였고 그 주택을 팔아서 4년 이상 그렇게도 지긋지긋하게 빚쟁이들에게 시달리던 빚을 모두 청산할 수 있었다. 나는 이일을 통해 하나님의 방법은 인간이 측량할 수 없는 오묘한 역사라는 것을 깨달았다.

내 방법으로는 어림도 없지만, 창피스럽게도 죽음을 해결책으로 택하려 했다. 그러나 요한 계시록 3장 7절, '다윗의 열쇠를 가지신 이 곧 열면 닫을 사람이 없고 닫으면 열 사람이 없는 그이가 가라사대 . . .'의 성경 말씀처럼 하나님께서 문을 여시니 이리도 쉽게 일이 잘 해결되었다. 그리고 나는 또 한번 하나님의 일은 하나님께서 당신의 방법대로 해결해 나가심을 경험할 수 있었다.

오! 주여, 철저히 주님을 의지하며 주님의 뜻을 따르며 사역하게 하소서.

ⓔ 천사를 보내 주신 하나님

하나님은 어려운 개척 교회 사역 당시 여러 모양으로 온전히 하나님만 신뢰하며 사역할 수 있도록 인도하여 주셨다. 감히 인간으로서는 상상할 수 없는 방법으로 수 많은 일들을 해결해주시며 하나님에 대한 신뢰를 놓치 않도록 나를 훈련하셨다. 한번은 이런 일도 있었다. 개척 교회 사역에서 가장 어려운 일 중 하나는 아마도 물질 문제가 아닌가 싶다. 몇 안되는 성도들은 아직 믿음이 어려 헌금을 모르고 담임 목사는 남들이 나가 일해 돈을 벌 동안 열심히 기도하고 심방하며 말씀 준비와 전도로 교회를 세우는 일에 전념해야 하니 물질적으로 어려울 수 밖에 없다.

당시 물질적으로 얼마나 힘들었던지 교회 전화, 전기, 사택 전화, 전기 등 모두가 다 끊긴 적이 있다. 그러나 누구 한테 빌릴 곳도 없고 하여 추운 새벽에 교회에 가서 혼자 하나님 앞에 꿇어 엎드려 눈물로 기도드리는 것 외에 할 수 있는 일이 없었다. 하나님, 현재 종의 입장과 사정과 형편을 모두 지켜보고 계시지요. 오늘 오전까지 20여 만원의 돈이 필요합니다. 만약 주시지 않으면 집에도 교회도 모두 전기가 끊어지고 옆집 안믿는 사람들에게도 믿는 사람들의 본이 못 되오니 당신께 영광을 돌릴 수 있도록 물질을 주시옵소서. 정말 간절히 두 시간 이상을 기도하고 교회당을 나서려고 하는데 자꾸만 마음이 교회당 입구 쪽에 둔 헌금함으로 이끌리었다.

나는 목회를 할 때 언제나 헌금통을 교회당 입구 쪽에 두어 성도님 스스로 자유롭게 언제든지 헌금을 할 수 있도록 해놓는다. 그런데 인간적인 생각으로는 '아무도 왔다 간 사람이 없고 이 추운 겨울 새벽에 누가 교회를 와 그 큰돈을 헌금함에 넣겠는가'라는 생각도 들어 움찔 움찔 망설이고 있었다.

그런데 성령님의 음성이 분명히 들리는 것 같았다. '종아, 헌금함 키를 열고 헌금함을 들여다 보아라. 새벽에 네가 기도할 때 천사가 다녀 갔느니라.' 나는 정말 이런 음성을 들었다. 그래서 정신없이 교회 사무실에 가서 헌금함 키를 가지고와 헌금함을 열어 보았다. 아니 그런데 '주여! 왠 역사입니까!' 헌금함이 열리자 순간 놀라움의 외마디 소리를 지른 후 헌금함에 반듯이 누워있는 하얀 봉투 하나를 집어 올렸다. 봉투를 여니 그 봉투 속에서 백만원짜리 자기앞 수표가 나왔다. 나는 수많은 0이 찍혀 있는 이 수표에 너무나 놀라 내가 무엇을 잘못 본 것이 아닌가 하고 밝은 불 빛 아래로 가서 다시 또 들여다 보았다. 분명히 0이 6개나 찍혀 있는 백만원짜리 수표였다.

정말 신기한 일이었다. 내가 기도하는 동안 누가 몰래 들어왔다 갔을까? … 풀리지 않는 의문이었다. 그러나 나는 더이상 어떻게 이런 일이 있을 수 있는지 그일을 알아내려고 시간을 끌 여유가 없었다. 우선 먼저 급한 불을 꺼야 했다. 이곳 저곳에 지불할 밀린 청구서들을 찾아내 발등의 불을 끄느라 바빴다. 이렇게 급한 일들은 하나님의 놀라운 역사로 생각지 않게 잘 해결이 되었다.

몇주 후에 알게 된 일인데 자초지종인즉슨 이러했다. 수유 지역 우유 대리점을 경영하시는 분이 우리 옆 지역에 살고 계셨다. 그날 새벽에 우리 교회 지역에 우유 배달을 나왔다가 교회 앞을 지나가게 되었다고 한다. 찬양 소리와 기도 소리가 얼마나 아름답고 크게 들려 왔던지 기도 찬양 소리에 이끌리어 자신도 모르게 교회당 입구까지 들어서게 되었다고 한다.

하나님!, 오늘 오전까지 돈을 주시지 않으시면 않됩니다 . . .

간절하다 못해 처절하게 울부짖는 기도 소리를 듣게 되었고 그 기도 소리에 자신도 모르게 사로 잡혀 지갑을 열게 되었다고 한다. 그리고 지갑 속에 있던 수표를 남몰래 헌금함에 넣어 놓곤 교회 문을 나서게 되었다는 것이다. 헌금을 하고 나서 얼마나 마음이 기쁘고 감사했는지 마치 몸이 깃털같이 가벼워 짐을 느끼며 마치 하늘 위로 떠 날아갈 듯 했다고 했다. 내 사정 이야기를 듣고 이분은 꼭 필요한 곳에 작은 헌금을 할 수 있도록 하나님께서 인도해 주셨음을 알고 눈물을 흘리며 감사 또 감사를 드렸다.

이분은 그날부터 우리 작은 교회로 나오셔서 얼마나 열심히 교회 생활을 하셨든지 나와 성도들께 엄청난 은혜와 힘이 되어 주셨다. 특히 철저한 십일조 생활과 헌금 감사 생활로 물질적으로 큰 힘이 되어 주셨다. 그후 우리 교회 집사님으로 함께 교회를 섬기게 되었으니 이분은 개척 교회에 하나님께서 보내주신 천사나 다름 없었다. 지금도 나는 이재길 집사님께 감사드리고 그때 주신 그 사랑을 위해 보답 기도를 하고 있다.

개척 교회를 하는 목사 가정을 하나님께서는 졸지도 주무시지도 않으시면서 불꽃같은 눈동자로 보살피고 계심을 나는 정말 섬세히 경험했다. 목사 가정의 훈련 과정은 평신도 가정들보다 더 힘겹고 어려운 것이 사실이다. 그러나 놀라우신 하나님의 손길에 전적으로 의지하는 그 삶을 통해 천국의 비밀을 더 깊이 깨달을 수 있는 축복이 있다. 나는 개척 교회 사역을 통해 오늘날도 만나와 메추라기로 목회자 가정을 먹이심을 수없이 경험했다.

한번은 이런 일이 있었다. 쌀독에 쌀이 모두 떨어져 꼼짝 없이 우리 다섯 식구는 그날 금식 아닌 굶식을 해야했다. 새벽 기도를 마치고 집엘 들어서려는데 쌀가게 아저씨가 쌀 가마니를 메고 우리 집으로 들어 서고 있었다. 나는 사실 쌀독에 쌀이 떨어진 사실도 몰랐다. 그래서 쌀 가게 아저씨를 향해 '아저씨, 무슨 착오가 있으신가 봐요. 우린 쌀을 시키지 않았습니다.' 라고 했다. 그분은 웃으시면서 '압니다. 이 쌀은 저 건너 동네 통장님이 목사님 댁에 배달해 드리라고 돈을 새벽에 주고 가셨습니다.' 하시는 것이었다. 나는 도무지 믿기지 않았고 무슨 영문인지 알 수가 없었다.

그래서 집에 들어가 전화 번호를 수소문하여 통장님 댁 전화 번호를 알아냈다. 그리고 통장님께 전화를 해 인사를 드린 후 보내 주신 쌀에 대해 여쭈어 보았다. 통장님은 껄껄껄 크게 웃으시면서 '목사님, 저 모르시겠어요. 요 며칠 전 아침에 버스 정류장 앞에서 시내 쪽으로 함께 택시를 타고 가던 사람입니다. 목사님이 택시를 먼저 잡아 우선권이 있으신 데도 제가 급하다고 하니까 중간에 내리셔서 전철을 타고가셨지 않습니까.

목사님 양보 덕분에 제가 빚쟁이를 약속 시간에 만나 2년만에 빚을 되돌려 받게 되었습니다. 그래서 얼마나 감사한지 목사님 교회를 겨우 겨우 찾아 작은 성의지만 쌀 한가마니를 보내 드릴 수 있게 되었습니다. 얼마나 기쁘고 감사한지 모르겠습니다. 목사님 제가 다시 한번 감사드립니다.' 하시는 것이었다. 그후 통장님은 옆에서 물심 양면으로 나의 목회를 도와 주시며 교회 부흥에 큰힘과 도움을 주셨다.

살아 계신 하나님은 언제고 어디서나 주의 종의 필요한 것을 다 아시고 그때를 따라 공급해 주심으로 험한 사역의 길을 계속 걸을 수 있게 힘을 주셨다. 나는 주님의 친히 먹이시고, 입히시고, 보호하시는 그 사랑을 날마다 받으며 넘치는 은혜로 사역을 감당할 수 있었다. 이러한 철저한 은혜의 훈련 때문에 나는 지금도 크고 작은 사역들을 감당하면서 육신적 문제, 물질적 문제 등 모든 것을 초월하여 맡길 수 있는 하나님에 대한 철저한 신뢰를 바탕으로 믿음의 사역을 감당해 오고 있다.

IV. 하나님이 주신 은사

1) 신유의 은사

◉ 신유의 능력을 주시옵소서.

나는 몇년 동안 하나님 앞에 기도하기를 특별히 신유의 능력을 달라는 기도를 드렸는데, 그것은 내 자신이 오래 전부터 건강 때문에 남 모르는 아픔을 겪고 있었기 때문에 그 고통이 얼마나 큰 것인지를 잘 알고 있었기 때문이었다. 나는 장기 금식을 많이 했는데 어려웠던 시절 금식 후 식사 조절을 잘못해서 위가 늘어나는 바람에 음식을 먹으면 항상 통증을 느껴야 했다. 이러한 통증을 하루 세번씩 겪다보니 설교를 앞둔

날이면 아예 식사를 하지 못했다. 그래서 이런 사정으로 나는 더욱 더 신유의 은사를 구하게 되었던 것이다. 신유의 은사를 위해 몇년 동안을 기도하다 보니 하나님께서는 나의 기도에 응답하여 주셨고 그 응답은 상상할 수도 없었던 놀라운 방법을 통해서 주셨다.

하루는 세계적인 부흥 강사이신 강달희 목사님을 만났는데 강목사님께서는 한편의 설교 원고를 나에게 건네 주셨다. 그러면서 하시는 말씀이 가장 아끼시던 설교 원고인데 많은 기도 중 하나님의 음성을 듣고 나에게 주게 되었다고 하셨다. 그 원고의 제목은 "말씀과 신유"라는 것이었고 그 설교 원고를 받아든 순간 나는 하나님께서 나의 기도를 응답하셨다는 것을 알 수 있었다. 또한 강목사님께서는 나에게 함께 용산 현신애 권사님 제단에 가서 신유 집회를 인도하자는 제의를 해오셨다.

그 말씀을 듣고 나는 얼마나 기뻤는지 하나님께 감사, 또 감사의 기도를 드렸고, 평소부터 가장 존경하던 강 달희 목사님을 모시고 현권사님 제단으로 향했다. 그곳으로 가는 동안 강 목사님께서는 나의 손을 잡고 축복 기도를 해주시면서 앞으로 멀지 않아 꼭 목사님 시대가 열릴 것이니 어려운 개척 교회에서 너무 낙심하지 말고 열심히 사역하면서 세가지만 꼭 비축해 두라고 간절히 당부하셨다. 그때 강목사님께서 나에게 당부하신 세 가지는 이것이었다.

첫째는, 하나님의 말씀 비축
둘째는, 기도 비축
셋째는, 건강 비축

이 세가지만 철저히 준비해 두면 언젠가는 하나님께서 세계적인 일꾼으로 사용하실 것이라고 하시면서 더불어 많은 목회 경험의 말씀과 함께 축복의 말씀을 들려 주셨다. 나는 지금도, 아니 이땅에 머무는 한 강목사님께서 오랫 동안 베풀어 주신 사랑을 잊지 못할 것이다. 그분을 깊이 알지 못하는 사람들 중에서는 강목사님을 오해하시는 분들이 있지만 가까이서 접해 본 사람이라면 누구나 그분을 존경하고 사랑하지 않을 수 없을 것이다. 그래서 나는 그후로 축복의 사자, 사랑의 사자인 강 목사님을 위해 매일 중보 기도를 드리게 되었다.

하나님 감사합니다.
많은 주의 종들 가운데 가장 부족한 저를 택하여 응답하시고 당신께서 사랑하는 강달희 목사님을 통하여 역사하심을 감사드립니다.

🌀 현신애 권사님과의 만남

강목사님과 함께 용산에 가서 현권사님을 만났는데 처음 대면에서 현권사님은 나를 조용히, 그리고 자세히 바라보시더니 천천히 입을 열어 말씀을 하셨다.

"민목사님, 하나님께서는 민목사님을 너무나 사랑하십니다. 앞으로 큰 일을 맡기실 터인데 하찮은 계집 종이 충고 한마디 드리겠습니다. 많은 목사님들께서 이 제단에 오셔서 하시는 말씀이 한결 같습니다. 오시는 분마다 제 손을 잡고 신유의 능력만 받으면 교회가 금방 부흥 되고 기도원이 금방 부흥 되니 그 방법을 가르쳐 달라고들 하시는데 저는 지금까지 어떤 영적 비밀도 말한 일이 없었습니다. 그러나 오늘 하나님이 역사하심으로 그 영적인 비밀을 처음으로 민 목사님께 말씀드리겠습니다.

'계집 종이 받은 은사는 걸레 은사처럼 천한지라 입으로 빨고, 손으로 짜고, 두드려 안수해야 병이 낫지만, 민목사님은 하나님이 세우신 능력의 종이므로 능력의 종답게 강단에서 말씀만 선포하면 히브리서 11장 12절 말씀이 그대로 역사하실 것입니다. **'하나님의 말씀은 살았고 운동력이 있어 좌우에 날선 어떤 검보다도 예리하여 혼과 영과 및 관절과 골수를 찔러 쪼개기까지 하며 또 마음에 생각과 뜻을 감찰 하나니 ...'**

하나님의 말씀은 진실로 능력이요, 수술의 칼이요, 불이라, 무슨 병마든지 수술할 것이고 고침 받게 될 것입니다. 그러니 말씀의 깊은 연구와 기도로 꼭 고급 은사를 받아 사역 하시기를 기도 드리겠습니다.' 이와같은 말씀을 마치시고 강목사님과 현권사님은 내 손을 꼭 잡으시고 뜨겁게 축복 기도를 해주셨다. 이일 후에 나는 강목사님께서 주신 원고 말씀을 보게 되었고, 보는 도중 그 말씀에 사로 잡혀 성경의 특별히 신유에 관한 말씀에 깊이 몰두하게 되었다. 또한 현권사님의 기도 말씀에 사로잡힘으로 수개월 동안 큰 영감적인 은사와 능력으로 하나님의 응답을 받게 되었다.

℮ 놀라운 신유의 은사

현권사님의 제단을 다녀온 후 성경 말씀이 얼마나 달게 다가오는지 나는 한해 동안 성경을 수십독을 정독하게 되었고, 성경에 있는 말씀들이 입체적으로 와닿기 시작했다. 출애굽기 14장 21절 이하에 모세가 홍해 바다 위로 손을 내어미니 그 바다가 갈라지는 역사, 여호수아서 3장 14절 이하에 기록된 말씀처럼 여호수아가 요단강으로 언약궤를 맨 제사장들과 백성들을 들어가게 명하니 요단강이 갈라지는 역사 . . . 등 수많은 기적과 이적의 역사를 주관한 인물이 마치 나 자신처럼 느껴져 왔다. 특별히 달라진 것이 있다면 강단에 서서 집회를 인도할 때면 갑자기 허리가 아파 오고 머리가 아파오고 . . . 내 몸이 아파 오는 것이었다.

나는 성령님의 도우심으로 집회에 참여하신 분 중 허리 아픈 디스크 환자와 머리 아픈 환자 등이 있음을 내 몸에 오는 느낌으로 알 수 있었다. 또한 성령님께서는 내게 지시하기를 '허리 아픈 디스크 환자와 머리 아픈 환자 . . . 등이 하나님의 수술로 고침을 받았습니다.'라고 선포하라고 명령하셨다. 계속적으로 '선포하라'고 하시는 성령님의 지시가 느껴졌고 나는 자 자신이 먼저 말씀에 큰 은혜를 받게 되는 일들을 체험하게 되었다.

그런데 우스운 이야기지만 나는 이때만 해도 믿음이 부족하였었다. 그래서 '하나님 만약 그렇게 선포했다가 환자가 낫지 않으면 나는 사기꾼이 됩니다. 저는 못합니다. 할 수 없습니다.' 이렇게 몇 번 거절을 하였던 것이다. 그리고 그날 설교를 마치고 강단에서 내려 왔는데 밤새도록 갑작스런 허리의 통증으로 죽을 고생을 하게 되었다.

나는 하나님 앞에 회개하면서 기도하기를 '하나님 계속 집회 일정이 잡혀 있는데 허리를 고쳐 주시옵소서. 제가 무슨 잘못을 했기에 또 채찍을 드시나이까' 하고 하나님 앞에 부르짖었는데 하나님께서는 응답하시기를 '네가 내 말을 거역했기 때문이니라'라고 말씀하시는 것이었다. '제가 무엇을 거역했습니까?' 하고 다시 되묻자 하나님께서는 환자들을 향하여 선포하지 않은 것을 꾸짖으셨다.

나는 다시 변명하기를 '하나님 만약 선포했다가 낫지 않으면 나는 거짓말쟁이가 됩니다. 그래서 선포하지 못하였습니다' 하였다. 그때 하나님께서는 온화하신 음성으로 '믿음이 작은 종아, 왜 나를 믿지 못하느냐. 네가 거짓말쟁이가 되면 나 또한 거짓말쟁이가 되는 것이니 나를 믿고 선포하라. 내가 모든 것을 책임질 것이다'라고 말씀하셨다.

할렐루야!
나는 이일 후 강단에 서면 담대한 믿음으로 성령님이 지시하시는 대로 내 몸의 감각이 오는 대로 선포를 하게 되었고, 선포하기만 하면 각 곳에서 아파오던 내 몸의 통증이 멈추게 되어 이 얼마나 신나는 일인가. 내가 선포만 하면 하나님께서 책임지시지 않을 수 없으니 나는 막 선포하고 하나님께서는 책임지시고 역사해 주셨으니 고린도 전서 3장 9절의 사도 바울의 고백처럼, **'우리는 하나님의 동역자들이요, 너희는 하나님의 밭이요, 하나님의 집이니라.'** 나는 하나님과 동역자가 된 것이다. 후에 알게 된 일이지만 이때 하나님께서는 믿음이 적었던 나에게 믿음의 은사를 주셨던 것이었다.

할렐루야!
살아계신 하나님을 찬양합니다.
믿음이 적은 자에게는 믿음을 더하여 주시고 병든 자에게는 병고침을 주시고 지혜가 부족한 자에게는 지혜를 주시는 자비하신 하나님을 찬양합니다.

나는 이후에 집회 인도시마다 수많은 신유의 체험을 하게 되었다. 그 능력은 안수를 하거나 안찰할 때가 아닌 설교 도중 나타났는데 말씀의 능력을 통하여 역사하였고 자궁암이 터져 녹아내리고 백내장, 위암, 정신병자, 앉은뱅이 . . . 등 수많은 병자들이 치유받는 기적이 일어났다. 그래서 강단에서 설교할 때면 나는 항상 자신을 모두 성령님께 맡겨버리고 한 걸음 뒤에 서서 성령님의 말씀을 대언하면서, 앞서 행하시는 성령님의 역사의 놀라운 기적을 지켜보게 하셨다. 내가 강단에서 성령님의 말씀을 대언할 때면, 내 속에 있는 또 다른 나는 성령님의 옷을 입고 그의 역사하심을 뒤에서 바라보았는데, 그때에는 내 음성도 없고 내 모습도 찾아 볼 수 없고 그분의 역사하심만 바라 볼 수 있었다. 이런 놀라운 모습을 보면서 나 자신이 먼저 은혜를 받아 아멘으로 화답할 수 밖에 없었다. 그동안 성령님께서 동행하시면서 수많은 집회를 통하여 베푸신 기적과 은혜를 짧은 지면을 통해 다 소개할 수 없는 것이 아쉬울 뿐이다.

할렐루야!
하나님은 좋으신 분이요, 능력과 권능과 축복의 하나님이심을 내가 고백하나이다.

🌀 홍성 교도소에서의 성령님의 역사

충남 홍성에 자리 잡고 있는 홍성 교도소는 내가 1986년 처음 인연을 맺을 때만 해도 복음의 황무지나 다름이 없는 곳이었다. 교도소라는 특수한 환경 때문에 하나님의 복음이 들어갈 기회가 없었던 것이다. 이곳에 하나님께서는 교정국 신우회 회장님을 지내셨던 김주환 장로님을 당시 보안 과장님으로 파송하게 하셔서 선교 사명을 감당하게 하셨고, 일찍이 김 장로님의 사모님이신 임권사님과의 기도의 인연을 내가 이끌던 예레미야 세계 선교회와도 연결이 되게 하셨다.

김 장로님이 계시게 되면서 홍성 교도소에서는 매주 일일 부흥 집회를 열어 옥중 집회를 가졌는데 그 때마다 나를 부흥 강사로 초청해 주셨었다. 내가 처음 집회 인도를 갔을 때 150 여명의 남녀 재소자들이 참여했었는데 그날 엄청난 성령의 역사가 그 안에 임했었다.

그후 알게 된 일이지만 불신자들 중에서 하나님과 나를 시험하기 위해 교도소 병원에 입원하여 치료를 받던 간질 환자를 비롯하여 백내장 환자, 골수염 환자, 중이염 환자 . . . 등 병원의 모든 환자를 동원하여 교회당에 앉혀 놓았었다 한다. 나는 이런 사실도 모른 채 성령에 이끌리어 말씀을 통해 선포함으로 병마가 물러가 수십 명이 신유의 은사를 체험하게 되었다. 하나님께서는 신유의 은사를 주실 때 그 병마가 물러가면 먼저 내 몸에서 스스로 깨달아 알 수 있는 영적 감각을 주셨음으로 나는 내 몸을 통해 느낀 대로 선포를 하였는데, 갑자기 교도소 안이 온통 울음바다로 변했고 하나님의 놀라우신 기적과 이적이 불길과 같이 일어났다. 믿지 않던 불신자들까지 통곡하며 회개하였고 그곳에 모인 모든 사람 위에 성령이 임해 교도소 안은 온통 성령의 불바다였고, 방언과 예언, 신유, 입신 . . . 등 갖가지 은사가 임하였다.

이일로 많은 자들이 예수를 영접하였고, 당시 10년 형을 선고 받고 복역 중이던 홍 기표 형제님은 이일을 통해 나와 인연이 되어 옥중에서 통신 신학을 공부하며 전도사가 되었다. 그는 담 안의 (옥 중 재소자들을 위한) 선교사가 되었고, 교도관이셨던 김봉래 부장님은 담 (교도소) 밖의 선교사가 되어 안팎으로 하나님의 역사가 크게 임해서 옥중 전도 사상 최고의 기적과 역사가 일어났고 수년이 지난 지금도 계속 되고 있다. 담 (교도소) 안의 선교사였던 홍 기표 전도사님은 그후 가석방 되셔서 지금은 훌륭한 부흥 강사로 많은 곳에서 하나님의 복음을 전하며 은혜를 끼치고 있으니 이 얼마나 큰 은혜인가. 홍성 교도소를 생각하면 성령의 놀라운 역사를 허락하신 하나님 앞에 그저 감사할 뿐이다.

⊙ 나를 친히 만져 주신 치유의 역사

나는 장기 금식 후에 식사 조절을 잘 못하여 위장이 늘어나 8년 이상을 고생스럽게 생활해야 했다. 그 때문에 예배 인도가 있을 때에는 최소한 한시간 전에는 아무 것도 먹지를 못했다. 실수로라도 음식을 먹게 되면 어김 없이 뱃 속 깊은 곳에서부터 마치 바늘로 찌르는 듯한 통증이 왔기 때문에 설교 도중에라도 힘이 쭉 빠져 진땀이 나고 또 통증으로 인하여 큰 소리로 말씀을 증거할 수가 없었기 때문이었다. 그래서 특별히 주일이면 이른 아침부터 저녁까지 하루 종일 한끼도 먹지 못하고 생 굶식을 할 수 밖에 없는 처지였다. 이런 속 사정을 알 리 없는 주위 분들은 나를 가리켜 대단한 믿음과 정열을 소유한 목회자라고 하면서 부러워하기도 했지만 정작 나는 남모르는 고생을 하고 있었다.

그러던 어느 날 견디다 못한 나는 교우님들의 눈을 피해 평소에 잘 알고 지내던 내과 병원 원장 집사님께 찾아가 '내 위장을 좀 고쳐 주십시오' 하면서 그 집사님을 붙잡고 통사정을 했다. 그랬더니 그 집사님께서는 별다른 특효약이나 처방전은 없고 식사를 할 때, 더 먹고 싶으면 숟가락을 놓고 음식을 줄여 먹는 것 외에는 방법이 없다고 하셨다.

그런 진단을 받고 병원 문을 나오면서 나는 꼭 도둑질하는 사람의 마음처럼 가슴이 두근거렸고 그런 나 자신의 모습이 너무도 초라하게 느껴졌다. 강단에 서면 남들의 불치병까지도 말씀 한마디로 치료하면서 정작 자신의 늘어난 위장 하나를 제자리로 돌려 놓지 못하는 자신의 약한 믿음이 정말 부끄럽기 그지 없었다. 그래서 나는 8년 동안을 매끼 식사 때마다 단 한번도 마음 놓고 음식을 먹을 수가 없었고 식사를 마치고 나면 혼자서 아픈 배를 움켜 쥐고 기도할 수 밖에 없었다.

그러던 어느 날 그날은 토요일 밤이었다. 잠자리에 들었다가 통증이

와서 다시 일어 났는데 내 온몸은 열과 함께 땀에 흠뻑 젖어 있었고 마치
죽을 것만 같은 통증이 밀려와 도저히 참을 수가 없을 정도였다.

'아이구 하나님,
이 종좀 살려 주십시오.
도저히 참을 수가 없습니다.'
나는 이렇게 그 자리에 앉아 혼자 기도를 하고 있었는데 갑자기 진노하신
하나님의 음성이 들려왔다.

'믿음이 없는 자여
기도, 기도하면 될텐데, 왜 고통 속에서 혼자 신음만 하고 있느냐.'
나는 이 말씀을 듣자 정신을 바짝 차리고 그 자리에서 꿇어 앉아 죽기를
각오 하고 기도하기 시작했다. 뜨겁게 기도할 때에 나의 치켜 올려진 양
손 에서는 수천도의 열이 임하는 것 같았고 알 수 없는 진동이 왔다.
나는 그 뜨거워진 양손을 통증으로 인하여 감각조차 없어진 배에 얹고
기도를 했는데 마치 전기 스파크가 일어나는 듯한 번쩍하는 느낌과 함께
금방이라도 죽을 것 같았던 그 거센 통증이 거짓말 처럼 사라지는
것이었다.

나는 순간 하나님의 치료의 손길이 임했음을 알았고 감사의 기도를
드렸다. 그리고 나서 일어나 큰 호흡으로 숨을 쉬어 보고, 뛰어도 보고,
배를 두드려도 보았으나 통증은 전혀 나타나지 않았다. 너무나 오랫
동안 고통을 겪던 터라 나는 정말 믿어지지 않을 만큼 행복했고 그날
밤은 편안하고 포근한 잠을 잘 수가 있었다. 그러나 아침에 일어난 나는
어리석게도 하나님의 능력을 의심하여 또 다시 아프지 않을까 하는
염려가 들었다. 밥을 먹고 강단에 올라가 설교를 해보아 정말
고쳐졌는지 확인을 해보는 어리석은 행동까지 하게 되었다.

그래서 나는 밥을 두그릇이나 먹고 강단에 올라가 예배를 인도했는데
신기하게도 통증은 전혀 나타나지 않았고 기운만 넘쳐서 하나님 앞에
얼마나 감사를 드렸는지 모른다. 기도하면 될텐데, 기도하면 늘어난
위장도 제 자리로 맞추어 주실텐데, 기도하지 못하고 어리석게도
하나님의 능력을 전적으로 믿지 못하고 시험했던 일들까지 모두 하나님
앞에 회개의 기도를 드렸다.

할렐루야!
살아계신 하나님을 찬양합니다.

살아계신 전능하신 하나님께서는 늘어났던 나의 위장을 기도하자 8년만에 제자리로 돌려주셨습니다. 지난 날 교통 사고를 당하여 인간의 의술로는 도저히 치료할 수 없는 포기 상황에서 친히 나의 뇌를 고쳐 주셨으며, 장기 금식 후 영양 실조로 걸음조차 걸을 수 없는 앉은뱅이 아닌 앉은뱅이인 나를 일으켜 주신 능력의 하나님, 전능의 하나님! 자식을 잃고 극한 절망과 슬픔에 잠겨 있을 때 위로와 소망을 주셨던 인자하신 사랑의 하나님! 나는 이 하나님만을 위해 목숨이 다하는 날까지 충성을 다하렵니다.

그래서 내가 항상 즐겨 부르는 복음 송은 "주님의 빚진자"라는 곡이다.

"주님의 빚진 자"

죄악에 썩은 내 육신을 주님이 쓰시려 했네.
죽음의 덫에 걸려 있는 몸 주님이 쓰시려 했네.
속죄하는 손 치유하시고 속죄하는 발 치유하셨네.
새 생명 얻은 이 몸 다바쳐 주님께 영광 돌리리.

먹물로 칠한 내 육신을 주님이 희게 하셨네.
십자가 보혈 증거하라고 주님이 살-리셨네.
기도할 때에 음성 주시고 찬송할 때에 기쁨 주시네.
내 작은 입이 내 작은 몸이 주님의 붙들린 자라.

평생 갚아도 빚진 자 되어 주님의 빚진 자 되어.
주님 가신 길 택하였건만 눈물만 솟-구치네.
생명 주신이 주님이시라 능력 주신이 주님이시라.
말씀 전하여 복음 전하여 주님의 빚을 갚으리.

2) 사랑의 은사

● 소록도 교회 소개

소록도 국립 나병원은 일제 시대 때 자꾸 늘어만 가는 문둥병 환자들을 격리 수용시키기 위해 일본 사람들이 사면이 바다로 둘러 쌓인 '전남 고흥군 도양읍 신생리'라는 곳에 만들어 놓았던 것에서 시작되었다. 병원은 약 32만평의 섬 안에 자리잡고 있으며 복음이 들어가게 된 것은 약 30년 전에 김두영 목사님께서 그곳에 들어가시면서 부터였다.

김목사님께서 하나님의 복음을 전하고 교회를 세워 현재는 교회당이 7개나 되고 그곳 입원 환자의 약 3분의 2가 기독교인이 되었다. 나의 어머님도 김목사님의 인도로 큰 은혜를 받아 하나님을 영접하였고 그때로부터 소천하시기까지 이 아들을 위한 기도의 동역자가 되셨다. 그 덕분에 나는 부흥 강사가 되어 하나님의 복음을 전하게 되었고 어머님께서 봉사하시던 교회에서 15 년 간이나 일 년에 두 차례씩 부흥 집회를 인도하게 되었다. 어머님의 병으로 낙심했던 그 많은 날들이, 그 무거운 고통과 아픔들이, 어머님께서 하나님의 사랑을 깨닫고 봉사하시는 모습을 보면서 눈 녹듯이 녹아내렸다. 참으로 역설적이지만, 이 사건은 하나님께서 내 인생에 베푸신 은혜 중의 은혜요 말로 형용할 수 없는 기쁨이 되었다..

나는 부흥 강사로 초청받아 말로만 듣던 소록도 병원으로 가게 되었는데 처음 도착했을 때의 사건들은 25여 년이 지난 지금도 잊을 수가 없다. 내가 막 배에서 내려 아내와 함께 섬에 첫 발을 내딛자 수십명의 환자 교우님들이 기다리고 있다가 우루루 달려와서 손을 잡으며 반갑다고 인사를 했다. 이분들을 처음으로 접하고 보니 몹시 당황할 수 밖에 없었다. 그래서 그분들께는 미안한 이야기지만 악수를 하고 난 뒤 나는 손이 간지러워 몇번이고 그분들 몰래 엉덩이 뒷바지에 손을 문지르고 또 문질러서 닦아냈다. 그렇게 닦아내도 계속 손이 꿈실거리던 사랑이 부족한 시절이었다.

그러나 시험은 지금부터였다. 그곳의 환자 집사님의 가정으로 안내를 받아 가게 되었는데 때는 여름철이라 모든 방문을 활짝 열어 놓고 많은 성도들이 음식 준비를 하고 있었다. 저마다 쌀을 씻고, 나물을 무치고, 김을 굽느라고 바쁜데 그 모습을 바라본 나는 속으로 큰일났다는 생각을 하고 있었다. 저 음식은 모두 나를 위해 준비하는 것인데 안먹을 수는 없는 일이었고 저마다 손이 꼬부라지고 심지어 어떤 분은 손가락에서 나오는 진물을 막기 위해 반창고를 붙이고 있었다.

병마로 인해 성한 곳이 없는 사람들이 만드는 것을 두눈으로 똑똑히 보고서 먹는다는 것은 정말 끔찍하기까지 했다. 더구나 나는 비위가 약해서 어릴적부터 남의 집 음식은 절대 못 먹던 사람인데 그것도 성한 사람이 만든 것도 아닌 이 음식을 먹어야 하다니 정말 난감했다. 더우기 여름철이라 파리 떼가 음식에 달라붙고 고양이를 방에서 기르는지 사방에서 나는 고양이 냄새, 환자들 몸에서 나는 송장 썩는 냄새 등으로 나는 구역질까지 울컥 울컥 올라왔다. 통제할 수 없이 역겨움의 반응을 보이는 내 육체에 어찌해야 할 지 정말 대책이 서질 않았다.

이러한 나의 고통과 사정을 눈치채지 못한 교우님들은 저마다 신이 나서 갖가지의 반찬을 정성스럽게 준비하여 상다리가 부러질 정도로 차려 놓았다. 그러나 정작 문제는 지금부터였다. 잠시 후 당회원 장로님들이 들어오시는데 그 모습들은 정말 볼 수 없을 정도였다. 코, 입, 손, 발이 모두 문드러져 있었던 것이다. 나는 남몰래 고개를 돌려 헛 구역질까지 하고 나서 식사 기도를 드리기 시작했는데 속으로는 정말 얼마나 난감했는지 상상할 수가 없이 큰일이었다.

기도를 마치고 수저를 드는데 조금 전 밖에서 음식 장만하던 모습이 떠올라 도저히 먹을 수가 없었다. 이러한 생각이 들자 나는 순교를 각오하고 '죽으면 죽으리라' 밥을 먹는다기 보다는 입 속으로 퍼넣기를 시작했다. 삽시간에 밥 그릇을 비우니 교우님들은 그 모습이 좋았던지 더 먹으라고 자꾸만 권하면서 다른 밥 그릇을 가져다 주었고 도저히 더 먹을 수가 없었던 나는 그 자리에서 벌떡 일어나 후다닥 밖으로 뛰어나와 곧바로 화장실을 향해 달려갔다. 화장실에 가서 조금 전 먹었던 것을 다 토해 냈는데 얼마나 고통스러웠는지 정말 죽을 지경이었다.

식사 후 예배당에 모여 첫날 집회를 인도하게 되었다. 작은 교회당 안에서 천여 명의 환자 교우님들이 모여앉아 박수를 치고 북을 치며 찬양과 기도를 드렸다. 문제는 선풍기 바람과 함께 나환자 특유의 악취인 송장 썩는 냄새가 강단으로 몰려 올라와 구역질 때문에 도저히 설교를 할 수가 없었다. 나는 너무나 역겨워 잠시라도 피해볼 생각으로 설교를 멈추고 통성 기도를 시켰다. 그리고 나서 강대상 뒤 바닥에 꿇어 엎드려 회개의 기도를 드리며 하나님 앞에 살려 달라고 매달렸다. 사랑을 충만하게 허락하셔서 불쌍한 저들을 진심으로 사랑하고 저들을 위해 마음껏 말씀을 증거할 수 있는 목사가 되게 해달라고, 아니 저들의 상처까지 입으로 빨 수 있는 믿음과 사랑을 달라고 몸부림치며 기도를 했다. 10여 분 동안 간절히 기도하고 나서 통성기도를 멈추게 한 후 다시 설교를 시작했는데 너무나 신기하게도 그 지독했던 악취는 다 어디로 가고 내 코에 풍겨 오는 냄새는 오히려 구수한 냄새였고 나의 온 몸은 그 냄새 속으로 빨려 들어가는 것 같았다.

하나님 감사합니다. 나의 기도를 들어 주시고 저들을 사랑할 수 있는 마음을 허락하셔서 감사드립니다. 하나님에 대한 감사와 그들에 대한 뜨거운 사랑이 마음 속에서 솟아 남으로 인해 나는 죽기를 다해 말씀을 증거했다. 그리고 하나님의 은혜는 너무도 강하게 임하여 큰 역사가 거듭거듭 넘쳐나 교회당 안은 '아멘!, 할렐루야!' 소리로 불바다가 되었다. 그도 그럴 것이 이분들이 이 못난 종을 위해 육신의 어머님과 7-8년 동안을 한결같이 기도해 주셨고 그 기도의 응답으로 이 종을 오늘 이 강단에 세웠으니 얼마나 감사가 넘치고 하나님의 은혜가 충만했겠는가.

❦ 소록도 교회의 특별한 사명

그러면 여기서 소록도 교회에 대해 잠깐 소개하고자 한다. 소록도 교회는 일곱 부락에 일곱개의 교회가 건축되어 있었고 1985년도 당시의 교인 수는 총 2,350여 명이었다. 일반인들이 나환자들의 거주 지역이라 하여 기피하고 그곳을 끔찍한 곳이라고 생각하는 것과는 정반대로 이 소록도는 하나님께서 주신 지상의 낙원이었다. 사면이 바다로 둘러 쌓인 섬이지만 섬의 지하에서 솟아 오르는 생수는 육지의 어떤 물보다 맛이 있고, 그곳에서 나는 과일도 무화과를 비롯하여 밤, 감, 귤 . . . 등 없는 과일이 없이 다 있었다. 더구나 일반 세상과 달리 사랑이 넘치는 곳으로 비록 환자들이지만 교우님들은 한결같이 서로 사랑으로 어우러져 생활하는 그야말로 지상의 낙원이었다.

그들의 생활을 예로 든다면 눈이 안보이는 교우님들은 발이 없는 교우님과 합하여 서로 상대방의 발과 눈이 되어 서로를 위해 봉사하며 함께 더불어 사는 것이 낙이었다. 또한 교회 생활도 철저하여 모든 예배에 참석함은 물론 헌금 생활에서도 자신이 먹어야 할 약과 라면 등을 팔기까지 하여 주일마다 몇십원이라도 꼭 하나님께 드리고 있었다. 이렇게 모인 헌금은 인도의 나병원 교회, 그밖의 어려운 교회를 위해 연간 200-300만원의 선교 헌금을 보내고 있었으니 이들의 생활이 바로 천국 백성의 생활이 아니고 무엇이겠는가.

이분들은 항상 하나님 말씀처럼 '받는 것보다 주는 것을 더 좋아하는 분들이었고 더욱 은혜스러웠던 것은 이분들의 생활이 항상 기도로 시작하여 기도로 끝나는 생활' 이라는 것이었다. 하루의 기도 시간은 보통 9-10시간 이었다. 나라와 민족을 위해서, 주의 일을 하는 목사님들을 위해서, 또한 교계를 위해서, 너무도 철저히 기도하시니 그분들께 기도부탁을 드려서 응답받지 못한 것이 하나도 없을 정도였다. 나의 경우를 보더라도 많은 사람들이 의아하게 생각하는 것 중의 하나가 그토록 바쁘게 현장에서 선교 사역을 하게 되면 기도의 분량을 못 채울텐데 어떻게 하나님의 역사가 일어나고 하나님께서 함께 하시는지 이해가 되지 않는다고들 하셨다. 그런데 사실 나의 영적 비밀이지만 하나님을 향한 기도는 소록도에 계신 교우님들께 맡기고 나는 최 일선에서 바쁘게 움직였던 것이다.

예를 들자면 집회 인도 부탁을 받으면 그 즉시 나는 소록도 교회 기도 대장님께 설치된 직통 전화를 걸어 전화 상으로 기도 제목을 말씀드리고 기도해 주실 것을 부탁드린다. 그후 그분들과 은밀히 영적인 교통을 통하여 합심 기도로 집회 준비를 하면 집회 때와 집회가 끝난 뒤에도 수개월 동안 계속적으로 역사가 일어났다. 실제로 일천 사오백명의 기도 군사가 집중 기도를 해 줌으로 내가 집회를 인도하는 동안은 물론 집회가 끝나고 나서도 최소한 7-8개월 동안은 성령의 역사가 계속 지속되게 임하는 놀라운 일들이 일어났다. 이 영적인 비밀을 눈치 챈 제주도에 계시는 장목사님은 당신 교회의 부흥 집회를 1년에 4번이나 나를 강사로 초청하여 부흥 집회를 인도케 하셨고 난단히 그 재미를 보신 케이스이다.

한번은 이런 일까지 있었다. 장 목사님께서 하시는 말씀이 우리 교회 성전 보증금을 5백만원 당장 올려주지 못하면 쫓겨 날 것 같은데 민 목사님께서 특별 집회를 좀 인도해 주시면 모든 것이 해결 될 수 있을 것 같으니 꼭 좀 해달라고 부탁하셨다. 장 목사님께서는 소록도 중보 기도의 든든한 빽을 가지신 분이 집회를 하면 분명 하나님의 크신 축복이 있을 것이라며 간청을 하셨다. 나는 다른 교회 집회 일정을 뒤로 물리고 장목사님 교회 집회 인도를 하기로 결정을 했다. 이튿날 저녁 설교 도중 놀라운 일이 일어났다. 설교 도중 길을 지나가던 취객이 들어와 5백만원짜리 자기앞 수표 한장을 헌금을 한 것이었다.

후에 들은 이야기 인데 이분은 불신자로서 작은 건축업을 하고 있었다고 한다. 몇년 전 아는 분한테 돈 천만원을 빌려 주었는데 그 돈을 받지 못해 몇년 간을 찾아 다녔다고 했다. 그런데 우연히 그날 그 사람을 시장에서 만나게 되어 다구쳐 빌려 주었던 일부인 5백만원을 받아 집으로 향해 가고 있는 중이었다. 그런데 교회에서 찬송가 소리와 기도 소리가 들려 자신도 모르게 어떤 힘에 이끌리 듯이 교회 당 안까지 들어오게 되었다는 것이다.

그리고 교회당에 들어서는 순간 '너 돈 받은 것 이곳에 받쳐라, 받쳐라'는 강한 힘에 이끌려 드리게 되었는데 드리고 나니 얼마나 마음이 편하고 기쁜지 모르겠다고 하셨다. 어차피 못 받을 것이라 포기했던 돈을 우연히 만나 받게 되었고 받게 된 돈으로 좋은 일을 할 수 있으니 너무도 기쁘다고 하셨다. 이 사건을 어찌 중보기도의 위력과 성령님의 인도하심을 빼고 설명할 수 있겠는가. 나는 이렇게 부흥회나 다른 사역에서 소록도 교회 성도님들의 중보 기도의 덕을 엄청나게 보았다.

특별히, 소록도 교회의 색다른 점을 한가지 예로 들자면 직분 제도가 있다. 세례를 받고 25-28년 동안을 철저하게 신앙 생활을 했어도 권찰 직분도 못받으신 분이 대부분이다. 왜냐하면 직분자 (권찰집사, 안수집사, 권사, 장로) 숫자를 한정된 수로 못박아 놓고 전임 직분자가 세상을 떠나게 되면 후임을 임명해 그 직분을 메꾸게 정관이 되어 있다. 이 과정에서는 당회 뿐만이 아니라 전 교우님들의 2/3 이상이 찬성 투표를 해야만 임명할 수가 있다. 이 때문에 그곳에서 권찰이라면 밖의 교회의 장로 장립보다 더 어렵고 귀한 직분으로 여기며 봉사를 하게 된다.

나는 이 사실을 잘 알면서도 어머님 교회에 집회를 갈 때마다 어머님의 직분을 위하여 하나님께 특별 기도를 드렸다. 그 이유는 어머님 교회의 다른 동료 환자들이 어머님을 부를 때 '김성순 할머니' 또는 '아줌마'라고 불러서 그때마다 듣는 내 마음이 민망했고, 그때문에 나는 어떤 일이 있어도 하루 속히 하나님 나라의 면류관과 같은 직분을 어머님께서 받으시게 해야겠다고 마음 먹었던 것이다.

지금은 하늘나라에 계시지만 어머님께서는 당시 소록도 병원에서도 가장 중환자 병동인 맹인 센타에서 생활하고 계셨다. 중환자 병동은 120여 명의 남녀 환자 분들이 생활하셨는데, 병세가 심해 눈알이 썩어서 뽑아낸 사람, 발이 없어 걸을 수 없는 사람, 손이 없어 밥도 못 먹는 사람, 화장실도 혼자 다닐 수 없는 사람 등 그야말로 혼자서는 생활할 수 없는 사람들이 입원한 특수 병동이었다. 나의 어머님은 이분들에 비해 건강 하셨는데, 이 병동의 동료 환자들을 돌보아 주시기 위해 자원 봉사자로 생활하시게 되었던 것이다.

나는 이 사실을 알고난 후 늘 어머님께 굳이 어렵고 힘든 일을 자원하시지 말고 다른 병동으로 옮겨서 편히 지내시라고 권유를 드렸는데 어머님의 대답은 정말 뜻밖이었고 또 나를 놀라게 하였다. 어머님께서는 '목사님 이 병원에 있는 환자 교우님들이 2,400명 정도 되시는데, 그중에 영적으로 가장 강하고 가장 기도를 많이 하시는 특별 기도반원들이 모여 생활하는 곳이 바로 이곳 중환자 병동 센터입니다. 내가 아들 목사님을 위해서 할 수 있는 것은 기도 밖에 없어서 몸은 좀 힘들지만 이 곳 기도반원들과 함께 기도하면서 이분들의 시중을 들어 드리며 목사님을 위한 기도의 뒷바라지를 하기 위해서 입니다. 내가 죽고 나서도 이분들이 계속 목사님을 위해서 기도해 드리겠지만 살아 있는 동안 어미의 도리라 생각하고 하루하루 보람을 느끼고 살고 있답니다' 하고 말씀하시는 것이었다.

나는 어머님의 이 말씀을 듣고 헤아릴 수 없이 크고 깊고 높은 어머님의 사랑 앞에하염 없이 흐르는 감사의 눈물을 한참이나 흘려야 했다. 문둥병도 그 어떤 더 추악한 질병도 사건도 그 무엇도 어머니의 아들을 향한 사랑을 막을 길이 없음을 내 어머님을 통해 경험하며 나를 향한 하나님의 사랑의 깊이를 조금 더 깊이 깨닫게 되었다. 그리고 아무리 추한 질병에 걸린 사람이라도 하나님께 기도로 나아가지 못할 사람이 없음을, 진실로 사무엘상 말씀처럼 우리 하나님은 외모로 사람을 취하시지 아니하시고 그 영혼의 부르짖음에 귀를 기울이시는 사랑의 하나님이심을 더욱더 깨닫게 되었다.

"나의 보는 것은 사람과 같지 아니하니 사람은 외모를 보거니와 나 여호와는 중심을 보느니라." 사무엘상 16장 7절

아무튼 하나님은 주의 일을 하는 종 한사람을 쓰시기 위해 많은 사람들의 희생의 사랑을 덧입게 하셨다.   나는 소록도 중보 기도 동역자 분들을 생각할 때마다 항상 감사를 드리고 있으며 그분들이 없이는 나의 모든 사역이 불가능 했음을 고백하지 않을 수 없다.   내가 하나님께 받을 칭찬과 상이 있다면 이 모든 것은 바로 그분들의 몫임을 나는 언제라도 말할 수 있다.   다시금 뜨거운 감사를 그분들과 그분들과 동역의 관계를 허락하신 우리 하나님께 올려 드린다.

❻ 어머님의 사랑에 대한 작은 보답

나는 어버이 날을 맞이하여 어머님 살아 생전에 무엇으로 보답을 할꼬 생각하다가 깊은 기도 끝에 직분을 받게 해드리고 싶은 마음이 강력히 들어 아내와 상의를 하였다.   그리고 나서 섬기던 교회에서 휴가를 얻어 소록도로 달려갔는데, 갈 때에 꿀 7병과 과일 등을 준비해 내려갔다.   그 이유는 문득 나이 많은 이삭이 큰 아들 에서에게 축복을 받기 전에 사냥을 하여 별미를 가지고 오라고 했던 창세기 27장 1-4절의 성경 말씀이 떠올랐기 때문이다.   나는 소록도 교회에 도착하자마자 당회장 목사님 사택을 먼저 방문하여 김 목사님 내외분께 어머님께 효도할 기회를 달라고 정중하고 진지하게 부탁을 드렸다.   그리고 당 회원인 장로님 댁을 한 가정씩 방문하면서 솔직히 말씀드리고 난 후 가지고 간 꿀을 한 병씩 별미로 드렸다.   (물론 이것은 뇌물이 아닌 별미였음을 강조하는 바이다.)

그리고 그 다음날 새벽기도를 인도할 때 전 교우님들에게 이 민목사가 어머님께 효도를 할 수 있는 기회를 달라고 호소를 드렸다.   맹인 센터 구역장 투표가 실시되면 우리 어머님을 밀어 달라는 것이었다.   그야말로 선거 유세였다.   그런 저런 일로 해서 그 해에 어머님은 세례받으신 지 만 15년 만에 권찰 직분을 받으셨다.   아마 이 일은 소록도 교회가 생긴 역사 이래 가장 빠른 직분 임명이었다.   물론 나의 별미 사건이 아닌 어머님의 헌신, 봉사 때문이었음을 나는 안다.   그리고 그 후 내가 시무하던 비전 장로교회에서 명예 권사님으로 직분을 드려 우리

어머님께서는 76세에 권사가 되셨다.

자식이 부모님께 할 수 있는 가장 큰 효도가 바로 교회 직분을 받으시게 해드리는 것이라고 나는 생각했다. 왜냐하면 하나님이 주시는 직분에 걸맞게 더욱더 충성하면 하늘 나라에 더 많은 상급을 쌓을 수 있게 되니 교회 직분을 받는 다는 것이 얼마나 귀한 일인가. 세상의 명예를 재는 세상 직분과는 본질상 다른 것이다. 나는 그래서 교회 직분은 하나님께서 주시는 면류관이라고 생각한다. 하늘 나라에 가실 날이 머지 않은 연로하신 부모님들께 이런 기회를 드리는 것 보다 더 중요한 일이 무엇이겠는가.

나의 어머님은 그 직분을 받지 않으셨어도 물론 열심히 주님을 섬기셨을 분임을 나는 잘 안다. 하지만 어머니를 위해 무엇인가 가장 귀한 것을 해드리고 싶어하는 아들의 마음을 알고 많이 행복해 하셨다. 어머님은 직분을 받으신 후 더욱더 겸손히, 더욱더 열심히, 더욱더 주님을 사랑하는 여종으로 아름답게 봉사하시다 하나님 곁으로 가셨다.

추한 육신의 질병으로 사람들과 격리되어 살아야 했던 가엾은 인생이셨지만 오히려 그런 환경 속에서 하나님을 만나는 축복을 받고 여한 없이 아들을 위해 기도하시고 동료 환자들을 위해 헌신의 봉사를 아끼지 않으시는 귀한 섬김을 베풀다 주님 품에 안기셨다.

나는 어머님의 인생을 뒤돌아 보며 왜 바울 사도가 데살로니가 전서 5장 16-18절에 당부하길, **'항상 기뻐하라, 쉬지 말고 기도하라, 범사에 감사하라 이는 그리스도 예수 안에서 너희를 향하신 하나님의 뜻이니라.'** 하였는지 늘 깨닫게 된다. 문둥병에 걸린 우리 어머님께서 기도 생활, 감사 생활을 하셨다면 기도하지 못할 인생, 감사하지 못할 인생이 어디 있겠는가? 기가막히고 하늘이 무너질 것 같은 나병 선고를 받으셨을 때 얼마나 좌절하셨을까? 그러나 그 인생 속에 하나님의 손발이 되어 해야할 사역이 그렇게 귀하게 기다리고 있을 줄 누가 알았겠는가? 나는 나의 어머님의 인생을 통해 많은 축복을 받은 사람이다.

이 글을 읽는 독자들 중에도 어렵고 기가막힌 상황에 있다 하더라도 좌절하지 마시고 하나님께서 목숨을 연장시키실 때는 목적이 있음을 깨닫기 바란다. 그리고 하나님의 뜻을 따라 누군가를 축복하는 축복의 통로의 삶을 살아가시길 부탁드린다. 문둥병 어머니가 할 수 있었던 일을 오늘날 많은 어려운 환경 속에 계신 다른 분들도 능히 할 수 있으리라 믿는다. 오히려 악조건을 하나님을 만나는 축복의 기회로, 세상의 헛된 것을 뒤로하고 하나님 일을 더 많이 하는 그래서 하늘 나라에서 아름다운 몸으로 아름다운 세마포 입으시고 사랑하는 주님으로부터 귀한 면류관 받는 영광된 삶 사실 수 있기를 간곡히 부탁드린다.

ⓔ 이 후에는 알리라

요한복음 3장 1-11절을 참고하면 예수님께서 제자들의 발을 씻기실 때 제자 베드로가 자기 발을 씻기시는 것을 극구 말리는 장면이 나온다. 우리 주님께서는 그 때 베드로를 향해, **'나의 하는 것을 네가 이제는 알지 못하나 이 후에는 알리라'**고 말씀 하신다. '이 후에는 알리라'는 주님의 참뜻은 지금은 내가 왜 더러운 제자들의 발을 씻기며 또 십자가 위에서 사형을 당해야 하는지 너희가 이해하지 못하지만 훗날 시간이 지나고 환경이 바뀌고 난 후에 그때서야 내가 행한 일을 이해하리라는 말씀이다.

그렇다. 하나님께서 하시는 일을 우리들은 이해하지 못한다. 그래서 때로는 불평도 하고 때로는 좌절도 하지만 시간이 지난 후 분명히 깨닫고 감사할 수 밖에 없는 것은 모든 것을 합력하여 선을 이루어 주셨기 때문이다. 그래서 바울 사도는 로마서 8장 28절에 고백하길, **'우리가 알거니와 하나님을 사랑하는 자 곧 그 뜻 대로 부르심을 입은 자들에게는 모든 것이 합력하여 선을 이루느니라'**고 했다.

우리 부모님들의 경우도 마찬가지 였다. 형님으로 인해 교회를 다니게 된 우리 7 남매는 그당시 열심히 부모님의 구원을 위해 기도 했었다. 그런데 그 기도의 응답은 어머님의 나쁜 병으로 소록도라는 소외된 곳에 귀양 아닌 귀양을 가서서 이루어졌다. 아버님은 어머님과 생이별 후 노년을 너무도 외롭게 형님댁에서 홀로 보내셔야 하셨으니 우리 가정에는 너무도 큰 기가막힌 시련이었다. 그러나 '이 후에는 알리라'는 주님의 말씀 대로 그 큰 시련의 산을 넘어 이 후에는 오히려 놀라운 하나님의 축복이 기다리고 있었다. 하나님께서는 그토록 우상으로 찌드셨던 두분에게 구원의 축복을 주시기 위해서 육신의 아픔을 주셨고 또 이일로 인해 아들을 목사로 세우게 하셨다. 아들 목사는 어머님의 기도의 힘으로 세계 복음화의 막중한 시대적 사명의 일익을 감당하는데 쓰임받게 하셨다.

어머님은 건강하실 때는 우상을 섬기며 하나님과는 거리가 먼 삶을 사셔서 우리 가정에 이토록 영적인 일들이 일어날 줄은 꿈에도 생각을 할 수 없었다. 인생은 짧다. 어떻게 살든 훌쩍 지나가 버리는 것이 인생이다. 우상을 섬기며 살다가 인생을 마칠 수도 있으셨다. 그러나 잠시 시련으로 온 가족에 엄청난 슬픔과 좌절이 있었지만 영적으로 충만한 어머님의 삶은 결코 더 이상 좌절도, 슬픔도 아니었다. 하나님을 만나신 어머님의 삶은 비록 추해진 육신의 몸을 걸치고는 계셨지만 그 속의 영은 날마다 새롭게 변해가고 계셨다. 기도 사역에 집중 하시며 동료 환자 분들을 돌보는 삶에 헌신 하신 모습은 더 이상 나약하지도 추하지도 않았다. 영적으로 민감해지신 어머님의 모습 속엔 오히려 신비한 빛이 났다. 어머님의 기도에는 위력이 있었다. 내가 가는 목회자의 길에 없어서는 않될 막강한 동역자셨다. 함께 영적인 세계에 눈이 뜨이고 나니 더욱더 깊고 친밀한 교제를 나눌 수 있었다. 소록도에 계시는 동안 어머님과 깊은 기도를 통해, 말씀을 통해, 하나님의 역사를 간증하며 나눈 그 많은 아름다운 추억의 유산이 너무도 귀하고 귀하다. 부모와 자식이 이땅에서 경험할 수 있는 가장 고귀한 경험이 아닐까 싶다. 지금은 어머님의 빈자리가 너무도 크고 그립다. 비록 어머님은 현재 나와 함께 계시지 않지만 현재와 앞으로의 사역에 늘 엄청난 도전을 주신다. 하늘 나라에 가서 영광되이 다시 만나 뵐 그날을 기다리며 남은 사역에 더욱더 충실해야 한다는 각오를 늘 새롭게 하게 하시니 말이다.

🌀 어머님의 은혜와 사랑

나는 목회를 하면서 십에 2조 생활을 했었다. 십의 1조는 하나님께, 그리고 또 십의 1조는 부모님께 봉양 헌금이란 명칭을 사용해 매월 보내드렸다. 7만원씩의 작은 돈을 어머님과 아버님께 보내드렸는데, 이 돈은 항상 1년 또는 7-8개월 안에 액수가 증가되어 나의 손에 되돌아오곤 했다. 다시 말해 푼돈을 드리면 어떤 명목으로든지 이자까지 가산되어 내게로 되돌아왔던 것이다. 내가 7-8개월에 한번씩 어머님 교회를 방문할 때면 어머님은 내가 보내드린 돈을 나에게 돌려주시려고 하셨고 나는 받지 않으려고 옥신각신 하기가 일쑤였다.

한번은 너무도 간곡히 주셔서 나는 정색을 하며 돌려드리고 돌아왔는데, 새벽 2시경 사택에 막 도착했을 때 전화가 걸려왔다. 전화를 받고 보니 어머님이셨는데 '목사님 가지고 가신 가방 속에서 신문지 뭉치를 보셨습니까? 하고 물으시는 것이었다. 생각해보니 휴지 뭉치인 줄 알고 막 쓰레기 통에 버린 것이 아닌가. 그러자 어머님께서는 '빨리 가셔서 찾아 보세요. 낮에 제가 목사님 몰래 신문지 속에 돈을 넣어 가방에 두었습니다' 하고 말씀하셨다. 나는 전화를 끊고 쓰레기 통 속에서 신문지 뭉치를 찾아 펴보니 83만원의 거금이 들어 있었다. 아니 어쩐 일인가. 내가 보내드린 돈은 10개월 분인 70만원밖에 되지 않는데 . . . 그 이튿날 전화를 드려 여쭈어 보았더니 어머님께서는 동료 환자들의 시중을 드시면서 바쁘신 중에도 토끼 새끼를 길러 그것들이 커지자 팔아서 13만원을 마련하여 나에게 더 보내신 것이라고 하셨다. 나는 이렇게 크신 어머님의 사랑과 은혜를 생각하며 그 돈을 감히 내가 쓸 수가 없어서 전액을 교도소 수감 형제 분들을 위해 특수 선교비로 사용하였다.

나는 어머님을 생각할 때마다 내 마음 속에 떠나지 않는 말씀들이 있었다. 갈라디아서 6장 7절인, '스스로 속이지 말라 하나님은 만홀히 여김을 받지 아니하시나니 사람이 무엇으로 심든지 그 대로 거두리라'는 말씀과, 말라기 3장 10절, '만군의 여호와가 이르노니 너희의 온전한 십일조를 창고에 들여 나의 집 양식이 있게 하고 그것으로 나를 시험하여 내가 하늘 문을 열고 너희에게 복을 쌓을 곳이 없도록 붓지 아니하나 보라'는 말씀, 그리고 에베소서 6장 2, 3절의, '네 아버지와 어머니를 공경하라 이것이 약속 있는 첫 계명이니 이는 네가 잘되고 땅에서 장수하리라'는 말씀이다. 어머님은 내가 이 말씀들을 더욱 더 깊이 깨닫고 또 경험할 수 있게 하는 역할을 하신 분이다. 귀한 하늘나라 비밀들을 깊이 깊이 깨닫고 경험할 수 있도록 이끌어 주신 어머님께 다시금 머리 숙여 감사를 표한다.

'어머님!
당신은 위대하십니다.
일류대학 박사 학위를 받으시진 않으셨지만 그분들보다 더욱 위대하십니다. 당신께서는 이 아들을 위해 일평생 희생의 십자가를 지셨나이다.'

나는 전국 방방곡곡 가는 곳마다 어머님의 자랑과 간증을 빼놓지 않는다. 그리고 가는 곳마다에서 축복은 반드시 심어야 받을 수 있다는 것을 어머님의 삶을 통해 설교한다. 사랑, 하나님에 대한 사랑, 사람에 대한 사랑, 자식에 대한 사랑, 그 사랑은 어떠한 환경도, 상황도, 절망도, 좌절도 극복하게 하는 놀라운 힘이다. 그리고 그 사랑을 나눠 받은 다른 사람들도 동일한 놀라운 힘으로 일어설 수 있으니 인간이 살아서 경험할 수 있는 가장 가치 있고 고귀한 것이 바로 하나님의 사랑 아니겠는가? 그리고 부모님들이 하나님의 사랑 안에서 자녀들을 위하여 베풀 때 그 사랑의 위력이란 말로 형용할 수 없는 것이 됨을 나는 나의 부모님의 사랑을 통해 깨달았다.

이땅의 어느 부모가 자식을 생각지 않겠는가? 가장 좋은 것으로 베풀고 싶어하는것이 순리이리라. 그러나 부모님이 하나님을 모르면 세상의 것으로 베풀려 하고 세상의 것을 탐하게 한다. 나는 그래서 우리 부모님들이 진정 하나님을 만나게 열심히 전도해야 할 사명이 우리 자식들에게 있다고 믿는다. 그래야 참된 내 인생의 후원자요, 결국 나를 가장 좋은 길로 인도해 주실 수 있는 부모님이 될 수 있기 때문이다. 나는 나의 어머님의 하나님을 향한 순수한 열정이 길러낸 작품이라 믿는다. 그분의 기도와 하늘나라에서 내가 존귀히 되길 바라시는 그분의 소망이 항상 나를 더욱더 하나님께 가까이 나아가도록 격려하는 채찍 역할을 했음을 고백한다.

❧ 나병 때문에 잃어버린 가족

소록도 교회 교우님들께서는 저마다 남모르는 가슴 아픈 사연들을 지니고 있었다. 한분 한분 만날 때마다 가슴이 저미는 아픔을 느꼈다. 모두들 한때는 바로 나와 똑같이 멀쩡하셨던 분들이다. 꿈이 있고, 가정이 있고, 사랑하는 사람들이 있고, 좋아하는 일들이 있고 . . . 그런데 어느 날 갑자기 찾아온 몹쓸 병으로 인해 보통 사람들이 누리고 즐기는 그 세계와 인연을 끊어야 한다. 그리고 사회와 격리되 작은 섬 소록도란 곳에 모여 새로운, 한번도 상상조차 해보지 않은 삶을 살아가야 한다. 나날이 일그러지고 찌그러지고 문드러져 가는 자신의 육신을 바라보면서 말이다. 그런 만신창이가 된 육신 속에서 자아상도 하루 하루 함께 엉망이 되어가는 삶 . . . 정말 몹쓸 병이다. 많은 환우들이 사랑하는 가족 조차 외면해, 버림받은 상처까지 안고 외롭게 살아가고 있다.

나는 소록도를 방문하면서 아버님이 한분 생겼다. 그분의 사연은 내 마음을 너무도 아프고 화가 나게 했다. 김 집사님, 그분은 무신론자 가정에서 자라나 명문대학을 졸업한 엘리트셨다. 군대를 제대한 후 서울의 한 명문 고등학교 교사로 재직하면서 결혼도 하고 아들 딸 남매도 얻어 너무도 행복한 가정을 이루고 사셨다. 그런 행복한 인생에 문둥병이 찾아올 줄은 정말 꿈에도 생각지 못한 채 말이다.

어느 날부터인가 눈썹이 빠지기 시작해 그냥 나이를 먹어가는 징후인가보다 대수롭지 않게 넘기셨다. 그런데 날이 가면 갈 수록 더 심해지면서 나중엔 얼굴도 이상해지고 몸에도 변화가 일어나기 시작했다. 이상히 여겨져 결국엔 병원엘 가서 검진을 해보니 나병 초기 증세라고 . . . 정말 땅이 꺼지고 하늘이 무너져 내리는 절망으로 몸을 한 발자욱도 움직일 수가 없었다. 자기 자신도 의사의 진단 결과를 받아들일 수 없으니 누구에게 말을 하랴. 몇 개월을 가족과 주위 분들께 속이다가 자꾸만 변해가는 육신의 모습으로 인해 더 이상은 숨길 수 없는 지경에까지 이르렀다. 결국 사실을 가족들에게 알리고 그동안 천직으로 여기며 학생들 가르치던 학교도 사직할 수 밖에 없었다. 사랑하는 가족도 가까이 오기를 꺼리니 이 세상 누가 내 가까이 오겠나 생각하며 외로이 짐을 꾸려 소록도 병원에 입원을 하게 되셨다.

소록도 . . . 사면이 바다로 둘러싸인 작은 섬 . . . 지금까지 살면서 한번도 생각해 보지 않은 낯선 섬 . . . 이제 내 삶은 여기서 끝이 나는 구나. 아니 이미 죽은 목숨이나 다름이 없었다. 꿈도, 사랑하는 가족도, 즐기던 삶도 다 포기하고 소록도로 향할 때 이미 자신은 죽은 목숨이나 다름이 없으셨던 것이다. 소록도 . . . 생각만 해도 끔찍한 지옥같은 곳 . . . 그때는 그렇게 밖엔 생각할 수 없었던 곳 . . . 이 섬에서 귀향 아닌 귀향 생활을 하다 내 생을 마감하겠지 . . . 절망, 분노 . . . 왜 하필이면 내가 문둥이가 되었단 말인가 . . . 수없이 죽음을 결심하고 수없이 자살을 시도했다고 한다.

번번이 실패로 죽지도 못하고 한심한 인생을 어찌할 바를 몰라 몸부림치던 어느 날 교회당 앞을 지나게 되었다. 문틈 사이로 흘러 나오는 잔잔한 찬송가 소리, '**죄짐 맡은 우리 구주 어찌 좋은 친군지, 걱정 근심 무거운짐 우리 주께 맡기세. 주께 고함 없는 고로 복을 얻지**

못하네 사람들이 어찌하여 아뢸 줄을 모를까 ... " 자신도 모르게 찬송가 소리에 이끌려 교회당으로 들어서자 하나님께서 강한 힘으로 사로잡아 주셔서 그토록 무겁던 모든 짐도, 원망도, 절망도 ... 모두 스르르 내려 놓게 되었다. 그날 부터 김 집사님은 미친 사람처럼 기도생활 교회 생활을 소록도에서 어언 25년 간을 해오셨다.

그러던 어느 날 내가 그곳에서 어머니와 함께 기도하고 부흥회를 인도하던 모습을 보고 문득 생이별을 한 자식들이 생각나서 견딜 수가 없으셨단다. 이제는 어엿한 성인으로 자랐을 그 코흘리개들 ... 품에 안으면 뽀송 뽀송 부드러웠던 그 볼의 느낌이 아직도 생생한데 ... 상상이 되질 않는 그들의 자란 모습이 너무도 그립게 만들더란다. 그래서 결국 백방으로 수소문을 해서 알게된 사실은, 아내는 재혼을 해 새가정을 이루고 살고 있고, 딸도 결혼해 잘 살고 있다는 소식이었다. 아들은 놀랍게도 목사가 되어 어느 교회에 시무하고 있다는 소식까지 알게 되었다. 아내와 딸은 그렇다치고 아들이 너무도 보고 싶어 견딜 수가 없었는데 특별히 아들이 목사가 되었다니 더 마음도 놓이고 기뻤다고 했다. 당신도 비록 육신은 추한 병으로 일그러 졌지만 영혼은 나날이 거듭나고 있는 신앙생활을 하고 있기에 아들이 그런 자신을 받아주리란 기대감이 들더란다.

용기를 내어 집사님은 아들 목사에게 편지를 쓰기 시작했다. 한번만 만나달라고 ... 면회 한번만 다녀 가라고 ... 너무나 그립다고 ... 아버지 노릇을 할 수 없어 미안 했다고 ... 구구 절절이 써서 여러번 편지를 보내셨다. 간곡한 부탁을 수없이 했지만 무심한 아들은 답장조차 하질 않았고 아버지는 그래도 그 아들이 너무 너무 그리워서 3일 간의 외출 허락을 병원에서 받아 아들이 시무하는 교회로 찾아 가셨다.

선글라스로 모자로 가릴 수 있는 만큼 최대한 자신의 추한 몸을 가리고 주일 대 예배를 아들 목사 교회에서 드리고 잠시 담임 목사 면담을 신청해 목사님과 대면할 수가 있었다. 애비 없이도 저렇게 의젓하게 자라 순 아들에 감격하며, 하나님의 은혜에 젖어 어떻게 예배를 드렸는지도 모르게 훌쩍 시간이 지나갔다.

그리고 드디어 그토록 그리워한 그 아들과 마주하게 되었다. 김 집사님은 오매 불망 가슴에 품고 살던 이 아들에게 떨리는 목소리로

'내가 바로 피치 못할 사정으로 너와 헤어진 아버지'라고 소개를 했다. 그러자 아들 목사의 얼굴색이 갑자기 변하며 누가 볼세라 주위를 여기 저기 살피더니 구석진 곳으로 몰고가서 '나는 아버지가 없습니다. 제발 다시는 날 찾아오지 마세요. 여기는 내 직장이고 교회 입니다. 많은 눈이 있으니 당장 돌아가세요. 아시겠어요.' 매몰차게 거부하며 외면 하더란다.

아무리 몹쓸 병에 걸렸다지만 혈연은 천륜이라 했는데 . . . 하염없이 흐르는 눈물에 앞을 볼 수 없어 교회 모퉁이에 주저앉아 한동안 서러움을 토해냈다. '아, 이 몹쓸 문둥병은 사랑하는 마누라도, 자식도 모두 떠나게 하는구나. 내가 왜 이렇게 되었는가 . . . ' 절망에 빠져 정말 그 자리에서 죽고 싶은 심정으로 흐느끼는데 그때 주님께서 부드러운 음성으로 속삭여 주시더란다. '아들아!, 그들을 위하여 기도해주어라. 영혼이 불쌍하지 않느냐. 그들의 모습은 내가 결코 좋아하는 모습이 아니지 않느냐. 내가 너와 함께 하니 일어나 네 길을 가거라.' 주님의 음성에 큰 위안을 얻고 소록도로 다시 되돌아 왔는데 마치 고향에 온 것처럼 소록도가 안락하고, 푸근하고, 사랑스럽게 느껴졌다고 하셨다.

김 집사님께서는 그 후론 더이상 가족 생각을 하지 않으며 기도 생활 교회 봉사 생활에만 전념하고 계셨다. 나는 그분의 사연을 듣고 난 후 너무도 가슴이 아파 내가 김 집사님 아들이 되어 드리겠다고 약속을 했다. 실제로 내가 소록도 교회를 방문할 때마다 김 집사님은 내게 오셔서 포옹을 하시며 우리 아들 목사님 오셨다고 얼마나 좋아하셨는지 모른다.

외롭고 쓰라린 마음을 달래며 날마다 성장해가는 소록도 교우님들의 영혼은 정말 순수하고 아름다왔다. 그래서 주님은 사람을 외모로 판단하지 말고 그 중심을 보라고 하셨던 것이다. 나는 아직도 김 집사님을 비롯해 모든 소록도 교우님들의 아름다운 영혼을 잊을 수가 없다. 그래서 시간이 날 때 마다 이억 만리 이 미국 땅에서도 소록도에 계신 내 영혼의 친구요, 사랑하는 형제 자매님들을 위해 기도와 사랑의 고백을 쉬지 않는다.

'사랑합니다, 소록도 환우 여러분. 주님이 여러분 한분 한분의 마음을 잘 알고 계십니다. 여러분 한분 한분을 사랑하십니다. 소록도에서 주님과 함께 아름다운 간증을 많이 남기는 귀한 삶 만들어 가시길 부탁드립니다.

저희 어머님 처럼, 김집사님 처럼 . . . 지금은 천국에서 면류관 쓰시고 아름다운 세마포를 입고 계실 어머님을 생각하면 소록도는 어머님께 천국으로 인도 되는 귀한 과정의 역할을 했습니다. 인생 그리 길지 않습니다.

세상에서 하나님 모르고 허랑 방탕 육신의 정욕을 따라 사는 삶보다 소록도에서 환우님들과 사랑을 나누며 하나님 섬기며 사는 삶이 훨씬 더 축복될 수 있음을 저는 어머님의 생을 통해 보았습니다. 부디 모든 환우님들, 하나님의 특별한 사랑 안에서 풍성한 삶 사시길 축복드립니다.'

ⓔ 사랑의 시험

소록도에서 한주간 동안 은혜로운 부흥 집회를 마칠 무렵, 여교우님들께서는 그곳 특유의 엿과 떡을 만드셔서 출발하는 날 나의 차에 실어 주셨는데 얼마나 많이 주셨던지 자동차 타이어가 빵구가 날 정도였다. 집으로 돌아오는 차 안에서 나의 아내가 걱정을 했다. 음식은 많은데 소록도에서 온 것인 줄 알면 교우님들이 먹지 않을 텐데 어떻게 다 처리를 하느냐는 것이었다. 그 말에 나는 빙그레 웃으며 내게 맡기고 걱정하지 말라고 한 뒤 자신들의 신앙의 아버지인 목사가 문둥이들과 함께 어우러져 먹고 자고 마셨는데 교인들이 따라서 먹는 것은 당연한 일이라고 덧붙여 말했다. 그러면서 나는 머리 속으로 묘책을 세워 놓았다. 교회에 도착하여 짐을 다 내리고 이튿날 주일 대예배를 마친 후 나는 광고 시간을 이용해 교우님들께 광고를 시작했다.

'교우 여러분, 내가 지난 주 소록도 집회를 마치고 돌아오는 길에 순천에서 너무도 맛있어 혼자 먹을 수가 없어 여러분들을 위해 떡과 엿을 사가지고 왔으니 예배 후 친교실로 모여서 만찬을 나눕시다.'

그당시만 해도 나는 언제든지 집회를 다녀오면 묵호에서는 오징어를, 제주도에서는 옥돔 . . . 등의 유명한 산지품을 꼭 가지고 와서 조금씩이라도 나누어 먹던 터라 당연한 일이었다. 그런데 당시 여전도 회장님으로 계시던 박 집사님은 원래 눈치가 빠르고 센스가 있는 분이셔서 내 말을 쉽게 믿으려 하지 않았다. 그래서 조용히 내 곁에 다가와 귀에다 대고 '목사님 소록도에서 이런 손(자신의 손가락을 구부려 환자들의 손 모양을 그리면서)으로 만든 것이지요? 나 혼자만 알고 있을테니 솔직히 말씀해 주세요'라고 말했다.

나는 박 집사님보다 한술 더떠 소리를 높여서 '아니 그런 손으로 어떻게 엿과 떡을 만듭니까' 하고 아연실색을 했다. 그러자 그 집사님은 내 말이 옳다는 듯 고개를 끄덕거렸다. 친교 시간이 되자 욕심 많은 박 집사님이 가장 많이 엿과 떡을 먹었고 식구들 몫까지 챙겨서 집으로 싸가지고 가기까지 했다. 이런 모습을 본 나는 속으로 웃었고 센스가 빠른 우리 아이들은 내 말을 믿지 않고 엿과 떡을 입에도 대지 않았다. 그런데 우리 아이들이 먹지는 않고 다른 사람들이 먹는 것만 유심히 바라보고 있자 한 교우님께서는 내게 왜 목사님 자녀들은 먹지 않느냐고 묻는 것이었다. 그래서 나는 대답하기를 어제 저녁에 실컷 먹어서 이가 아파서 못먹는 것이라고 능청스럽게 말했다.

℮ 주일 저녁의 대소동

친교실에서 모두 헤어진 후 나는 저녁 설교 준비를 하면서 자꾸만 솟아오르는 웃음 때문에 혼이 났었다. 저녁 강단에 올라가 설교를 하면서도 나는 소록도에서 구부러진 손을 가진 교우님들이 그 손으로 엿과 떡을 만드시던 모습과 그것도 모르고 맛있게 먹던 우리 교우님들의 모습이 떠올라 허겁지겁 설교를 마쳐야 했다. 설교를 마친 후 광고를 하고 마지막으로 축도 시간이 되어 기도하면서 나는 "우리를 지극히 사랑하시는 하나님! 눈도 코도 손가락도 없는 분들의 손길을 통해 사랑과 정성으로 만든 떡과 엿을 공급받게 하시고 오늘 낮에 우리가 맛있게 나누어 먹을 수 있도록 하셔서 감사합니다. 이제 우리는 문둥이와 한 식구가 되어 음식도 나누어 먹었습니다. 하나님의 크신 사랑도 나누었습니다. 이제 우리 모두 소록도 교우님들을 위해 기도하며 사랑할 수 있는 넓고 큰 사랑의 마음을 허락해 주소서. 아멘"

계속 기도하는데 '아악'하는 비명 소리와 함께 성전 안에서 구역질하는 소리, 울음소리 등으로 요란했다. 그래서 나는 축복 기도를 모두 마치고 온 교회당의 불을 끄고 강단에 엎드려 우리 모두에게 사랑의 은사를 달라고 기도했고 교우님들 모두 다함께 회개와 감사의 기도와 찬양을 드렸다. 그날 저녁 예배에서 우리 교회 교우님들 모두가 많은 사랑의 은사와 은혜를 받았다.

눈으로 사랑을 그리지 말아요.
입술로 사랑을 말하지 말아요.
영원한 사랑을 바라는 사람은 사랑의 진실을 알지요.
참 사랑은 가난함도 부요함도 없어요.
괴로움도 즐거움도 주와 함께 나눠요.
나의 가장 귀한 것 그것을 주는 거예요.

3) 특수 선교 사역의 은사

◉ 선교할 수 있다는 것은 하나님께서 베풀어 주신 특수한 은사

진정한 사랑이란, 진정한 선교란 무엇인가?
나는 이사야서 58장 6-7절의 말씀이라고 생각한다.

'나의 기뻐하는 금식은 흉악의 결박을 풀어 주며 멍에의 줄을 끌러주며 압제 당하는 자를 자유케 하며 모든 멍에를 꺾는 것이 아니겠느냐. 또 주린 자에게 네 식물을 나눠주며 유리하는 빈민을 네 집에 들이며 벗은 자를 보면 입히며 또 네 골육을 피하여 스스로 숨지 아니하는 것이 아니겠느냐'

내가 한끼를 금식함으로 얻어진 양식을 형제 자매에게 베푸는 것을 말한다. 실컷 먹고 남은 것을 베푸는 것이 아니라 먹지 않고 금식함으로 베푸는 것을 말하는 것이다. 그래서 나는 이사야 선지자의 말씀을 항상 묵상하고 사랑한다. 이러한 선교를 하기 때문에 나의 곁에는 늘 외로움과 개인적인 가난이 뒤따랐다. 누구든지 자기의 것이 아깝지 않은 사람이 어디 있으랴. 그러나 나는 하나님께서 베풀어 주신 덕으로 사는 인생이기에 오늘이 이땅에서 마지막이라는 마음으로 모든 것을 다 드리고 다 써도 아깝지 않고 감사, 감사할 뿐이다.

한번은 홍성 교도소에서 함께 활동을 하시던 우 전도사님께서 전화를 해오셨다. 내용인즉 홍성 교도소의 죄수들이 추운 겨울에 빨래를 말리지 못해 어려움을 겪고 있는데 탈수기 8-9 대만 구입해 주시면 겨울을 잘 넘길 수 있다는 내용이었다. 나는 이 말을 듣고 나서 '감사합니다. 하나님께서 민 목사의 손길을 통하여 영광을 받으시려고 축복의 기회를 주셨군요'라고 말한 뒤 '걱정말라'는 말과 함께 전화를 끊었다. 그러나

막상 전화를 끊고 현실을 생각해보니 막막하기만 했다. 당시의 상황은 수중에 돈이 한푼도 없는 처지였고 사택의 월세도 3개월이나 내지 못해 당장 길거리로 쫓겨날 판이었으니 오죽했으랴. 하지만 나는 하나님께서 분명히 필요한 탈수기 9대를 주실 것이라 믿고 뜨겁게 기도를 시작하였다.

3일 쯤 지났을 때 당시 우리 교회에 시무하시던 주 전도사님이 결혼식을 올리게 되었는데 당회장인 내가 주례를 맡아 달라고 부탁을 했다. 그리고 주 전도사님의 장모님 되시는 권사님께서 교회로 찾아 오셔서 나와 아내의 옷을 한벌씩 맞추어 준다고 시내로 나가자고 하셨다. 나는 하나님께서 주신 기회가 바로 이것이라고 생각하여 그 권사님께 말하기를 '권사님 감사합니다. 이왕 해주시는 것 최고로 좋은 것으로 해주시고 오늘은 시간이 없으니 내일 우리 내외가 단골집에 가서 직접 맞추어 입겠습니다. 그러니 대신 준비한 돈을 주시면 됩니다' 하고 말씀드렸더니 권사님께서는 선뜻 그러마고 하시며 그 자리에서 100만원의 현금을 주셨다.

아! 하나님, 감사합니다. 이것으로 홍성 교도소에 탈수기를 사서 보낼 수 있게 되었습니다. 나는 이렇게 하나님께 감사하며 기도를 드렸다. 물론 나의 아내는 내가 그 돈으로 사택의 월세를 내는데 사용할 줄 알았을 것이지만 나의 생각은 달랐던 것이다. 나는 당장 은행으로 달려가 그 돈 100만원을 송금하여 탈수기 9대를 추운 곳에 소외 되어 고생하고 있는 형제 자매들에게 보내게 되었다. 그후 내가 100만원을 교도소에 탈수기를 사보낸 사실을 전혀 몰랐던 주 전도사님과 권사님께서는 큰 시험에 들었다. 그도 그럴 것이 결혼식 날 주례 설 때 입으라고 양복값을 주고 갔는데 막상 결혼식 날 보니 새 양복 대신 헌 양복을 입고 나타났으니 당연히 세상 일에 사용했을 거라고 오해를 했던 것이다.

나는 이런 일들이 종종 있었기에 많은 교우님들에게 오해 아닌 오해를 받았다. 교도소의 탈수기 사건은 1년이 지난 뒤에 전도사님과 함께 홍성 교도소에 집회 인도를 갔다가 풀렸다. 대표 기도를 하는 형제가 '하나님 이 추운 겨울 빨래하는 것이 몹시 힘들었는데 민목사님께서 주례 시 입을 양복 대신 탈수기를 사주셔서 감사합니다. 그리고 그 돈을 주신 주 전도사님 가정에도 축복하소서 . . .'라는 기도를 드린 것이다. 이로 인하여 주 전도사님이 알게 되었고 뒤늦게 오해가 풀려서 그후로는 더욱 풍성한 은혜로 하나님께 영광을 돌릴 수 있었다.

℮ 선한 일을 하다가 낙심치 말라

대전 교도소에 집회 인도를 갔을 때의 일이다. 한 형제님을 상담하게 되었는데 이 형제님은 당시 벌금 100만원을 납부하지 못해 대신 몸으로 노역 형을 살고 있다고 하였다. 나는 이 사실을 알고 너무 괴로와 평상시에 가깝게 지내던 대전의 박 집사님께 말씀을 드렸고 박 집사님께서 대신 벌금을 납부해 주셔서 그 형제는 석방케 되었다. 그후 이 형제는 금식을 하며 회개를 하고 하나님 앞에 많은 기도를 해서 얼마나 기쁘고 감사했는지 모른다. 그래서 나는 박 집사님과 의논을 하여 이 형제님을 취직을 시켰다.

그런데 취직 시킨지 8일이 지났을 때 새벽에 박 집사님께서 전화를 걸어 오셨다. 그 형제님이 회사 공금 380만원을 가지고 도망을 갔다는 것이다.
'아! 이럴수가, 아!, 이럴수가 ...'
돈보다 사랑을 유린 당했다는 그 아픔 때문에 나는 몇날을 기도원에 들어가 하나님께 매어 달리며 눈물로 기도해야 했다.

이처럼 특수 선교란 힘든 일이었다. 나는 그때 비로소 주님의 심정을 만분의 일이라도 헤아릴 수 있었다. 아흔 아홉 마리의 양을 두시고 길 잃은 한마리의 양을 찾아 나서시는 주님. 100명 전도하여 1명만이 하나님 품으로 돌아온다 해도 감사해야 한다. 물론 이런 일들은 나 자신이 형제를 위해 더 많이 기도하지 못한 탓이었다. 나는 지금도 그 형제의 일이 가슴 아파 그를 위해 기도하고 있다.

불쌍한 형제여. 하나님 앞에도 위로 받지 못할 죄인이 되었으니 네 심정이 얼마나 아프고 힘겨우랴. 나는 지난 10여 년 이상을 특수 선교를 하면서 이러한 일들을 헤아릴 수 없이 많이 경험했기에 왠만한 아픔과 절망은 나름 대로 많이 겪어보고 터득했다고 생각하곤 한다. 이렇게 선한 일을 하다가 낙심되는 일을 종종 만나지만 그래도 언젠가는 그런 형제가 사랑을 깨닫고 돌아올 그날을 기다리며 계속 기도하며 특수 선교 사역을 멈추지 않았다. 다음의 세 말씀들은 내가 특수 선교 사역을 계속할 수 있도록 붙잡아 주었던 너무나 소중한 말씀들이다.

'우리가 선을 행하되 낙심하지 말지니 피곤하지 아니하면 때가 이르매 거두리라.' -- 갈라디아서 6장 7절

'허물을 덮어주는 자는 사랑을 구하는 자요, 그것을 거듭 말하는 자는 친한 벗을 이간 하는 자니라.' -- 잠언 17장 9절

'너희가 각각 중심으로 형제를 용서하지 아니하면
내 천부께서도 너희에게 이와같이 하시리라.' --마태복음 18장 35절

❺ 100 원이면 한영혼을 얻는다

나는 군 선교를 감당하면서 나름 대로 선교의 재미를 너무도 많이 보았다. 특별히 잊을 수 없는 것은 최 전방 전선에서 근무하는 병사들에게 선교할 때의 일들이다. 눈보라 치고 비바람 치는 깊은 밤, 보온병에 따끈한 커피와 성경 찬송가를 준비해가지고 근무 지휘관의 안내로 벙커를 찾아간다. 벙커에서 외로움과 추위, 고독, 불안, 공포에 떨고 있는 병사들에게 커피 한잔을 나눠주고 그들의 손을 잡고 기도해주면 그들은 한결같이 통곡을 하며 하나님께는 물론 나에게도 감사를 표했다. 그도 그럴 것이 부모도 형제도 찾아올 수 없는 적막한 전방 초소에 목사님께서 예수님의 사랑으로 찾아오셔서 따끈한 차를 대접해 추위를 잊게 해주시고 기도를 해주시니 얼마나 감격스러웠으랴.

그 다음주 주일이면 내가 찾아가 만난 형제들은 모두 소속 부대 교회에 출석을 하여 하나님의 자녀로 거듭나게 됨을 보고 깊은 감사를 드리곤 했다. 선교와 전도라는 것이 단돈 100원의 커피값으로도 한 영혼을 살 수 있다는 깨달음을 얻을 수 있었다. 나는 이러한 일들 때문에 내 자식들 먹이고 입히는 것까지 아까와 - 돈 100 원이면 한 영혼을 사는데 - 항상 인색했기 때문에 집에서는 빵점짜리 아빠였다.

내가 가진 선교의 철학이라면 내 수중에 돈 2억이 있는데 그 2억을 한 사람에게 주어 그 영혼을 하나님께로 인도할 수만 있다면 내가 빈털털이가 된다 해도 무조건 다 준다는 것이다. 왜냐하면 하나님

안에서의 한 생명은 천하 우주보다도 더욱 귀하기 때문이다. 이러한 철학으로 목회를 하다 보니 나는 늘 인간적으로는 가난에 허덕이고 사람들이 보기에는 한심하고 실속없는 삶을 살아야 했다. 그러나 나는 이것이 옳은 하나님의 뜻이라 생각하고 앞으로도 계속해서 더욱 뜨겁게 선교하는 삶을 살리라 다짐했다.

V. 시련과 도망칠 수 없는 사명

❡ 큰딸 은영이를 떠나 보내고

우리 집 식구는 모두 다섯이었다. 나와 아내 그리고 하나님께서 우리 가정에 선물로 주신 딸이 셋 있었다. 그런데 어느 날 하나님께서는 딸 중 하나를 데려 가심으로 우리 집안이 온통 슬픔에 빠졌던 때가 있었는데 나는 그날의 아픔을 이야기 하고자 한다.

그날도 여느 때처럼 우리 부부는 부흥회를 마치고 집에 돌아왔었다. 내가 오산리 금식 기도원에 초청되어 부흥 집회를 인도하게 되어 아내와 함께 다녀왔던 것이다. 사택에 들어서니 시간은 저녁 7시로 이른 시간이었으나 나는 오랜 시간 집회 인도를 한 관계로 무척 피곤한 상태였다. 그당시 맏딸인 은영이는 중간 고사 기간이었는데 며칠은 족히 밤을 새며 공부를 했기 때문에 얼굴이 무척 창백하여 핏기가 없어 보였다. 나 또한 피곤이 쌓여 잠시 쉬려고 하는데 은영이가 들어와 머리가 너무 아프니 기도를 좀 해달라고 하면서 내게로 다가왔다. 그순간 갑자기 피로가 몰린 나는 '그래, 아빠가 씻고 나서 기도해 주마. 그리고 너 요즘 너무 잠도 안자고 무리해서 공부하는 것 같은데 오늘은 그만 하고 일찍 자거라' 하고 말한 뒤 내 방으로 돌아와 옷을 갈아 입고 세면장으로 가서 대충 씻었다. 그리고 다시 내 방으로 돌아와 잠깐 자리에 눕게 되었다.

내가 이처럼 피곤했던 이유는 단순히 부흥 집회를 인도했기 때문만은 아니었다. 그 진짜 이유는 부흥 설교를 마치고 강단에서 내려올 무렵, 갑자기 3-4만명의 교우님들이 한꺼번에 몰려와 안수 기도를 부탁하였고 거절할 수 없었던 나는 그분들을 한줄로 세워놓고 머리에 손을 얹어 개개인에게 일일이 안수 기도를 해주었기 때문이었다. 몇만명의 사람을 안수기도 한다는 것이 어디 한두 시간에 끝날 일인가. 몇 시간을 꼬박 서서 기도를 해주었다. 더구나 안수 기도라서 온몸의 힘과 정성을 다해 진액을 빼는 기도를 하였는데,

이러한 기도를 오늘 하루만 한 것이 아니라 몇 년 동안을 하루같이 쉴 새 없이 하다 보니 피로가 쌓이고 그 쌓였던 피로가 한꺼번에 겹쳐 왔다. 아무리 주의 종이라 해도 인간인지라 육신의 연약함을 어찌하지 못해 피로를 느낄 수 밖에 없었던 것이다. 더구나 그날은 이상하게도 몸을 가눌 수 없을 만큼 피곤에 짓눌렸고 그 때문에 잠시 휴식을 취하려고 누웠던 나는 깜빡 잠이 들었던 것이었다.

자리에 누운 지 약 30분 정도 지났을까 . . . 잠결에 전화벨 소리가 들려왔다. 전화를 하신 분은 이웃 아파트에 살고 계시던 우리 교회 집사님이셨는데 큰딸 은영이가 지금 아파트 입구에 쓰러져 있으니 빨리 와서 데려가라는 말씀이셨다. 나는 내 방에서 잠이 들었었기 때문에 은영이가 나간 사실도 모르고 있었다. 전화를 끊고 확인해 보니 딸아이는 약 20분 전에 친구의 전화를 받고 그 친구가 사는 아파트에 다녀 오겠다는 허락을 엄마에게 받은 후 나갔다고 했다. 그때만 해도 나는 그 녀석이 너무 무리하게 공부를 해서 수면 부족으로 잠시 쓰러졌겠거니 하는 생각을 했었다.

사실 은영이는 초등학교에 입학하기 전부터 공부만 하는 공부 벌레였다. 다른 아이들은 부모님이 야단을 쳐야 공부했지만 우리 은영이는 밤을 꼬박 새가며 공부만 해서 우리 부부는 아이의 건강을 생각해서 적당히 하라고 늘 타이를 정도였다. 공부를 열심히 하는 것도 중요했지만 우리 부부는 아이들이 건강하게 자라고 교회에서 열심으로 신앙 생활을 잘하는 것을 더 바랐기 때문이었다. 그래도 말을 듣지 않아 때로는 야단도 치고 밤이면 전기 스윗치를 내려 놓아 불을 켜지 못하게도 해보았지만 소용이 없었다. 그것은 은영이가 그렇게까지 열심히 공부하는 이유가 있었기 때문이었다.

당시 내가 어려운 개척 교회에 시무하면서 물질로 인하여 어린 자식들에게 너무도 가슴 아픈 일들을 많이 보여주었기 때문에 은영이는 늘 입버릇처럼 이런 말을 하곤 했다. '아빠 조금도 염려 마세요. 제가 열심히 공부해서 법관이 되어 아빠 목회 뒷바라지를 해드릴께요.' 아내가

교회 일로 바빠서 돌보지 못하는 어린 동생들을 항상 엄마처럼 돌보아 주고 학교에서는 성적이 늘 상위권에 머물렀다. 교회에서도 주일 학교 교사, 학생회 회원, 그리고 반주까지 도맡아 하는 열심 있는 아이였던 것이다. 그래서 나는 당시 개척 교회를 섬기면서 어려움과 괴로움이 닥칠 때면 은영이를 바라보았고 그 아이를 통해서 큰 위로와 소망을 얻을 수 있었다.

우리 내외는 느긋한 마음으로 운동복을 입은 채 집사님이 일러 준 아파트 입구를 향해 가고 있었다. 그런데 왠일인지 아파트 입구에 수백명의 사람들이 모여 있고 카메라 후래쉬가 번쩍거리며 야단법석들이었다. 영문도 모른 채 우리 부부는 이런 광경에 이끌리어 사람들을 헤치고 아파트 입구로 들어갔는데 가서보니 아파트 입구에 한 여학생이 누워 있는 것이 보였다. 그런데 이게 왠일인가. 그 여학생은 분명히 내 사랑하는 큰딸 은영이었다.

깜짝 놀란 나는 잽싸게 달려가 은영이를 끌어안고 일으키려 했으나 딸아이는 이미 숨이 멎어 싸늘한 몸이 되어 있었다. 딸아이가 죽었다는 것을 알게 되자 나는 나도 모르게 그 자리에 꿇어 앉아 '하나님 감사합니다. 이처럼 악하고 죄 많은 세상에서 어린 딸을 불러 주셔서 천국으로 인도하셨사오니 하나님 감사합니다' 하고 기도를 드렸다. 몸에 밴 나의 신앙 생활의 습관 처럼 기도를 드렸던 것이다.

후에 안 일이지만 이 광경을 지켜 본 많은 사람들은 나를 가리켜 실성했다고 말했다고들 한다. 자식의 주검을 눈 앞에 두고 통곡이 아닌 감사의 기도를 드리는 내가 그들의 눈에는 진정 실성한 듯이 보였을 것이다. 나의 아내는 딸아이를 보자 그 자리에 앉아 통곡의 울음을 터뜨렸고 은영이의 시신은 병원으로 옮겨져 영안실에 안치되었다.

오, 하나님!
주신 분도 하나님이시요, 거두시는 분도 하나님이심을 진정 내가 믿습니다. 아버지의 뜻대로 다 이루시옵소서.

내가 지금도 잊지 못하는 것은 은영이가 남긴 마지막 말이다.
'엄마, 아빠 잠깐만 친구집에 다녀 올께요.' 잠깐 다녀 온다던 사랑하는 딸 은영이는 영영 집으로 돌아오지 않았다. 우리 인생은 세상을 살면서 많은 환란과 시험을 거치게 된다. 그러나 아무리 힘든 불같은 연단이니 시험이 온다해도 자식을 잃은 부모만큼 아픔을 겪을 수 있을까. 은영이의 뜻하지 않은 아파트 추락 사고로 인해 우리 가족은 오랜 시간 동안 많은 아픔과 슬픔의 시간을 보내고 겪어야 했다. 정말 너무도 힘든 시간들이었다.

❂ 어린딸을 먼저 보내면서

병원에 이틀을 안치한 후 삼일장으로 장례가 치루어졌는데 장지는 벽제의 용미리였다. 딸아이를 입관하여 산에 갈 때까지는 마치 남의 일처럼 (교회의 다른 교우님의 일) 느껴져 별로 아픔을 느끼지 못했는데 하관식을 마치고 막상 산을 내려오려고 하니 눈앞이 아찔하고 그 어린 것을 홀로 남겨두고 돌아와야 한다는 것이 마음을 온통 갈가리 찢어 놓았다. 많은 교우님들께서 지켜보고 계시니 마음 놓고 울음을 터뜨릴 수도 없었다. 그래서 나는 북받쳐 오르는 울음을 참느라 애를 써야 했다. 딸 아이만 남겨 놓고 산을 내려올 때는 고이 잠들어 있는 사랑하는 딸의 무덤을 보고, 또 보고, 자꾸만 뒤돌아 보고 또 돌아보면서 겨우 겨우 산을 내려왔다.

그리고 그로부터 한동안은 잠을 못 이룬 채 꼬박 밤을 새우며 보냈다. 특히 첫날 밤에는 밤이 새도록 짖굳게 비가 쏟아져 아픈 마음을 더욱더 찢어 놓았고 우리 부부는 울면서 밤을 지새야 했다. 나는 '이렇게 비가 쏟아지는데 은영이는 지금 산에 홀로 누워 이 비를 다 맞고 있는데 어린 녀석이 얼마나 춥고 외로울까. 이녀석이 엄마, 아빠를 찾을 텐데 차라리 은영이가 있는 산으로 가서 함께 밤을 새고 와야겠다'고 하며 산으로 갈 준비를 하기가 일쑤였고 아내와 두 아이가 울면서 말리던 소동도 한 두번이 아니었다. 특별히 몇 달 동안 나는 너무도 너무도 견디기 힘이 들었다. 외출 했다가 돌아오면 세 녀석이 '아빠'하고 소리치며 달려와 나를 맞곤 했는데 이제는 아무리 찾아보아도 한 녀석은 보이지 않고 두 녀석만 쓸쓸하게 나를 맞았던 것이다. 그럴 때면 자식을 잘 지켜주지 못해 먼저 보낸 부모로서 죄책감과 허탈감, 좌절감이 한꺼번에 밀려와서 여러번 하나님 앞에 울며 통회의 기도를 해야 했다.

나는 자식을 잃고 나서야 비로서 하나님께서 우리를 얼마나 사랑하시는지를 깨달아 알 수 있었다. 죄로 가득찬 우리를 구원하시기 위해 하나 밖에 없는 독생자를, 그것도 십자가에 못박히는 참혹하고 고통스런 죽임을 당하도록 가만히 지켜보셔야 했던 그 하나님의 사랑이 느껴져 얼마나 울었는지 모른다. '아버지여, 세명의 자녀 중에서 하나를 잃었는데도 이토록 마음이 아프고 견딜 수 없는데 독생자를 보내신 하나님의 깊은 사랑을 내가 이제 알았나이다. 일평생 맡겨주신 사명을 감당하면서 주님의 일을 하는 자로 인도하여 주시옵소서.' 슬픔에 잠긴 수개월의 시간이 지나자 하나님께서는 망각이라는 선물을 허락해 주셨다. 슬픔으로 가득찼던 그 마음에 다시 사명이란 새싹이 자라나게 하셨던 것이다.

❷ 도망칠 수 없는 사명

나는 딸아이의 장례를 치루고 너무도 마음이 아팠고 한편으로는 가정 목회에 실패자라는 자책감에 깊이 빠져 정말 헤쳐 나올 수가 없을 정도로 지쳐 있었다. 이 모습을 곁에서 지켜보던 교우님들과 기도 동지들의 권유로 바쁜 부흥회 스케줄을 한 주간 멈추고 기도원에 입산하여 영역을 충전키로 결정을 했는데 막상 기도원을 가려고 하니 갈 곳이 없었다. 왜냐하면 당시에 650여회 부흥회 인도를 하다 보니 얼굴을 아는 사람들이 너무 많았다. 그래서 기도 중에 서울을 피해 제주도 한라산에 있는 한라산 기도원을 가기로 결정하여 잠바 차림으로 제주도를 향해 떠났다.

그곳에 도착하여 등록 수속을 마치고 묵을 방을 안내해 주는데, 안내해 주시는 여전도사님께서 부흥 강사님이 묵는 방으로 나를 안내했다. 나는 그 여 전도사님께 몇번씩이나 말씀드리길, 나는 평신도이며 부흥강사가 아니라고, 좀 쉬기 위해서 본의 아니게 직분에 거짓말을 하게 되었다. 그런데 그 전도사님은 답변하시기를, '괜찮습니다. 이번 주에는 정기 부흥회가 없기 때문에 외부 강사님이 오시지 않으니 이곳 기도원에서 제일 시설이 좋은 방에 일 주일 묵으셔도 됩니다.'라고 말해 부담스럽지만 어쩔 수 없이 그 방에 짐을 풀게 되었다.

그리고 저녁을 주길래 먹고나니 어떻게 알았는지 기도원 원장님이 내 방에 오셔서 부탁하시길 오늘 저녁만 예배를 좀 인도해 달라고 하셨다. 나는 수차례 사양했지만 막무가내 떼를 쓰셨다. 나는 어쩔 수 없이 잠바 차림으로 예배를 인도케 되었는데 그날은 50여명의 신도들이 울음

바다가 되어 은혜와 성령님의 역사가 크게 일어 났다. 그 이튿날 (화요일) 아침을 먹고 나니 사무실에 전화가 왔다고 받으라고 하여 전화를 받아보니 원장님의 음성이었다. 지금 원장님은 서울 공항에 막 도착 하셨는데 서울 급한 볼일로 기도원을 비우게 되었는데 민목사님께서 금요일 저녁까지 계속 집회를 해주십사 부탁을 해오셨다.

정말 어처구니 없는 순간이었지만 사정이 어쩔 수 없었다. 나는 이렇게 정장도 아닌 잠바 차림으로 쉬러 갔던 기도원에서 한주간을 예정에 없던 부흥회를 인도하게 되었다. 이 부흥회는 수많은 기적과 역사로 둘째날은 100여명, 다음 날엔 150여명, 나중엔 몇백명의 성도들이 몰려와 나 자신도 큰 힘과 은혜를 받게 되었다. 그분들 중 나보다 더 가슴 아픈 사연을 가진 사람들을 위로 해주고 하나님의 살아계심을 증거케 되었다. 나는 그때 사명자는 어디에 가나 언제나 하나님께서 일하게 하심을 깨달았다. 그리고 하나님께서 이제 일어나 다시 말씀을 선포하는 사명을 감당해야 한다는 명령을 주시는 것 같았다. 그리고 다시 할 수 있음을 하나님께서는 얼떨결에 이 부흥회를 통해 가르쳐 주셨다. 이렇게 육신이 쉬기 위해 찾아간 기도원에서 나는 사명을 회복하고 돌아왔다.

@ 정든 둥지를 털고

이 사건이 있은 후 몇달이 지나갔다. 교회로 돌아오니 다시 은영이에 대한 그리움이 사무쳤다. 은영이가 남기고간 추억의 현장들이 고스란히 내 앞에 남아 있었다. 이구석 저구석 가는 곳마다 그 아이가 아른거렸다. 다시 일어선다는 것이 생각처럼 쉽지는 않았다. 이렇게 헤매이고 있을 당시 내가 개척을 한 후 계속 섬겨오던 교회의 여전도회 회장이었던 이 집사님께서 드릴 말씀이 있다며 나를 찾아왔다. 무겁게 입을 열어 한 말은 교회를 이제 떠나라는 청천벽력과 같은 말이었다. 이곳을 떠나라는 말은 굶주림과 외로움을 이겨내며 개척한, 그리고 8년 동안이나 갖은 수모와 고생과 눈물, 생명을 다해 헌신 사역해온 내 인생 첫 개척 교회요, 내 인생의 전부인 이 정든 교회와 교우님들을 떠나 다른 곳으로 시무지를 옮기라는 말이었다.

나는 이말을 듣고 큰 충격을 받았다. 내가 그곳에 남아 있기로 작정한 것은 하나님의 뜻이라기 보다는 인간적인 오기와 고집, 그리고 은영이에 대한 미련 때문이었다. 먼저 간 은영이가 함께 했던 교회였기에 나는 성전에 혼자 나가 피아노 앞에 앉아 반주하던 딸아이를 그려보며 모든 슬픔을 달래고 있었기 때문이었다.   사명을 회복하고 제주도에서 돌아와서도 나는 이렇게 한동안 은영이의 추억이 서려있는 교회 구석구석을 여전히 찾아 헤매곤 했었다.

그런데 하나님께서는 뜻이 계셔서 이 집사님 뿐만 아니라 전 교우님들의 마음까지 주관하셔서 모두들 내가 떠나기를 원하게 하셨다. 한창 사역할 수 있는 목사님이 이 교회에서는 다시 일어나기 힘들 것이라 판단한 교우들이 바로 나 자신과 하나님과 모두를 위해 떠나는 것이 더 낫겠다는 결론을 내린 것이다. 뜻밖이라 어쩔줄 몰라 하는 내게 총회의 같은 동역자님들께서도 같은 의견을 내놓으셨다.

이로 인해 나는 목숨을 걸고 아니 목숨보다 더 귀히 여기며 개척했던 정든 교회를 떠나 경기도 평택에 있는 작은 마을의 (130여 가구) 농촌 교회로 시무지를 옮기게 되었다.   이 과정에서 사랑하는 딸을 먼저 천국으로 보낼 때보다 더 큰 이별의 아픔을 (육적인 사랑의 아픔보다 영적인 사랑의 아픔이 더 크고 깊음을 . . .) 겪어야 했다. 정들었던 교우님들과 헤어진 것이 그것인데 오랜 세월이 지난 지금도 그때 그 사랑의 아픔이 되살아나 혼자 간혹 그 때를 되새길 때면 나의 두볼에는 여지없이 눈물이 흘러 내린다.

낯설고 물설은 새로운 시무지로

새로이 부임한 교회는 설립된지 20년이 넘었지만 아직 자립을 못하고 재정적으로 몹시 어려움을 겪는 곳이었다. 아픈 상처를 안고 있던 우리 네식구는 오랜 서울 생활에 익숙해 있던터라 낯설기만한 농촌의 생활에 적응하기 위해 몇개월 동안이나 온갖 어려움을 겪어야 했다. 당시 많은 상처와 아픔을 가지고 있던 나에게 그곳의 장로님 두분을 비롯한 온 교우님들은 훌륭한 목사님을 모셨다고 기뻐하시면서 너무도 큰 사랑을 베풀어 주셨다. 그때 베풀어 주신 그분들의 사랑을 나는 아직도 잊지 못함은 물론 늘 감사의 기도를 드리고 있다. 그런데 1년 정도를 시무하다 보니 나 자신이 너무도 힘이 들었다.

왜냐하면 큰 도시에서 수많은 부흥 집회를 인도하며 그토록 활발하게 활동하다가 사람이 한정되어 있고 작은 곳에서 목회를 하려다 보니 너무

답답하게 느껴졌던 것이다.   이렇게 평생 여기서 목회를 해야 하나 생각하니 숨이 막히는 것 같았다.   그래서 나는 하나님의 뜻이 어디 계시기에 나를 여기에 두시는 걸까 하는 의문을 가지게 되었고, 어리석게도 인간적인 실의와 방황에 사로잡혀 한참을 헤매게 되었다. 그러던 어느 날, 기도하는 중에 하나님의 뜻을 깨닫게 되었다. 하나님께서는 '낙심치 말라'고 하시며 모세가 화려했던 궁중을 떠나 호렙산에서 40년간 짐승들과 외로운 생활을 했던 출애급기서의 성경 말씀과 함께 이 연단을 통과하며 인내와 기도로 기다려야 하나님께서 다시 높이들어 써주시리라는 약속의 응답을 듣게 되었다.

'그렇다.   어느 곳에 있든지 당신께서 쓰실 수 있는 재목으로만 갖추어진다면 호렙산도 디베랴 바다에도 찾아가셨던 하나님께서 경기도 평택의 대추리라고 못 오시랴.'   나는 이렇게 생각하고 모든 것을 하나님께 맡겼다.   지금 생각하면 하나님께서는 나를 세계 복음화의 일꾼으로 쓰시기 위해 내 자신을 돌아보며 성찰할 수 있도록 조용한 시골에서 연단하고 계셨던 것이다.   하나님의 위로 하심과 소망에 힘입은 나는 새로운 힘을 얻어 한주간도 쉬지 않고 군부대, 교도소, 경찰관서, 기도원, 교회 ... 등으로 집회를 인도하러 다녔다.

❷ 두번째 교회를 개척하다.

섬기던 교회는 내가 시무하면서 무척 부흥이 되어 20년만에 처음으로 재정적으로 자립을 하였다.   하나님께서는 물질의 축복을 쏟아부어 주셔서 여러 곳에 선교 헌금을 보내었고 이 때문에 온 교회의 교우님들은 모두들 신이 나서 열심으로 봉사를 하였다.   그러나 한정된 작은 마을이라 더 이상 부흥의 기대는 할 수 없는 곳이었다.   그리고 농촌 교회의 현실이라는 것이 사양길이라서 교세는 줄어들 망정 늘어나지 않고, 교인들의 신앙이란 비전과 소망을 가진 미래 지향적인 것이 아닌 오늘의 육신적인 안정과   위로만을 추구할 뿐이었다.

그래서 나는 이 문제를 놓고 기도하던 중에 장로님들과 몇분의 집사님들께 이런 제의를 드렸다.   그 제의란 마을에서 평택 시내가 가까우니 그곳에 제 2의 성전을 세워 지금보다 더 큰 하나님의 상급을 쌓아서 주님의 지상 명령인 '땅끝까지 내 증인이 되라'라는 말씀을 지키자는 것이었다.   내 말을 들으신 장로님과 집사님들은 쾌히 승낙을 하셔서 우리는 평택 시내에 100여평의 건물을 임대 계약하여 제 2의 교회 설립을 추진하였다. 하나님께서는 이사야서 54장 2절의 말씀으로 내게 힘을 주셨다.

'네 장막 터를 넓히며 네 처소에 휘장을 아끼지 말고 널리 펴되 너의 줄을 길게 하며 너의 말뚝을 견고히 할지어다.'

그러나 이 과정에서 일부 교우님들의 반대와 당시 시무하던 교회가 소속되어 있는 노회의 목사님들의 개입, 반발로 교회는 내가 처음 목적하였던 순수한 의도와는 반대로 둘로 갈라지는 또 하나의 아픔을 겪어야 했다. 그래서 처음 부임하였던 교회는 사임을 하게 되어 다른 후임 목사님이 오셨고, 나는 몇 가정의 교우님들과 함께 새로이 세운 평택 비전 장로교회로 시무지를 옮기게 되었다. 당시 이일로 인하여 얼마나 가슴이 아프고 힘이 들었는지 상상할 수가 없을 정도였다.

더구나 깊은 사정을 알지 못하던 일부 교우님들은 민 목사가 교회의 교인을 잘라 가지고 평택 시내로 나왔느니, 시무하던 교회에서 공금을 몇천만원 횡령하여 쫓겨났다느니 이루 입에 담지 못할 온갖 악성 루머를 퍼뜨리며 나를 괴롭혔으니 그 당시 나의 마음이 어떠했으랴. 나중에 그런 루머를 퍼뜨린 집사님을 알게 되어 그분으로부터 사과까지 받았으나 그 한분의 집사님으로 인해 겪은 아픔은 회복될 수 없는 것이었다.

교회는 갈라지는 아픔을 겪었지만 평택에 세운 교회는 온통 성령님이 강하게 역사하심으로 말미암아 나날이 성장해갔다. 새벽 기도를 비롯한 집회 때마다 안성, 성환, 안중, 천안, 송탄 등에서 많은 교우님들이 몰려왔고, 심지어는 소문을 듣고 서울에서까지 몰려 왔다. 그래서 철야 기도회는 그야말로 초대 교회 당시 마가의 다락방에서 일어났던 성령의 역사가 일어났고 이토록 큰 역사가 일어나자 드디어 마귀의 방해 또한 말이 아니었다. 그 일대의 교회마다 자기 교회의 교인들 단속은 물론 나에 대한 악성 루머를 퍼뜨리고 이를 이용하여 나를 헐뜯으며 나의 목회에 흠집을 내기 시작했다. 심지어는 철야 기도회 은사 집회가 있는 날이면 모 교회에서는 여전도사들로 하여금 카메라를 준비케 하여 우리 교회 문 앞에 지켜서서 감시를 하게 했고, 만약 집회에 참석하는 것이 발견되면 출교를 시키겠다고 으름장을 놓았다고 한다. 또한 모 교회 목사님들은 나를 평택 시내에서 쫓아 내려고 조직 폭력배들에게

5천만원의 돈을 주기로 약속을 하고 계약금 일부까지 지불하여 축출 청부 사건까지 일어나게 했다 한다.

나는 이런 사실을 까마득하게 모르고 있었다. 하나님의 복음을 위하여 죽기를 각오한 주의 종이 무엇을 두려워하고 주의 일 외에 무슨 신경을 썼겠는가. 어느 날 우연히 지난 날 태권도를 함께 했던 후배를 만나 이런 사실을 모두 알게 되었고 나는 참으로 기가막혀 하나님 앞에서 얼마나 통곡을 했는지 모른다. 그 후배는 내가 체육관 선배였다는 이유로 고맙게도 나를 찾아와 이런 사실을 소상히 알려 주었었다. 그리스도 안에서의 생활임에도 이처럼 허무맹랑한 사건들이 많았다. 함께 하나님의 부르심을 받아 동역하던 목회자들이 깡패를 동원하기 위하여 하나님의 교회에 바쳐진 헌금을 허비하다니 ... 참으로 어처구니 없고 통탄할 일이었으나 나는 모든 것을 하나님께 맡기고 기도만 할 뿐이었다.

이렇게 교계를 시끄럽게 하던 성령의 역사가 1년 가량 지속되자 당시에 철야 기도와 새벽 기도, 심방들을 등한히 하던 평택 일대의 온 교회 목회자들이 바싹 긴장하여 철야 기도를 비롯한 새벽 기도와 심방까지도 다시 강화하여 열심으로 사명을 감당하게 되었다. 그야말로 우리 교회는 잠자던 평택 일대의 목회자 분들과 교회와 교우들을 깨우는 불쏘시개와 같은 역할을 감당했던 것이다.

나는 언제나 어느 곳에서나 부흥회 집회나 개척 교회에서나 항상 성령의 불이 꺼져 싸늘한 곳에 성령의 불을 지피는 이러한 사명을 감당했던 것이다. 평택 온 일대가 열심으로 신앙 생활을 시작하자, 아니 민목사에게 교인을 빼앗기지 않으려고 저마다 정신을 바짝 차리고 열심히 사역을 했다는 표현이 옳을 지도 모른다. 아무튼 이때에 돌연 하나님께서는 나에게 대전 엑스포 세계 선교 현장을 맡기셨다. 그래서 나는 후임 목사님에게 교회를 맡겨 드리고 엑스포 선교를 담당케 되었다. 평택 일대에서는 모두들 열심으로 신앙 생활을 하자 온통 성령 운동이

대대적으로 일어났고 하나님께서는 큰 영광을 받으시는 일석이조의 은혜가 넘쳐났었다.

제 2 부
세계 복음화의 비젼을 품다

2부 – 세계 복음화의 비젼을 품다.
"세계 복음화의 1차 응답 – 엑스포 선교를 통하여"

I. 엑스포 세계 선교

하나님께서는 내 한몸도 거둘 수 없는 부족한 종에게 여러 모양으로 세계 복음화에 대한 도전을 주셨었다. 어머님을 통해서는 세계 복음화를 위해 뛰는 종이 될 것을 중보기도 후원까지 받았다. 나는 엑스포 사역에 나를 부르시는 하나님의 인도하심을 깨달으며 그동안 이렇게 쓰시고자 나를 훈련시키시고 연단시키셨음을 그리고 여러가지 상황들을 통해 세계 복음화를 감당하도록 인도하고 계심을 알 수 있었다. 일은 거역할 수 없이 돌아갔고 나는 결국 엑스포 사역을 감당하기에 이르렀다. 먼저 하나님께서 이 엑스포 사역을 어떻게 이끌어 가셨는지의 간증에 앞서 이 엑스포 사역이 무엇이며 왜 세계 복음화 사역의 중요한 자리에 서는지 잠깐 나누고자 한다.

❷ 엑스포란?

엑스포란 한 시대가 달성한 성과(세계 각 국의 문명이 옛날부터 현재까지 이룩한 모든 분야의 기술 양식)를 확인하고 인류 문명이 나아갈 방향과 앞으로 전개될 새 시대로의 출발을 촉진하는 과학 박람회다. 이는 단순한 상거래 차원의 상품 전시회가 아닌 새로운 과학 기술 산업의 발전과 경제 도약과 문화 창달의 계기로 삼기 위한 경제 과학 올림픽이라고 할 수 있다.

엑스포의 기원은 BC 5세기 경 페르시아 왕국의 아하스 페로스 왕이 "부"의 전시를 목적으로 개최하여 주변 국가들에게 그 나라의 국력과 부를 과시함으로 주변 국가들을 굴복시켰던 과시욕의 전시회가 최초의 기원이라고 전해지고 있다. 오늘날의 엑스포의 역사는 1851년 영국 빅토리아 여왕의 남편인 알버트공이 중심이 되어 개최하였던 런던 엑스포에서 시작한다. 그후 영국이 5회, 일본이 6회, 캐나다 2회, 프랑스가 4회 이상을 치룬 바가 있다. 특히, 우리 나라 처럼 개발도상 국가에서는 엄두도 못낼 큰 규모의 행사인데 개발도상 국가로서는 일본이 처음 개최했었고, 그 다음으로 우리 나라에서 개최하게 되었으니 이 모든 것은 살아계신 하나님의 역사인 것이다.

❷ 엑스포 선교의 중요성

세계적인 과학 박람회에 무슨 종교관이 필요하느냐고 하는 생각을 하는 분들이 있을 줄로 알고 나는 이 지면을 통하여 종교관을 유치하여 운영해야 했던 배경에 대해 이야기하고자 한다. 엑스포의 기원이 "부"의 과시로 주변 국가들을 굴복시켰던 배경에서 알 수 있듯이 '93 대전 엑스포도 인간의 물질 문명을 자랑하여 '물질 만능주의', '물질의 신격화' 사상이 만연해질 가능성이 높았다. 바로 이점이 우리가 경계해야 할 가장 큰 부분이었다. 복음에 빚진 우리 민족이 그 빚을 갚을 수 있는 세계 복음화의 기회를 하나님께서 주신 것이므로 그러한 이유 때문에 우리 기독교관에서는 다음과 같은 사항에 중점을 두어 선교의 방향을 잡았던 것이다.

첫째는, 아무리 인간의 지식이 뛰어나고 과학이 발달하여 우주를 탐험하는 시대에 살고 있다 하더라도 이 세계와 저 우주의 광활함을 이야기 할 수 있는 자는 아무도 없다. 단지 인간은 하나님이 만드신 그 커다란 신비의 아주 작고 조그마한 부분을 붙잡고 알려고 할 뿐이다. 그러므로 인간은 이번 과학 박람회를 통하여 하나님의 그 놀라우신 은혜를 찬양드려야 할 것이며 진보된 과학 문명을 선의 도구로 사용할 수 있도록 기도해야 한다. 과학의 힘과 인간의 부가 결합하여 이러한 사실을 외면하고 도리어 천지를 창조하시고 모든 것을 주관하시는 하나님의 뜻에 역행하여 인간의 협소한 지식을 자랑하는 인간만의 행사가 되어서는 결코 안된다는 것이 본 기독교관의 중심 사상이고 우리는 이러한 방향으로 선교의 사역을 해나갈 것이다.

둘째는, 이번 대전 엑스포는 정치, 사회 발전의 발판일 뿐 아니라 날로 악화 되어 가고 있는 우리 나라 경제를 포함하여 세계 경제 부흥을 위해서도 중요하다. 심각한 경제 문제를 극복해 나가기 위해서 기독교관은 대회 기간 중 매주 목, 금요일에 '경제 살리기를 위한 "경제 회생" 대 부흥 집회'를 가질 것이다.

셋째는, 세계의 개방의 물결을 타고 점점 개방화 되어 가는 시대에 대비하여 학생들과 각계 각층의 전국민들이 오늘날 세계가 이룬 과학을 보고 이것을 발판으로 Idea를 창출하여 세계 각국에 Idea를 수출하여 제 2의 이스라엘의 축복을 받을 수 있는 기회를 주시는 것임을 주지시킨다.

이 외에 우리는 사랑의 실천 운동을 전개하여 타운 내의 내·외국인 숙소를 비롯하여 많은 관람객들을 대상으로 복음 전파의 사역에 주력하였고, 세계 민족을 향해 하나님의 말씀을 선포하면서 한국 기독교 문화를 정확히 알려 성령으로 충만한 엑스포 만들기에 모든 노력을 쏟았으며 다음이 구체적인 실천 사항이었다.

첫째는, 대회 기간 중 파견 나와 있는 대회 참가 요원들이 행사 기간 중에도 신앙 생활의 어려움이 없도록 기독교관을 24시간 개방하고 새벽 예배는 매일 오전 5시, 수요 예배는 매주 수 저녁 7시 30분, 주일 예배는 총 5부로 나누어 오전 6시, 오전 9시 30분, 오전 11시, 오후 3시, 저녁 7시 30분에 드릴 것이며, 특히 5부 예배에서는 선교 행사를 진행시킬 것이며 주요 행사 내용은 유명 강사 초청 부흥 집회, 태권도 시범, 연극, 뮤지컬, 드라마, Worship Dance 등이다.

둘째는, 각 엑스포 참가 요원들을 5개의 기독 신우회로 묶어서 이들을 조기에 제자화 교육을 시켜 내 외국인이 투숙하는 12,300여개의 객실에서부터 외곽 지역에 이르기까지 다양한 선교 활동을 효과적으로 할 수 있도록 한다.

셋째는, 각국의 사람들을 효과적으로 전도하기 위해 영어, 중국어, 일어, 서반아어에 능통한 20 여명의 상담 통역원을 두어 4인 1조로 조를 나누어 예배와 기독교 선교 행사를 진행할 것이며, 또한 이들은 신앙 상담, 안내 등의 자원 봉사 활동까지 겸하며 각국의 언어로 된 성경책과 전도지를 비치하여 국경을 초월한 선교를 할 계획이다.

넷째는, 외국인의 통역 및 관람장 안내 등 민간 외교의 일익을 담당할 계획이다.

그리고 엑스포 기독교관에는 13개 선교 단체들이 협력 사역을 하여 다양한 선교 행사를 펼쳤는데 당시 협력한 선교 단체는 다음과 같다.

- ❖ 할렐루야 태권도 시범단 (태권 시범)
- ❖ 할렐루야 무도 시범단 (무도 시범)
- ❖ 호산나 선교단 (어린이 드라마/Worship Dance)
- ❖ 예수 전도단 모빌팀 (드라마/Worship Dance)
- ❖ 질그릇 연극 선교회 (연극 선교)
- ❖ 무궁화 에어로빅팀 (무용/찬양/율동)
- ❖ 에클레시아 선교단 (찬양/성가)
- ❖ 그레이스홀 찬양 선교단 (찬양/경배)
- ❖ 필로스 음악 선교단 (찬양) . . . 등 이다.

그리고 위의 실천 사항들과 더불어 기독교관에서는 7개의 기도 제목을 가지고 한 마음으로 대전 엑스포를 위해 기도하였고 그 때문인지 하나님께서 참으로 아름다운 역사로 엑스포를 엑스폴로(성령님의 전시장으로)로 마칠 수 있도록 도우셨던 것이다.

1. 나라와 민족과 전 세계의 복음화를 위해서
2. 기독교관을 찾게 될 118개국의 영혼 구원을 위해서 (엑스포에 참여했던 각 나라에서 대표로 파견 나온 운영위원들이 약 75,000명 모두가 자국에 돌아가 선교사가 되게 하소서)
3. 세워진 각 신우회를 통해서 객실 전도와 문서 선교에서 외곽 전도에 이르기까지 복음 전도 사역이 잘 전파되도록 하여 주옵소서.
4. 기독교관을 위해 지금도 기도로 동참한 소록도 교회(1,800명)와 홍성 교도소, 대전 교도소 및 전국의 기도 동지를 위해서.
5. 기독교관 선교 사역을 위한 부족 금액 4억을 하루 속히 채워 주옵소서.
6. 꺼져가는 세계 경제 회생의 기회가 되게 하소서.
7. 지금까지 선교 사역을 동참해 주신 분들을 위해서.
8. 선교 기간 동안 일기를 주관해 주소서.

이상이 우리 기독교관에서 엑스포 사역을 준비하며 계획하고 기도했던 내용들이다. 많은 부분이 삭제되었는데 간증집의 중간 부분에 조금씩 들어 있는 내용을 참고한다면 우리가 감당 했던 엑스포 사역을 이해하는데 도움이 될 줄로 안다.

II. 엑스포 선교의 준비 과정과 하나님의 역사

℮ 세계 복음화의 응답

하나님께 사명을 받은 날부터 나는 어떤 거대한 힘에 이끌려서 한가지의 제목을 가지고 기도하게 되었다. 아니 기도할 수 밖에 없었다. 그 기도는 내가 생각지도 못했고 이룰 수도 없는 강권적인 기도였다. 다름 아닌 "오늘은 민족 복음화, 내일은 세계를 복음화로"라는 슬로건을 주셨다. 민족 복음화와 세계 복음화, 민족 복음화와 세계 복음화, 일천만 영혼을 구원하게 하옵소서 . . . 이 기도는 소명을 깨달은 후 하나님께서 10년 이상을 하루도 거르지 않고 계속적으로 강권적으로 기도하도록 역사하셨다.

그래서 나는 성령님의 강권적인 힘에 이끌려 교회 사무실 안이며, 교회 구석 구석 마다, 집에까지 내 눈길이 닿는 곳이면 그 어디나 "오늘은 민족 복음화, 내일은 세계 복음화로, 일천만 영혼을 구원케 하소서"라는 문구를 크게 붙여 놓고 기도했다. 그리고 당시 성도가 100여명 밖에 않되는 교회에 시무하면서도 예배 시간 기도시간 구역 모임 등 성도들만 모이면 통성 기도를 시켰다. 성도들 중에는 담임목사가 재정에 어려움을 겪는 교회 현실은 모르고 허왕된 세계 선교 기도만 한다고 불만을 품고 교회를 떠나는 분들도 있었다. 어떤 집사님은 친히 찾아와 항의를 하기도 했다.

나는 이일로 인하여 혹시나 내 신앙 믿음 생활에 문제가 있는 것이 아닌가 하고 성경 말씀을 다시 연구하고 많은 기도를 하게 되었는데 하나님께서는 히브리서 11장 1-12절 말씀을 주셨다. 특별히 1절 말씀은, '믿음은 바라는 것들의 실상이요 보이지 못하는 것들의 증거니,'라는 말씀과 6절의, '믿음이 없이는 기쁘시게 못하나니 하나님께 나아가는 자는 반드시 그가 계신 것과 또한 그가 자기를 찾는 자들에게 상주시는 이심을 믿어야 할지니라,' 그리고 12절의, '이러므로 죽은 자와 방불한 한 사람으로 말미암아 하늘에 허다한 별과 또 해변의 무수한 모래와 같이 많이 생육 하였느니라'는 말씀을 주셨다. 하나님의 말씀은 계속 비전을 품고 믿음의 눈으로 그 결과를 보며 전진하라는 격려셨다. 나는 하나님을 기쁘시게 하는 일을 멈출 수가 없었다.

그러던 어느 날 새벽 기도를 마치고 사택에 막 들어서는데 전화벨 소리가 요란하게 울렸다. 전화를 걸어온 사람은 오랜 동안 교제를 해오던 총리실의 모 과장님이셨다. 급히 나를 좀 만나자고 하셨다. 그분을 만나니 그분께서 '93 대전 엑스포 행사에 중요한 부서 책임자로 임명을 받았는데 부임해 보니 종교관 유치 계획이 전혀 되어 있지 않아서 나의 자문을 구하고 싶다는 것이었다. 그래서 나는 알고 있는 상식대로 이야기를 해드렸다.

몇 년 전 우리 나라에서 치루었던 88 세계 올림픽 때 비록 기간은 짧았지만 기독교관이 세워지고 종교관이 세워짐으로써 세계 각처와 국내에서 온 관람객들과 선수들에게 쉼의 안식처가 되었고, 특히 크리스챤 선수들에게는 하나님의 평안을 줌으로 자기들의 기량을 마음껏 발휘하여 좋은 결과를 낳을 수 있었던 것이라고 설명을 했다. 또한 기독교관을 통해서 많은 자들에게 하나님의 말씀을 전파하여 복음 전도에 좋은 기회가 되었다는 사실과, 그로 인해 대한민국을 제 2의 이스라엘의 축복을 주시기 위해 하나님께서 대통령을 교회의 장로로 세우셔서 개발 도상 국가로서는 엄두도 낼 수 없는 엑스포를 주관케 하신 것이므로 어떤 일이 있어도 종교관은 세워져야 한다고 설명을 해드렸다.

하나님의 은총으로 그분은 나의 의견에 동의를 하셨는지 사무 총장님과 그 외의 관계자들을 만날 수 있도록 주선해 주셨고 나는 다시 한번 그분들에게 종교관의 중요성을 강조하게 되었다. 이러한 일들을 모르던 어떤 분들은 민 목사가 정치를 잘 하는 사람이라 인간의 정치와 수단으로 엑스포장에 종교관을 세웠다는 등 구구한 억측들이 많이 난무했다. 또한 큰 교단에서는 서로 종교관을 유치하여 교단 선교의 기회를 얻으려는 경쟁이 치열하던 판이었으니 억측이 많았던 것은 이해가 가는 것이었다. 그러나 이 자리에서 분명히 밝히는 것은 민 목사가 믿던 것은 오직 하나님 한 분 외에는 없었고 그 모든 것은 다 하나님의 역사였음을 간증하는 바이다.

그리고 며칠 뒤 '93 대전 엑스포 종교관 운영을 맡아 달라는 연락을 받았다. 정말 기적과 같은 일이 일어났던 것이다. 그러나 그 당시의 나는 기뻐하며 선뜻 그 일을 맡을 수 없는 상황이었다. 경기도 평택 시내에 개척 교회를 시작한지 1년도 되지 않은 상태였고, 당시 계속해서 성장하는 교회를 이끌어야 했으며, 인적 상황이나 재정적인 면에서도 턱없이 부족한 상황이어서 쉽사리 응락할 수가 없었다.

나는 일단 며칠의 시간을 두고 하나님 앞에 엎드려 번뇌의 기도를 드려야 했다. 눈물로 기도하는 중 '네가 져야할 십자가니라'라는 놀라운 하나님의 응답을 들을 수 있었고, '**내게 능력 주시는 자 안에서 내가 모든 것을 할 수 있느니라**'라는 빌립보서 4장 13절의 말씀을 주심으로 나는 종교관 운영에 대한 하나님의 뜻을 깨달아 알 수 있었다.

아버지여, 당신의 뜻대로 이루시옵소서, 아멘.

나는 그때부터 (93년 1월 초) 엑스포 현장에 종교관을 세워 하나님 앞에 영광을 돌리리라 마음을 모두고 엑스포 조직 위원회 대전 현장과 서울 사무실을 오가며 열심히 자료 수집을 시작했다. 막상 시작하고 나니 어려운 일들이 한두 가지가 아니었다. 처음 교회를 개척하려 해도 복잡한 일이 많고 어려운 일이 한두 가지가 아닌데 그 큰 행사에 세계인을 위한 종교관을 세운다는 것이 얼마나 복잡하고 어려운지 말로는 이루 표현할 수가 없었다. 더군다나 처음부터 종교관을 세울 계획이 없었기 때문에 장소를 마련하는 문제가 가장 큰 과제가 되었다. 건물에 공간이 없으니 엑스포 타운 (메인 숙소) 내에 있는 학교 마당에 가건물을 세워보려고 문교부 당국에 협조를 요청했지만 완공이 안된 학교 시설이므로 불가능하다는 거절을 당했고 다른 건물을 얻으려 해도 이미 임대 분양이 다된 상태인지라 얻을 건물이 없었다.

나는 다시 하나님의 깊은 뜻을 헤아리기 위해 두 무릎을 꿇고 기도해야 했다.

하나님, 당신의 일을 위해서 종교관을 세우려는데 장소가 없습니다. 장소를 주시옵소서. 만약 장소를 허락지 아니하시면 나는 당신의 사역을 포기할 수 밖에 없습니다.

며칠을 기도하는 가운데 담당 부장님께서 전화를 해오셨다. '장소가 한 군데 있는데 그곳은 유치원으로 분양될 건물 2층으로 시공하는 건설회사에서 허락을 하면 된다'라는 말이었다. 나는 다시 힘을 얻어 마치 엘리야 선지자가 비 오기를 위해 기도하듯이 간절한 마음으로 기도를 했다.

🍥 타 종교와 어울어진 이색적인 종교관

하나님의 응답은 놀라운 것이었다.   조직 위원회에서는 종교관 시설 장소를 위해 약 300평의 건물을 지정해 주었던 것이다.   이제부터는 순조로와질 줄 알았는데 또 하나의 문제가 있었다.   막상 장소를 무료로 할애받고 나니 일부에서는 기독교만 종교관을 세울 수 없으니 불교나 천주교 등 타 종교도 함께 세워야 한다고들 했다.   이일로 인하여 많은 것을 생각하다가 다시 하나님께 기도를 할 수 밖에 없었다.   살아계신 하나님만이 바른 해결책을 주실 것이라 믿었기 때문이었다.   정말로 하나님께서는 **고린도전서 9장 19-23절** 성경 말씀으로 응답을 주셨다.

"내가 모든 사람에게 자유하였으나 스스로 모든 사람에게 종이 된 것은 더 많은 사람을 얻고자 함이라 유대인들에게는 내가 유대인과 같이 된 것은 유대인들을 더 얻고자 함이요 율법 아래 있는 자들에게는 내가 율법 아래 있지 아니하나 율법 아래 있는 자 같이 된 것은 율법 아래 있는 자들을 얻고자 함이요 율법 없는 자에게는 내가 하나님께는 율법 없는 자가 아니요 도리어 그리스도의 율법 아래 있는 자나 율법 없는 자와 같이 된 것은 율법 없는 자들을 얻고자 함이라 약한 자들에게는 내가 약한 자와 같이 된 것은 약한 자들을 얻고자 함이요 여러 사람에게 내가 여러 모양이 된 것은 아무쪼록 몇몇 사람들을 구원코자 함이니 내가 복음을 위하여 모든 것을 행함은 복음에 참예하고자 함이라"

나는 비로소 하나님의 크신 뜻을 깨닫게 되었다.   불교도 천주교도 그 무엇도 모두가 하나님의 손 안에 있으니 오히려 이교도들에게 복음을 증거할 기회를 삼으리라 생각하고 타 종교 종교관 유치 승낙을 조직 위원회에 알렸다.   그리하여 그곳에서는 불교 법당과 천주교 미사 장소, 이슬람교와 기독교관(예배당)이 세워졌다.

그리고 하나님께서는 이일을 함께 할 수 있는 동역자를 보내주셨다. 그분은 다름 아닌 김인호 목사님으로 김 목사님께서는 88 올림픽 선교를 성공적으로 치른 체육인 선교회 간사로 사역하고 계셨으므로 여러가지 참고 자료와 경험으로 많은 도움을 주셨다.

🍥 계속되는 시험과 강권적인 하나님의 역사

엑스포 종교관을 세우기 위해서 정신없이 뛰고 있을 때 사역하던 본 교회에서는 많은 교인들이 동요되어 교회를 이탈하기 시작했다. 그 이유인 즉 큰 교회에서도 하지 못하는 엑스포 종교관을 작은 개척 교회에서 주최하게 된 것은 목사님 개인적인 욕심이고, 만약 이 일을 하게 되면 많은 재정난 때문에 엄청난 부담이 오게 되므로 교회를 옮길 수 밖에 없다는 것이었다. 이런 이유로 당시 약 반 이상의 교우들이 교회를 떠나게 되었다. 내게 남은 것은 하나님께 기도하는 것 뿐이었다.

그 중에서도 가장 가슴 아팠던 사건은 초기 개척 교회 시절부터 함께 했던 몇몇 집사님들 때문이었다. 큰 시험에 들은 그분들은 내가 많은 돈을 빼돌려 서울 처남 앞으로 집을 사놓고 대전 엑스포를 핑계삼아 교회를 빠져나갈 계획이라는 허무 맹랑한 소문을 퍼뜨리며 나를 한없이 괴롭혔다. 교회에 그럴만한 재정이 없는 것을 그 누구 보다 뻔히 잘 아는 분들이면서 말이다. 그뿐 아니라 심지어는 경찰서에 아는 친지를 동원하여 나의 신원 조사까지 했다고 하니 그당시의 나의 심정을 어느 누가 이해할 수 있으랴. 나는 이때 주님을 다시 한번 바라보게 되었다. '당신은 살아계신 하나님의 독생자이시면서도, 죄로 물든 이 세상을 구원하시기 위하여 이땅에 오셔서 그렇게도 믿었던 제자 유다에게 은 30냥에 팔리셨습니다. 아무런 죄도 흠도 없으신 분이 십자가에 강도들과 함께 못박혀 죽으시면서도 끝까지 저들의 죄를 용서해 주신 분이십니다.' 그 크신 사랑을 바라 보자 결국 내 입에서도 이런 고백이 나왔다.

오, 주여! 저들을 용서해 주시옵소서!

나는 계속해서 십자가에 달리신 예수님을 생각하며 더욱 더 기도하며 하나님께 매달렸다. 후에 안 일이지만 그들은 내가 야간 도주를 한다고 생각하여 사택 앞에서 밤을 새워 교대로 보초를 섰다고 한다. 아마 이 모두가 마귀를 도구로 사용하신 살아계신 하나님의 깊으신 방법이요 뜻이라 생각한다. 나와 사랑하는 교우님들과의 관계를 멀어지게 하심으로 교회에 대한 집착에서 벗어나 엑스포 선교에만 전념케 하기 위해 하나님께서 이들을 사용하신 것이라고 나는 믿는다.

그러나 하나님의 뜻을 이해하면서도 한편으로는 인간적인 생각이 나를 사로잡았다. 그래서 나는 대전 엑스포 선교를 포기하고 억울한 누명을 벗고 개척한 교회를 성장 시켜야겠다는 결심을 하게 되었다. 또한,

주위의 가까운 분들도 이구동성으로 나의 결심과 같은 충고를 해주는 것이었다. 나는 엑스포 선교에 대한 나의 판단이 잘못된 것이라는 생각을 하고 포기하기 위해 마음의 정리를 시작했다.

그러나 하나님께서는 나를 강하게 붙잡으셨다. 당시 종교 언론으로서는 힘을 지닌 국민일보 종교란에 '대전 엑스포가 대전 엑스폴로가 되다'라는 제목으로 종교관 설립 배경과 관장에는 민영수 목사라는 주제로 신문 기사가 터져 나오도록 하신 것이다. 이 기사를 본 많은 교우들과 동료 선후배 목사님들께서 수없이 많은 격려의 전화를 주셨고, 나는 하나님의 뜻을 다시 깨닫고 회개의 기도를 드리게 되었다. 그래서 나는 하나님의 손길에 강제로 떠밀려 엑스포 선교를 준비하는 종교관의 관장이 된 것이다.

❧ 무일푼으로 출발한 엑스포 선교

동분서주 하는 가운데 시간은 한없이 빠르게 흘러 벌써 5월 말이 다가왔다. 거창하게 선교 계획을 세워놓고 멋진 출발을 기대하며 준비를 하던 김 인호 목사님과 서울에서 함께 준비를 하시던 목사님들께서는 선교 헌금에 동참자가 없자 실망을 하게 되었고 또한 포기도 하게 되었다. 그러나 나는 실망할 수도, 포기할 수도 없는 처지이므로 오로지 하나님만 의지하여 앞으로 앞으로 나아갈 수 밖에 없었다. 그래서 나는 죽음을 각오하고 몸부림치는 기도를 하며 다짐했다. 살아계신 하나님께서는 사람도 돈도 환경도 모두 조성하시는 분이요, 여기까지 오도록 허락하시고 인도하셨으니 끝까지 허락하시고 인도하시리라 믿고 죽음을 각오하고 나아가리라.

나는 모든 사역을 하나님께 의지한 채 몸으로 뛸 수 밖에 없었다. 이 사정을 전혀 모르는 조직 위원회에서는 기독교계는 전국에 교회도 많고 사랑도 많으니 가장 잘 될 것이라면서 엑스포 관람장을 개관하기 전 6월 초에 종교관을 조기 개관해서 준비하는 조직 위원회 신우회, 호텔 사업단, 육군 지원단, 경찰 지원단 신우회 . . . 등 관계자들에게 심적인 안정을 주기 위해 기도회와 말씀 공부로 먼저 하나님의 복음을 증거해 달라고 요청을 해왔다.

더욱더 바빠진 것이다.   나는 막막한 가운데 서 있었지만 나 혼자만이라도 개관 준비를 서두르기로 했다. 그래서 실내 장식 전문회사를 조직 위원회로부터 소개를 받아 예배당 실내 장식 견적을 받았는데 국제적인 수준의 시설을 해야하기 때문에 실내 인테리어 비용만 약 3천만원이 나왔다. 3천만원은 커녕 30만원도 없는 처지라 그저 기도할 수 밖에 없는 상황이었다.

실내 장식 회사로부터 어떻게 할 것인가 하고 결정하라는 독촉을 받던 중 며칠을 기도하다가 평상시에 가깝게 지내면서 많은 신세를 지고 있던 태권도 세계연맹 이승호 관장님을 만나게 되었는데, 내 처한 사정 이야기를 들으신 관장님께서는 좋은 방법을 모색해 주셨다. 그것은 다름이 아니라 이 관장님 천안 체육관에 쿵후 무술을 배우고 있는 제자들 중 건축을 전공하는 학생들이 있어 그들이 실내 장식을 할 수 있을 것이라며 그 사람들에게 부탁해서 처리해 주시겠다는 것이었다. 나는 이 관장님의 고마움을 지금도 아니 내 평생 잊지 못할 것이다. 그리고 하나님께서도 기필코 그분의 상급을 빼놓지 않으실 것이라고 나는 믿는다. 그분은 기독교인도 아니고 철저한 원불교 신자였다. 그런데도 하나님께서는 이방인들의 손길도 엑스포 세계 선교에 사용하신 것이다.

3천만원의 현금을 가져야 갖출 수 있는 예배당 실내 장식이 체육관 사범들이 며칠을 철야로 직접 작업함으로 불과 천여만원에 그것도 후불로 완공이 되었다. 그리고 음향 장치는 오랫 동안 나와 함께 선교를 동역하던 김 대중 전도사님께서 감당해 주셨고 김 전도사님께서는 자신의 신용 카드로 에어컨 4대까지 할부로 장치해 주셨다. 강대상과 일부 의자 등 집기품은 에덴 성구사에서 무상으로 빌려 주셨고, 여기 저기서 예상치 못했던 분들의 후원으로 무일푼으로 막막하게 출발한 개관 준비였지만 하나님의 은혜로 풍성하게 시작할 수 있게 되었다.

나는 종교관 개관 준비를 하면서 다시 한번 하나님의 일은 하나님께서 예비하신 사람들을 통하여 이루어 나가심을 놀랍게 경험할 수가 있었다. 하나님의 일에 쓰임받을 수 있다면 그야말로 영광인 것이다. 그런데 하나님께서는 마치 그런 축복된 자들을 예비해 두신 것처럼 필요할 때마다 극적으로 나타나 도움을 주는 손길들을 만나게 하셨다. 많은 것을 가진 자들은 관심도 없고 하나님 일에 필요하니 도와 달라고 아무리 간청을 해도 하나님의 일을 깨닫지 못했다. 그러나 하나님께서는 아무 것도 없는 자들을 들어 쓰셨다.

하나님께서 필요하시다고 하실 때 '내가 여기 있나이다 나를 쓰소서' 고백하며 나오는 순종하는 자를 쓰셨다. 그들은 그저 정성을 다해 그들이 가진 모든 것을 내어 놓으며 충성을 다했다. 그런 손길들이 모아져 하나님의 사역은 놀랍게 완성이 되어 갔다. 나는 그때 충성한 그 모든분들을 하나님께서 은밀한 가운데 놀라운 축복으로 함께 하셨으리라 믿는다. 마치 떡 다섯덩이와 물고기 두마리를 내어 놓은 어린 아이의 손길을 통해 엄청나게 축복해 주셨듯이 작은 은사와 재능, 물질 들을 내어 놓은 이들의 손길을 통해 세계 선교의 기적의 장이 놀랍게 마련되어 가고 있었다.

❂ 성전에서 매매하는 자들

개관 준비가 거의 마쳐질 무렵, 평상시에 함께 집회를 다니던 동역자 박목사님의 전화를 받았다. 다름이 아니라 박목사님과 함께 활동하는 모 기도회가 있는데 그 기도회에서 기독교관 후원을 해줄테니 개관 예배와 모든 것을 맡기면 2-3천 만원의 물질 지원을 해주겠다는 것이었다. 나는 너무도 감사하여 이일을 쾌히 승낙했다. 그런데 그로부터 며칠 후 대전 지역 교역자 협의회가 주관하는 엑스포 세계 선교회로부터 항의 전화가 빗발쳐 왔다. 그 이유는 대전에서 종교관 예배를 드리면서 대전 지역에 있는 교역자들에게는 알리지도 않고 순서도 맡기지 않았다는 것이었다.

나는 곰곰히 생각해보니 조급하게 결정한 나머지 실수를 한 것이지만 이미 광고까지 나간 터라 어찌할 도리가 없었다. 그리하여 예정대로 '93년 6월 17일 기독교관 개관 예배가 드려지게 되었는데 박 목사님 소개로 온 모 교회에서 고맙게도 많은 선물과 음식을 준비해와서 은혜롭게 예배를 잘 마치게 되었다. 그러나 정작 필요한 선교 헌금은 2-3천만원은 커녕 20-30만원도 해주지 않았고 다음에 다시 초청하면 도움을 주겠다는 말만을 남기고 예배를 마치자 마자 훌쩍 떠나가 버렸다.

이날 큰 기대를 걸고 개관 예배에 임했던 당시 재정담당 부관장님이신 한 상오 장로님, 그외 많은 자원 봉사자들과 동역자들은 예배 후 서글픔과 절망의 시간을 한동안 보내야 했다. 수십 억을 가진 교회가 정말 이름도 없이 빛도 없이 선교에 동참해 준다면 얼마나 하나님께서 기뻐받으실까 . . . 그러나 모든 교회, 모든 주의 일을 하는 목사님들께서는 한결같이 조건과 상당한 명분이 있어야만, 도움을 주겠다는 것이었다. 심지어 어떤 목사님들께서는 나에게 찾아 오셔서 엑스포 타운 내 국기 공원에서 매주 부흥 집회를 하게 장소 허가를 힘써 주면 얼마의 선교 헌금을 주겠다느니, 책과 자신들의 설교 테이프를 팔아 주면 얼마의 이익금을 준다느니 . . . 정말 통탄할 이야기들로 헌금이 부족해 어려운 나를 심적으로 무척 괴롭혔다.

그래서 나는 당시에 결심하기를 차라리 선교를 내몸으로 혼자 감당 할지언정 타협하여 거룩치 못한 돈은 절대 받지 않으리라고 결심에 결심을 거듭하게 되었다. 마치 예수님 당시에 예루살렘 성전에서 돈 바꾸고 비둘기 팔고 송아지 팔던 사건들을 연상케 했다. (이런 일들을 본서에 기록함은 하나님을 믿는 자들로 부끄러운 일이나 이일들을 기억함으로 우리 그리스도인들이 경각심을 갖자는 것이다. 후에 우리가 주님 앞에서 부끄러움이 없기 위하여 . . .)

ⓔ 하나님의 일은 하나님의 사람을 통해 이루신다

또 가슴 아픈 사건들이 있었다. 당시 우리 기독교관은 정인원만 1일 50-60명의 자원 봉사자들이 필요했다. 118개국에서 온 사람들을 상대하는 세계적 행사라 통역 요원, 안내, 간호 봉사자, 등등 많은 수의 봉사자들이 필요했는데 이분들의 숙소가 가장 큰 문제였다. 88 올림픽 때는 서울에서 개최되었기에 자원 봉사자들의 대다수를 찾이하는 사람들이 서울 출신이라 출 퇴근이 가능했다. 그래서 봉사자들에게 쓰여지는 사역비가 덜 소모되었다. 그러나 대전이라는 지역 특수 환경 때문에 모든 봉사자들을 서울에서 뽑아 합숙비를 부담하고 사역을 해야 했기 때문에 사역비가 엄청나게 소모될 수 밖에 없었다. 특별히 스페인어, 불어, 독어 등등 외국어 통역 봉사자들을 대전에서 충당하기는 어려운 현실이어서 대다수 통역 봉사자들이 서울에서 내려와야 했었다.

나는 처음에는 엑스포 아파트에 숙소를 마련하여 좀더 편안하게 모시고 선교 사역을 감당하리라 계획을 세웠으나, 선교 헌금이 부족하여 하는 수없이 타운 밖에 30여평짜리 연립 주택을 한채 얻어 4개월 동안 임시 숙소로 사용하게 되었다. 그러나 많은 인원이 사용하기에는 너무나 협소한 곳이었다. 그래서 일부 요원들은 기독교관 안 예배실과 사무실 시멘트 바닥에서 스치로폴을 깔고 잠을 잤다.

이런 속 사정을 알지 못하는 봉사자들은 가끔 관장인 나에게 찾아와 거센 항의를 했다. 많은 선교비를 모아와서 어디에 사용했길래 잠자리도 편히 못해주고 밥도 자신들이 직접 지어먹게 하느냐는 등 이루 말할 수 없는 고통의 연속이었다. 또한 어느 자매님은 대전역에 밤늦게 도착했으니 자신을 모시러 역까지 차를 가지고 나오라고 하기도 했다.

나는 그때마다 조용히 내 방에 들어가 하나님께 깊은 기도를 올렸다. 어쩌면 기도라기보다 눈물의 통곡이었을 것이다.
아버지여! 기드온에게 300명의 용사를 예비하셨던 것처럼 이 큰 사역을 위하여 예비하신 주의 일꾼들을 속속히 보내주시옵소서. 나는 간절히 기도하면서 하나님께서 예비하신 것을 믿으며 사역에 임했다. 그리고 우리 하나님께서는 각 분야의 일꾼들을 한치의 착오도 없이 다 채워주셔서 큰 차질 없이 사역에 임할 수 있었다. 다시 한번 말하지만 하나님의 일은 하나님이 하나님의 사람들을 사용하시어 이루신다.

하나님 일에 쓰일 수 있다면, 그건 우리의 놀라운 축복인 것이다. 무슨 일을 하든 주님의 일을 할 때 주님의 동역자 답게 겸손과 성실, 사랑으로 충성을 다함이 얼마나 중요한지, 고린도 전서 4장 2절 말씀을 재삼 새롭게 깨닫는 계기가 되었다.

'그리고 맡은 자들에게 구할 것은 충성이니라'

그리고 엑스포 사역 기간 내내 내가 포기하지 않고 면류관 바라보고 계속해서 뛸 수 있도록 하나님께서는 요한 계시록 20장 10절의 말씀을 주셨다.

'네가 죽도록 충성하라 그리하면 내가 생명의 면류관을 네게 주리라'

III. 엑스포 세계 선교와 하나님의 놀라운 역사

● 엑스포장은 세계 인종 전시장

118개국에서 참여한 사람들을 접하면서 나는 하나님의 창조의 오묘하심과 신비에 다시 한번 감탄할 수 밖에 없었다. 한결같이 다양한 피부색과 다양한 스타일, 다양한 언어, 다양한 식성 ... 등 하나님은 정말 섬세하신 분이셨다. 엑스포 기간 동안 하루에도 수 십만명을 접해도 똑같은 얼굴은 전혀 없으니 어찌 하나님의 창조하심의 질서 앞에 감탄하지 않을 수 있으랴. 그야말로 엑스포장은 과학의 박람회만이 아니라 세계 인종의 박람회장이었다. 특히, 낮보다 밤에 더 많은 사람들을 숙소 내의 공원에서 접할 수 있었는데 수많은 부류의 사람들을 만나면서 나는 그때마다 하나님께서는 정말 살아 계신 분이라는 것을 새삼 깨닫게 되었다.

만약 하나님께서 아차 하는 단 한번의 실수가 있으셨다면 세상은 온통 닮은 꼴의 얼굴로 인하여 대 소동이 일어났을 것이다. 그런데 섬세하신 하나님께서는 세상에서 꼭 닮은 동일한 얼굴은 하나도 없이 창조하셨으니 이것이야말로 가장 위대하신 창조주 하나님을 증거하는 것이 아니고 무엇이랴.

118 개국의 목회를 고국 땅에서 이루게 하시다

나의 하나님은 정말 너무나 좋으신 하나님이시다. 나같이 부족한 종을 4개월 동안이나 세계에서 가장 큰 세계인을 상대로 세계적인 목회를 할 수 있도록 주선해 주셨던 것이다. 만약 내가 118개국을 순회 한다면 평생 다녀야 하고 그 경제적인 뒷받침이 대단했을 터인데 하나님께서는 조국의 땅에서 가만히 앉아서 118개국의 민족에게 복음을 증거할 수 있는 절호의 기회를 주셨으니 그야말로 원도, 한도 없는 목회였다.

나는 교만하다 하리만치 자부하는 것이 있는데 그것은 바로 나처럼 큰 목회를 경험한 목사가 어디 있으랴 하는 것이다. 나의 이런 자부심까지도 이 부족한 종에게 허락하신 놀라운 하나님의 은혜요, 역사였음을 재삼 깨닫고 감사드린다. 지금 당장은 나타나지 않지만 저들이 각자 조국의 땅에 돌아가서 성령님의 조명을 받을 때 뿌린 복음의 싹이 나고 자라나 엄청난 열매가 맺어지리라고 나는 생각했다. 한국의 대전에서 하나님께서 함께 하심으로 엑스포장에 교회가 설립되어 엑스포 관람 중에도 하나님의 은혜를 받았고 한국의 기독교는 살아있어 성령님의 역사가 크게 일어나고 있다는 것을 그들은 각자의 나라에서 증거하리라 나는 믿었다.

지금도 잊지 못하는 감격의 순간은 매주 토요일과 주일 밤에 노천에서 드려졌던 각종 문화행사다. 처음 만난 수십개국의 남녀들이 서로 어울려 어깨 동무를 하고 춤을 추면서 찬양하며 눈물의 기도를 드리며 은혜를 나누던 광경이다. 어떤 이들은 이미 신앙이 있어 놀라운 하나님의 역사에 감격하며 즐기고, 어떤 이들은 성령의 감화 감동을 받아 마음이 열리고, 어떤 이들은 호기심과 관심으로 다가오고, 신앙에서 멀어졌던 사람들이 성령의 역사를 경험하고 . . . 정말 모인 숫자 만큼이나 사연도 간증도 각양각색이었다. 언어를 흩으시사 모든 민족을 다 흩으셨지만 성령 안에서 이렇게 다들 하나가 될 수 있음을 하나님께서는 모든 사람들 앞에 선포하시는 것 같았다.

그래서 세계를 품고 기도하며 세계 선교를 향해 우리 그리스도인들은 나아가야 함을 깨닫게 하는 귀한 역사의 장이었다. 나는 매일 매일 이런 엄청난 하나님의 은혜의 역사의 장에 그것도 하나님의 사역을 이끄는 기독교관 관장으로 그리고 다른 종교관을 대표하는 총 종교관장으로 서 있다는 것이 감격스러워 얼마나 많은 감사의 눈물을 흘렸는지 모른다. 이런 큰 목회를 맡기시기 위하여 하나님께서는 종을 그토록 많은 훈련과 시험과 고난으로 무장 시키셨음을 뒤늦게 깨닫고 나는 감사의 기도를 올릴 수 밖에 없었다.

잠시 눈을 감고 지난 10여 년간을 뒤돌아 보니 철부지같은 나를 부르셔서 참으로 놀라운 은혜와 훈련으로 나를 이끌어 오신 하나님의 섬세하신 인도하심이 영화 필름처럼 내 마음에 돌아갔다.

- ❖ 사람을 낚는 어부가 되리라는 말씀을 주신 하나님
- ❖ 5.16 광장에서의 집회에 강사로 세우셨던 환상
- ❖ 저수지에 앉아 낚시로 고기를 낚으려고 할 때 '지금이 어느 때인데 낚시로 고기를 잡으려고 하느냐'는 큰 소리의 호통과 함께 저수지의 수문을 활짝 개방하심으로 온 저수지 안에 뛰놀던 잉어를 한꺼번에 주워 담던 환상
- ❖ 3 년 동안을 한결같이 삼각산 상봉에서 밤에 반짝이는 전등불을 끌어 안고 기도와찬양을 하게 하시던 영력의 훈련 . . .

아!, 이 모든 것이 하나님께서 이 종을 통해 오늘의 영광을 받으시려고 그토록 많은 강한 훈련을 시키신 것인가보다. 요한복음 13장 7절의 "예수께서 대답하여 가라사대 나의 하는 것을 네가 이제는 알지 못하나 이 후에는 알리라"는 말씀이 마음 속에 맴돌았다. 우리가 이제는 하나님의 뜻을 다 헤아릴 수 없으나 '이 후에는 알리라'는 주님의 말씀처럼 모든 고난에는, 고통에는, 실패에는 하나님의 섭리가 있음을 깨달았다. 그리고 어머님의 기도에 빚진자 되어 가슴이 울컥했다. 세계를 품는 선교사가 되기를 소망하시고 동료 문둥병 환자 교우들과 주야로 중보 기도하시던 어머님의 기도의 응답이 이루어 지고 있었기 때문이었다.

비천한 종을 부르시고 거룩하신 하나님의 일에 사용하여 주시니 감사합니다. 더욱더 겸손함으로 주님 사용하시기에 합당한 종이 되게 하옵소서.

◎ 하나님께서 손수 이끌어 가시는 엑스포 선교

기독교관을 운영함에 있어 필요한 것이야 말할 것도 없이 많지만, 그중에서도 가장 필요한 것이라고 하면 역시 복음의 말씀인 성경과 하나님 앞에 찬양함으로 영광 돌릴 수 있는 찬송가다. 최소한 예배실에는 성경책이 10여 개국 나라말로 번역된 것이 필요했고, 당시 가장 시급했던 것은 갑작스럽게 몰려오는 기독 신우회 형제 자매들에게 나누어 주어야 할 성경과 찬송가였다. 당장 수백권, 수천권, 수십만권의 성경, 찬송가가 필요함에도 불구하고 단 한권도 마련하지 못한 상태였으니, 나는 정말 애가 탈 수 밖에 없었다. 분명 하나님께서 이 일도 해결해 주실 것을 알았기에 누구를 통해 역사하시려 하시는지 나는 믿음으로 찾아 나섰다.

그러던 어느 날 우연히 기독교 신문을 보던 중 '국제 사랑의 성경 보내기 선교 본부'라는 선교회에 대한 소개와 회장 서진경 목사님의 전화 번호를 바라본 순간 성령님의 강한 힘에 사로잡히게 되었다. 그래서 나는 밤이 늦은 시간에도 불구하고 서 진경 목사님 댁으로 전화를 걸게 되었고 직접 전화를 받으신 서 목사님께서는 선교 사정을 자세히 들으시고 나서 쾌히 사랑의 성경과 리빙 성경 300여권과, 또한 많은 수의 찬송가를 기증해 주셨다.

오! 하나님, 감사합니다.　살아계신 하나님께서 직접 예비하시고 준비하시므로 나는 믿고 기도하면서 성령님의 인도하심을 따르며 사역을 했다.　그때 그 선교회와 목사님께 얼마나 감사했던지 나는 지금도 그 일만 생각하면 눈물이 흐르고 하나님의 역사하심에 감사를 드린다.

또한 서 목사님께서는 필로스 음악 선교단을 이끌어 가시는 주요한 목사님을 소개시켜 주셨는데, 이 선교단도 사역이 끝날 때까지 함께 많은 수고를 해주셨다.　특히 기억나는 것은 필로스 선교 단원들은 엑스포 선교를 동역하면서 모든 선교비를 자비로 충당하였다.　젊은 청년들은 늦은 밤까지 김밥, 라면 등의 음식 장사를 교대로 하면서 사역비를 마련해가며 사역을 감당했다.

모두들 피곤한 몸이지만 그들은 일단 찬양을 시작하면 천국을 마치 이땅에 내려다 놓는 것 같은 은혜로운 찬양을 땀을 뻘뻘 흘리며 전심 전력 믿음을 다해 하나님께 올려 드렸고 듣는 이들의 가슴에는 성령님의 기쁨이 전달이 되었다.　참으로 하나님과 사람들에게 얼마나 아름다운 천상의 찬양으로 은혜를 끼쳤던지, 나는 지금도 그 젊은이들의 믿음과 봉사가 하나님 앞에 결코 헛되지 않았음을 믿는다.　그리고 함께 수고한 한분 한분 모두 위에 하나님의 놀라운 축복이 함께 하길 간절한 마음으로 축복기도 드린다.

어렵게 300여권의 성경을 기증받았지만 쓰여질 곳에 비하면 태부족이었다.　그래서 나는 기독교 신문과 국민일보, 극동방송, 기독교방송 등을 총동원하여 성경을 모으는데 동참을 호소했다.　그러나 모든 것이 허사였다.　이런 속사정을 알 리 없이 예배를 마치고 돌아가던 기독 신우회 회원들이 몇백권 밖에 안되는 성경과 찬송가를 저마다 가슴에 안고 못내 아쉬워 하면서 내 눈치를 보며 조심스럽게 부탁의 말을 하곤했다.　'관장님, 이 성경과 찬송 한권씩만 주시면 내무반에 돌아가서도 볼 수 있을 텐데.　한권만 주세요.' 부족한 성경을 생각하면 선뜻 내어줄 처지가 아니었지만 나는 감사한 마음으로 줄 수 밖에 없었다.

허허 웃으며 주었지만, 밤이면 내일 예배 준비를 생각하며 눈물 흘리며 더 많은 성경과 찬송가를 보내 달라고 기도한 적이 한두번이 아니었다.

(당시 기독교관이 조기 제자 교육을 시켜 현장에서 선교에 동참하던 신우회가 호텔 사업단 신우회 (5개 호텔이 합해), 경찰 신우회, 육군 지원단 신우회, 조직 위원회 신우회 등 신우회 회원만 약 1,500여명이 되었으니 그들이 가져간 성경만 해도 만만치 않은 숫자 였다.)

오, 하나님! 차라리 내 몸 한 부분의 지체를 떼어 팔아 성경과 찬송가를 구할 수만 있다면 그렇게라도 하겠나이다. 하나님 부족한 성경과 찬송가를 채워주시옵소서.
이런 기도로 밤을 새운 적이 몇날 몇일 이던가. 그러던 중 하나님의 놀라운 응답이 임했다. 어느 날 육군 지원 부대에 새로 부임하신 군종 참모 목사님과 기독 전우회 회장님께서 우리 기독교관을 방문해 주셨는데, 대화 도중 나는 성경과 찬송이 없어 어려운 사정을 말씀드렸다.

그분들께서는 이 사정을 들으시고 눈물을 흘리며 안타까와 하셨다. 그리고 곧 부대로 돌아가서서 각 예하 부대에 성경, 찬송 모으기 운동을 실시하셔서 500여권의 성경을 보내 주셨다. 나는 그분들이 보내 주신 그 성경과 찬송가를 가슴에 안고 벅찬 감격에 얼마나 감사의 눈물을 흘렸는지 모른다.

하나님 아버지 세계 선교에 동참한 손길들을 축복하옵소서.
특히 어려운 국토 방위에 수고하면서도 이토록 주의 일을 위하여 수고하는 손길들을 기억 하시옵소서.'
예배에 필요한 성경과 찬송은 부족한 대로 마련이 되었지만 호텔 객실용 성경과 기독교관을 홍보하기 위해 필요한 선교지는 아직도 준비가 안된 상태였다. 나는 이제 믿음의 배짱이 생겼다.

하나님께서 숨겨놓은 그 믿음의 사람들을 찾아내기만 하면 되는 것이란 생각이 들었다. 결과는 놀라울 것도 새삼스러울 것도 없이 그 모든 것도 물론 하나님께서 다 준비해 주셨다. (당시 기독교관이 설치된 곳엔 대전 엑스포 숙소 타운이었고, 숙소는 아파트를 신축하여 15,000여 세대를 임시 외국인 전용 호텔로 운영했다. 호텔 운영은 워커힐, 롯데, 신라, 힐튼, 프라자 호텔 등 5개 호텔 회사가 호텔 사업단을 구성해 운영했었다. 그러니 객실이 35,000여 개나 되었던 것이다.)

그러던 어느 날 국제 기드온 협회 대전 지부 장로님들께서 특별히 주선해 주셔서 성경책 3만권을 신청했는데 사정상 약 1,500권을 기증해

주서서 일부 객실에 비치하게 되었다. 그리고 전도 책자는 대한 성서 공회의 서 원석 부장님을 찾아가 부탁을 드렸더니 한트럭 분량의 책자를 공급해 주셨고, 선교지는 여의도 순복음 교회 문서 선교회와 연합 선교회의 도움으로 많은 양을 공급 받을 수 있었다.

그러나 일부에서는 속 사정도 모르고 왜 여의도 순복음 교회의 전도지를 돌리느냐는 항의를 빗발치듯 해왔다. 그도 그럴 것이 뒤늦게 고백하는 것이지만 제작 전에 여의도 순복음 교회의 조 목사님 사진은 게재하지 않기로 굳게 약속을 했었는데 제작진들이 나와 상의 없이 임의대로 조목사님의 사진을 전면에 실어 전도지를 제작해 보내 왔던 것이다. 이미 받았으니 돌려보낼 수도 없고 해서 그 전도지를 그냥 사용했던 것이 많은 잡음이 일어나게 했었다.

한편 당시의 나는 하나님의 복음을 위하여 많은 물질과 정성을 드려 제작한 선교지가 여의도 순복음 교회 것이면 어떻고 장로교 것이면 어떠랴 모두가 하나님의 영광을 위하여 쓰여지는 일인데 . . . 하는 생각으로 그 선교지를 받았던 것이다. 또한 재정적인 면에서도 그렇게 할 수 밖에 없었다. 나는 지금도 그 선교지가 많은 자들로 하여금 기독교관을 찾아오고 각 관람장으로 발길을 옮기는데 큰 안내자 역할을 했음을 믿는다. 그리고 어떻든 기증해주신 여의도 순복음 교회의 연합 선교 회원들께 감사를 드린다.

❷ 가장 천한 자들을 들어서 귀하게 쓰시는 하나님

사역이 계속되는 가운데 많은 인원의 침식을 해결해야 하는 관계로 쌀과 반찬을 감당할 수가 없었다. 오늘 아침에도 여느 날과 마찬가지로 이 정숙 간사는 내방에 와서 내 눈치를 살피며 조심스럽게 말했다.
"관장님, 쌀과 반찬이 떨어졌어요."
나는 항상 그랬듯이 "하나님께서 공급해 주시겠지요"라고 대답을 한 뒤 혼자 문을 잠그고 눈물의 기도를 해야 했다.

이스라엘 민족을 광야에서 40년 동안이나 만나와 메추라기로 양식을 공급하셨던 하나님! 성령의 능력으로 식량을 공급하여 주시옵소서. 먹을 양식을 주시옵소서. 이 무더운 여름날 저분들이 저렇게 충성스럽게 당신의 사역을 하고 있습니다. 저들이 굶지 않게 도와 주소서.

우리 나라에 기독교인이 100만인이라고 했던가. 어느 누가 엑스포장의 기독교관에서 봉사하는 일꾼들이 먹을 양식이 없어 걱정한다는 것을 상상이나 했을까. 눈물로 범벅이된 기도를 끝마칠 무렵, 인터폰 소리가 울렸다. 전화를 받아보니 귀에 익은 음성으로 "할렐루야" 하고 큰 소리로 밝게 인사하는 소리가 들렸다. 소록도 국립 나환자 병원 교회의 김 기영 교우님과 나의 어머니셨다. 김 기영 교우님께서는 기도 중 목사님을 도우라는 하나님의 음성을 듣고 전화를 했다고 한다. 또한 바깥 교회의 목사님들이 기독교관을 너무 냉대하는 것 같아 마음이 아프고 안타깝다고 하면서 소록도 온 교회와 교우님들이 힘을 합하여 작은 것이지만 하나님의 일을 위하여 쓰고 싶다고 하며 각자 형편과 힘대로 모은 성금과 쌀, 부식 등을 보내겠다는 것이었다.

오, 하나님!

나는 순간 목이 메여 대답조차 할 수가 없었다. **가장 비천한 것들을 통하여 온전한 자를 부끄럽게 하시며, 가난한 자를 들어 부요한 자를 부끄럽게 하시겠다던 주님, 감사를 드립니다.** 나는 이때 하나님의 크고 놀라우신 뜻을 알게 되었다. 그 후 그분들은 쌀 18가마와 라면, 마늘, 고추 가루, 생강 등의 부식과 70만원의 헌금을 보내 주셔서 선교하는데 활기를 되찾게 해주셨다.

이분들이 드린 헌금 헌물은 사실 이분들의 신체의 일부분, 아니 생명을 다 드린 것과 같았다. 왜냐하면 소록도에 계시는 환자분들 90% 이상이 무연고자인 상태 였다. 사실은 아들도 딸도 남편도 아내도 다 있어 함께 행복하게 살던 분들인데 어느날 갑자기 찾아온 병마로 입원을 하게 되었고 가족들은 모두가 등을 지고 소식을 끊고 지내는 상태들이었다. 누가 단돈 1원도 주는 사람이 없이 외롭고 어렵게 사시는 분들인 것이다. 그런데도 간혹 외부 교회들이 선교차 소록도에 가서 조금씩 선교 헌금을 드리면 이 돈들을 모아 두었다가 당회에서 일년에 한번씩 똑같이 나누어 드려 받으신 돈을 가지고 필요한 곳에 쓰시고 헌금도 하는 형편이었다.

그러니 단돈 100원이 우리들이 쓰는 만원 십만원보다 더 크고 귀한 것이었다. 그리고 조금 건강 하신 분들은 토끼를 길러 팔고 밭을 일구어 농사를 지어 팔아 모아 두었던 돈들이었다. 그러니 70만원의 헌금은 정말 7억보다 더 큰 가치의 금액이었고 사실 그 돈은 그만만한 가치로 사용되었다. 마늘, 고추가루 ... 등은 자신들이 한해 동안 불편한 몸으로 직접 농사를 해서 보내온 것이고 라면과 쌀은 자신들에게 정부에서 준

것을 금식하며 모아 보내셨으니 그 사랑 그 신앙은 말로 다 표현 할 수가 없다. 아직도 그분들의 그 사랑을 생각하면 목이 메이고 눈물이 핑 돈다.

℮ 소록도 기도의 동역자님들을 엑스포 현장으로 초청하다

나는 전혀 뜻밖의 큰 도움을 주신 소록도 교우님들에게 조금이라도 보답할 생각으로 그분들을 특별 초청할 계획을 세웠고 하나님께서는 은혜로 응답해 주셨다. 엑스포 사역 중 많은 감사의 제목들이 있지만 특별히 하나님께 감사드리는 것은 소록도에 계신 육신의 어머니와 영적인 부모님이신 소록도 교회 당회장 김 두영 목사님 내외분을 비롯하여, 소록도 교회 당회원들과 제직 대표 50여분을 엑스포 선교장으로 초청할 수 있도록 하신 것이다. 나는 그분들을 3박 4일의 일정으로 초청하여 엑스포장 관람을 시켜드렸고, 소록도에서 온 하모니카 합주단이 아름답게 하나님을 찬양하는 연주까지 해주었다. 눈도 코도 손가락도 . . . 없으신 분들이 손에 고무줄로 하모니카를 묶고 하나님의 찬송을 합주할 때 정말 하늘문이 활짝 열리는 것만 같았다. 그들의 소원은 눈을 뜨는 것도 아니고, 성한 손을 되찾는 것도 아니고, 돈과 명예를 얻는 것도 아니었다. 오직 하모니카 연주로 하나님의 복음을 전하고 하나님께 영광 돌리는 것이 그들의 가장 큰 소원이자, 유일한 소망이었으니 얼마나 하나님 앞에 아름답고 성령님의 은혜가 충만했는지 모른다.

사실 이분들을 초청할 때 한가지 웃지 못할 에피소드가 있었다. 그들이 소록도 병원의 입원 환자라는 사실을 깜박 잊은 나는 병원 당국에 알리지 않은 채 당회원들(환자분들)에게만 전화와 초청장을 발송했고, 운송할 대형 버스도 침식할 숙소도 마련 했었다. 그런데 얼마 뒤 병원에서 소동이 일어났다. 당회원들이 초청 받았음을 병원 당국에 이야기 하자 병원의 복지계장님께서는 이해가 안된다고 하시며 나에게 정식적인 계획서와 공문을 발송해 달라고 요청을 하셨다. 병원 당국에서 이해하지 못하는 것은 당연했다.

초청받았다는 분들은 한결같이 육신이 병으로인해 문드러지고 신체 부분들이 떨어져나가 보기조차 흉했고 50여명을 수송하는 차비와 3박 4일 동안의 침식과 관람료 등 비용상으로 계산해도 너무나 벅찬 일이었기 때문이다. 솔직히 그당시 그분들을 초청했을 때 소요될 400만원의 경비 중 10원 한푼도 내 수중에는 준비되지 않은 상태였다. 그러나 분명한 확신은 엑스포 선교를 기도로 도우시는 소록도 교회 교우님들에게 하나님께서 그 현장을 밟을 수 있는 축복을 주실 것이라는 믿음이 강하게 임했었다. 하나님께서는 나의 믿음과 확신을 그대로 이루어주셨다.

그분들이 초청되어 오시기 며칠 전 기독교 방송국 "새롭게 하소서"라는 프로에 특별 초청을 받아 간증을 하게 되었다. 그때 소록도 교회를 잠시 소개하게 되었었는데, 그 뒤 이 프로를 청취하고 많은 은혜를 받았다며 군산에 계시는 한 자매님께서 무명으로 70만원을 송금해 주셨다. 그리고 또 여러 교우님들께서 쌀과 부식으로 후원해 주셔서 50여명의 많은 인원이지만 잘 모실 수 있었고 400여만원의 비용도 하나님께서는 전액 채워주셨다.

오랜 세월 소록도 작은 섬에서만 갇혀 사시던 분들이 모처럼 밖으로 나오시고 더구나 하나님의 선교를 하는 엑스포 현장에 오셨으니 그분들의 감격이 얼마나 컸는지는 상상할 수도 없는 것이리라. 한결같이 눈물로 기도하시며 감사해 하시는 모습이 나를 비롯하여 집회 현장에 참여했던 많은 관람객들에게 은혜를 끼치고도 남았다. 나의 육신의 어머님이 계신 곳이라는 이유 말고도 소록도 교우님들은 나와 특별한 인연이 깊다. 그것은 바로 그분들의 기도 때문에 맺어진 것인데 나의 어머니와 함께 나를 오늘의 목회자가 될 수 있도록 기도해 주셨고 목회자가 되고 나서는 지금까지 오랫 동안 기도로 후원해 주셨으니 내게는 둘도 없이 소중한 분들이셨다. 그분들도 당신들이 기도로 낳은 민목사이니 감격이 남달랐는지 감사의 말을 쉬지 않았고, 모두들 이제야 민목사가 세계적인 부흥 강사가 되기를 소원했는데 원을 풀었다고 하시며 기쁨에 겨워 병원으로 돌아가셨다.

저분들 모두도 한때는 우리와 같이 성한 몸을 가졌던 사람들인데 병마로 인해 고립되고 천대받고 버림받아 세상 사람들과 격리되어 사는 인생이 되셨다. 그분들을 생각할 때마다 나는 늘 마음이 아렸었는데 하나님께서 그분들을 귀히 여기시고 이곳으로 인도해 주셨다고 생각하니 하나님의 사랑 앞에 마음이 또 다시 무너져 내렸다. 인간은 외모로 사람을 평가하지만 중심을 보시는 우리 하나님의 눈에는 저들이 마냥 존귀한 존재임을 나는 알 수 있었다. 돌아가는 50명의 무리의 뒷모습을 바라보며 나는 천국에서는 모두 아름다운 세마포로 단장될 그분들의 모습을 그리며 이땅에서 남은 사역 잘 감당하실 수 있기를 마음껏 축복했다.

@ 엑스포 현장에서 소록도 교회 당회를 열다

당시 소록도 교회의 당회원은 지금은 소천하신 김 두영 당회장님과 30여분의 장로님들이 계셨는데 엑스포 현장 관람 중 숙소에서 임시 당회를 하게 되었다. 그것은 당시 연세가 많으신 김 목사님의 후임 목회자 결정 건 때문이었고, 그 후임 목사로 본인이 최고 적합자라고 모두들 만장일치로 부임을 청빙해왔다. 나는 당시 본 엑스포 선교 사역을 마치고 마땅히 당장 돌아갈 교회도 없고 또 소록도 교회는 나를 영적으로 출산케한 교회요 나의 어머님이 계시는 곳이기에 나와 우리 식구들은 흔쾌히 승락을 했다. 왜냐하면 소록도 교회가 지닌 환경 자원 등을 세상 일반 교회와의 교류를 비롯해 세계 복음화를 위해 세계 선교 센터를 세워 놀랍게 쓰일 수 있다는 확신으로 가득차 열심히 기도 하면서 비젼을 펼치기 시작했었다.

당시 소록도 교회는 일곱 부락에 일곱 교회가 있었고 2,300 여명의 교우님들이 교회를 생명처럼 섬겼다. 이곳은 영적인 예루살렘이면서도 한편으로는 정부 보사부에 소속된 대한민국에서 가장 규모가 큰 종합병원으로 의사, 직원만 270 여명이 근무 하고 있었다. 그래서 이 교회는 정부와 긴밀히 일할 수 있어야 함으로 영적 능력과 정치력도 겸비한 목회자가 필요했다. 당회장 목사님은 오랫 동안 눈여겨 보았는데 본인을 적임자라고 말씀하시면서 이제 한시름 놓았다고 만족해 하셨다. 그런데 이 당회 결정이 있은지 40 여일 후에 수석 장로님께서 연락이 오셨는데 나의 부임을 없었던 것으로 당회에서 결의 하셨다고 통고해 오셨다. 나는 당장 소록도로 달려가 사정을 소상히 파악키로 했다. 당시 당회원들의 거부 결정은 다음과 같았다.

첫째는: 하나님께서 지금은 민 목사를 소록도에 잡아둘 때가 아니며
둘째는: 좀더 세상에서 더 큰 사역을 감당한 후에 반드시 소록도
　　　　교회와 소록도 시설 전체를 세계 복음화의 선교 센타로
　　　　사용할 것이며
세째는: 모든 교우들은 죽을 때까지 교회를 지키고 민 목사님을
　　　　내실 때까지 기다리시겠다는 것이었다.

나는 그 순간　하나님 아직도 얼마나 이 종을 연단하시렵니까?
조용히 이 섬에 깊숙히 묻혀 목회하고 싶습니다　라고 정욕적인 기도를 드렸고 그

기도는 허공만 치는 나의 울부짖는 고백이었다. 지금에 와서 생각해보니 이때를 위하여 하나님께서는 소록도 교우님들과 당회원들의 기도 중 부임을 막으셨고 때가 오면 반드시 그 때의 꿈도 이루어 주실 것을 믿는다.

◉ 가장 싫어하는 것은 꼭 통과 시키시는 하나님

누구나 하기 싫은 일이 한 두가지는 있을 것이다. 나는 어릴적부터 남에게 베푸는 심부름은 도맡아 놓고 했지만 얻어오는 심부름은 절대로 하지 않는 성격이어서 어른들께 꾸중을 많이 들었었다. 사실 선교를 10년 이상이나 했지만 나는 어디에 가서 선교 헌금을 부탁하는 일은 정말 하지 않았었다. 그 때문에 엑스포 선교를 하면서도 주위 분들에게 절대로 선교 헌금 모금을 호소하지 않았었는데 큰 행사와 많은 봉사자들을 책임져야 하는 막중한 현실을 당하고 보니 어찌할 방법이 없었다. 인간적인 생각과 계획으로는 주위의 집사님 한 분이 수억의 헌금을 헌납하겠노라 약속을 해서 아무런 걱정이 없었는데, 하나님의 계획은 다른 곳에 있으셨는지 그 집사님의 마음이 갑자기 변했다.

이일로 인하여 나는 많은 회개의 기도를 드렸다. 하나님보다 그 집사님을 더 의지하고 믿었던 나의 어리석음을 깨닫게 하기 위해 하나님께서 철저하게 나를 치셔서 하나님 앞에 무릎 꿇어 기도하지 아니 하고는 한 발작도 움직일 수 없도록 사람과 주변의 모든 환경과 물질 조차 묶어 버리셨던 것이다. 그리고 하나님께서는 한 사람의 힘보다 여러 사람이 협력하여 사역을 감당하기를 원하셨던 것 같다. 그래서 나는 기도하면서 용기를 내어 청와대로, 국회 의사당으로, 민자당으로, 민주당으로, 방송국으로 찾아가서 선교 헌금을 요청했다. 수 없이 많은 곳을 가리지 않고 뛰어 다녔으나 세상의 냉혹한 인심 탓인지 도움의 손길은 없었다. 그나마 민자당 기독 신우회에서 일일 선교겸 관람으로 기독교관을 방문하여 약간의 헌금을 해주어 힘을 얻을 수 있었다.

◉ 높게 쳐진 인간들의 담장

개관 예배를 드린 후 며칠이 지날 무렵 평상시에 알고 지내던 목사님 한분과 모 교회 집사님이라는 40대 후반의 남자 분이 오셔서 내게 면담을 요청했다. 만나보니 그 내용인 즉, 자기는 대전 시내에 있는 큰 교회 집사로 오랫동안 이 엑스포 선교를 위하여 기도하면서 준비를 해왔는데 이번에 특별히 외국인들을 대상으로 통역과 민박 시설을 준비했다고 하였다. 그러면서 주일 날 버스를 동원할테니 관장인 본인이 외국인들을 수송할 수 있도록 모아 달라는 것이었다. 특히 이분은 말씀 중에도 몇 번이고 대전에서 큰 교회임을 강조했다.

이야기를 다 듣고 나니 이분이 엑스포 선교에 대해 잘 모르고 있다는 생각이 들어 나는 그분을 선교 담당 부관장이신 최 목사님께 안내를 해주며 기독교관 사역에 대한 설명을 자세히 해드릴 것을 부탁했다. 그리고 나서 내 방에 돌아와 두분의 목사님과 이야기를 나누고 있는데 갑자기 그 집사님이 다시 들어오셔서 두분의 목사님을 향하여 거센 항의를 하는 것이었다. 그 내용은 자신의 교회에서 세계 선교 협의회에 100 만원의 헌금을 드렸으니 선교 협의회에서 차량을 동원해 기독교관이 위치하고 있는 타운 내에 있는 외국인들을 자기네 교회까지 책임지고 매주 주일 예배에 수송을 해야 한다는 것이었다.

나는 그 이야기를 듣고 나니 하도 어처구니가 없어서 그 집사님을 물끄러미 바라본 후 집사님과는 말이 통하지 않으니 담임 목사님과 만나 상의를 하고 싶다고 말했다. 그분과는 도저히 이야기가 될 것 같지 않아서 였다. 그랬더니 그 집사님은 답변하기를 자기는 예수님께 직접 사명을 받았기 때문에 교회도 담임 목사님도 필요없이 자신이 하나님과 직접 처리한다고 하면서 자리에서 벌떡 일어나 나에게 대드는 자세를 취하는 것이었다. 나는 그 순간 도저히 참지를 못하고 분노의 고함을 친 후 그 자리에서 집사님을 쫓아 버렸다. 후에 안 일이지만 그 분은 대전의 모대학 교수님이라고 했다. 나는 지금도 그 때 좀더 참지 못했던 자신을 부끄럽게 생각하는 한편 교수라는 분의 예의와 집사로서의 신앙이 그 정도일 때 그 제자들은 무엇을 보고 배울까 걱정스럽기만 하다.

사실 이런 일은 한 두 번이 아니었다. 지방에 계신 목회자들의 시기와 질투는 나를 더욱 괴롭혔고 목을 조여왔다. 왜 서울에서 대전까지 남의 구역에 와서 기독교관 관장을 하느냐는 등 . . . 이런 시기 때문에 어떤 지방 교회에서는 절대 기독교관 사역에 협조하지 말라고 특명을 내려 주위 교우님들이 조금씩 부식과 몸으로 봉사해 주시던 손길까지 끊어지게 했다. 허울 좋은 기독교인의 예수 사랑이었다. 이렇게 사랑이 메마른 상황을 접하면서 나는 혼자만의 쓴 눈물을 흘릴 때가 너무나 많았다.

(이런 가슴 아프고 부끄러운 사실을 공개하는 것은 이런 일들이 우리 기독교인 모두의 회개할 일이라 생각하고 기도하는 마음으로 공개하는 것이다.)

기독교관 운영을 해보니 봉사와 헌금의 손길은 없고 모두가 부탁 부탁 뿐이었다. 엑스포 관람장 안내와 혼잡한 숙소 예약 부탁, 자신들의 교회를 알릴 수 있는 전도와 설교의 부탁들 뿐이고 이런 부탁을 하기 위해 하루에도 수백 명이 찾아 왔으니 기독교 관장의 자리란 그야말로 한 순간도 기도가 없이는 지탱할 수 없는 가시방석 처럼 힘들기만한 자리였다. 설상가상으로 함께 사역하는 동역자들도 자신을 이해해주지 못한다고 불평과 불만이 많았다. 그들의 불만 중에 가장 큰 불만은 내가 여기저기로 돌아다니는 것에 대한 것이었다. 그들의 생각엔 강단에 꿇어 엎드려 기도만 하면 하나님께서 수억의 선교비를 주실텐데 서울로, 평택으로, 수원으로, 국회로, 청와대로 다니는 것이 못마땅했다. 물론 이분들의 지적은 옳은 것이었다.

그러나 당시 본인의 위치와 입장은 그렇지 못했다. 나는 마태복음 7장 7-8절 말씀을 수없이 되뇌이며 믿음으로 문을 두드리고 믿음으로 찾아 나서야 했다. '구하라 그러면 너희에게 주실 것이요. 찾으라 그러면 찾을 것이요, 문을 두드리라 그러면 너희에게 열릴 것이니 구하는 이마다 얻을 것이요, 찾는 이가 찾을 것이요, 두드리는 이에게 열릴 것이니라.' 말씀을 붙잡고 구하고, 두드리고, 찾아 나서자, 하나님께서는 놀랍게도 예비하신 믿음의 후원자들을 만나게 해주셨다.

선교에 대한 홍보가 안되었던 터라 선교 동참자가 너무나 없었다. 그래서 기독교관 홍보와 선교에의 동참을 호소하고 각처에 보고를 하기 위해 낮이면 방송국으로, 신문사로, 각 협력 선교 단체로, 교회로 정신없이 뛰어다녀야 했다. 하루 종일 이렇게 뛰어다니다 기독교관에 돌아오면 여러가지 어려운 일이 많은지라 모두가 한결 같이 내 얼굴만 바라보고 의지하니 그야말로 피곤에 중독되어 지내던 시기였다.

그러다 보니 자연히 새벽 강단을 지키기 힘들었고 그때문에 많은 비난을 받았다. 그러나 나는 하나님 보시기에 한 줌의 부끄러움도 없이 아낌없이 내 모든 것을 엑스포 선교를 위해 다 드렸음을 고백한다. 그당시 내 마음이 아프고 안타까웠던 것은 동역하던 분들이 새벽 강단을 못 지킨다고 나에게 비난만하지 말고 나를 위해 좀더 기도해 주면서 자신이 맡은 자리에서 충성을 다해 주었다면 하나님께서 더 크게 역사해 주셨을 것이라는 아쉬움이 내 마음 속에 자리잡고 있었기 때문이었다.

◉ 이름도 없이 빛도 없이 함께 해준 봉사자들

이처럼 삭막한 교계 인심 속에서도 마치 천사와 같이 묵묵히 봉사하는 자매님들이 있었다.   이분들은 유성에 있는 선병원이라는 종합병원 간호사들로 매주 기독교관을 방문하여 주방일을 비롯하여 자질구레한 일을 도움으로 사역에 많은 힘이 되어 주셨다.   특히, 감사드리는 것은 내가 피로에 지쳐 쓰러지기 직전이 되면 어떻게 알았는지 용케도 찾아와 영양제 혈관 주사를 놓아 주셨다.   아마 이분들의 도움이 없었다면 나는 과로로 건강을 유지하지 못해 쓰러져 엑스포가 끝나기까지 선교 사역을 감당하지 못했을 것이다.

본인 뿐만 아니라 그곳에서 종사하신 모든 분들이 다 한두 번씩은 과로로 졸도를 경험 했음으로 당시엔 모두 유행 처럼 입원을 하게 되었었다. 그도 그럴 것이 인간의 체력은 한계가 있는데 할 일이 너무 많아 근무 시간이 길어지고 충분히 수면을 취하지 못하니 과로하지 않을 수가 없었다.   특히 타운 내에 근무하시는 조직 위원회 분들의 일과를 보면 안타까와 볼 수가 없는 형편이었다.   새벽에 일어나 근무를 시작하면 다음날 새벽 1-2시까지 계속적인 근무였고, 하루에도 수십만명의 별의별 사람들을 다 상대하면서 시달렸으니 얼마나 힘들었는지는 상상도 가지 않을 정도였다.

그러나 하나님께서는 이들의 모든 숨은 봉사를 기억하고 계실 것이다. 그리고 하늘나라에 아름다운 상급을 준비해 놓고 계실 것이다.   진정 주님은 이런 이름 없이 빛도 없이 맡은 일에 충성된 수 많은 그리스도인들을 통해 놀라운 일들을 이루어 나가심을 경험했다.   지금도 그런 분들을 쓰고 계시고 찾고 계심을 알기에 나 또한 크던 작던 내게 맡겨 주신 오늘의 일에 충성을 다하고자 한다.

◉ 영적인 고도의 분별력이 필요한 자리

하루는 자원 봉사자 한분이 손님이 오셨다며 50대 후반의 여자분을 모시고 내 방으로 안내를 해오셨다. 나는 일단 자리를 권한 후 나를 찾아온 용건을 물어보았다. 그분 말씀은 이러했다. 자기는 모 교회 권사인데 엑스포를 위해 오랫 동안 기도해 왔다는 것이다. 그런데 하나님께서 말씀하시기를 대전 엑스포는 과소비를 부추기는 행사이므로 어떤 일이 있어도 중단을 시키라고 하시며, 자신에게 그 명령을 주셨기 때문에 하나님의 명령을 전하기 위해 찾아 왔다는 것이었다. 그분은 이 하나님의 뜻을 대통령에게 전하기 위해 청와대를 방문해 정문 앞에서 대통령 면담을 하루 종일 요청했는데 거절을 당했고, 방법을 찾기 위해 기도하던 중 엑스포 기독교관 관장님을 찾아오면 그 뜻이 전달될 것 같아서 왔다고 했다.

이런 어처구니 없는 말을 듣고 나서 나는 자세히 그분의 눈동자를 주시해 보았다. 그런데 촛점이 흐리고 영적인 문제가 (양신 역사) 있는 상태라는 것을 직감적으로 알 수 있었다. 나는 그 권사님을 붙들고 안수 기도를 해드린 후 엑스포에 대한 성경적인 하나님의 응답을 설명해 드렸다. 이번 대전 엑스포는 엑스포 사상 47번째 개최되는 것으로 개발 도상 국가로는 아시아에서 일본 다음인 두번째로 허락하신 것이며 인간 과학의 전시장에서 하나님의 위대하심을 증거할 때 엑스포가 엑스폴로(영적인 성령의 장소)로 변화될 것이라는 설명과 함께 하나님께 영광을 돌리고 복음 전도를 위해 우리 민족에게 주신 절호의 기회이므로 이 기회를 놓치지 말고 함께 기도하며 사역하자고 설득했다. 내 말을 들으신 그분은 '아멘' 하시더니 내 방에서 금방 사라져버렸다.

◉ 인간이 쳐놓은 담장을 허물고

어떤 분들은 한 건물 안에 법당과 천주교 미사장, 이슬람교, 그리고 기독교관이 함께 어루러져 있다고 이마살을 찌푸렸으나, 오히려 하나님께서는 나의 기도에 대한 응답처럼 묘하게 이끌고 가셨다. 그중에 한 예는 불교 법당의 스님들이 기독교관에 오실 때마다 거부하기보다 친절하게 맞이하고 성경책을 드리고 음료수를 대접해 드리며 성경 이야기를 해드렸더니 무척 신기한 듯이 재미있게 들으시고 꼭 성경을 읽어 보겠다고 하시며 그 후로는 시간이 날 때마다 찾아오셨다. 그때 내가 체험적으로 알게 된 사실은 우리가 스님들을 이교도이라는 이유로 거리감을 두어 대화를 나누어 보지 못함으로 그분들에게 복음을 증거할 기회를 놓치고 있다는 것이었다. 하나님의 복음 사역을 위해 고정

관념은 우리의 생각에서 없애야 한다는 것을 깨달았다.

나는 엑스포에서 사역하는 동안 특히 불교관의 관장님과 매우 가깝게 지냈다. 그분도 나를 편하게 대해 주셨고 많은 대화를 나눌 수 있었다. 한번은 여의도 순복음 교회의 실업인회 장로님들께서 기독교관을 방문하셨다가 돌아가시게 되었는데 문 앞에서 배웅하다가 불교관 스님을 만나게 되어 반갑게 인사을 나누었다. 우리가 다정스럽게 손을 잡고 반가움의 인사를 나누는 모습을 보신 장로님들께서 이상하다는 듯이 나를 바라보았다. 드디어 한분이 입을 열어 말씀하시기를 '관장님, 스님들과 그렇게 가깝게 지내시는 모습을 보니 너무도 은혜스러웠습니다. 저희들은 불교관과 기독교관이 함께 있어 걱정을 했는데 오늘 그 모습을 대하고 나서 안심하는 동시에 그리스도의 진정한 사랑과 복음을 전한다는 것이 무엇인지 깨달았습니다'라고 말씀하셨다.

그렇다. 내가 믿고 증거하는 하나님은 인종도 종교도 초월하셔서 역사하시는 분이다. 누구라도 변화시켜 당신의 일을 하는 사역자로 삼으실 수 있다는 것이다. 그런데 믿는 우리들이 너무나 마음이 좁아 하나님의 역사하심의 능력을 제한하고 있기 때문에 놀라운 기적을 보지 못하는 것이다. 엑스포 사역을 통해 하나님께서는 나로 하여금 더욱더 큰 시야로, 더욱더 넓게 세상을 바라보고 복음을 전해야함을 깨닫게 하셨다. 결국엔 우리가 불교 국가로, 이슬람 국가로, 타 종교 국가로 나아가 복음의 선교사가 되어야 한다는 강한 사명감을 주셨다.

그런 비젼을 갖도록 이곳 엑스포 장에 다양한 종교의 모델을 다 놓아 주시고 총 종교 관장의 직책을 주셨다. 여기서 이분들과 교제하며 복음의 문을 열 수 있다면 그 어느 곳에 가서 그 어느 종교인들에게나 접근 할 수 있다는 가능성을 보게 하셨다. 내게는 세계 선교의 안목과 가능성을 한층 더 키우며 기대하게 하는 귀한 경험이었다. 하나님께서는 고린도 후서 6장 12-13절 말씀으로 앞으로 마음을 더 크게 열어야 한다고 당부하시는 것 같았다. '너희가 우리 안에서 좁아진 것이 아니라 오직 너희 심정에서 좁아진 것이니라. 내가 자녀에게 말하듯 하노니 보답하는 양으로 너희도 마음을 넓히라.'

@ 사랑하는 막내딸 한나의 부탁

사역하는 도중에 나에게 가장 큰 시험이 닥쳐왔다. 바로 가족들과 살 집 문제였다. 평택에서 몇몇 집사님들과 교회를 개척할 때 많은 빚을 지게 되었는데 그 빚은 모두 담임 목사인 내게로 돌아왔다. 내가 엑스포 선교를 시작하자 집사님들은 재정이 어려워질 것을 두려워하여 모두 교회를 슬그머니 떠나갔고 당연히 자신들이 져야할 채무까지도 나의 몫으로 돌려버렸던 것이다. 그러나 나는 낙심하지 않고 하나님께서 모든 형편과 사정을 아시고 함께 하실 것을 믿었다. 결국 평택에 있는 사택을 빚으로 교인들의 손에 넘겨준 후 나는 어린 두 딸을 엑스포가 끝날 때까지 함께 사역하시던 장로님 댁에 맡겨 놓았다. 그야말로 이산 가족이 된 우리는 주말이면 아이들을 대전으로 데리고 왔다가 주일 날 밤이면 평택의 장로님 댁으로 데려다 주곤 했다.

그런데 하루는 작은딸 한나가 울먹이며 내 방에 들어섰다. 그리고 말하기를 '아빠, 제발 부탁인데요, 이제 다시는 개척 교회 하지 마세요. 왜 우리는 날마다 남의 집에서 눈치 보면서 살아야 해요? 아빠처럼 집도 없고, 욕심도 없는 목사님은 정말 싫어요. 나는 이제 학교도 안갈거예요. . . ' 하며 펑펑 울어버리는 것이었다. 나는 어린딸의 그런 모습을 바라보면서 '정말 나의 목회가 잘못된 것일까?' 하는 생각과 함께 형언할 수 없는 괴로움과 슬픔, 피곤함과 허탈감이 온몸을 엄습했다. 이 세상에서의 가장 큰 시험은 아마 자식과의 사랑 문제일 것이다. 특히, 나는 한 자식을 이미 천국에 먼저 보낸터라 더더욱 마음이 아프고 괴로와 할 수 밖에 없었다.

성경에 보면, 하나님께서는 아브라함에게 25년 간이나 연단과 훈련을 시키신 후 마지막 시험으로 100세에 주신 사랑하는 아들 이삭을 모리아 산에서 제물로 바치라는 명령을 내리셨다. 아브라함이 하나님의 인정을 받게 된 것은 하나님의 사랑을 알고 하나님을 믿음으로 즉시 아들 이삭을 번제로 드리려고 순종했던 그의 큰 믿음 때문이었다. 그때에 하나님께서는 아브라함을 향하여 말씀하시기를 "그 아이에게 네 손을 대지 말라 아무 일도 그에게 하지 말라 네가 네 아들 네 독자라도 내게 아끼지 아니하였으니 내가 이제야 네가 하나님을 경외하는 줄을 아노라" (창세기 22: 12)라고 하셨다. 그래서 아브라함은 하나님의 시험을 통과하여 합격 통지서를 받게 되었고 하나님께서는 그에게 '여호와 이레'의 축복을 주셨다.

이 말씀을 떠올리며 나는 어린딸을 안고 울며 기도했다. 아니 그 상황에서는 기도 외에는 뾰족한 대안이 없었다. 그리고 한나에게 아브라함의 이야기를 해주면서 하나님께서 아브라함의 가정에 내리셨던 '여호와 이레'의 축복을 우리 가정에도 꼭 주셔서 곧 우리도 엄마, 아빠, 언니, 그리고 한나 넷이서 함께 살 날이 있을 테니 조금만 참자고 달랬다. 그날 나는 우는 딸아이를 달래느라 오랜 시간 눈물과 땀을 흘려야 했다.

선교란 참으로 자기 자신의 살을 도려 내고 피 흘리는 헌신과 눈물 없이는 순교 없이는 할 수 없는 일이다. 자기 처자와 자식들 먼저 챙기고 개인 재산의 증식에 눈이 고정된 후 남은 열정으로 선교를 할 수 없음을 나는 깨달았다. 자신이 충분히 먹고 남은 것을 가지고 남을 구제한다는 것은 진정한 구제가 아니다. 진정한 사랑의 구제는 이사야 58: 7절의 '또 주린 자에게 네 식물을 나눠주며 유리하는 빈민을 네 집에 들이며 벗은 자를 보면 입히며 또 네 골육을 피하여 스스로 숨지 아니하는 것이 아니겠느냐'는 성경 말씀과 같이 금식을 해서 얻어지는 내 양식으로 주린 자를 먹이는 일이다.

엑스포 선교는 나를 희생하고 미안하지만 가족의 희생을 딛고서만 실현 가능했다. 나의 부르심이 이러하니 나는 어린딸에게 하나님 일을 하는 목회자 가정의 희생의 의미를 그가 이해할 수 있게 설명해 줄 수 밖에 없었다. 참으로 어려운 일이었다. 나는 그날의 충격과 아픔을 아직도 잊지 못하고 있지만 그럴수록 더욱더 하나님 앞에 충성할 수 있기를 기도하게 되었다. 그리고 하나님께서는 종의 자녀들의 희생을 기억하시고 축복으로 그들의 생을 채워주심을 삶을 통해 경험하게 되었다. 그리고 그런 어려운 순간들이 하나님께서 자신들을 더욱 더 믿음이 강한 자녀로 클 수 있도록 인도해 주신 오히려 축복의 과정이었음을 간증하는 두 딸들에게서 엄청난 위로와 감사를 느낀다. 모두 하나님의 은혜임을 고백하지 않을 수 없다.

❦ 심은대로 거두게 하시는 하나님

많은 사람들은 내가 대전 엑스포 현장에서 종교관을 세우고 관장을 맡게 되었다는 사실을 믿으려 하지 않았다. 그 이유는 세계적인 대행사에 나처럼 무명인이 더구나 교단의 배경도 없고 교회의 교세도 없는 사람이 거대한 행사를 주관하는 책임자가 된다는 것은 있을 수 없는 일이라고 생각했기 때문이었다. 사실 당사자인 나도 꿈인지 생시인지 분간되지 않았으므로 그들의 생각은 당연했는지도 모른다. 그러나 하나님께서 우연히 나에게 이 막중한 사명을 맡기신 것은 결단코 아니다. 돌이켜 생각해보면, 12년 전부터 하나님께서는 뜻이 계셔서 나로 하여금 민족 복음화와 세계 복음화를 위해 하루도 빼놓지 않고 기도하게 하셨고, 기도의 동역자인 소록도 교회의 1,500-1,600명의 교우님들까지 동원하셔서 많은 기도로 준비하게 하셨다.

더 놀라운 사실은 내가 사명을 받기 전 잠시 건설회사를 경영할 당시 친분이 두터웠던 많은 공무원들이 나의 전도를 받아 모두 교회에 다니게 되었고 엑스포 당시에는 고위직 공무원이 되어 있었다. 그리고 각 교회에서는 모두들 집사로, 안수 집사로, 혹은 장로로 . . . 각기 직분을 받아 충성하고 계셨었다. 그런데 그분들 중 한 분이 당시 대전 엑스포 조직 위원회에서 막중한 일을 맡게 되었고, 이분의 도움으로 세계 선교를 감당할 수 있는 축복이 나에게 주어졌던 것이다. 하나님께서는 이처럼 모든 일들이 합력하여 한치의 착오도 없이 하나님의 일을 이룰 수 있도록 치밀하게 계획하시고 준비하셔서 때가 되자 나로 하여금 큰 사역을 감당할 수 있도록 도우셨다.

그동안 나는 세계 선교를 위해 많은 기도를 하기는 했지만, 언제 어떻게 하나님께서 이루어 주실지 알지 못한 상태로 있었다. 그러나 하나님께서 엑스포 현장에서 많은 다른 일꾼들을 쓰지 아니하시고 부족한 나를 사용하여 주신 것에 감사, 또 감사를 드린다. 또한 한가지 크게 깨달은 것은 시편 126편 5, 6절 말씀처럼 언제든지 복음의 씨앗을 뿌리면 그 씨앗이 자라 언젠가는 주님의 일을 하는 큰 나무가 된다는 진리였다.

'눈물을 흘리며 씨를 뿌리는 자는 기쁨으로 거두리로다. 울며 씨를 뿌리러 나가는 자는 정녕 기쁨으로 그 단을 가지고 돌아 오리로다.'

'사랑하는 믿음의 형제들이여!
주님께서 주신 복음 전파의 명령을 따라 게으르지 말고 부지런히 복음의 씨앗을 뿌려 하나님 앞에 영광돌리는 일에 동참하기를 간절히 부탁드립니다.'

잠시 지난 날을 돌이켜 보면 우스운 사건들도 많았다. 내가 개척 교회를 처음 세우고 30-40명의 교인 밖에 없어 재정적으로 큰 어려움을 당할 때의 일이다. 당시에는 얼마나 형편이 어려웠던지 교회당 월세를 수개월 간 내지 못해 주인집 할아버지가 예배 마칠 때 쯤이면 교회당 문 앞을 지키고 있다가 당장 건물을 비우라고 호통을 치시곤 했다. 그런 어려운 상황에서도 나는 월세라도 제대로 낼 수 있는, 아니 전세금을 마련하게 해달라는 그런 기도는 할 수가 없었다. 강단에서 설교를 인도할 때나 심방길이나 그 어디서든지 세계를 복음화로, 세계 복음화를 이루게 해달라는 기도만이 나왔다. 아니 이 기도는 내가 드리는 기도가 아니라 성령님의 강권적인 힘 때문이었다.

그러던 어느 날 저녁 예배를 마치고 사택에 돌아왔는데 열심으로 봉사하시던 조집사님께서 찾아오셔서 상담을 하고 싶다고 하셨다. 마주 앉아 대화를 나눠보니 내용인 즉 자기는 목사님을 퍽 존경하고 훌륭하게 생각하는데, 목사인 내가 너무 현실을 외면하고 허망한 기도와 설교를 해서 실망했다는 것이었다. 그러면서 속된 말로 "뻥치지 말라"는 충고를 했다. 지금 우리 교회 현실이 2천여만원만 있으면 전세를 얻을 수 있는데 그런 형편은 커녕 월세도 못내어 매주일 수모를 당하는 처지에 그것을 해결할 생각은 하지도 않고 매일 세계 선교니 뭐니 하고 기도한다는 것은 도저히 이해가 가지 않는다고 했다. 그순간 나는 정말로 조집사님 말처럼 내가 잘못된 기도를 하는 것은 아닐까 하는 생각이 들었다. 그러나 곧바로 성령님께서 나에게 말씀하시기를 '의심치 말고 기도하라.

세계 복음화를 이루기 위해서는 먼저 민족 복음화와 지역 복음화가 이루어져야 하므로 그런 작은 일들은 저절로 이루어질 것이다'라는 것이었다. 그래서 그 후에도 나는 계속해서 하나님의 성령이 이끄시는 대로 기도를 했고 12년이 지난 뒤에야 그 기도는 살아서 현실로 이루어진 것이다. 비젼을 주시는 분도 하나님이시요, 그 비젼을 이루게 하시는 분도 하나님이심을 고백하지 않을 수 없다. 우리는 신실히 하나님의 인도하심에 순종하여 마치 태양이 내리쬐는 맑은 하늘 아래서 방주를 지어가던 노아의 믿음처럼 그저 그렇게 순간 순간, 하루 하루 순종해 나가면 되는 것이다.

내가 세계 선교를 한다는 것은 인간의 생각으로는 도저히 불가능한 것이었다. 나에게는 아무 것도 가진 것이 없었다. 그러나 오직 하나님이 함께 하시므로 이 큰 일을 나도 감당 할 수 있었다는 것을 나는 다시 한번 고백하지 않을 수 없다.   내게 세계 선교의 꿈을 주시고 그 꿈을 키우게 하시고 꿈을 현실 속에서 이루어 나갈 수 있도록 '여호와 이레'로 축복하신 하나님께 다시금 감사를 드린다.   그리고 지금 이순간에도 주님을 모르고 멸망해 가는 더 넓은 세상을 바라보며 복음을 들고 땅끝을 향해 나아갈 씨를 계속 뿌리리라 다짐한다.   언젠가는 또 기쁨의 단을 거두리라 믿으며 ...

놀라운 세계 선교의 현장

대전 엑스포를 통하여 나는 하나님의 창조 조화에 재삼 놀랐다. 118개국이라는 각기 다른 나라의 형제 자매들을 한 자리에 모아놓고 보니 검은색, 흰색, 황색 등 각기 다른 피부색은 물론 갖가지의 방언으로 이색적인 풍경들이 펼쳐졌다.   한마디로 세계가 대전에 모여와 있는 것이었다.   축소판 세계 선교 현장을 보여 주시는 것 같았다.   우리 기독교관에서는 매주 토요일과 주일 밤에 엑스포 타운 내에 있는 국기 공원에서(각 나라의 국기를 게양하는 곳으로 약 3천평의 넓이임) 문화 행사를 진행했었다.

행사의 내용은 찬양과 예수 전도단의 협력 사역인 개인 전도와 통역, 그리고 무궁화 에어로빅팀과 할렐루야 태권도팀, 성극 기독 뮤지컬 등 13개 선교 단체의 협력 사역으로 대단한 은혜를 끼치게 되었다.   특히 잊지 못하는 장면은 찬양과 율동을 할 때면 모여 있던 이름도 모르는 여러 나라의 사람들이 함께 어울어져 찬양하고 춤추며 그야말로 천국을 연상케 할만큼 아름다왔던 것이다.   이 모습이 얼마나 아름다왔으면 지켜보던 비신앙인들도 많은 은혜를 받았고 자리를 떠나지 못하고 있었다. 찬양하고 춤을 추며 하나님께 영광을 돌리는 가운데 통역팀들은 각나라 (약 8개 국어) 말로 번역되어 제작된 전도지를 돌리며, 통역도 해주고, 기도도 해주며, 전도도 하며, 전대원들이 합심하여 천국 사역의 절정을 이루는 것이었다.

어느 날 필리핀에서 왔다는 젊은 세 형제님들이 눈물을 흘리고 회개하면서 성령의 체험으로 은혜를 받아, 관장인 나를 찾아와서 안수 기도를 부탁했다.   맨바닥에 꿇어 앉아 머리를 숙인 그들의 머리에 손을 얹고 나는 사력을 다한 안수 기도를 해주었고, 아멘과 할렐루야로 놀라운 영광을 하나님께 올렸다. 그런 순간들이면 나는 내일 아침에 60-70명의 봉사자들이 먹을 양식이 쌀 한톨 반찬 한가지가 없어도 그저 감사, 감사하기만 했다. 그후 이분들은 매주 기독교관을 찾아와 예배를 드렸고 열심히 신앙을 키워나갔다. 나는 이런 형제님과 자매님들을 바라보는 기쁨이 얼마나 컸던지 피곤도 잊고 물질적으로 어려워 고생하는 것도 모두 잊으며, 관장으로서 메고 있던 무거운 십자가를 잠시라도 벗을 수 있었다.

그리고 또 어느 날은 영국에서 왔다고 하면서 종교관을 찾아와 자기들은 하나님을 몰랐는데 이곳에 와서 하나님의 사랑을 알았다고 감사해했다. 미국인, 호주인, 서독, 브라질, 뉴질랜드 . . . 심지어 캄보디아 등지에서 온 관람객들이 열정을 갖고 전도하고자 하는 한국 사람들의 열정에 감동을 받으며 전도지를 뿌리치지 않고 오히려 감사함으로 받곤했다. 미국에서 오신 큰 기업체 사장님은 한국에서 가장 큰 교회를 방문해 보고 싶다고 요청해 오셔서 여의도 순복음 교회 해외 선교회에 연락을 하여 방문하실 수 있게 주선하기도 했다. 독일에서 온 한 사업가는 삼성전자를 방문하고 싶다고 문의해와 삼성전자 신우회와 연락하여 회사 투어는 물론 전도까지 하는 일도 있었다. 일본에서 오신 방문객 중에는 길을 잃고 헤매고 있어 우리 통역 안내원들이 묵고 있는 호텔 객실로 안내를 해주어 그곳에서 신앙을 접하는 일도 일어났다.

갑자기 환자가 발생하면 우리 기독교관 봉사 도우미 간호사 분들이 응급 처치를 하며 전도하기도 하며 정말 하나님께서 주신 온갖 달란트를 엑스포 장을 찾은 내외국인들을 섬기며 전도하는데 여한이 없이 사용했다. 해외 관람객들 중에는 한국 사람들 사는 모습을 보고 싶다고 문의해와 아는 교우님들 집에 특별 부탁을 해서 민박을 3-4일 시켜 드리며 전도를 했고, 언어 소통이 잘 안돼 고생하시는 분들에게는 통역원들이 그들의 통역을 도우며 기회가 닿는 대로 전도를 하곤 했다. 이렇게 모든 분야별로 자원 봉사자들이 정성껏 도와 드리자 '감사하다. 한국 기도교는 정말 사랑도 많고 열정도 많다. 우리도 조국에 돌아가면 꼭 하나님을 믿겠다.' 다짐하는 분들도 심심치 않게 많았다. 이런 엑스포 선교 경험은 나로 세계 복음화를 위해 하나님께서 부르시고 계심을 더욱더 뜨겁게 느끼는 계기가 되었다.

🌀 사랑하는 동역자 무이 목사님과의 만남

기독교관을 개관한 지 며칠 되지 않아서 피부색이 검은 50대의 손님 한분이 찾아왔다. 그분은 성령이 충만하셔서 나를 만나자 마자 손을 들어 '할렐루야!, 관장님' 하고 소리를 쳤다. 이분이 바로 자이레관 책임자이신 무이 목사님이셨다. 한국에 오신지는 3-4년 되셨고 이번 엑스포에서 자이레 대사를 겸한 자이레관 책임자로 임명받으셨다고 했다. 나는 무이 목사님과 많은 대화를 나누었다. 자이레라는 나라는 우리 나라보다 작은 나라인데 금과 보석 등의 천연자원은 많은데 국내외적으로 정치가 불안해 경제적으로도 매우 어려운 상황에 있다고 한다. 그래서 자이레관 개관은 했지만 본국으로부터 지원이 없어서 이곳 생활이 무척이나 힘들다고 하셨다. 그런 이유로 목사님의 가족은 모두 호주에 있고 목사님만이 하나님의 복음을 전하기 위해 한국에 오셨다고 하셨다.

무이 목사님은 설교를 하실 때면 성령에 사로잡혀 온몸으로 설교를 해주셨고 그때문에 많은 사람들이 은혜를 체험했다. 그분의 설교 말씀 중 가장 인상 깊었던 것은 그분이 한국에 와서 가는 곳마다 똑같은 질문을 받는데 그것은 어디서 왔느냐는 것이었다고 한다. 그때마다 그분은 손가락으로 하늘을 가리키며 '저곳에서 왔습니다'라고 했는데 많은 사람들이 이해를 하지 못해 의아한 모습으로 바라보더라는 것이었다. 무이 목사님은 항상 빌립보서 4장 20절, '오직 우리의 시민권은 하늘에 있는지라. 거기로서 구원 하는자 곧 주 예수 그리스도를 기다리노니' 말씀을 인용하셨다. 우리 믿는 사람들은 모두 하늘 나라의 국적을 가진 하늘 나라의 시민임을 늘 강조 하셨다. 우리가 이 세상에 있는 이유는 하나님의 복음을 전하여 하나님 나라를 확장하는데 있음으로, 세상 편견에서 떠나 주의 일을 하는데 충성을 다하려 할 때 그 어떤 민족의 사람이건 동역자가 될 수 있음을 우리는 함께 사역을 하며 깨달았다.

무이 목사님은 형편이 어렵다보니 매번 식사 때면 제대로 식사를 하시지 못할 때가 많았다. 우리 사역팀들은 이런 사정을 알고 호박과 된장으로 반찬을 만들어 극진히 대접해 드렸다. 그때마다 꼭 한국말로 '감사합니다'라고 인사하신 뒤 맛있게 드시고 길거리에서나 관람장 안에서나 어디서든지 전도지를 돌리며 '할렐루야!' 하고 큰소리로 외치며 열심으로 전도하시던 그분의 모습이 아직도 눈에 선하다. 지금도 나는 그때 그분의 뒷바라지를 충분히 더 잘해 드리지 못한 것이 못내 아쉽고 마음 아프다.

❷ 세계가 어울어져 세계 선교를 감당하다

우리 기독교관에서는 매주 주일이면 총 7부의 예배를 드렸다. 그중에서도 2부, 3부 예배 시간이면 많은 외국인 형제 자매님들이 참여하여 그야말로 예배장이 관람장을 방불케 할만큼 꽉찼으며, 설교를 할 때에는 5개 국어로 통역을 하여 예배를 드리는 자들이 불편함이 없이 드릴 수 있도록 운영을 했다. 한번은 예배 도중 젊은 형제님 한분이 한없이 울고 계시는 것이 눈에 띄었다. 그래서 예배 인도를 마치고 나서 그 형제님과 상담을 하게 되었는데, 그분은 초등학교를 다니다가 부모님을 따라 호주로 이민을 가게 되었다고 한다. 말도 통하지 않고 낯설기만 한 호주에서 여러가지 어려움이 많았는데, 그런 어려움 가운데서도 부모님께서는 신앙 생활을 열심히 하셔서 어머님께서는 한인 교회 권사 직분을 받으셨다고 한다. 항상 새벽이면 아들을 위해 기도하러 교회로 향하시는 어머님을 뵈면서 신앙 생활을 잘하는 것만이 효도라는 것을 깨달았는데, 왠지 교회 가는 것이 싫어져 신앙 생활을 게을리했다고 한다.

그러던 가운데 대전 엑스포 호주관에 한국어 통역관으로 선발되어 오게 되었고, 지난주 주일날 기독교관 예배에는 참석하지 않고 대전 시내에 놀러 갔다가 돌아오는 길에 차량 접촉 사고로 큰일을 당할 뻔했다는 것이었다. 그런데 그때 깨달은 것이 오늘의 설교 말씀과 일치하여 회개의 눈물과 감사의 눈물이 하염없이 나와 견딜 수가 없었노라 고백하는 것이었다. 그리고 그는 말하기를 앞으로 주일을 성수하고 호주에 돌아가서도 하나님 말씀대로만 살겠노라고 다짐을 했다. 나는 이 형제님을 위해서 그 자리에서 뜨겁게 안수 기도를 해드렸고 지금도 기도를 하고 있다.

그렇다. 신앙 생활이란 내가 마음 먹고 결심한다고 되는 것이 아니다. 요한복음6장 37절 말씀 처럼 살아계신 하나님의 특별한 은총으로 성령님의 강권적인 힘을 주셔야 성령님의 힘으로 기도도, 찬양도, 봉사도, 구제도, 선교도 ... 할 수가 있는 것이다.

'아버지께서 내게 주시는 자는 다 내게로 올 것이요, 내게 오는 자는 내가 결코 내어쫓지 아니하리라.'

사역을 하는 가운데 영국에서 목회를 하시는 짐 케니트 목사님을 소개 받게 되어 특별히 7일 간 초청을 하였다. 짐 케니트 목사님은 영국에서 대학을 나와 경찰 생활을 하다가 하나님의 부르심을 받아 신학을 졸업하고 목사가 되어 7년째 목회를 하고 계시는데, 영국은 대단히 보수적인 곳이라 목회하기가 무척 어렵다고 했다. 그래서 목사님의 소원은 영국에 성령의 능력이 강하게 일어날 수 있는 기도원을 세우는 일이라고 하시며 그 소원을 위해 오랫 동안 기도하고 계신다고 했다.

짐 케니트 목사님은 성령에 대한 지식과 체험을 가지고 계셨다. 그런데 놀라운 것이 무이 목사님과 짐 케니트 목사님, 그리고 본인이 모두 똑같은 성령의 역사를 체험 했고 하나님께서 우리에게 일치하는 기도를 하도록 인도하셨을 뿐 아니라 때가 되자 세계 곳곳에 흩어져 있다 이렇게 한자리에 모여 동역할 수 있는 축복을 주셨다는 것을 깨달은 것이다. 짐 케니트 목사님께서는 7일 간 사역하시면서 많은 은혜를 주셨고 특히 새벽 시간에 60여명의 기독교관 대원들에게 성령님에 관한 설교를 해주심으로 많은 힘을 공급해 주셨다. 기독교관 대원들이 성령으로 뜨거워지니 사역은 이제 초자연적인 힘으로 활기를 띠었다. 노방 전도팀은 더욱더 담대히 복음을 전했고, 모든 봉사자들의 얼굴엔 성령 충만함이 가득했다. 지나가는 사람들이 보기만 해도 이곳에서 무슨 평범치 않은 일들이 일어나고 있음을 알 수 있을 정도였다.

하나님께서는 이처럼 모든 예비하신 종들을 속속들이 부르셔서 세계 선교의 현장에서 아낌없이 사용하셨다. 심지어는 종교 담당 경찰관과 안기부 요원들까지 신앙심이 좋은 주의 직분자들로 세워주셔서 사역을 하는 가운데 조금도 행정적으로 어려운 일이 없도록 역사해 주셨다. 마치 노아의 방주에 들어간 동물들처럼 어디서 몰려 왔는지 줄을 지어 짝을 지어 방주로 들어가듯 사역에 필요한 일꾼들이 세계 방방 곡곡 전국 방방 곡곡에서 그렇게 모여들고 있었다. 나는 그때 하나님의 일은 하나님이 하시며 하나님께서는 전세계 만방에 흩어져 있는 사람들 모두를 머리카락 숫자까지 세실 정도로 다 잘알고 계시다는 사실을 깨달았다. 그리고 필요할 때 필요한 사람들을 언제 어디서건 데려오실 수 있는 분이라는 전지 전능의 하나님을 경험할 수 있었다. 세계가 어울어져 세계 선교를 감당하는 놀라운 경험을 나로 하게 하셨다.

나는 엑스포 선교를 치루면서 성령님의 섬세한 역사에서부터 강한 역사까지 너무나놀라운 역사들을 많이 경험했다. 필요한 일꾼이며, 필요한 장비며, 시설이며, 그 많은 봉사자들을 먹이고 재우는 일들을 통해 '이일은 하나님이 하시는 구나' 입을 딱 벌려 감탄한 적이 한두번이 아니다. 때를 따라 공급하시는 하나님! 일용할 양식도 기도할 때마다 필요한 만큼 신실히 공급해 주셨다. 음식에 있어서는 넘치도록 주시지 않으셨다. 꼭 필요한 만큼 주셨다.

그래서 나는 사역하는 기간 동안 특별히 일용할 양식을 놓고 생명을 건 기도를 하지 않을 수 없었다. 기도할 때마다 하나님의 응답하심으로 구체적인 쌀과 반찬 등의 공급을 받을 수가 있었다. 그것은 마치 이스라엘 민족이 광야에서 생활할 때 날마다 체험했던 만나와 메추라기의 공급과도 같은 은혜였다. 이렇게 엑스포 선교는 세계가 성령으로 하나가 되어 세계 선교를 감당하는 놀라운 성령의 역사의 현장이었다.

신앙계 조명대 ● '93 대전엑스포에 선교바람 불고 있다.

"영성박람회 만들자"

글 ● 이선규   사진 ● 한태덕

각종 첨단과학물들이 용호상박 자웅을 겨루는 93 대전엑스포에 선교의 열풍이 일고 있다. 창조과학회 세계선교협의회 등 여러 선교단체들이 펼치는 선교전략은 21 세기 과학 첨단의 높이만큼 드높다.

대전 엑스포를 상징하는 다리.

IV. 엑스포 선교 사역을 마치며

☙ 엑스포 선교의 아쉬움과 사역보고

준비 기간 7개월과 본 기간 5개월로 약 일년 간의 선교 사역 동안 많은 어려움도 있었지만 이름도 없이 빛도 없이 봉사해 주신 숨은 분들로 인해 얼마나 큰 감동과 은혜를 받았는지 모른다. 그런가 하면 또 사역하면서 아쉬움도 많았다. 100만명의 크리스챤을 자랑하는 우리 기독교계를 감안할 때 엑스포 선교를 위해 헌신한 숫자는 정말 너무 적다는 생각이 들었다. 또한 순수히 엑스포 사역의 성공을 위해 한마음이 되지 않고 저마다 자신의 교회나 단체의 유익을 위해 접근하는 그런 분들로 인해 적잖이 실망과 어려움을 겪기도 했다. 왼손이 하는 일을 오른손이 모르게 선을 행하라는 주님의 말씀처럼 진정 우리 교계가 교단의 장벽을, 그리고 우리 교회만 잘되면 된다는 식의 이기적인 신앙관을 던져 버릴 때 더욱더 놀라운 일들을 우리가 함께 이룰 수 있음을 깨달았다.

특별히, 아쉬웠던 점은 매스컴에 종사하시는 분들이 좀더 심사숙고한 후 기사를 실었으면 하는 것이다. 돌이켜보면 엑스포 관람장이 개관할 무렵, 작은 착오와 사고가 생겼을 때 서로 조용한 가운데 서로 덮어주고 서로 협력하여 보완했었다면 더욱 국익을 도모했을 텐데 서로 경쟁이나 하듯, 굶주린 사자가 먹이감을 노리듯 그저 달려들어 뜯어먹고 보도하기에 바쁜 모습이 아직도 많이 아쉬움으로 남는다. 서로 앞 다투어 헐뜯고 작은 문제가 생겨도 서로 부풀려서 이야기하다 보니 각국에서 취재나온 기자들을 통하여 이런 사실들이 그들의 각 본국으로 알려지는 바람에 무척이나 많은 국제적 망신과 국익의 손실을 가져왔다고 생각한다. 앞으로는 이런 분야에 종사하시는 분들이 개인, 또는 개인 소속 회사의 유익에 앞서 국익을 먼저 생각하는 그런 사랑의 매스컴으로 완성되기를 진정 나는 기도하고 바란다.

이 정도의 큰 행사를 치루는데 왜 실수가 없으며 아쉬움이 남지 않겠는가? 처음엔 너무도 큰 세계적인 행사라 막막하기만 했던 사역이 놀라우리만치 하루 하루 진행되어 나가는 것을 나와 모든 봉사자들은 놀랍게 경험했다. 결론은 이 엑스포 사역을 진정코 순전한 하나님의 힘으로 치룰 수 있었음을 고백하지 않을 수 없다는 것이다. 얼마나 섬세히 사람들을 모으시고 하루 하루를 계획적으로 치밀하게 이끄셨는지 모른다. 다시 한번 하나님의 위대하심을 거듭 거듭 찬양하며 이 엑스포 사역의 사역 보고를 하고자 한다. 이를 통해 더욱더 구체적으로 하나님의 인도하심을 느낄 수 있을 것 같아 함께 나누고자 한다.

'93 대전 엑스포 (과학 박람회) 사역의 결과는 아래와 같다.

아   래

총 사역 선교비	약 6억 7천만원
총입금	약 5억 8천만원
	(성경, 전도지, 헌물 등 일체 포함)
부족금	약 9천만원 (관장 목사 사비로 지불)
사역기간	
준비기간(제자교육기간)	1/5/1993 − 6/25/1993까지
실제 사역 기간	6/25/1993 − 11/7/1993(약 137일간)
봉사인원	
(기독교관운영 요원)	
자문위원	370여명 위촉
	(각 관계 기관에 종사하시는 분들)
목회자	800여명 (연인원)
봉사요원	3,400여명 (연인원)
사역별 내역	
− 주일 대예배	총 20회
	(한 주에 5부 예배로 환산하면
− 참여인원	100회)
	내국인 (약 35,000여명)
	외국인 (약 13,000여명)
	총 연인원 (약 48,000여명)

각 신우회 모임 (엑스포 참여 인원)	총 76회
기독 전우회 (엑스포 육군 지원단	5,200여명
호텔 사업단 신우회	2,500여명
(롯데, 신라, 워커힐, 힐튼, 프라자 호텔	
정식 및 임시 직원	
도우미 신우회 (관람장 안내 편의 요원)	850여명
조직 위원회 신우회 (정부 공직자)	350여명
경비단 (경찰) 신우회	570여명
신우회 총인원	9,470여명
	(신우회원 연인원 기준임)
특별 집회 (경제 회생 부흥회)	
외부 참여 강사 (목사님)	30 여분
총 집회	23회
예배 참여 인원	8,500여명
참여 협력 교회	국내외 50여 교회
각종 문화 행사	
총 행사 수	37회
참여 운영 위원	700여명
동원 인원(연인원)	50,000여명

노방전도(타운지역 및 관람장 대상)
* 70만명 이상을 전도 요원이 직접 개별적으로 접하면서 전도지 및
  각 개국 성경을 배포함
* 총 복음을 접한 인원은 내, 외국인 100여 만명으로 사료됨(연인원)

간단한 사역 보고지만 이 숫자들을 통해 얼마나 많은 물질과 봉사 요원과 협력단체와 선교단체들이 어울려져 단기간 이뤄낸 특별 선교였는지 한눈에 볼 수 있을 것이다. 이런 엑스포 선교를 하지 않았다면 어쩔뻔했나 생각만 해도 아찔하다.

매주일을 통해 수요일을 통해 부흥회를 통해 말씀이 선포되고 특별 기독교 문화 행사를 통해 복음이 전달되고 개별 전도를 통해 70만명 이상을 일대일로 만나며 성경과 전도지를 배포하고 적어도 100만명 이상의 사람들이 직 간접으로 복음을 접했다고 생각하면 정말 놀라운 선교 사역이 아닐 수 없다.

나는 그 기간을 통해 믿음을 떠난 사람들이 돌아와 회개하고, 하나님을 모르던 사람들이 하나님을 만나고, 더욱더 사역에 헌신을 다짐하는 많은 그리스도인들을 만날 수 있었다. 나는 또한 그 기간 동안 복음의 씨가 뿌려져 훗날 하나님께로 돌아온 사람들도 많을 것이라 생각한다. 그것도 세계 방방 곡곡에서 한국을 찾아와 복음의 씨가 싹터 각자의 나라로 돌아간 뒤 열매를 맺는 사람들도 있었을 것이다. 우리는 그런 역사가 일어나게 해달라고 얼마나 많은 합심기도를 올려드렸는지 모른다. 뒤돌아 보면 엑스포 선교는 정말 하나님이 예비해 주신 선교 축제의 장이었다. 나의 조국 땅 대전의 한장소에서 118개국에서 모인 각 선교지의 사람들을 만날 수 있었고 이들에게 하나님을 증거했다는 그 사실 하나만으로도 놀라운 사역이었다.

나는 앞으로 이런 특수 선교 사역에 우리 그리스도인들이 더욱더 눈을 돌려 그 중요성을 깨닫고 정말 한영혼 한영혼을 찾아 나서는 예수님의 모습으로 순수하게 한 마음이 되어 함께 사역할 수 있기를 간절히 바란다. 교회의 이름도, 선교 단체의 이름도, 다 뒤로하고 엑스포 선교팀으로 다 하나가 되어 그곳에 모인 모든 사람들에게 복음을 전하는 그 사역으로 하나 되어 함께 기도하고 함께 힘을 합하면 정말 놀라운 복음의 역사를 경험할 수 있으리라 믿는다.

다시 한번 엑스포 사역을 후원해 주신 모든 교회, 단체, 개인들께 감사를 표한다. 그리고 원근각지에서 오직 복음을 만방에 전하라는 하나님의 명령에 순종해 모여든 모든 봉사자들에게 다시금 감사를 표한다. 부족한 종이 감당할 수 없는 너무도 크고 엄청난 사역이었는데 바로 이런 분들의 도움으로 인해 그리고 무엇보다 놀라우신 성령님의 역사로 인해 감당할 수 있었음을 생각하면 하나님께 모든 영광을 돌리지 않을 수 없다.

전지 전능의 하나님을 찬양합니다!

V. 엑스포 선교를 마칠 무렵의 시련과 축복

⊜ 여호와 이레의 하나님

그렇게 놀라운 선교 사역이 마무리 되어갈 무렵 우리 가정 네 가족은 함께 살 공간을 마련해야 하는 현실에 직면하게 되었다. 그러나 수중에는 아무 것도 가진 것이 없는 무일푼이었고 설상 가상으로 엑스포 선교 사역으로 인한 빚만 9천여만원을 걸머지게 되었다. 인간적으로 생각하면 절망할 수 밖에 없었고 탄식할 수 밖에 없었다. 그러나 우리 네식구가 어디로 어떻게 이사를 해야하는지 모르는 절박한 상황에 있었지만 그래도 하나님께서 주시는 평안함으로 기도하며 소망 가운데 있을 수 있었다.

늘 여호와 이레로 예비하시는 하나님께서 우리의 처소를 예비해 놓으셨단 강한 믿음이 우리에겐 있었다. 엑스포 선교를 통해 그 수많은 사람들을 세계 각지에서 모으시며 입히시며 먹이신 하나님을 생생히 경험하지 않았던가. 그 선교를 가능하게 하신 하나님께서 우리 네식구 어떻게든 돌보아 주실 것이란 믿음이 있었다. 이제 나는 내 가족을 위해 전심전력을 다해 기도하며 하나님의 인도하심을 간구했다.

네식구가 하나님의 인도하심을 기다리며 이렇게 간절히 기도하고 있을 때 어느 날 우연히 친구로부터 연락을 받았다. 서울 미아리에 자리잡고 있는 재성학원 원장님을 한번 만나보라는 연락이었다. 전혀 알지 못했던 분이라 놀라왔지만 나는 하나님의 뜻을 위해 문을 두드리고 찾아 나서야 하는 입장이었기 때문에 주저하지 않았다. 나는 그분을 만나자 하나님께서 보내주신 분임을 곧 알 수 있었다. 하나님께서 '여호와 이레'의 축복을 또 이렇게 예비해 놓으신 것이다.

재성학원은 당시 북부 지역에서는 가장 큰 종합 학원으로서 당시 몇 만명의 학원생들이 있었다. 특히 정보 처리, 전산 부문에서 노동부와 문교부에서 실시하는 전문대학 과정을 국내에서 1호로 인가된 학원이었다. 원장님께서는 점점 컴퓨터화 되어 가는 사람들에게 주 1회 종교 교육을 실시함으로 인간성 회복을 해야 한다는 절실한 신앙관으로 교목실을 설치하고자 하셨다. 지금 생각해도 참으로 훌륭하신 신앙인이셨다. 이러한 김송호 원장님의 배려로 훌륭한 사택을 제공 받고 학원에 교목실도 주셔서 우리 가족은 서울로 이사를 할 수가 있었다. 나의 목회 인생에서 가장 어려운 처지에 많은 배려를 아낌없이 해주신 재성학원 원장님께 진심으로 감사를 드리며 그분을 위해 많은 기도로 보답할 것을 결심하게 되었다. (놀라운 사실은 이분과의 만남이 철저히 하나님의 인도하심의 결과임을 부인할 수가 없다. 하나님께서는 이분과의 만남을 통해 직업 학교에 눈을 뜨게 하셨고 훗날 미국에서 직업학교를 시작할 수 있게 인도해 주셨다.)

하나님 아버지 무사히 선교를 마치게 하시고 무일푼이었지만 당신의 방법으로 저희 가정의 모든 식구들이 함께 살 수 있는 터전을 허락해 주심을 감사드립니다. 가족이 기거할 집을 위해 기도했는데 사무실까지 덤으로 주시고 복음을 전할 수 있는 황금어장을 주신 하나님, 앞으로의 삶도 하나님께서 인도해 주실 것임을 믿고, 더욱더 담대히, 더욱더 충성되이 하나님의 일을 할 수 있도록 이끌어 주시옵소서.

◉ 아내에게 베풀어주신 또 한번의 기적

93년 11월 7일 마지막 기독교관 해단식 예배를 마치고 서울로 이사를 해서 분주하게 정리를 하고 있을 때, 나의 아내가 자꾸만 배가 아프다고 했다. 나는 과로 때문이리라 생각하고 대수롭지 않게 넘겼다. 그러던 어느 날 교목실에서 일을 보고 있는데 병원에서 갑자기 전화가 걸려 왔다. 급히 병원에 가보니 의원급의 병원에서는 치료를 할 수 없다고 하면서 큰 병원으로 가보라는 것이었다. 백병원을 비롯하여 여러 큰 종합 병원을 찾아갔지만 모두 거절을 당했다.

마지막으로 찾아간 경희 의과 대학 병원에서 받아주어 응급실에서 겨우 진찰을 받을 수 있었다. 병명은 급성 맹장이었는데 담당 의사는 수술은 할 수가 없다고 했다. 그 이유는 결혼 전 폐렴으로 폐에 많은 상처가 생겨 그 치료를 받은 흔적이 너무 많아 자신들의 소견으로는 폐암의 가능성이 70-80%이므로 지금의 판단 대로라면 수술할 경우 폐의 기능 마비 현상이 와서 사망할 수 있기 때문이라는 것이었다.

마지막으로 믿고 찾아간 병원에서 마저 이런 이유로 수술을 거부하자 나는 또 어려운 문제를 만났구나 하는 생각에 피곤과 함께 절망감이 짓누르기 시작했다. 오직 하나님께 의지하는 것만이 최선이라는 생각에 나는 기도를 시작했다. 아니 그 외에 내가 할 수 있는 것이라곤 하나도 없었다. 사실 수술을 하게 되면 수중에 단 한푼도 없던 처지라 수술에 따르는 비용도 큰 걱정이었고, 혹여 잘못될 경우를 생각하니 어린 자식들 생각에 가슴이 무너져 내렸다. 나중에 안 사실은 아내는 오래 전부터 통증이 있었는데 상황이 여러가지 일들로인해 바쁘고 또 비용의 문제도 있고 해서 지금껏 참고 있었다고 했다. 통증이 심해지면 그 고통을 이겨내려고 찜질을 하곤 했기 때문에 나중에 진찰할 때 보니 뱃가죽이 벌겋게 익어 있었다고 한다.

생명을 주관하시는 하나님!
주님의 뜻에 맡깁니다.
주님께 합당하신 대로 하옵소서.

이렇게 기도하면서도 살려달라고, 살려 주셔야 한다고 매달렸다.
나는 이렇게 기도할 수 밖에 없었다.

기도한 지 몇 시간 후 담당 의사 선생님이 입원실에 찾아오셔서 말씀하시기를 수술을 하지 않아도 맹장으로인해 위험하고, 수술을 한다 해도 위험한 상황인데 보호자 입장에서 결단을 내려달라고 하셨다. 나는 이 말을 듣고 의사 선생님께 잠시 기도해보고 결정지을 시간을 달라고 한 후 급한 기도로 부르짖었다.

순간 시편 50편 15절 말씀이 스치고 지나갔다.
'환난 날에 나를 부르라 내가 너를 건지리니 네가 나를 영화롭게 하리로다' 하신 주님! 지금까지 숱한 어려운 순간마다 지켜주시고 환난을 통하여 오히려 한량 없는 축복으로 채워주셨던 주님, 이일을 어찌 하오리까.

나는 병원 복도에 앉아 30분 정도를 기도했다. 그런데 기도하는 중 하나님의 음성이 들렸는데 '염려치 말고 모든 것을 하나님께 맡기라'는 말씀과 함께 '사모의 사명이 아직 남았다'는 것이었다. 나는 의사 선생님을 찾아가 수술을 부탁했고 수술 시에 생명을 잃는다 해도 아무런 의의가 없다는 보호자 확인 각서를 2통이나 작성했다. 서명을 하는 순간 인간인지라 잠시 마음이 흔들렸으나 하나님의 말씀을 믿음으로 모든 것을 하나님께 맡겼다.

그리하여 밤 11시경에 응급 수술실로 아내를 안내하게 되었는데, 수술실 앞에 도착하자 담당 의사는 나에게 병실로 돌아가라고 했다. 그 순간 나에게 시집와서 고생만 한 아내가 한없이 가엾고 안스러워서 의사 선생님께 잠시의 시간을 더얻어 아내의 몸을 감싸 안고 뜨거운 기도를 드렸다. 그 당시 내가 할 수 있는 유일한 일이었다. 어쩌면 이것이 이 세상에서의 마지막 이별이 될 수도 있다는 것을 생각할 때 하고싶은 말이 수없이 많았지만 간략한 기도로 대신하고 아내는 수술실로 나는 아내가 잠시 머물고 있던 병실로 돌아왔다.

병실에는 장모님이신 권사님과 장인 어른께서 울고 계셨고 엄청난 절망에 사로잡혀 괴로와하고 계셨다. 보통 맹장 수술 환자의 수술 소요 시간은 약 1시간 정도라는데 아내의 경우 3시간이 지나서야 끝났다. 수술실에서 나오신 의사 선생님께서는 수술은 잘 되었는데 하루 정도 지나야 결과를 알 수 있으니 생명을 하나님께 맡긴 채 기다려 보자고 하셨다. 수술 결과 의사들이 암이라고 추측했던 것은 다행히 암이 아니어서 한고비 넘겼지만 아내의 간이 모두 물먹은 휴지처럼 약해서 수술이 굉장히 힘이 들었다고 했다.

수술을 받은 아내는 꼬박 한밤을 진통으로 괴로와했다. 이 광경을 지켜보시던 장인 어른께서는 평상시에 신앙이 없음에도 하나님께 기도하시는 모습을 보여주셨다. 과거에는 우리 처가집도 신앙이 없는 비기독교 가정으로 아내가 고등학교 시절 급성 폐렴으로 사형 선고를 받고 약 2년간 치료를 받는 중에 하나님의 복음을 받아들인 집안이었다. 당시 아내를 치료하던 의사 선생님이 철저한 기독교인으로 사경을 헤매는 아내를 포기하지 않고 끈질긴 치료 끝에 하나님의 은혜로 소생케 하였다고 한다.

그리고 이일 후 아내는 신학을 졸업하고 교역자의 길을 가게 되었다. 불신앙 가정을 구원하기 위해 기도한 끝에 부모님과 4명의 동생들을 전도하여 5 남매 (2남 3녀) 중 딸 둘이 목사의 사모로 (아내와 막내 처제로 막내 동서는 현재 미국 유학 중 그곳에서 안수를 받아 목회 중), 둘째 아들은 목사로, 큰 아들과 둘째 사위네는 집사로 봉사를 하고 있으니 대단한 축복이라 아니할 수 없다. 하나님께서는 불신앙의 한 가정을 구원하기 위하여 아내를 사용하셨던 것이다.

수술 후 하루가 무사히 지날 무렵 갑자기 아내의 배가 불러오기 시작했고 의사들은 아내의 식도로 호스를 꼽아 복수를 빼내기 시작했다. 사태가 심상치 않음을 직시하게 되자 나는 소록도에 계신 어머님과 기도 반장님이신 이재춘 집사님께 뒤늦게 이 사실을 알리고 기도의 지원을 부탁드렸다. 기도하며 병원에서 하룻밤을 세우고 부모님들과 간호 교대를 해서 사택에 와서 두딸을 바라보니 나도 모르게 하염없이 눈물이 흘러나왔다. 눈치가 대단히 빠른 작은딸 한나는 나의 얼굴을 보고 사태를 알았는지 슬그머니 안방으로 들어갔다. 나는 조용히 한나가 있는 방문을 열어보고 얼마나 가슴이 아팠는지 모른다. 그 어린 것이 엄마 화장품과 침실을 정리하면서 눈물을 감추기 위해 애써가며 흐느끼고 있는 것이 아닌가 . . .

한나는 그날밤 잠을 이루지 못하고 밤새 울었다. 나는 그녀석을 바라보면서 만약 아내를 잃게 되면 저 어린 녀석들이 엄마 찾는 모습을 보며 어떻게 위로를 해주어야 하는가 하는 생각에 목이 메었다.

하룻밤을 꼬박 새우고 이튿날 병원에 가보니 어제 보다는 차도가 있었다. 그 뒤 아내는 하나님의 은혜로 다시 한번 생명을 얻을 수 있었다. 무일푼의 처지로 걱정하던 병원비는 소록도 어머님과 교우님들께서 60만원을 송금해 주셨고, 동생이 90만원, 처제와 처남이 100여만원을 보내주어 해결할 수가 있었다. 이분들의 사랑에 힘입어 한 생명이 살아나고 있었다. 어떻게 그 감사를 입으로 표현할 수 있으랴.

후에 의사 선생님들은 한결같이 이해할 수 없는 불가사의한 일을 겪었다고 고백했다. 왜냐하면 분명히 소견상 만성 폐암이 분명한데, 폐암의 증세 또한 보이지 않으니 이상하다는 것이었다. 나는 다시 한번 이 사건을 통해서 하나님께서 부르셔서 쓰시고자 하는 사람은 죽고자 해도 하나님께서 주신 사명을 감당하기 전에는 절대로 죽을 수 없다는 사실을 새삼 체험하고 깨닫게 되었다.

나와 아내는 세계 선교를 하도록 하기 위해 하나님께서 맺어주신 특별할 동역자임을 우리는 믿었다. 이제 엑스포 선교를 통해 세계 복음화의 길을 열어주시며 그 첫걸음을 떼게 하셨는데 하나님께서 아내를 지금 데려 가신다면 하나님의 일에 절대적 손해이므로 꼭 낫게 해주시리라 나는 믿었다. 이일로 나는 우리에게 맡기신 하나님의 사역이 막중함을 다시 더욱더 깨달아 알게 되었고 앞으로 남은 사역을 충성을 다해 감당하리라 결심했다.

국회 의사당 내에 하나님의 교회를 세우는 영광을 주셨다.

나는 대전 엑스포를 마치고 서울로 복귀하여 평일은 재성학원 교목으로 재직하면서주일 시무할 교회를 놓고 많은 기도를 드렸다. 여러 곳에서 시무 요청도 받았지만 수락할 수가 없었다. 그 이유는 어느 한 교회에 소속되어 한정된 목회를 하는 것보다 선교회 사역을 확대해 감으로 인하여 한정된 시간에 더욱 큰 사역을 감당할 수 있음을 알았기 때문이었다. 평일에는 학원 선교에 눈코 뜰 사이 없이 바빴지만,

그러나 주일이면 섬겨야 할 강단이 있는 것이 나의 신앙과 가족들의 신앙을 위해 서도 좋고 또 목사로 부름을 받은 사명자가 마땅히 그래야 한다는 생각을 하고 하나님께 기도하기 시작했다. 그러던 중에 하나님께서는 정말 선명하게 국회 의사당에 교회를 세우라는 응답을 해주셨다. 하나님의 인도하심을 받고 나는 더욱 더 깊이 기도를 드렸는데 하나님께서는 구체적인 응답을 주셔서 국회 내에 교회를 세울 수 있도록 하나 하나 인도해 주셨다.

여기서 잠깐 내가 경찰 선교를 시작하게 된 동기를 이야기 하고자 한다. 경찰 선교를 시작한 지는 10년이 넘었는데, 경찰 선교에 대해 남다른 관심을 갖게 된 것은 다음과 같은 이유에서 였다.

첫째는, 내가 중학교 1학년일 때 어머님께서 양아들을 삼으신 경찰관 간부 형님이 계셨는데 이 형님께서는 나에게 남다른 사랑을 베풀어 주셨었다. 그래서 나는 항상 학교를 마치면 이 형님이 계신 경찰서로 찾아가 함께 지내면서 '나도 커서 경찰이 되어야지'라는 결심을 하곤 했었다. 그리고 제대 후 경찰관 시험에 실제로 응시하려고 준비를 하다가 그 뜻을 이루지 못한 일이 있었기 때문이었다.

두번째 이유는, 내가 목사가 되어 처음으로 개척 교회를 시작했을 때에 있었던 일 때문이다. 당시에 교우님들이 모두 젊은 분들이셔서 철야 기도회와 새벽 기도회 등 예배로 모일 때면 모두들 뜨겁게 찬양하고 기도를 함으로 주위의 가정집에서 시끄럽다고 경찰서에 신고를 하여 무척

어려움을 당하고 있을 때였다. 왜냐하면 그 당시 교회가 주택가 한복판에 위치하고 있었기 때문이었다.

그러던 어느 날 하루는 철야 기도회를 인도하고 있는데 갑자기 입구에서 우당탕 하는 소리가 들리더니 무장을 한 경찰관이 칼빈 소총을 강단에서 설교하고 있던 나에게 겨누면서 손들고 내려오라고 소리를 치는 것이었다. 나는 조금도 흔들리지 않고 오히려 그 경찰관에서 호통을 쳤다. '종교 집회를 방해하는 당신이 위법이니 법대로 하시오. 나는 당신이 그 총을 쏜다고 해도 설교 중이라 강단에서 내려 갈 수가 없소. 내가 설교를 다 마치려면 몇 시간이 걸릴테니 바쁘시면 먼저 파출소에 돌아가시면 내가 집회를 마친 후 출두 하겠소.' 나의 이런 완강한 말에 그는 주춤거리며 한참의 실갱이를 하다가 돌아갔다.

설교를 마치고 파출소로 찾아가 그 경찰관을 만나 이야기를 나누어 보니 이분은 교회나 하나님에 대해서는 전혀 모르는 분이었다. 그때문에 교회당에 오면서 일반 범죄자들을 대하듯이 총을 휴대하고 들어와 설교 중인 목사에게 총을 겨누었던 것이었다. 참으로 기가 막힌 경험이었다. 나는 그때 경찰 선교에 대한 중요성을 절실히 느꼈고 앞으로의 비젼을 깨달았던 것이다. 지금 생각해도 하나님은 참으로 이상한 방법으로 경찰 선교에 대한 비젼을 주셨다.

나는 경찰 선교가 가능할 곳의 정보를 수집한 결과 국회 내에는 서울 지방 경찰청 소속의 경비대가 주둔하고 있는데 이곳에서는 전, 의경 대원들 약 200여명 정도가 근무하고 있고, 특별히 교회가 없어서 신앙 생활을 하지 못하는 어려움을 겪고 있다는 것을 알게 되었던 것이다. 그리고 '여호와 이레'의 하나님께서는 미리 예비하셔서 평택 경찰서 서장님으로 계시던 우재항 총경님을 그곳의 대장으로 임명하셨던 것이다. 그래서 나는 평소 절친했던 우대장님의 도움으로 국회 내에 경비대 교회를 세울 수 있었던 것이었다. 정말 우연은 없는 것 같다. 사람과의 만남도 다 하나님의 뜻이 있었다. 그리고 그런 관계를 통해 계속 길을 열어 주셨다. 나는 신앙 생활을 하면서 목회를 하면서 또 여러 모양의 사역을 하면서 사람들과의 만남을 소중히 여겨야 함을 너무나 자주 깨닫게 된다.

경비대 교회는 30평 가량의 자체 강당을 예배 장소로 사용하고 있는데

10여평 가량의 별도의 기도실이(내무반 하던 곳) 있다. 이 경찰 교회는 지난 94년 4월 초에 설립을 해서 그해 부활절에는 성찬식과 세례식을 베풀 수 있었다. 하나님의 역사로 대장님과 많은 간부님들, 그리고 대원들의 협조로 동 교회는 매주 70-80명의 전, 의경 및 대원들이 참여하여 예배를 드리는 교회로 축복해 주셨다.

경찰 교회 예배에는 주로 전경 의경들이 참여를 하였다. 한창 감수성이 예민하고 젊은 나이에 군복무로 근무하는 청년들이니 군선교의 일환으로 볼 수도 있으나 근본적으로 하는 일은 달랐다. 군인들의 주 업무가 적으로부터 나라를 지키는 일이라면 경찰들의 주업무는 국민들의 치안과 질서를 담당하는 일이다. 사람들과 부딪쳐 일하는 최일선 현장이니 힘들고 스트레스가 많이 쌓이는 업무들이 매일 매일 즐비했다. 교통 정리 순찰이며 때로는 데모 진압 등으로 전경에 들어오기 전엔 자신들의 동료였던 학생들을 진압하려니 마음에 상처를 받기 일쑤이고 몸으로 부딪치고 몽둥이에 얻어 맞고, 화염병이며 돌에 맞아 다치는 일도 다반사였다.

한마디로 비극이었다. 한창 혈기왕성한 나이에 불의를 보고 참으며 인내하기란 정말 힘든 일일 것이다. 그래서 때로는 왜 내가 하필 전경에 뽑혀 이곳에 와야 했나 . . . 신세 타령도 하고 때로는 현실을 도피하려고 근무 이탈도 심심찮게 시도들 했다. 이런 젊은이들에게 하나님의 말씀으로 위로와 소망을 주고 예배 후에나 휴식 시간들을 이용해 개인 상담을 하며 복음을 전하기도 하였다. 때로는 파티 등을 베풀어 스트레스를 풀어주고 크고 작은 모임과 행사를 통해 용기와 격려를 해주는 것이 경찰 교회의 주 사역이었다. 그리고 또 일반 관리자 민간부 경찰 직원들과 대화의 소통도 주선해 줌으로 조직이 하나가 되어 국민을 생활 현장에서 지켜주는 봉사자로 자부심을 갖고 일할 수 있도록 다리 역할을 해주는 일도 감당했다.

그당시 전경들의 삶은 참 고달팠다. 삶이 힘드니 신앙을 찾는 젊은이들이 많았다. 인생의 가장 어렵고 힘든 시기에 주님을 만나 신앙 생활을 시작할 수 있다는 것은 오히려 축복이었다. 그들은 훗날 전역 후 사회로 나가 사회 생활을 할 때 그당시 신앙의 힘이 절대적인 힘이 되었음을 고백하곤 했다. 전역 후 좋은 교회들을 만나 계속 신앙을 성숙해 가며 직장에서 사회에서 예수님의 말씀을 따라 다른 사람을 섬기며 복음을 전하는 제자의 삶을 살아가는 이들을 볼 때 경찰 선교 사역이 얼마나 귀한 사역인지 새삼 깨닫는다. 그리고 그 사역에 불러 주시고 사용하여 주신 하나님께 감사를 드린다.

하나님께서는 이처럼 보잘 것 없는 나에게 귀한 사역들을 감당할 기회를 계속해서 인도해 주셨다. 그래서 미래가 두렵지 않았다. 오히려 어떤

사역을 예비해 놓으셨을까 기대감으로 내일을 맞곤 했다. 삼각산에서의 강도 높은 영성 훈련, 험란한 목회 경험, 각종 특수 선교 사역, 엑스포 사역 등등을 통해 끊임없이 빚어가시는 하나님의 손길을 느낄 수 있었다. 하나님께 이미 다 드린 삶, 이제 그분이 편하게 사용하실 수 있도록 더욱더 나를 비우는 일에 초점을 맞추어야 하고 그분이 필요로 하는 곳이면 그 어디나 가서 헌신할 수 있어야 함을 깨달을 뿐이다. 평생 이 고백을 드릴 수 있기를 기도한다. 주여, 내가 여기 있나이다. 나를 보내소서 . . .

"1백 12개국에 서 온 외국인들 을 복음으로 인 도할 작정입니 다" (대전엑스포기독 교관 민영수 관 장)

세계를 복음화로

제 3 부
세계 복음화 현장을 뛰다

154

제 3부 – 세계 복음화 현장을 뛰다.
"세계 복음화의 2차 응답 -낯설고 물설은 미국 땅에서"

I. 이민 초기의 믿음의 행진

@ 갑작스러운 하나님의 명령

나는 지금까지 살면서 대한민국 국민의 한사람으로서 특히 하나님께서 주신 성직자로서 자부심을 갖고 고국 땅을 떠나 산다는 것은 생각지도 못했다. 아니 생각해 본 적도 없었다. 그런데 하나님께서 명령하시길 세계 복음화를 위해서 미국으로 떠날 것을 기도 중에 강하게 명하셨다. 이 명령에 '아골골짝 빈들에도 복음들고 가오리다' 하고 찬송은 많이도 드렸지만 막상 내가 지금까지 살면서 닦아 놓은 많은 선교지와 인간관계 등을 생각하니 도저히 선뜻 순종할 수가 없었다. 그래서 나는 내가 소명을 처음 받던 서울 삼각산 상봉에서 일주일 철야 산기도를 작정하고 기도의 제단을 쌓기 시작했고 기도하는 중에 분명한 하나님의 응답을 듣게 되었다.

'사랑하는 종아! 지금까지 내가 너와 함께 한 것처럼 네가 어디로 가든지 내가 너와 함께 하리라 마음을 강하게 하고 담대히 하라'는 여호수아서 1장 5-9절 말씀을 강하게 주셨다. 그러나 나는 하나님께 마치 호렙산에서 모세를 부르셨을 때 모세가 '나는 할 수 없습니다 . . . '라고 하나님께 변명을 한 것처럼 나도 하나님께 여러가지 입장을 말씀드렸다.

'하나님 첫째로 저는 영어를 못합니다. 둘째는 미국 갈 돈이 없습니다. 셋째로 미국에는 아는 사람들이 없습니다. 그리고 저는 고국에서 아직 할 일이 많습니다 . . . 등등. 그동안 못다한 육 해 공군 군종 사병 주 특기 학교(영성 훈련 학교 설립)도 세워야 하고 재소자들을 위해 수고하시는 교도소며 경찰관 법원 검찰관들을 위한 영성 수양관도 세워야 합니다. 그런데 지금 이 나이에 낯설고 물설고 전혀 생소한 이억만리 미국 땅으로 꼭 가야 합니까?' 하고 7일 동안을 기도라기 보다는 변명만 늘어 놓았다. 안락한 내 삶의 터전을 벗어나고 싶지 않았다는 것이 옳을 것이다.

그때 하나님께서는 다시 말씀하시길 '네가 지난 '93 대전 엑스포 선교는 어떻게 감당했느냐? 영어도 못했고 돈도 없었고 사람도 없었는데 모두 내가 조성해 주지 않았느냐? 그리고 국내에 큰 교회 훌륭한 목회자가 많았었는데 너에게 그 엄청난 큰 사역을 맡긴 것은 특별한 이유가 있다. 1차 고국에서 피부 색깔과 인종이 다르고 문화가 다른 118개국의 민족을 직접 접하고 세계 복음화의 사역을 위한 준비와 눈을 들어 세계라는 넓은 세상을 경험하게 한 것이 바로 이때를 위함이니라'고 하셨다.

나는 더이상 하나님께 변명을 할 수가 없었고 또한 하나님께서는 미국행을 선택할 수 밖에 없도록 모든 환경을 조성해 가셨다. 나보다 앞서 하나님께서는 아이들의 마음을 움직이고 계셨다. 당시 우리 아이들은 늘 미국, 미국 노래 삼아 미국 가길 원했다. 작은 이모가 앞서 미국에 이민을 와서 생활하면서 기회가 날 때마다 우리 아이들에게 미국 이야기와 미국에 오면 너무 좋다고 바람을 잔뜩 넣은 상태였다. 아이들은 늘 미국 이민 가길 고대해 왔던 터라 미국 이민이 결정되자 너무들 좋아서 박수를 치며 기뻐 뛰고 난리도 아니었다.

❤ 미국 이민 길에 오르다.

아이들이 너무도 이민을 원하고 또 아내까지 들떠 나를 부추기니 내 마음도 흔들리기 시작했다. 아버지로서 남편으로서 지금껏 고생만 시킨 터라 그들이 원하는 것을 해주고 싶은 마음이 간절했다. 게다가 늘 기도하며 키워온 세계 선교에 대한 비젼을 펼칠 수 있으리라 생각하니 더욱더 생각은 이민 쪽으로 끌렸다. 기도를 하면 할 수록 하나님의 인도하심이 더욱더 명백히 느껴졌다. 그래 한번 또 시도해 보자. 하나님이 인도하시는 일이면 두려울 것이 없었다. 나는 마음의 결단을 내리고 국회 경찰 교회와 학원 교목 자리를 다른 목사님께 맡기고 떠날 준비를 하기 시작했다.

1995년 2월 어느 날 우리 네 식구는 간단한 소지품만 챙겨 미국행 비행기에 몸을 실었다. 철없는 아이처럼 좋아하는 아내와 아이들과는 다르게 내겐 만감이 교차하는 시간들이었다. 비행기에 오르자 나도 모르게 눈물이 흘러 내리기 시작했다. 그 동안 정든 고국에서 태어나서 살아온 여정들이 필름같이 돌아가기 시작했다. 사랑하는 가족들, 사랑을 베풀어주신 귀한 분들, 열정으로 뛰어다닌 선교지며, 기도원, 교회 부흥회들 ... 그때 만난 사람들 ... 한사람 한사람 스칠 때마다 벌써부터 그리움에 눈물이 왈칵왈칵 쏟아져 내렸다. 좀더 최선을 다해 그분들을 위해 헌신과 봉사, 사랑을 드렸어야 했는데 . . . 모든 일이 후회로 그리움으로 주마등처럼 스쳐갔다.

비행기가 이륙하자 아 이제 낯설고 물설은 이억만리 미국 땅으로 가는구나 실감이 났다. 이젠 어디서부터 누구와 함께 어떻게 교회와 선교 사역을 펼쳐나가야 하나 ... 하는 생각이 어깨를 누르며 무거움으로 다가오기 시작했다. 또 영어 한줄을 잘 모르는 내가 가장으로 어떻게 미국 땅에서 가족을 부양할 것인가 하는 현실적 문제가 떠오르자 난 그만 상심에 빠지고 말았다.

처음 타보는 비행기가 마냥 신기해 상기된 얼굴로 이리저리 살피는 아이들과는 달리 내 마음은 천근만근 땅 아래로 꺼져 들어가는 것만 같았다. 나는 두눈을 꾹 눌러감고 조용히 기도를 시작했다. 그때 하나님께서 조용한 음성으로 내 마음에 이렇게 말씀하셨다. '사랑하는 종아, 두려워 말라. 내가 너와 함께 하리라.' 이 말씀이 내 마음에 들리자 나는 하나님의 품안에 안기어 있는 꿈을 꾸며 평안한 잠에 들었다. 긴 잠에서 깨어나 보니 하나님께서는 우리 네 가족을 펜실바니아 주 필라델피아 공항에 도착케 해주셨다.

당시 우리 네가족의 전재산이란 850여불과 당장 입을 옷 한두 벌씩이 전부였다. 초라한 차림의 가족들을 바라보니 또 다시 현실의 무게감에 나는 짓눌려 주눅이 들기 시작했다. '아, 여기가 미국이구나.' 실감이 났다. 나는 비행기에서 내리면서 잠시 또 기도를 했다. '하나님 우리 가족이 어떻게 어디서 삶을 시작해야 하며 종은 어떻게 선교를 시작해야 합니까?' 기도 중에 여호수아서 1장 3절 말씀이 선명히 떠올랐다. "내가 모세에게 말한 바와 같이 무릇 너희 발바닥으로 밟는 곳을 내가 다 너희에게 주었노니"

할렐루야!
이 말씀이 강하게 임하자 다시 내 마음에 평안이 깃들기 시작했다. 하나님은 내가 도착한 미국 땅도 벌써 나에게 주셨다는 분명한 음성을 듣게 하셨다. 우리는 처제 집에서 잠시 머물다가 어느 집사님의 소개로 뉴저지에 있는 예수원이란 기도원으로 가게 되었고 그곳에서 약 5개월 가량을 머물면서 (미국 사역을 위한) 기도의 시간을 갖게 되었다.

❷ 예수원에서 시작한 미국 생활

당시 예수원은 이장로님 내외분께서 운영을 하고 계셨다. 한국에서 보아온 기도원이라기 보다는 수양관 형태로 기도하러 오시는 분들, 수양회 오는 분들에게 장소를 제공하는 정도였다. 나는 죽 둘러보니 장소가 너무 아깝고 시설이 너무나 아름답고 좋아 한국식 기도원으로 사용하면 좋겠단 마음이 가득했다. 나는 이원장님께 내가 이곳에서 기도하며 머무는 동안 정기 집회를 (새벽기도, 낮 예배, 저녁 예배 등) 인도해 드리겠다고 말씀드렸다. 이장로님 내외분은 너무도 좋아하시며 흔쾌히 승락해 주셨다. 나는 80년도 초 한국 기도원 영성 스타일로 은사 집회, 신유 집회, 영성 훈련 등을 인도해 나갔다. 다녀가신 분들 사이에 소문이 나기 시작했고 많은 분들이 오셔서 치료받고 말씀의 은혜를 받아 하루 하루가 천국과 같은 생활이었다.

그러던 어느 날 낮예배 시간에 이원장님 내외분이 보이질 않았다. 왜 이분들이 예배에 참여하지 못하셨을까 궁금해 하면서도 무슨 일이 있으시겠지 가볍게 넘겼다. 예배를 모두 마치고 쉬려고 사무실엘 들어서니 전화벨이 울렸다. 이원장님이셨다. 나는 반가워서 '원장님, 어떻게 되셨어요?' 하고 이유를 물으니, 원장님께서는 긴 한숨을 내쉬시고 나서 한마디 하셨다. '목사님, 우리 부부 도망왔어요. 그동안 목사님 예배 인도로 정말 은혜도 많이 받았고 새로운 도전도 많이 받았는데 너무 힘들어 더 이상은 못하겠어요. 겨우 며칠 손뼉치며 찬송하는 일도 손바닥이 아프고 온몸이 아파오니 우리는 기도원 원장 체질이 못되나 봐요. 그런데 목사님은 날이 갈 수록 더 힘이 나시고 더 강하게 인도 하시니 정말 대단하십니다. 지금 우리는 템파에 와 있습니다. 찾지 마시고 우리 기도원 목사님이 다 알아서 해주세요.' 이렇게 부탁해 오셨다.

그렇다. 기도원 사역이란 정말 영적 육적으로 강하지 않으면 못한다. 특히 기도원 부흥강사는 각가지 성령의 은사 능력도 있어야 하고 무엇보다 체력이 따라주어야 한다. 바울 사도가 고린도 후서 4장 7절에

'우리가 이 보배를 질그릇에 가졌으니 이는 능력의 심히 큰 것이 하나님께 있고 우리에게 있지 아니함을 알게 하려 함이라' 했고, 고린도 전서 3장 16절에는 '너희가 하나님의 성전인 것과 하나님의 성령이 너희 안에 거하시는 것을 알지 못하느뇨'라고 했다. 다시 말해 우리의 육, 몸은 하나님의 성령을 모신 그릇이라는 말이다. 그릇은 깨지면 못쓰고 버려야 한다. 아무리 능력이 많고 은사를 많이 체험한 목사라도 육신이 약하면 하나님의 일을 감당할 수 없다. 그래서 목회자는 영적 건강을 관리 하듯이 육적 건강도 철저히 관리해야 하나님께서 귀하게 쓰일 수 있다.

나는 일찌기 강달희 목사님께 철저히 교육을 받았기에 매일 매일 시간마다 내 육적 컨디션도 체크하고 관리를 한다. 마치 운동경기를 앞둔 선수처럼 음식도 잠도 일일이 체크하며 목회와 사역을 감당하고 있다. 특별히 부흥 강사 생활은 강한 체력이 없이는 할 수가 없다. 기도원 부흥회는 새벽에 일어나 2시간 정도 새벽 기도회 인도와 성도님들 개인 안수 기도 등, 그리고 아침 식사 후 낮 10시경부터 2-4시간 설교 안수 기도 등, 점심 식사 후 오후 은사 집회 신유 집회 2-3시간 인도, 저녁 식사 후 저녁 집회 3-4시간 인도로 하루에 최소한 평균 10시간 가량을 마이크를 잡고 강단에 서서 설교를 해야 한다. 게다가 나머지 시간은 상담까지 해야 한다. 그리고 남은 시간은 다음 집회 설교 준비, 기도 준비 등으로 보통 건강으로는 감당하기 힘든 사역이다. 그래서 목회자 세계에서 '부흥 강사는 아무나 하나'라는 말이 돈다.

일반 설교와는 남다른 재능과 타고난 은사가 있어야 하고 하나님의 말씀의 파워가 있어야 한다. 고린도 후서 4장 20절 말씀처럼, **'하나님 나라는 말에 있지 아니하고 오직 능력에'** 있기 때문이다. 특히 음성도 타고 나야 한다. 부흥강사가 관리하기 어려운 부분 중에 하나가 음성, 성대 관리다. 성대는 몸이 피곤하면 바로 변하고 오래 많이 사용하면 변하게 된다. 그래서 특별히 성대 관리를 위해서 먹고 싶은 음식도 늘 절제해야 하고 무우, 도라지, 양파, 당근, 배 등을 주로 많이 먹고 아침 저녁 배추 김치는 피해 먹는다. 배추는 가래를 만들게 됨으로 피한다. 그리고 육식 보다는 해물을 주로 먹으려 노력한다. 이렇게 끝없이 피나는 노력의 결과로 얻어 지는 것이 은혜요 능력이다.

부흥 강사의 삶을 잘 모르는 분들은 '부흥 강사가 정말 좋아 보인다'고

한다.　화려하게 보이고 가는 곳마다 대접도 잘 받고 . . . 그렇다 외양적으로 보기에는 적어도 그렇다.　그러나 매주 부흥회를 전국에 다니다 보니, 때로는 외국으로 종횡무진 13-14년 간을 다니다 보니 처음엔 잠자리, 물, 시차, 늘 새 얼굴, 새 환경에 적응해야 하는 어려움이 많았다.　정말 사람의 힘으로는 감내하기 힘든 일이다.　집회 때마다 놀라운 은혜로 하나님께서 함께 하시니 너무도 은혜스럽지만 부흥 강사로서의 삶은 고달프기 짝이없다.　과로로 쓰러지고, 목에 피가나고, 육신이 아프고 . . . 고통의 시간들을 지나야 한다.

이처럼 힘든 기도원 사역을 장로님 내외분이 감당하시기엔 너무 힘든 사역임을 나도 이해할 수 있었다.　장로님이 떠나 계신 동안 나는 이 장로님 부탁대로 계속 기도원 사역을 할 것인가 아니면 하나님의 뜻이 다른 곳에 있는가를 알기 위해 이 문제를 놓고 기도하며 계속 기도원 사역을 감당했다.　몇 개월을 기도하던 중 하나님께서는 세계 선교에의 비젼을 위해 미국 땅에 보내신 것을 선명히 상기시켜 주셨다. ‘먼저 신학교를 세워라.　그리고 재성학원에서 보고 배운 것처럼 기술 학교를 세워라.　그곳에서 전세계에서 몰려온 모든 민족들에게 기술 교육을 시키며 복음을 전파하라.　그들을 평신도 특수 선교사로 양육하여 삶의 터전 곳곳에 깊숙이 들어가 전도하게 하라.’ 이런 또렷한 음성을 마음에 새기어 주셨다.

나는 지금 기도원 사역은 세계 복음화의 준비기간으로 당분간 주신 사역이라는 것을 깨닫게 되었다.　그래서 그곳에 머무는 동안 계속해서 다음 사역을 위해 간구하기 시작했다.　어디로 가야 합니까? 지역을 놓고 집중적으로 기도하고 있는데 이 원장님 내외분이 ‘목사님 다른 곳으로 가시지 말고 이곳에서 목사님 가지신 비젼 다 펴세요.　이 기도원 시설을 모두 사용하세요.　그동안 목사님께서 부흥회 인도를 해주셔서 은혜 받은 분들이 많습니다.　이곳에서 시작하시면 수월하실 꺼예요’ 계속해서 부탁을 해오셨다.　사실 예수원 기도원은 38 에이커의 넓은 땅에 건물도 아름다왔다.　그러나 뜻은 너무도 고맙고 감사한 일이지만 지금껏 그래왔듯이 철저히 하나님의 인도하심만 받기로 작정하고 기도에만 전념했다.　우리 가족의 미국 생활은 이렇게 아름다운 기도원에서 시작되었다.　지금에 와서 생각해보면 허허벌판 미국 생활을 시작하기 전에 기도로 무장하고 나가라는 하나님의 섬세하신 배려였던 것 같아 너무나 은혜스럽다.　막막하기만 했던 미국 땅에서 우리 가족은 이렇게 원없이 기도하며 말씀의 은혜에 촉촉히 젖어갔다.

ⓔ 참스승을 만나게 해주신 하나님

우리 가족은 이제 낯선 미국 문화와의 만남을 하나 하나 시작해야 했다. 언어도 설고, 거리도 설고, 지나가는 사람들 모두가 낯선 이곳에서 하나부터 열까지 새로 배우며 적응해야 했다. 일원 십원이 아닌 일센트 십불의 돈 단위도 열심히 외워야 했고 시장에 가서 물건을 사고 돈을 지불하는 연습도 해야 했다. 기본적인 영어를 알아야 생활을 할 수 있으니 틈틈이 하는 영어 공부도 만만칠 않았다. 아무리 연습을 해도 미국 사람 앞에선 입이 떨어지질 않으니 . . .

우리 가족이 미국에 와서 겪은 많은 어려운 일들 중 특별히 기억에 남는 것은 바로 둘째딸 한나의 학교 적응 과정이었다. 당시 큰딸 지영이는 고등학교 1학년 1학기를 작은딸 한나는 초등학교 3학년 1학기를 마치고 왔었다. 우리가 처음 잠시 생활 했던 곳은 펜실베니아 주 필라델피아 근처 작은 시골 마을이었다. 작은딸이 입학한 곳은 외국 학생이 단 한명도 입학한 적이 없는 곳이라 랭귀지 클래스가 없었다. 그래서 그 학교에서 긴급 조치로 여교사 한분을 임명해 작은딸 ESL 특별 교사가 되게 배려해 주었다. 문제는 작은딸 한나였다. 학교에서 전혀 말을 하려 하질 않았다. 워낙 말이 없는 조용한 성격에다 낯선 나라 낯선 사람들 숲에서 전혀 모르는 영어로 말을 해야 하니 어쩌면 당연한 일이 벌어졌는지도 모른다. 미국에 오기 전에 영어 한줄 가르치지 않고 온 나의 잘못도 탓해 보았다.

한나는 정말 화장실이 어디냐? 점심시간이 언젠가? 이런 간단한 질문 조차 할 줄 몰랐다. 그저 눈치로 일러나고 앉고 밖에 나가고 들어오고 . . . 처음 삼일간 눈만 껌뻑거리고 말 한마디 하지 않는 한나로 인해 한나를 특별히 맡고 있는 이 여교사는 여간 고민이 아니었다. 나름 온갖 수단을 동원해 한나의 입을 열어보려 노력했지만 꾹 다물어진 입은 좀처럼 열리질 않았다. 그러자 이 여교사는 한나가 혹시 벙어리가 아닌가 하는 의혹을 갖게 되어 한인 의사를 수소문해 찾아갔다. 한인 의사와의 면담을 통해 미국에 이민 온 외국 어린 학생들의 심리 상태를 많이 배울 수 있었고 벙어리가 아니라 이민 초기에 많은 아이들이 거쳐 가는 극히 정상적인 과정이란 것도 알게 되었다.

그리고 그 의사분은 이 여교사에게 한국말 한구절을 가르쳐 주었다. '내일 학교에 가서 헤나(한나의 미국식 발음)를 향해 이렇게 말해 보십시요. 그분이 가르쳐 준 한마디는 바로 "헤나, 일어서!(Hannah, il-uh-suh!)"란 한국말이었다. 한국식으로 발음을 표기해 연습을 시키고 적어까지 주어 다음 날 학교에서 한나를 향해 사용할 수 있게 준비시켜 주셨던 것이다. '헤나 일어서' 하고 큰 소리로 한국말로 그 아이 이름을 부르면 정상적인 학생이면 자기 자신도 모르게 본능적으로 벌떡 일어날 것이라고 지혜를 주신 것이다.

이 여교사는 너무나 기뻐 밤새도록 이 한마디의 한국말을 연습하고 또 연습했다고 한다. 그리고 다음 날 출근 하자마자 한나의 교실로 가 한나를 바라보며 "헤나, 일어서!"라고 외쳤고, 우리 한나는 자신도 모르게 깜짝 놀라 벌떡 자리에서 일어서는 일이 벌어졌다고 한다. 이 선생님은 한나가 벙어리가 아님을 확인하고 감격에 겨워 한나에게 달려가 부둥켜 안고 울면서 위로와 포옹과 격려를 퍼부어 주셨다고 한다. 굳게 닫혔던 어린 한나의 마음도 선생님의 자신을 향한 사랑을 깨닫는 순간 스스르 열리게 되었다. 그날부터 선생님은 한영 사전을 구입하셔서 한국어 단어를 공부하시면서 약 6개월 동안 한나에게 너무나 귀한 특별 수업을 시켜주셨다. 한나는 어린 나이에 미국에 와서 정말 훌륭한 미국 선생님을 만나 미국 선생님에 대한 존경과 믿음을 갖고 영어 공부와 학교 생활에 잘 적응 할 수가 있었다. 지금 생각해도 그때 베풀어 주신 하나님의 은혜가 너무도 귀하고 귀하다.

그 후에 우리 가족이 죠지아 주로 이사를 한다고 하니 선생님은 집에까지 오셔서 울면서 한나와 작별 인사를 해주시면서 책과 많은 선물도 주셨다. 그리고 부탁하시길 한달에 한번씩 꼭 편지로 연락해 한나가 얼마나 영어 실력이 향상 되고 있는지 테스트도 할겸 오래 인연을 갖자고 제의해 오셨다. 그후 선생님은 정말 3년 간을 정성껏 매월 편지와 또 선물을 보내주셨다. 우리 한나는 나날이 영어가 향상되었고 이 선생님으로 인해 미국인들에 대한 신뢰 또한 생겨 미국 생활 특별히 학교 생활 적응이 매우 순조롭게 잘 되어 갔다. 나는 아비로써 얼마나 감동을 받았는지 모른다. 솔직히 이분 때문에 나 또한 미국인들 모두를 존경할 수 있는 마음이 열렸다고나 할까 참 스승 한분을 만남으로 이민 생활은 힘과 격려와 사랑을 경험하며 두려움이 조금씩 걷히기 시작했다.

한나 선생님은 하나님께서 우리 이민길에 보내주신 천사임에 틀림없다. 너무도 귀하고 고마우신 분이시다. 그분으로 인해 한 어린 인생이 힘을 얻고 자신감을 얻고 커서 저 선생님 같이 되어야지 하는 꿈을 꾸며 자랄 수 있었음을 생각하면 감사를 표현할 길이 없다. 영어 한줄을 제대로 할 수 없는 부모이니 아이의 학교 생활을 조금도 도울 수 없었던 그때 그 무능력함이 주는 아픔 괴로움은 말할 수 없이 처절했다. 그런데 이런 천사 같은 예쁜 마음의 여교사를 하나님께서는 보내 주심으로 엄청난 은혜와 이민 생활에 활력를 받았던 것이다. 우리가 받은 은혜도 은혜지만 사실 이 여교사는 어린딸 한나를 살리신 것이다. 죽을 것 같이 막막한 어린딸의 암흑같은 세계에서 희망의 빛을 비쳐주며 건져 올리신 것이다.

나는 이 여교사 분에 대한 감사를 평생 가슴에 묻고 산다. 이 세상엔 정말 아이들을 차별하는 나쁜 선생님도 있고 지식만 파는 소명 없는 교사도 있지만 이처럼 참 스승들이 계시기에 순수한 우리 어린 아이들이 꿈을 가지고 자라갈 수 있는 것 같다. 우리 한나는 그때 이후로 주일 학교에서 어린이들을 가르치며 가르침의 은사를 발견하고 그를 키워나가고 있다. 교육 대학원에 진학하여 선생님이 되고자하는 꿈을 아직도 품고 달려가는 한나를 보면 참스승의 영향력이 얼마나 큰지를 새삼 깨닫게 된다. 바로 이런 스승들에 의해 아름다운 사회 아름다운 교육계가 만들어져 나가는 것 같다. 나는 늘 한나에게 이런 부탁을 하곤 했었다. "너도 이 다음에 꼭 선생님 같은 참스승이 되어 네가 받은 그 사랑을 꼭 필요한 아이들에게 갚아 주길 바란다."

큰딸 지영이의 성령 체험

우리들은 기도원에서 매일 세번의 예배를 드리면서 은혜를 받았는데 당시 16살의 어린 지영이는 하루에 세번씩 몇 시간씩을 피아노 반주를 한다는 것이 무척이나 힘들었던 것 같았다. 지영이는 내 눈치를 살피면서 어찌할 바를 몰라 했었다. 그 사실을 알고 있는 나는 많은 집중 기도를 드리면서 지영이에게 '성령님께 모두 맡기는 반주를 해라. 네가 반주를 하려고 하면 힘들고 피곤하지만 하나님께 너의 생각과 감정과 손도 발도 모두 맡기고 기도하는 마음으로 피아노에 앉아 반주를 해라. 그러면 반드시 성령님께서 영감을 주시고 곡도 귀도 손도 모두 역사하실 것이다' 하고 성령님에 관한 지식을 깨우쳐 주고 영성 훈련을 시켰다.

그러던 중 어느 날 갑자기 피아노 소리가 달라짐을 느낄 수 있었다. 내가 강단에서 설교하다가 복음송 찬송과 일반 찬송을 번갈아 가며 성령님께서 주시는 대로 찬양을 인도하는데 그 찬양을 모두 피아노로 받아치게 되면서 어떤 거대한 힘에 이끌려 강권적으로 반주를 하게 해주셨다. 성령님의 인도로 천상의 피아노 소리를 내며 영혼으로 치는 그 찬양이 얼마나 은혜로왔는지 모인 성도들이며 인도하는 목사나 자신과 우리 모두 은혜에 흠뻑 빠지게 되었다. 지영이는 그때 엄청난 은혜를 체험했고 그 이후로부터 지금까지 정말 영감이 넘치는 피아노 반주자가 되어 어디서나 나의 집회 동역자가 되었다. 두려움 반 들뜬 마음 반으로 시작한 이민 생활은 이렇게 상상도 할 수 없었던 기도원 사역에서 시작되었고 온 가족은 성령 충만하여 돈은 여전히 없고 상황은 달라진 것이 없지만 믿음의 배짱은 더 두둑해져서 이젠 정말 두려울 것이 없었다. 하나님께서는 이렇게 우리 가족을 기도원에서 낮이며 밤이며 기도하며 찬송하며 말씀을 붙잡게 하시며 앞으로 펼쳐질 이국 땅에서의 선교 사역을 준비시키셨다.

❷ 사역지와 사역 방향을 위한 기도

뉴져지 예수원에서 약 5개월 가량을 온식구가 정말 열심히 기도로 말씀으로 무장을 했다. 앞으로 펼쳐질 사역을 대비해 하나님께서 우리 가족에 베풀어 주신 정말 세심한 배려였다. 여러 곳에서 도움을 주겠다고 오라고 했고 머물고 있던 기도원에서도 계속 머물며 사역하기를 권했지만 다 놓고 백지 상태에서 기도하기로 했다. 그렇게 몇 개월을 기도하던 중 미국에 와서 알게 된 한 전도사님의 소개로 죠지아 주에 대해 상세히 소개받을 기회가 있었다.

죠지아 주의 대표 도시인 아틀란타 시에는 당시 한인이 3만명 가량 살고 있었고, '96 세계 올림픽'을 준비하고 있는 중으로 인구는 계속 증가 추세였다. 지리상으로는 미국 동부의 중간 허리와 같은 지역으로 항공 노선이 미 전역과 세계로 뻗어 있는 항공과 산업의 요지였다. 세계적으로 유명한 코카 콜라 본사가 자리잡고 있고 유명한 케이블 뉴스 채널인 CNN이 있는 곳이기도 했다. 기후는 한국의 부산과 비슷하고 아래로는 디즈니 월드로 유명한 플로리다 주가 있고 동쪽으로는 대서양이 있는 아름다운 도시였다.

우리 네식구의 마음은 죠지아 주로 움직이고 있었다. 구체적인 장소를 놓고 계속 기도할 때 하나님께서는 아는 전도사님을 통해 아틀란타에서 150마일 떨어진 어거스타라는 인접 도시로 이사할 수 있도록 인도해 주셨다. 훗날 그 전도사님은 우리 신학 대학을 졸업하시고 목사 안수를 받아 현재 목회를 잘 감당하고 계신다. 나는 그동안 한국에 있을 때나 미국에서나 목회를 하는 가운데 나와 함께 교회를 섬기던 분들 중 많은 분들이 목회자가 되는 축복을 하나님께서 베풀어 주셨다. 나의 영향으로 목회자가 되었다고 말하는 후배 목회자들이 수없이 많음을 내가 이땅에서 받은 가장 큰 축복 중 하나로 하나님께 감사드린다. 사실 나보다 더 훌륭한 목회자들이 나를 통해 나올 수 있었음을 생각하면 하나님 앞에 머리가 절로 숙여진다. 정말 나를 숙연케 하는 겸손케 하는 가장 귀한 축복이다.

❷ 정말 크고도 넓은 미국 땅

우리 가족은 그동안 정들었던 뉴져지 예수원을 떠나기로 결정을 했다. 이 광활한미국 땅에서 이원장님 내외분과 같은 분을 첫번으로 만나 첫 이민 여정을 풀 수 있었던 것은 하나님의 은혜를 빼놓고는 설명할 길이 없다. 언제나 우리에게 가장 최선의 것을 베풀어 주시는 하나님의 은혜를 만끽한 곳이었다. 이장로님과 또 그곳에서 알게된 사랑하는 성도님들과의 아쉬운 작별을 하고 우리는 정말 하나님께서 인도하시는 어거스타를 향해 떠나게 되었다. 보잘 것 없는 이민 생활의 첫짐을 꾸려 렌트한 차에 싣고 약속의 땅이라 믿는 곳을 향해 밤낮 없이 운전을 했다. 가도 가도 끝이 없는 광활한 미국땅 . . . 뉴져지의 빌딩 숲을 벗어나 한참을 운전하니 메릴랜드의 광활한 땅이 우리를 맞았다. 정말 가도 가도 끝이 없이 계속 운전을 하니 버지니아를 지나 언덕이 아름다운 노쓰 캐롤라이나, 사우쓰 캐롤라이나를 지나고 있었다. 여행을 하면서 내내 느끼는 것은 '미국은 참 크기도 하다' 였다. 저 버려진 광활한 땅이 내 조국 한국에 있었다면 벌써 아파트가 올라가고 공장이 들어서고 긴요히 개발을 했을 텐데 . . . 이런 저런 생각을 하며 엄청나게 큰 땅덩어리를 가진 미국이 부럽기까지 했다.

지도 한장, 주소 한줄 달랑 손에 쥐고 이렇게 담대히 우리 가족은 미국 첫 장거리 여행을 장장 16시간을 했다. 살면서 알게 된 사실이지만 미국에서 16시간 운전은 아무 것도 아니었다. 미국땅을 횡단을 하려면 수십 시간이 걸리고 한주에서 다른 주로 이동할 때 7-8시간 운전은 보통이었다. 아무튼 나는 태어나서 처음으로 질리도록 밤낮 없이 운전을 했던 것이다. 처음 가는 길이니 얼마나 당황해 하며 두려워 하며 길을 헤쳐 나가야 했는지 모른다. 앞이 보이지 않는 깜깜한 밤 운전은 더 무서웠다. 여행을 한다는 사실에 들떠 재잘거리던 아이들도 어느덧 파김치가 되어 뒷 좌석에 축쳐져 잠만 자고 있었다. 이렇게 새벽을 가르며 우리 가족은 어거스타에 도착을 했다.

어거스타는 세계에서 가장 잘 알려진 골프장이 유명한 곳이다. 포골든에는 미국 통신병과 학교와 미군 통신 본부가 있고 미국에서 잘 알려진 어거스타 의과 대학이 자리잡고 있다. 한인들은 약 3,000여명이 살고 있다고 했는데 대부분 미국 군인들과 결혼한 분들이였다. 한인 가정들은 소규모 세탁소나 그로서리, 개스 스테이션 등을 하고 계셨다. 처음으로 이민 생활 속으로 들어가는 느낌이었다.

그동안 기도원 생활은 하나님의 특별한 배려였고 이제는 우리가 움직여 부딛치며 살아나가야 하는 이민 생활의 시작이었다. 영어도 배워야 하고, 생활 전선에서 뛰어야 하고, 아이들은 학교에서 미국 아이들을 사귀며 공부를 영어로 해내야 했다. 하나님께서 5개월이나 붙잡아 놓고 기도와 말씀으로 준비시키신 이유를 이제 알 수 있을 것 같았다. 처음으로 하는 이민 생활, 정말 힘들었다. 나는 미국에 온 것을 후회하지 않으려고 이를 악물고 비젼을 붙잡았다.

우리 가족은 경제적으로 전혀 여유가 없었기에 이사한 바로 다음 날부터 일자리를 구해야 했다. 큰딸 지영이는 고등학교 2학년에 들어갔는데 수업을 마치면 곧장 금은방에 가서 일을 해야 했다. 일주일에 약 50여 시간을 일하며 공부하려니 코피를 쏟는 날이 비일비재했다. 아내도 세탁소로 개스 스테이션으로 한주에 60여 시간씩을 일을 해야 겨우겨우 네가족이 생활할 수 있었다. 차가 한대 밖에 없으니 나는 식구마다 학교며 일터며 내려주고 데려오는 라이드 만으로도 정신 없이 바빴다. 몇 개월을 이렇게 생활하며 우리 가족은 조금씩 어거스타에 정착해갔다. 나는 이 기간에도 끊임없이 비젼을 놓고 기도했다. 하나님께서 이곳으로 보내신 그 목적을 잃치 않게 해달라고 매달렸다. 교회 개척과 신학 대학 설립을 위해 더 구체적으로 보여달라고 기도에 전념했다.

℮ 무식이 용감하다.

한번은 우리 네식구가 기도원을 찾아가다가 웃지못할 일을 당했다. 고속도로를 달리는데 그만 우리가 나가야할 입구를 몇 미터 지나치게 되었다. 나는 한국식으로만 생각한 나머지 뒤에 자동차가 오지 않길래 후진을 시도했다. 그런데 그때 어디서 나타났는지 경찰차가 갑자기 다가왔고 그 경찰은 나에게 뭐라고 열심히 영어로 설명을 했다. 나는 전혀 알아들을 수도 없었지만 솔직히 알아도 모른다고 할 수 밖에 없는 난처한 처지였다. 왜냐하면 한국에서 올 때 국제 면허를 받아왔던지 미국에 와 당장 운전 면허를 받아 운전을 해야 했는데 며칠은 어떠랴 곧 받을 건데 하고 무면허 운전을 하고 있었으니 . . . 지금 생각하면 무지가 큰 죄였던 것이다.

그런데 그 위기의 순간에 하나님께 기도하면서 내가 법을 잘 몰라 위법을 했고 나는 한국에서 금방 온 목사인데 기도원을 찾으니 안내를 부탁한다고 더듬 더듬 영어로 온갖 제스츄어를 동원해가며 설명을 했다. 그리고 아내와 아이들은 두눈들을 꾸욱 감고 손에 땀을 쥐며 기도하고 있었다. 나도 이마에 식은 땀을 흘리며 입에 침이 마르는 초조감 속에서 하나님의 자비를 구했다. 그랬더니 그 경찰관 또한 손발 제스츄어를 쓰며 천천히 뭐라고 이야기하더니 친절하게 종이에 약도를 그려가면서 기도원을 찾아 갈 수 있도록 도와 주었다. 우리 네 식구는 이런 우여곡절 끝에 무사히 기도원에 도착할 수가 있었다.

℮ 이민 교회는 기도의 열정이 식었다.

처음 미국에 와서 가장 힘들었던 것이 무엇이었나 나에게 물어 본다면 가장 힘들었던 것은 기도할 처소가 마땅치 않았다는 것이다. 물론 성도님들의 미국 이민 생활이란 무척 힘들고 어려운 생활인 것을 잘알고 있고 충분히 이해한다. 그러나 처음 한국에서 와서보니 이민 교회가 대부분 이런 저런 입장 때문에 새벽 기도회와 철야 기도회 등 기도회의 모임이 한국에 비하면 모두 식어 있는 듯 보였다. 그때 나는 정말 답답하고 영혼이 질식할 것 같이 그렇게 느꼈었다. 그리고 한국 같으면 주로 찾던 기도처들이 있어 답답하면 그곳으로 가 영혼을 다한 기도를 드리곤 했었기 때문에 그런 곳이 너무도 그리웠다. 한국에서는 교회마다 기도실이 열려 있어 언제고 어디서고 기도처를 찾는 것이 어렵지 않았다.

그러나 미국은 달랐다. 우선 한인 교회들이 한국처럼 많치가 않고 기도원은 더더욱 그랬다. 미국 교회들은 한국과 같은 기도실이 없었다. 그렇다고 교회들이 본당을 열어 놓치도 않았다. 후에 알게 된 일이지만 미국은 다민족이, 보통 한도시에 50-60개 민족이 살고 있고 총을 휴대하는 것이 자유로운 나라라 항시 위험이 도사리고 있어 교회를 한국처럼 항시 개방할 수가 없었다.

나는 15-16년 간을 선교와 일선 목회와 부흥회 인도 등으로 뜨겁게 그리고 바쁘게 활동하다가 갑자기 모든 활동을 중단하고 나니 영성에 갈증이 느껴왔다. 또 새벽 제단을 마음 놓고 쌓을 곳도 찾지 못하니 처음 몇 개월은 정말 영혼이 질식할 것만 같은 힘든 시간을 보냈다. 나중에는 혼자 차 안에서 운전을 하면서 찬양 테입을 크게 틀어놓고 미친듯이 통성 기도를 드린 적도 수 없이 많았다. 정말 밥은 굶어도 살 수 있을 것 같은데 기도하는 사람이 기도를 열정적으로 못드리고는 도저히 살 수가 없다는 것을 철저히 체험하게 되었다. 아! 이곳이 나의 선교지구나! 앞으로 이곳에서도 뜨겁고 열정적인 하나님과의 기도의 교제를 이어나가야 할텐데 그런 생각을 하며 나의 사역을 통해 이민자들에게 그런 신앙 생활을 할 수 있는 터를 마련해 드릴 수 있기를 하나님께 간절히 기도했다.

II. 첫번째 이민교회를 개척하다.

℮ 한알의 밀알이 주는 교훈

어거스타에 도착한 후 이곳에 교회를 개척해야 한다는 하나님의 인도를 매일 말씀 을 묵상하고 기도할 때마다 받게 되었다. 아내도 동일한 마음이었다. 우리 두 부부는 기도하며 어거스타 일대를 수없이 돌아다녀 보았다. 그리고 하나님께서 확신을 주셨을 때 교회를 세우기 위해 몇 개월 동안 수십군데 미국 교회를 찾아가 사정을 알리며 예배 처소를 구하러 다녔다. 그러나 하나님께서는 미국 교회를 통해서 예배 처소를 허락해 주시지 않으셨다. 그래서 우리 가족들은 살고 있는 렌트 하우스에 교회 간판을 달고 네식구가 전교인이 되어 예배를 시작했다. 큰딸 지영이는 올겐 반주를 하고, 아내는 대표 기도, 작은딸 한나는 헌금 위원, 나는 설교를 맡아 몇 주간을 이렇게 예배를 드렸다.

그러자 이웃집에 사시는 한국분 한분이 불쌍하게 보였던지 주일 날 예배에 참여해 주셨다. 나는 지금까지 목회를 하면서 교회의 소중함과 한영혼의 소중함이 그토록 큰 것인 줄은 그때까지 그토록 절실히 깨닫지 못했다. 매주 나는 예배 시간이 되면 자꾸만 문쪽을 바라보게 되었다. 혹시라도 주중에 그토록 발이 닳도록 돌아 다니며 전도한 사람들 중에 한명이라도 오지 않을까 하는 초조한 마음으로 설교를 하면서도 시선은 계속 문쪽을 향했다. 그러면서 우리 하나님 아버지의 마음도 이러하리란 생각도 했다. 한영혼을 애타게 기다리는 아버지의 마음 . . . 나는 그동안 사역을 하면서 하나님께서 얼마나 많은 축복으로 함께 해주셨는지도 돌아보게 되었다.

늘 많은 수의 무리들을 보내주셨던 하나님께 뒤늦게 감사의 기도를 드렸다. 그리고 이렇게 한영혼의 중요함을 깨닫게 해주신 하나님께 회개의 마음으로 더욱더 간절히 기도하게 되었다. 교회가 바로 서려면 많은 성도들이 각자의 달란트대로 섬김도 중요하지만 정말 하나님 앞에 그 교회와 목회자를 위해 진정 썩어질 밀알이 되어 주는 한성도가 있어야 함을 뼈저리게 느꼈다. 그리고 앞으로 목회를 할 때 선교를 할 때 한영혼 한영혼을 지금의 이 마음으로 소중히 섬길 수 있게 해달라고 하나님께 간구의 기도를 올렸다.

℮ 태권도 체육관을 예배 처소로

어거스타에서의 개척은 이렇게 사람들이 보기에 초라한 모습으로 시작되었다. 열심히 기도하고 전도하자 다섯 가정의 성도가 모였고 이제 집에서 예배 드리기엔 좁아서 더 넓은 예배 처소를 준비해야 했다. 조급한 마음으로 몇 개월을 기도하는 가운데 어느 집사님 한분이 귀뜸해 주시길 이곳에 태권도 체육관이 있는데 체육관 관장님이 한국 분이고 하니 찾아뵙고 주일 예배 처소로 빌려 달라고 부탁해 보라고 하셨다. 나는 그때서야 왜 이런 방법을 생각지 못하고 계속 미국 교회만 빌려 예배를 드리려고 했는가 . . . 아둔함을 탓해 보았는데 . . . 아마 그것도 하나님께서 더 많은 기도를 시키시기 위한 방편이셨다고 생각한다. 나는 관장님을 만나 사정 이야기를 드렸다. 그러자 손 관장님은 그 즉시 쾌히 승낙을 해주셔서 교회가 교회답게 모양을 갖추어 시작할 수가 있었다. 그 일로인해 지금도 손 관장님께 감사를 드리고 기도하고 있다.

℮ 뜻하지 않은 핍박

체육관으로 예배 처소를 옮기고 금요 철야 기도회, 수요 성경 공부 등 열심히 기도와 전도로 교회가 부흥을 하려고 하자 지역 교회 목사님들로부터 핍박과 모함이 시작되었다.   나는 그때까지만해도 순진하게도 이런 모략과 핍박을 조국 교회에서나 있지 이민 교회에는 없는 줄 알았다.   정말 이억만리 낯설고 물설은 이국땅에서 서로가 사랑으로 감싸고 도와 줄줄 알았다.   그당시 내 마음이 한국 사람이 너무 그립고 정에 목말라 있었기 때문에 한국 사람을 향한 담을 쌓지 않고 있었다.   우연히라도 한국 사람을 보면 너무나 반갑고 동족애 같은 것이 자연스레 느껴져 활짝 웃으며 인사를 먼저 건네곤 하던 때였다.   그런데 놀랍게도 오히려 고국 교회들보다 더 혹독한 핍박과 모략들이 행하여졌다. 내 과거 부흥 강사 경력은 어떻게 알았는지 부흥 강사는 도둑놈이다. 믿지 말아라 . . . 등등.   나는 엄청난 충격을 받았고 이민에 대해 그린 나만의 아름다운 환상이 깨지기 시작했다.   그리고 지금까지 낯선 땅에서 좋은 분들을 만나게 해주셔서 이곳까지 인도해 주신 하나님께 감사드렸고 그토록 핍박하는 목사님들을 위해서도 오히려 기도를 해드렸다.   아니 기도가 절로 터져 나왔다.   이 핍박은 하나님께서 이 종을 더욱 겸손하게 만드시기 위함임을 알았기에 감사로 받아드릴 수가 있었다.   그리고 함께 협력하여 더 아름다운 선을 이루며 이지역 복음화에 그리고 다른 민족 복음화에 함께 할 그날이 오게 해달라고 하나님께 간구했다.

℮ 미국에 계신 하나님과 한국에 계신 하나님의 차이

한번은 미국 이민교회 목회를 짧게는 7년 길게는 수십년간을 해오신 목회자님들과 한자리를 하게 되었는데 그분들 중 한분께서 질문을 하셨다. '민목사님 목회 계획이 어떠하십니까?   우리 교단에 가입하셔서 함께 사역을 하시면 어떨까요?'   이때 나는 자신도 모르게 그동안 하나님께서 주신 비젼들을 거침없이 말씀드렸다.   '예, 저는 세계 복음화를 위하여 하나님께서 미국엘 오게 하셨으니 곧 신학 대학을 설립하여 아틀란타에 본 캠퍼스를 두고 어거스타에 분교를 설치하여 마지막 때에 영육간에 능력을 구비한 수많은 종들을 양육 파송할 계획입니다.'   일사천리로 이렇게 영혼 저 깊은 곳에 수년간 품어온 계획들을 봇물 터지듯 쏟아냈다. 그러자 7-8 여명의 이민 선배 목사님들께서는 현실을 너무도 모르고 내뱉는 어린아이처럼, 혹은 흔히 세상 사람들이 하는 이야기로 표현하자면 사기꾼, 뻥치는 사람처럼 곱지 않은 시선과 경계의 눈총을 보내왔다. 그리고 다들 한마디씩 더하셨다. '민목사님 충고 한마디 드리는데 여기는 미국입니다. 우리들도 이민 목회 초기에는 그렇게 비전과 꿈에 부풀었지만 20-30년 간 이민 목회를 해보니 말처럼 쉬운 일이 아님을 깨닫습니다. 그러니 허망한 꿈을 깨시고 현실에 맞게 사시지요'

나는 그순간 얼마나 모욕적이고 참기 힘들었는지 모른다. 그러나 겉으로 내색은 할 수 없었고 속으로 나는 다짐을 했다. '미국의 하나님과 한국의 하나님은 똑 같으신 하나님이시니 내 하나님께서는 분명히 이루어 주시리라' 믿고 그분들에게 다시 용기를 내어 이렇게 말했다. '저마다 하나님께서 주신 달란트가 다르고 사명이 다르니 저는 할 수 있습니다' 하고 힘주어 말했다. 내 언사가 공손치 못하게 들렸던지 그중 한 목사님이 자리에서 벌떡 일어나시면서 화를 내시고 '그래 잘해보시오. 그렇게 쉽게 되나. 작은 이민 교회 하나 섬기기도 이렇게 힘든데, 뭐, 신학 대학? 그것도 두곳에서 동시에? . . .'

그런데 정말 놀랍게도 내게 비전을 심으신 능력의 하나님께서는 1995년도부터 현재까지 어거스타와 아틀란타에 신학교와 교회를 각각 세우게 해주셨고 150마일이 넘는 이 두곳을 오가면서 사역할 수 있도록 도와주셨다. 그리고 그로부터 5년이 지난 어느 날 템파에 출장차 갔다가 우연히 그때 크게 화를 내시던 그 목사님을 만나게 되었다. 그 목사님께서는 내게 반갑게 다가오셔서 하시는 말씀이 '민학장님 사역을 멀리서 지켜보면서 큰 도전과 은혜를 받고 있습니다' 하시면서 수년 전의 일을 정중히 사과해 오셨다. 사실 이 말씀은 동역자 분들께 누가 될까봐 조심스럽지만 간증이기에 썼다. 그리고 그때 그 목사님들의 반응은 미국에 이렇게 오래 살아보니 당연한 것이었음을 깨닫는다. 정말 정말 쉽지 않은 사역이었기 때문이다. 오히려 그때 만난 목회자 분들의 솔직한 충고에 감사를 드린다. 그리고 하나님이 주신 꿈을 포기하지 않고 계속 꾸도록 그리고 그 꿈을 두려워하지 아니하고 과감히 추진하여 **빌립보서 4장 13절** 말씀을 친히 경험케 하신 하나님께 모든 감사와 영광을 돌리고 싶다.

"내게 능력 주시는 자 안에서 내가 모든 것을 할 수 있느니라."

❸ 내 보증인은 하나님!

미국은 한국과 달리 차가 없으면 꼼짝을 못한다. 뉴욕같은 큰 도시야 버스나 전철 시스템이 잘 되어 있지만 소도시나 시골로 가면 반드시 차가 있어야 활동을 할 수 있다. 없는 살림에 미국 생활의 필수품인 차를 사야하는 문제 앞에 우리 가족은 무력하게 서 있었다. 가지고 있는 돈을 전부 긁어 모아야 2,300불이 다였다. 이 돈도 7개월 전 미국에 처음 도착하여 영어도 못하는 집사람이 세탁소에 취직을 하여 모든 돈이었다. 우리에겐 너무도 소중하고 큰돈이었지만 차를 사기엔 역부족이었다. 그러나 나는 오병이어의 하나님을 바라보며 열심히 매어달려 기도하며 하나님의 도우심를 간구했다. 간신히 오래된 케드락 구형차를 구입할 수가 있었다. 한동안은 그럭저럭 몰고 다녔는데 워낙 오래된 차라 얼마 타지 않아 수명이 다하여 더 이상 탈 수가 없었다. 어렵사리 모아 놓은 2,300불이란 전재산을 이렇게 볼품없는 쇳덩어리에 불과한 차에 허무하게 다 투자한 셈이 되어 버렸다.

그렇다고 돈이 더 있는 것도 아니고, 생각다 못해 영어가 되는 큰딸 지영이를 데리고 자동차 딜러에 가서 중고 자동차를 둘러보았다. 마음에 들지는 않지만 작은 승용차가 있어 가격을 물어보았더니 15,000불 정도라고 했다. 현재 가지고 있는 헌차를 얼마나 쳐주겠느냐고 물으니 1,000불을 쳐주고 거기에 500불 현금을 더 주면 36개월 할부로 자동차를 줄 수 있겠다고 하였다. 그리하여 그 자동차를 구입하게 되었는데 약 30일 후에 자동차 딜러 담당이 전화를 했다. 미안하다고 하면서 현금을 1,000불 더 주고 크레딧이 없어 보증인을 한명 세워야 한다고 했다. 당시 나의 형편은 보증인을 세울 수가 없었고 현금을 더 줄 입장도 못되었다. 또 한 문제는 자동차가 생각보다 문제가 많았기에 딜러에 찾아가 사정 이야기를 했더니 담당이 그럼 원상태로 돌리면 된다고 했다. 자기들이 잘못한 일이기 때문에 도리어 미안하다고 사과를 해왔고 나는 그 자동차를 반납하고 잘 굴러가지도 않는 내 헌차를 다시 찾아왔다. 너무도 한심스러워서 눈물이 나왔고 한편으로는 '하나님께서 또 무슨 섭리가 있으시겠지'라고 생각하며 기다려 보기로 했다.

그런데 그일이 있은 후 7-8일이 지났는데 은행에서 편지가 한장 날라왔는데 내용인 즉슨 '당신이 자동차를 구입할 수 있다'는 것이었다. 나는 너무도 반가와 집사님 한분께 이 편지를 보여주고 어떻게 하면 차를 구입할 수 있느냐고 물었다.   이 집사님 말씀이 '목사님 미국 사회는 크레딧이 생명이며 신용 사회이기 때문에 누구 한사람 보증을 세워야 합니다'라고 했다.   나는 이 집사님의 말을 듣고 그럼 그렇지 내가 은행에 돈도 없고 은행과 작은 금액을 거래한 것도 7-8개월 밖에 되지 않았는데 이 큰돈을 빌려 줄 리가 없겠지 하고 생각을 접었다.   그런데 자꾸만 성령님께서 강하게 역사하시며 '그럼 네가 은행엘 직접 가서 확인해 보아라.   네가 활동을 하려면 자동차가 있어야 한다.   사람들의 상식과 법은 그렇지만 나 여호와 창조주의 법은 사람들의 규례와 법을 때로는 능가하는 것이다.   내가 네 크레딧이 되어주마'라는 말씀을 주셨다.

계속 되는 성령님의 재촉하심으로 나는 큰딸이 학교에서 돌아오길 기다렸다가 큰 딸을 통역인으로 데리고 은행엘 가서 온 편지를 내보이고 물었다.   은행 직원 이야기가 '당신은 목사님이기 때문에 보증인이 없어도 융자를 줄 수 있으니 대신 우리 은행을 위해 많은 기도를 부탁드립니다. 이 편지를 가지고 자동차 딜러에 가서 보여주고 마음에 드시는 차를 고르십시요.

그리고 딜러에서 계약서만 은행으로 가지고 오시면 됩니다.   그러면 즉시 수표로 드릴테니 수표를 자동차 딜러에 갔다주고 자동차를 인수하시고 월 페이먼트는 은행으로 하시면 됩니다'라고 하였다.   그래서 나와 내 딸은 포드 자동차 딜러에 가서 편지를 보여주었다.   담당자는 'You have a good credit"라고 하며 VIP 대접까지 해주면서 자세히 차를 안내해 주었다.   우리는 이렇게 크레딧도 없이 하나님의 은혜로 미국 온 지 7개월 만에 새 자동차를 구입하게 되었다.   아니 하나님께서 내 크레딧이요 보증인이 되어주신 것이다.   그리고 재미있는 것은 새 자동차를 구입하기 전에 한달 동안을 공짜로 딜러 차를 타고 다닐 수 있도록 하나님께서는 이모양 저모양으로 나로서는 상상도 할 수 없는 방법으로 살아가도록 섬세히 내 삶에 역사해 주셨다.

ⓔ 천사의 도움

우리 가족이 영주권 문제를 해결해야 하는데 그럴만한 비용이 준비되어 있지 못했다.   그래서 수속비와 변호사 선임비를 해결해 주십사 하나님께 또 매달려 기도할 수 밖에 없었다.   그러던 어느 날 우연히 필라델피아

김광길 집사님께서 연락을 주셨다. 김집사님은 내가 미국에 와서 잠깐 동안 교제했던 분인데 너무도 인정이 많으셨고 사랑도 많으셨다. 그분은 당시 달력 마케팅을 하시는 분이셨는데 한국에서 한때는 유명한 국회 위원 보좌관과 인쇄업을 하시다가 사업 부도로 미국 이민을 오신 분이셨다. 이민 오셔서 엄청난 고생을 하셨고 지금 겨우 생활하실 수 있는 기반을 잡으셨다고 하셨다.

김집사님께서는 전화로 이런 말씀을 하셨다. '목사님 돈 없는 서러움이 얼마나 크며 미국 생활이 얼마나 힘든 지를 잘 압니다. 내가 목사님 만나 알게된 지는 얼마 안 되었지만 하나님께서 자꾸만 우리 민 목사님을 위해 기도를 시키시고 무엇인가 도와드려야 한다는 마음을 자꾸 주셔서 전화를 드렸습니다. 목사님 은행 구좌 번호를 알려 주십시요. 저도 큰 여유가 없어 은행 카드로 론을 해서 작은 돈이지만 보내 드릴테니 꼭 필요한 곳에 사용하십시요'

나는 생각지도 못했고 미국에 와서 몇번 만나 뵙지도 못한 분인데 . . . 그리고 지금은 먼 타주에서 서로 떨어져 생활하고 있는데 . . . 그런 청을 해오신 것이다. 그래서 나는 성의는 고맙지만 괜찮다고 말씀드렸다. 김집사님께서 끝까지 우기셔서 나는 결국 구좌 번호를 알려드렸다. 그 이튿날 은행엘 가서 확인해보니 만불이나 되는 큰돈이 입금되어 있었다. 지금도 엄청나게 큰돈이지만 당시 나에게 만불이란 지금 백만불보다 더 큰돈이었다. 나는 그돈으로 영주권 수속을 할 수 있었고 당시 우리 가족 모두 영주권을 받을 수가 있었다. 그 후에도 김 집사님은 내가 힘들고 어려울 때마다 수천불씩을 보내주셔서 오늘의 내가 이자리에 있게 해주셨다. 이분은 정말 하나님께서 내 인생 내 가족에 보내 주신 천사와 같은 분이시다. 그 암담한 이민 생활에 힘과 용기와 희망과 기쁨을 그리고 그리스도인의 사랑을 듬뿍 느끼게 해주신 분이다.

남을 동정하고 입으로 위로하기는 그래도 쉽다. 아니 이민 사회는 그런 것도 사실 쉽지 않아 보인다. 자기 살기 바빠 사실 서로의 삶에 무관심하다. 그런데 다른 사람의 어려움을 마음에 품고 자기 구좌에서, 아니 론을 해서까지, 돈을 일부러 보내준다는 것은 하나님의 역사가 아니고는 불가능한 일임을 나는 이민 생활의 날이 더해가면 갈 수록 더욱더 깨닫는다. 김집사님은 마음의 중심에 하나님의 긍휼과 자비가 넘치는 분이셨다. 그 귀한 김집사님은 몇년 전 갑자기 세상을 떠나시게 되어 지금은 천국에 계신다. 생전에 한달 한달 계속해서 성장하는 학교 모습을 보시고 당신의 사업체 성장보다 더 기뻐하시던 분이 내 곁을 갑자기 떠나신 후 나는 한동안 너무도 큰 슬픔에 빠지기도 했었다. 많이 그립고 또 하나님께서 내 사역을 이토록 축복해 주신 것을 보지 못하고 가셔서 많이 아쉽지만 하늘나라에서 '잘했다' 주님의 칭찬을 받으며 아름다운 면류관을 쓰고 계실 집사님을 그리며 위로를 삼는다. 일생을 두고 생각해도 고맙고 또 고마운 분이시다.

그리고 내 인생에 보내 주신 귀한 천사와 같은 분들을 언급할 때 김집사님과 함께 만났던 필라델피아 유경모 장로님과 부인 되시는 유권사님 이야기를 빼놓을 수 없다. 이분들은 우리 김집사님의 소개로 경영하시는 약국에서 2개월 가량을 함께 예배 제단을 쌓으며 교제하던 분들이다. 이 두 내외분은 약국을 운영하시면서 지금까지 이 종을 위해 약으로 기도로 사랑을 쏟아 부어 주신다. 바로 이분들 덕분에 지금 내가 이처럼 건강하게 주님의 사역을 감당할 수가 있다고 생각한다. 정말 김집사님과 유장로님 내외분은 어려운 사람들을 위해 내 지갑을 열 수 있는 신앙 생활을 하는 것이 얼마나 값진 사역인지를 내게 각인시켜 주시고 가셨다. 이분들이 없이 오늘의 학교와 교회 사역은 정말 불가능했을 것이다. 이분들을 보내주신 하나님께 그리고 하나님께 순종하신 이분들께 정말 심령 깊은 곳으로부터 나오는 감사와 사랑을 전하고 싶다.

❷ 새로운 도약과 자비량 교회

체육관을 교회로 사용하니 교회 부흥에 어려움이 따랐다. 무엇보다 마음껏 기도할 수 없는 것이 가장 힘든 것 중 하나였다. 그렇다고 미국 교회도 빌릴 수 없고 일반 빌딩을 빌리자니 한달에 최하 1,000불 이상은 있어야 했다. 그런데 당시 나의 사정은 천불이면 지금의 10만불과도 같았다. 나는 며칠간 하나님께 기도를 드려 응답을 받기로 하고 이 문제를 놓고 기도하는 중에 체육관 손관장님이 만나자고 연락이 왔다. 만나 뵈었더니 체육관을 다른 곳으로 옮길 계획인데 필요하시면 교회가 지금 이 건물을 렌트하여 사용하라고 했다. 그래서 나는 이것도 하나님의 뜻이라 생각했는데 문제는 다시 월 750불의 렌트비와 유틸리티 등 1,000불이란 재정이 필요했다. 나는 이 문제를 놓고 기도하는 가운데 '그래 내가 하나님의 교회를 위해 밀알이 되어야 한다.' 이런 생각을 하게 되었다. 그리고 어떻게 재정을 채울까 하고 구체적으로 생각하며 기도한

끝에 이런 결론이 내 마음을 지배했다. '일을 하자. 하나님의 교회를 위해서 무엇인들 못하겠는가 ...'

솔직히 나는 이때까지만 해도 한국에서의 목회 방법대로 목회자는 굶어 죽어도 교회 영적인 일 외엔 해서는 않된다고 생각했었다. 그러나 미국에 왔으니 미국식으로 빨리 변할 것은 변하는 것이 옳다고 생각했다. 그래서 취직을 하려고 세탁소, 그로서리 등 많은 곳엘 찾아다녔지만 모두가 목사님이라고 하니 일을 시켜주지 않았다. 이때 나는 큰 교훈을 새삼 깨닫게 되었다. 목사란 성직은 하나님 안에 교회 안에 영적 사역 사명 감당하는 자리에서는 대단한 파워와 능력 권세를 갖지만 사명의 직분을 떠난 성직이란 오히려 거침돌이 된다는 것이다. 그러므로 성도나 성직자나 직분자들은 항상 하나님께서 주신 자리를 지킬 때 빛나게 되는 것이다.

나는 더욱 기도하는 가운데 우연히 신문의 구직란을 보게 되었다. 한곳을 찾아가보니 인쇄물 제본 공장이었고 장로님께서 운영하시는 공장이라 사정을 말씀드렸더니 장로님께서 흔쾌히 승락해 주셔서 나는 그날부터 취직을 하게 되었다. 미국에 와서 1년 만에 일자리를 얻다 보니 비록 노동하는 일자리가 별 것이 아니라 생각하지만 나에겐 너무도 소중한 것이었고 한편으로는 가족들에게 체면이 서게 되었다. 왜냐하면 어느 가정이나 이민 초기엔 모두 그렇지만 우리 가정도 아내는 세탁소에서 12시간씩 노동을 했고, 집에 오면 팔이 아파 밤새도록 끙끙 앓는 소리를 내곤 했다. 큰딸 지영이는 어린 16살 나이에 새벽에 일어나 학교 가면 오후 2시 30분에 학교 수업을 마치고 곧바로 쥬얼리 가게로 가서 밤 10시까지 노동을 하여 가정 살림에 한몫을 단단히 하고 있었다.

지금도 나는 그때를 생각하면 눈시울이 뜨거워 온다. 이러한 사정이었으니 취직이 얼마나 기뻤고 보람찬 일이었겠는가. 나는 공장에서 정말 열심히 일했다. 그리고 첫 주급을 받아 교회 헌금을 했다. 아! 얼마나 감격스런 헌금이었는지 ... 그리고 우리 가족은 가족 회의를 열어 결정하기를, 엄마와 지영이가 받는 돈으로는 생활비로, 내가 공장에서 일해 받는 돈은 교회 렌트비, 유틸리티로 사용키로 하고 체육관 건물을 렌트하여 교회로 꾸며 열심히 기쁜 마음으로 정말 열심히 일하면서 교회를 섬겼다. 왜냐하면 내가 직접 노동을 해서 얻어진 수입으로 교회를 섬길 수 있다는 보람과 기쁨이 너무나 컸기에 몸이 피곤한 줄도 모르고 즐거운 마음으로 일을 할 수 있었다.

🌀 성도님들의 손을 잡을 때마다 흐르는 눈물

주일 설교를 마치고 성도님들과 악수를 할 때마다 나의 가슴은 너무도 아팠다.   왜냐하면 고국에 계신 성도님들과 수백만번 이상 악수를 해보았지만 그때 내 손에 와 닿는 촉감과는 너무도 달랐다.   고국에 계신 성도님들의 손은 대부분 곱고 보드라왔지만 미국에 계신 성도님들의 손은 남녀 할 것 없이 억세고, 거칠고, 손에 굳은 살이 못이 박혀 있었다. 그래서 악수할 때 그 촉감을 느낄 때마다 이분들이 얼마나 고생을 하셨을까 그리고 이만큼이라도 자리 잡고 살 수 있는 것은 바로 손에 못이 박히도록 '밤 낮 노동하신 몃가구나 . . .'   나는 모든 분들이 존경스러웠고 더욱 더 그분들이 귀해서 그분들을 위해 많은 기도를 할 수 밖에 없었다.

노동에 뛰어 들고 나니 성도님들과 더욱더 하나됨을 느낄 수 있었다. 내가 일을 하기 전에는 대수롭지 않게 여겼을 성도님들의 삶과 행동이 이젠 다른 각도로 내 눈에 들어왔다.   내 손이 험하게 변하고, 내 육신이 험한 일로 피곤하면 할 수록 오늘도 나와 같이 힘겨운 이민삶을 영위해 갈 성도님들 생각에 눈시울이 붉어지기 일쑤였다.   벌어도 벌어도 남는 것이 없는 이민삶에서 집이라도 하나 장만하고, 조그만 가게라도 하나 가지고 있으려면 얼마나 긴세월 동안 험한 삶을 살아오셨을까 . . . 너무도 그분들의 삶이 이해가 되었다.   이렇게 노동의 현장에서 직접 뛰고 나니 주일날 예배후 성도님들의 손을 잡고 마음속으로 깊은 축복의 기도를 하는 순간이 기다려졌다.   성도님들은 이런 내 마음을 눈치채지 못했겠지만 나는 정말 한분 한분의 손을 마치 예수님을 만난 것 같이 마음을 다해 두손으로 감싸 잡고 짧지만 내 영혼을 다한 간절한 축복 기도를 해드리곤 했다.

🌀 신비의 자동차 세차원이 되다

나는 1년 반 가량 인쇄 제본 공장을 다니다가 교회 근처에 손으로 하는 세차장을 오픈했다.   막상 시작은 했지만 세차를 하는 기술도 없었고 영어도 제대로 못해 어떻게 하나 고민이 되었다.   그런데 기도하는 중에 하나님께서 이런 말씀을 주셨다. '네 차를 닦는다고 생각하고 일을 해라.

또 오랜 목회 사역으로 성도들의 영혼의 때를 씻겨 주었듯이 진실로 하면 반드시 성공할 것이다.'

나는 그날부터 오시는 손님들의 자동차를 정말 내 차라고 생각하고 또 교회에서 목양을 하듯 일을 했다. 그러자 한번 왔던 손님들의 입소문을 통해 계속 손님이 많이 왔고 어느 때는 하루에 14대를 세차해 주고 나면 눈 앞에 별이 보일 정도로 육신적으로 힘든 일이었다. 그렇지만 어떤 미국 손님은 세차로 깨끗이 닦아 놓은 자기 차를 보고 눈물을 흘리며 감격해 했다. 그리고 그 다음 날 자기 아내가 생일인데 생일 선물로 아내 차를 세차해 달라고 차를 맡겼다. 나는 더욱더 정성스럽게 닦아 주었더니 아내와 남편은 깨끗한 자동차를 보고 나를 부둥켜 안고 통곡을 터뜨리기도 했다.

그래서 나는 세차장 세차원 5개월 만에 어거스타 지역에서 별명이 '신비의 마술사' '신비의 세차원'이 되었다. 여름 뜨거운 태양 아래서 일을 하다보니 얼굴은 온통 흑인의 얼굴이 다 되었고 하지 않던 중노동으로 허리도 팔도 . . . 온몸이 아파 주일 날 강단에서 설교를 하려면 온몸이 제멋대로 다 말을 듣지 않아 무척이나 힘들었다. 그래도 그 기쁨과 그 은혜는 겪어 본 사람들만이 알 것이다.

❃ 땀흘려 얻은 돈으로 헌금의 기쁨

나는 솔직히 말해 이때까지는 헌금의 소중함과 기쁨을 깊이 알지 못했다. 그런데 내가 6일 동안 땀과 눈물을 흘리며 얻은 돈에서 십일조를 드리고 아니 모두를 드리고 (교회 운영비) 교회 목회를 감당해보니 나도 주님 지고 가신 십자가를 함께 지고 간다고 전보다 더 친밀히 느끼니 그 기쁨, 그 감격은 이루 말로 다 표현할 수가 없었다. 그리고 또 한가지는 지금껏 고국 교회에서 편히 목회만을 감당하면서 솔직히 헌금의 고귀함과 헌금은 성도님들의 흘린 땀과 피며 손에 박힌 못이라는 것을 이토록 경험적으로 몰랐다. 그래서 강단에서 헌금 축복 기도를 드려도 깊은 감동과 감사가 없이 어쩌면 형식적이고 습관적인 기도였을 지도 모른다.

그런데 내가 하루 종일 태양볕 아래서 중노동으로 돈을 벌어보니 돈 1불이 얼마나 소중한가를 뒤늦게 알게 되었다. 교우님들께서 드린 이 헌금도 내가 번 돈처럼 피와 땀의 댓가라고 생각하니 헌금 기도 할 때마다 눈물이 흐를 수 밖에 없었다. 내 자신의 처지도 생각하며 나는 정말 뜨겁게 기도할 수 밖에 없었고 이런 희생으로 모아진 헌금을 사용하는 데도 기도 또 기도할 수 밖에 없었다. 그리고 수돗물 한 방울도 전등 하나도 한번 사용하고 버리는 컵, 휴지 한장도 . . . 모두 성도님들의 피와 땀이기에 (물론 다른 분들도 다 마찬가지이겠지만) 나는 지금도 교회 헌금은 정말 두렵고 떨리는 마음으로 사용하고 있다.

❧ 집사님들과 함께 흘린 눈물

어느 날부터 세차장에서 세차를 하고 있는데 교회 집사님들이 자신들의 직장 근무 시간이 아닌 날을 택해 서로 번갈아 가면서 세차장에 오셔서 물도 뿌려 주시고 점심과 간식도 갖다 주시곤 하셨다. 오셔서 일하는 나의 모습을 보시고 어떤 집사님은 눈물을 흘리시기도 하셨다. 이럴 때 나의 경제 사정과 사명을 모르는 주변 교회와 목회자들은 무수한 말로 핍박과 모함을 해왔다. '그래 한국에서 부흥 강사가 껌둥이가 되어 세차나 하고 있냐? 목사 안수도 안받았다 . . .'는 등등, 자신들의 생각대로 판단하고 말하고 정말 자유라고 제멋대로들 핍박을 해댔다. 그래도 몇분 안되시는 집사님들께서 나를 믿어 주시고 오히려 자존심을 버리시고 시간이 날 때마다 함께 세차장에서 일을 도와주셨다. 함께 눈물로 씨를 뿌리며 교회를 아름답게 가꾸어 나가신 우리 집사님들께 나는 지금도 감사드리며 하나님의 축복이 함께하길 기도하고 있다.

지금도 일일이 찾아뵙고 인사하고 싶은 정말 고마우신 집사님들 성도님들이 너무도 많다. 이런 분들이 없이 교회는 절대로 세워지지 않음을 하나님께서는 나로 늘 깨닫게 하셨다. 이런 일도 있었다. 한번은 교회 빌(청구서)이 밀려 마음을 졸이고 있었다. 200불을 오전 중에 은행에 꼭 입금 시켜야 하는데 아무리 궁리를 해도 그 돈을 만들 길이 없어 발만 동동 구르고 있었다. 빌려줄 분을 만나게 해달라고 하나님께 기도하며 여기 저기 몇 군데를 다녀 보았으나 입이 떨어지질 않았다. 그러다가 마지막으로 우리 교회 건물 주인 집사님 가게를 찾아가게 되었다. 그러나 막상 돈 이야기를 하려고 하니 말이 나오질 않았다. 몇번을 밖으로 나왔다가 다시 들어 갔다가 하니 집사님께서 의아해 하시며 아래 위로 나를 살피셨다. 그러시더니 느닷없이 '목사님 신발이 너무 달았어요. 제가 신발 한켤레 사드릴께 언제 신발 가게에 함께 가요.' 하셨다. 나는 이때다 하고 용기를 내어 질문을 했다. '집사님, 사실

신발은 아직 괜찮습니다. 제가 오늘 집사님을 찾아뵌 것은 돈 200불이
필요해서요. 혹시 빌려 주실 수 있으신지요? 오늘 오전에 꼭 결재할
일이 있어 그렇습니다.' 집사님은 내 말이 끝나자 마자 환하게 웃으시며
이렇게 말씀하셨다.

'목사님, 그래서 아까부터 밖엘 왔다 갔다 하셨군요.   진작
말씀하시지 뭐가 어려우시다고 오랫 동안 뜸을 드리셨어요.   예,
지금 200불 그냥 드리고 빌려 드리는 일은 사양할래요.   그리고
신발도 꼭 한 켤레 사드리고 싶어요. 그리고 목사님, 지금부터 교회
렌트비는 매월 제가 헌금 할테니 따로 내시지 않아도 됩니다. 사실
제가 고등학교 시절 고국에서 신앙 생활을 시작하여 처녀 때 미국
유학생으로 와서 지금껏 열심히 정말 열심히 바쁘게 살았습니다.
돈은 좀 모았지만 신앙 생활 교회 봉사 생활은 제대로 못했습니다.
이제 훌륭하신 목사님을 만났으니 열심히 봉사하며 신앙 생활
하겠습니다. 저에게 오셔서 목사님 어려움을 말씀해 주시니 제가
오히려 영광이고 감사합니다. 앞으로도 언제든지 말씀하세요.
무엇이든지 제가 할 수 있는 일이면 도와 드리고 봉사 하겠습니다.'

나는 그날 이분에게서 얼마나 큰 위로와 사랑을 경험했는지 모른다.
예수님이 아니고는 설명할 수 없는 일이 아닌가. 악하고 이기적인 우리
인간들이 예수님의 사랑을 경험하면 천국에서나 맛볼 수 있는 이런
아름다운 경험을 이땅에서도 할 수 있다는 것이 감격스러웠다. 나는
그분의 가게를 나오며 감사와 축복기도를 정성을 다해 해드리고 주신
돈으로 교회 전기 요금을 무사히 결재할 수 있었다. 예수님이 아니고는
나도 이렇게 여기 저기 구걸해가며 살 필요가 없는데 . . . 순간 스치는
생각에 예수님 사랑으로 인해 변한 나의 모습이 오히려 신기하게
느껴졌다. 하루에 투잡 이상을 뛰면 될 나였다. 그렇게 돈 버는데만
혈안이 되면 나도 꽤 벌 수 있을 것 같았다. 그러나 가난을 이겨나가며
그시간에 목회를 하느라 비록 돈을 빌리러 다니고 헐은 운동화를 신었을
망정 하나님께서 하나님의 목양에 나같은 부족한 자를 써 주심을
생각하니 감격스러웠다. 나는 주책없이 주르르 흘러내리는 눈물에 잠시
눈을 들어 하늘을 쳐다보며 누가 볼까 거칠어진 손등으로 얼른
닦아내렸다. 교회는 이렇게 헌신한 목사 가정, 헌신된 집사님들,
사랑하는 성도님들로 인해 하나님 보시기에 아름답게 성장해 갔다.

℮ 오해를 풀어 주신 하나님

나는 솔직히 온갖 악성 루머로 괴롭혀도 그것엔 전혀 신경을 쓰지 않았다. 나는 지금껏 목회를 하면서 믿고 의지하는 분은 오직 한분 우리 하나님 뿐이며 살아계신 나의 하나님은 반드시 때가 되면 오해도 축복도 기적도 ... 모든 것을 주시는 분이심을 너무도 잘 알고 있었다.

그런데 어느 날 잘 모르는 어떤 분이 전화를 해왔다. 한국에서 내가 부흥회를 당신 교회에서 인도했는데 그당시 그분은 집사님으로 많은 은혜를 받았다고 했다. 그리고 그때부터 지금까지 계속 몇년째 나를 위해 기도하고 계셨다고 하셨다. 지금은 동생이 이곳에 살고 있어 잠시 다니러 왔고 동생이 출석하는 교회에서 주일 예배를 드렸고 친교 시간에 그 교회 집사님들이 어느 교회 목사님 이야기를 하는데 우연히 들어보니 민 목사님이라고 하여 혹시나 하고 연락을 했다는 것이다. 그러시면서 어떻게 무슨 사연으로 이곳까지 오셔서 이 많은 핍박과 수모를 당하시느냐고 하시면서 안타까운 눈물을 흘리셨다. 그분은 말씀하시길 그 동생 교회 집사님들을 향해 너무나 분하고 어이없어 이렇게 반박을 하셨다고 했다. '지금 당신들이 알고 계시는 민목사님은 사기꾼, 나쁜 놈, 이단 ... 이 아니고 내가 아는 것만도 한국에서 교도소, 경찰, 검찰, 군부대, 기도원, '93 대전 엑스포 종교관장, 소록도 나환자 병원 선교 등 엄청난 하나님의 일을 감당하셨다. 그리고 이제 하나님께서 더 큰 뜻이 계셔서 미국에 오게 하셨다'며 당신이 나에 관해 아시는 대로 이야기를 강하게 하셨다고 했다.

그리고 그때 우리 교회 집사님 남편께서 우연히 옛날 1993년 8월호 신앙계 월간 잡지를 보시다가 잡지 속에서 내 사진과 내 기사를 발견하고 읽게 되었는데 그 기사는 '93 대전 엑스포 종교관 관장으로 사역하던 때의 기사였다. 그리고 그분이 이 신앙계 잡지를 여러 사람들에게 소개했고 그일로 조금이나마 체면 유지가 되었다. 살아계신 하나님은 내 자신이 어떤 모함과 중상 모략 속에서도 기도만하고 맡기고 기다리게 하셨고 때가 되니 생각지도 않은 사람들을 통해 사기꾼, 이단 ... 이란 누명을 벗겨 주셨다.

사역을 하면서 늘 느끼는 것이지만 사람들은 너무나 쉽게 남을 판단하고 쉽게 휩싸여 남에 대한 이야기를 한다. 별 뜻없이 어떤 때는 남을 깍아내리고자 그렇게 하면서 자신이 올라간다고 생각하여 남에 대한 말을 검증도 없이 가볍게 마음 대로 이러쿵 저러쿵 책임감 없이 입을 연다. 그런데 그런 말들에 맞아 그 주인공은 찢어지는 심적 고통과 인격의 처절한 사망을 겪어가야 한다. 어디 그뿐인가 그것이 목회자를 향한 것일 땐 하나님의 일을 방해하는 엄청난 죄를 저지르는 것이니 ... 그런 루머들로 한 교회의 성장, 아니 이 교회를 통해 구원받아야 할 영혼들을 구원하는 사역에 엄청난 지장을 초래할 수도 있다는 사실이다. 아직도 이런 현실을 생각하면 입을 열어 남의 이야기를 한다는 것이 얼마나 조심스럽고 떨리는 일인지 소름이 끼친다. 하나님께서는 그래서 야고보서를 통해 마태복음을 통해 우리가 말조심하려 얼마나 노력을 해야 하는지를 당부하고 계시지 않은가. 나는 이시기에 이 말씀들을 하루에도 수없이 묵상했다.

'내 형제들아 너희는 선생된 우리가 더 큰 심판 받을 줄을 알고 많이 선생이 되지 말라. 우리가 다 실수가 많으니 만일 말에 실수가 없는 자면 곧 온전한 사람이라. 능히 온 몸도 굴레 씌우리라. 우리가 말을 순종케 하려고 그 입에 재갈 먹여 온 몸을 어거하며 또 배를 보라 그렇게 크고 광풍에 밀려 가는 것들을 지극히 작은 키로 사공의 뜻대로 운전하나니 이와 같이 혀도 작은 지체로되 큰 것을 자랑하도다. 보라 어떻게 작은 불이 어떻게 많은 나무를 태우는가. 혀는 곧 불이요 불의의 세계라. 혀는 우리 지체 중에서 온 몸을 더럽히고 생의 바퀴를 불사르나니 그 사르는 것이 지옥 불에서 나느니라'
                                                                        -

야고보서 3장 1-6절

입에서 나오는 것들은 마음에서 나오나니 이것이야말로 사람을 더럽게 하느니라
                                                                        -

마태복음 15장 18절

비판을 받지 아니 하려거든 비판하지 말라. 너희의 비판하는 그 비판으로 너희가 비판을 받을 것이요 너희의 헤아리는 그 헤아림으로 너희가 헤아림을 받을 것이니라. 어찌하여 형제의 눈 속에 있는 티는 보고 네 눈 속에 있는 들보는 깨닫지 못하느냐. 보라 네 눈 속에 들보가 있는데 어찌하여 형제에게 말하기를 나로 네 눈 속에 있는 티를 빼게

하라 하겠느냐. 외식하는 자여 먼저 네 눈 속에서 들보를 빼어라. 그 후에야 밝히 보고 형제의 눈 속에서 티를 빼리라.

마태복음 7장 1-5절

그렇다. 말은 정말 엄청난 파괴력을 가지고 있었다. 이미 사람들의 입 밖으로 나온 말들은 다시 주워 담을 수도 없고 악한 말들은 이 사람 저 사람을 옮겨 다니며 온갖 상처와 해를 입히며 춤을 추고 있었다. 그러나 하나님께서는 멀리 한국에서 사람을 보내주시고, 또 예전에 했던 사역의 간증글을 사용하시어 헛소문을 잠잠케 하는데 도움을 주셨다. 사람들을 향한 안타까움, 솔직히 분노의 감정은 하나님께서 나의 억울함을 다 알고 계셨다고 생각하니 봄눈 녹듯 사르르 녹아 내렸다. 그리고 늘 함께 해주시는 하나님을 향해 기쁨을 주체할 수 없는 감사가 넘쳐났다.

하나님 감사합니다!

❷ 아름다운 성장을 주신 하나님

썰렁한 집에서 달랑 가족 네명이 시작한 교회는 온갖 풍파에도 아랑곳 하지 않고 어느덧 장년만 50여명인 교회로 너무나 아름답게 성장해 있었다. 지난 1년 동안 정말 열심히 일하고 전도하고 섬긴 결실이어서 너무도 귀했다. 한인 인구라야 얼마 되지 않는 작은 도시인 어거스타에서 50여명의 장년이 모이는 교회는 결코 작은 교회가 아니었다. 주변의 오래된 교회들도 작은 수가 모이는 교회가 대부분이었다. 하나님께서는 계속해서 내가 초심을 잃치 않도록 여러모로 깨우쳐 주셨고 나도 특별히 기도 시간을 통해 하나님의 비젼을 튼튼히 붙잡으려 애썼다.

나는 교회 개척 초기부터 우리 교회는 세계 복음화를 위한 목적으로 세워졌음을 분명히 했다. 그리고 제자 교육의 일환으로 신학 공부와 영성 훈련을 겸비한 특수 훈련을 중점적으로 하는 사역을 시도했다. 어거스타 교회에 당시 5명의 청년들을 뽑아 신학 공부를 시작하게 되었다. 사실 이때부터 우리 아틀란타 신학 대학이 출발하게 된 셈이다. 매주 3일간씩 신학 공부를 시키는 것을 본 집사님 한분이 '목사님,

어거스타보다 아틀란타에 신학 대학을 세워 이곳은 분교로 하시고 넓은 아틀란타를 본교로 하세요.'라고 권해 오셨다.　그리고 그분의 말씀은 머지 않아 현실이 되고 있었다.　이렇게 어거스타 교회는 이민 첫 개척 교회요 훗날 세계 복음화의 산실이 될 아틀란타 신학교 및 직업 종합학교가 탄생할 수 있는 초석 역할을 감당해 주었다.

ⓔ 섬기는 목회의 즐거움

나는 이민 교회를 개척하면서 비로서 섬기는 종으로 오셨다고 말씀하신 마가복음 10장 45절의 예수님 말씀의 깊이를 조금이나마 더 깨달을 수 있었다.

"인자의 온 것은 섬김을 받으려 함이 아니라 도리어 섬기려 하고 자기 목숨을 많은 사람의 대속물로 주려 함이니라"

사실 한국 교회 목회는 힘도 들지만 성도님들의 주의 종 섬기는 전통이 잘 되어 있어 대접도 정말 잘 받는다.　그런데 이민 교회를 개척하면서 한국 교회와는 너무도 다른 이민 교회 문화가 있음을 깨닫게 되었다. 처음으로 나를 당황케 했던 일은 바로 친교 시간이었다.　예배를 마치고 점심 친교 시간이 되어 나는 늘상 한국 교회에서 목회할 때처럼 친교 테이블로 가서 점잖게 앉아 있었다.　누군가 성도님들 중 한분이 내가 먹을 음식을 정성껏 담아 가져다 주겠지 하고 기다렸다.　그런데 맨 먼저 음식을 담아 온 집사님이 내 곁에 와서 앉으시면서 한마디 하셨다. '목사님, 뭐하세요.　빨리 가서 식사 가지고 오셔야죠.　여기는 누가 갖다 주지 않아요.　자기 것은 자기가 갖고 와야 합니다.'

나는 그분의 말에 당혹스럽기도 하고 난처하기도 하고 아무튼 엄청나게 큰 충격을 받았다.　그간의 한국 목회 경험에서는 전혀 있을 수 없는 일이었다.　섬기던 고국 교회에서는 담임 목사님 전용 그릇, 수저, 물컵도 별도로 특별한 것으로 마련되어 있었고,　담임 목사님이 식사하는 테이블도 별도의 아름다운 장식이 되어 있었다.　언제나 교회 안에서는 영적 어른으로 제일 먼저 정성을 다해 음식을 갖다 주고 축복 기도를 받은 후 성도님들이 음식을 나누어 먹었었다.　그러니 당황할 수 밖에 없는 일이었다.　아니 당시에는 이해할 수가 없었다고 말하는 편이 옳을 것이다.

그리고 교회 봉사도 교회 믿음 생활도 모두가 내가 해오던 방법과는 너무도 달랐기에 처음엔 정말 적응이 어려웠다. 나는 나 스스로에게 '로마에 가면 로마법을 따르라지 않는가, 미국에 왔으니 미국 문화 미국식 사고 방식에 빨리 적응을 하자'고 마음을 다잡아 먹었다. 그리고 적극적으로 다른 점들을 파악해 나가기 시작했고 미국의 개인주의 문화도 어떤 것인지 열심히 공부를 했다. 무한한 노력 끝에 나는 나 자신이 완전히 바뀌어진 것을 어느 날 발견할 수 있었다. 간혹 한국에서 오신 목사님들을 만나 대화를 나누면 전에는 나도 그랬었는데 이제는 그분들의 사고방식이 그렇게 어색하고 생소할 수가 없음을 깨닫곤 했다. 권위주의적 목회자 상에서 섬김의 목회자로 바뀌고 나니 너무도 행복하고 즐거웠다. 무거운 도포자락을 벗어던지고 러닝셔츠에 운동화 차림으로 갈아 입은 기분이랄까 . . . 몸도 마음도 가벼워 날듯이 뛰어다니며 봉사할 수가 있었다.

이렇게 사역을 하니 목회자로서 섬김의 영역이 한없이 넓어짐을 경험했다. 아니 내가 할 일들이 권위를 벗어나니 천지에 널려 있음을 볼 수 있었다. 눈이 열린 것이다. 전에는 보이지 않던 것들이 보이기 시작했다. 나는 교회에 가장 먼저 도착하여 커피도 내리고 청소도 하고 심지어 부엌에 들어가 때로는 쌀을 씻어 밥도 하고 그릇도 씻고 그랬다. 이 모든 일들이 고국 목회에서는 해보지도 못한 아니 내가 할 일이라고는 상상조차 해본 적이 없는 일들이었다. 그러나 나는 지금 그런 일들을 기쁨으로 즐거움으로 하고 있는 것이다.

그 이유는 이랬다. 많은 이민 교회 성도님들은 새벽부터 밤 늦게까지 중노동으로 지친 몸으로 교회에 출석을 하신다. 나는 그분들의 삶의 고단함을 그 누구보다 잘 안다. 나의 사랑하는 성도님들을 섬길 수 있다는 것이 내겐 정말 너무나 소중한 특권이었다. 그래서 정성껏 커피를 내려 그분들을 대접하고 싶었다. 내가 청소를 하면 그분들이 잠시나마 더 쉬실 수 있고 또 깨끗한 곳에서 예배를 드릴 수 있으니 내가 기뻤다. 피곤한 몸으로 주의 전에 나온 성도님들께 따뜻한 식사를 준비할 수 있음이 너무도 좋았다. 정말 놀랍게도 나는 즐거움으로 기쁨으로 사랑하는 내 형제요 자매요 예수 안에서 천국 가족들인 성도님들을 섬기고 있었다. 사도행전 20장 35절에서 사도 바울이 한 말씀이 정말 마음에 와 닿았다.

"주는 것이 받는 것보다 복이 있다 하심을 기억하라."

사실 많은 목회자님들이 한국에서 오래 목회를 하다 오시면 이민 교회 목회에 적응하는 것이 힘들다고들 하신다. 어떤 분들은 한국에서는 성공적으로 사역을 잘 하셨는데 미국에 오셔서 고전을 면치 못하시며 힘들어 하시는 것을 보았다. 그중 어떤 분들은 한국으로 다시 돌아가시기도 하셨다. 사실 알게 모르게 몸에 밴 신앙 생활 문화의 차이를 극복하기란 쉽지 않은 일이다. 그런데 이 모든 어려운 일도 하나님의 사랑 하나면 녹아 내릴 수 있음을 나는 체험했었다.

처음 이민 교회 목회를 시작할 때는 왜 그래도 명색이 집사님인데 새벽 제단을 쌓지 않나 헌금 생활이며 기도 생활이 저 정도 밖에 안될까 . . . 모두가 사실 성에 차질 않았다. 그러나 내가 직접 생활 현장에서 새벽부터 밤 늦게까지 하루 14-15시간씩 중노동을 해보니 이 모든 것이 이해가 되었다. 말 그대로 저녁에 일이 끝나면 별이 보였다. 아찔 아찔 했다는 표현이 맞을 것이다. 휘청이는 몸을 질질 끌고 겨우 겨우 운전을 해 집으로 오면 사실 너무 피곤해 음식이 목으로 넘어가질 않았다. 무더운 여름 햇살 아래서 하루 종일 일을 했으니 목만 바짝 바짝 타올라 애꿎은 물만 벌컥 벌컥 들이켰다. 이리 저리 몸을 뒤척이며 소파에서 새우잠을 한잠 자고 나서야 음식을 조금 먹고 다시 자고 새벽에 일어나 일을 나가는 것이 일과였다. 우리 성도님들의 삶이 다 그랬다. 그러니 그 피곤한 몸을 이끌고 주일날 집에서 쉬지 않고 나오신 것 만으로도 얼마나 감사하고 사랑스러웠는지 모른다.

아가페 사랑이 그런 것이리라. 무조건 어떤 모양으로든 내 사랑하는 성도님들을 섬기고 싶었다. 얼마나 귀한 분들인가. 비록 피곤한 몸으로 나와 예배 중에 조실지라도 너무나 감사하고 사랑스러웠다. 오히려 그분들의 영혼과 삶에 축복이 있기를 간절히 간구하곤 하였다. 그분들을 위한 봉사라면 성전 청소도 화장실 청소도 내겐 오히려 섬김의 기회요 축복이었던 것이다. 그런 마음이 되니 무엇이 불만이겠는가. 나는 이렇게 섬김의 목회의 즐거움을 가르쳐 주시고 그런 목회를 할 수 있도록 인도하신 하나님께 감사를 드린다.

나는 실제로 이런 일을 경험했다. 한번은 한국에서 기도원 사역과 목회 사역을 잘 감당하시던 목사님 내외분이 이민을 오셔서 사역지를 찾고 계셨다. 마침 어거스타 우리 교회에 부교역자가 필요해 함께 교회를 섬기게 되었다. 그런데 한 6개월 정도 지난 후 집사님들께서 내게 청원을 해오셨다. 담임 목사인 나와 그 목사님의 목회 스타일이 너무 달라 자신들이 시험에 자주 든다는 것이다. 그래 이제는 그 분을 다른 교회로 보내드렸으면 하는 청이었다. 이유가 궁금해 물으니 대답이 이랬다. 그 목사님께서는 말씀도 좋고 인품도 훌륭하시고 나무랄 데가 없는데 너무 이민 교회 성도님들의 생활을 모르셔서 상처가 될 때가 많다는 것이었다.

설교하고 기도하며 영적 사역 외에는 아무 것도 하시지 않으려고 하시는 것이 많이 걸린다는 것이었다. 심지어 사모님까지도 먼저 오셨으면 추운 겨울 커피 한잔이라도 따끈하게 내려 일터에서 달려온 교우님들이 몸을 녹일 수 있도록 하셨으면 좋으련만 그런 일은 성도들이 해야 한다면서 일체 하시질 않는 모습에서 사랑을 느낄 수 없다는 것이었다. 또 목사님께서는 성도님들의 하루 일과를 모르시다 보니 왜 집사들이 새벽 기도를 안나오냐, 교회 예배 시간에 하품을 왜 하냐, 이민 교회 성도들은 헌신이 않되어 있다 . . . 자기들은 나름대로 죽을 힘을 다해 신앙 생활하는데 매주 그 목사님께 정죄받는 것이 너무 힘들다고 하소연 하셨다.

이민 교회 목회는 정말 특수 목회인 것 같다. 아니 한국과는 전혀 다른 선교지인 것 같다. 선교지를 가면 먼저 그 선교지 사람들을 이해하고 그들의 언어와 문화를 배우는 것부터 시작한다. 내가 가지고 온 문화를 그들에게 강요하면서 시작하는 어리석은 선교사님은 아마 한분도 않계실 것이다. 그런데 이민 교회의 독특한 점은 똑 같은 한국분들이라는 것이다. 그래서 쉽게 한국에 계신 분들과 동일하게 대하게 된다는 것이다. 그러나 미국에 있는 한국 분들과 한국에 있는 한국 분들과 동일시 해서는 않된다는 것이다. 미국에 계신 한국 분들은 다른 문화 속에서 생활하다 보니 한국에서 와는 다른 문화를 형성하고 살게 된다. 곧 한국 문화도 미국 문화도 아닌 이민 문화를 형성하며 그 속에서 살고 계시다. 그러니 이민 문화의 독특성을 파악하지 못하고 이민 목회를 할 수는 없다는 것이다.

나는 처음 이민와서 정말 이렇게 살아야 하나 한심할 정도로 힘들고 고단한 날들을 보내며 하나님께 하소연 한 적도 많았다. 그러나 그 과정이 없었다면 나는 지금과 같이 이민 교회 성도님들을 깊이 이해할 수 없었을 것이다. 사실 그런 과정을 통해 성도님들의 삶을 더 깊이 이해하고 아니 더 사랑할 수 있게 되었으니 이 모든 여정이 감사의 제목이요 하나님의 은혜임을 새삼 깨닫는다.

"하나님, 하나님 나라를 위해 부족한 종 더 훈련시키시고 하나님 보시기에 합당한 더욱더 섬기는 종으로 빚어 가소서."

III. 세계 복음화를 향한 도약

❷ 신학대학 설립의 청신호를 주신 하나님

한창 세차장 일을 하면서 교회를 섬기며 제자 교육 과정에 심혈을 기울이고 있을 때 나의 세계 복음화를 위한 비전을 잘 아시는 집사님들 몇분이 나에게 찾아와 간곡히 권유하셨다. '목사님 이제 세차장 일은 그만 하시고 교회 일만 하시고 그토록 원하시는 신학 대학을 세워 제자 양육을 하십시요.' 사실 당시 나도 '미국에 와서 약 3년간 인쇄소 잡부로 세차원으로 일해봤으니 이민 사회 교우님들의 삶을 조금은 알게 되었고, 또 교회도 자립할 수 있을 정도가 되었으니 이제 본격적으로 주님의 일을 감당해야겠구나' 생각하던 차였다.

나는 그 이튿날 세차 일을 정리하고 하나님께 깊은 기도를 드렸다. '주님, 지금 나에겐 신학교를 시작할 만한 돈도 없고 사람도 없고 . . . 모든 것이 없습니다. 그렇지만 주님이 계시기에 나는 할 수 있습니다.' 그런데 그때 집사님 중 한분이 찾아오셔서 봉투 하나를 주시면서 내가 지금 가진 것의 전부인데 보잘 것 없는 금액이지만 신학교를 세우는데 사용해 달라고 하셨다. 생각지도 못한 뜻밖의 15,000불의 돈이 밀알이 되어 본격적인 신학교 사역을 펼칠 수 있었다. 하나님은 또 하나님의 사람들을 보내시어 내게 신학 대학 설립의 청신호를 주시며 그 비전을 이루고자 하시는 것임을 나는 깨달을 수 있었다.

그러나 그 15,000불이 나에게는 그리고 그 누구에게도 당시 엄청나게 큰

돈이었지만 학교를 시작하기에는 턱부족이었으니 엄두도 못내었고 할 수도 없었다. 그러나 언제나 그랬듯이 나는 지금껏 누구를 믿고 돈을 의지하고 하나님의 사역을 감당한 적은 단 한번도 없었다. 오직 내가 믿는 것은 하나님 한분 뿐이었기에 집사님의 귀한 재산 정성껏 바친 이 돈으로 시작하면 반드시 하나님께서 창대케 해주시리라는 확신과 영감이 와다았다. 나는 이 돈을 가지고 약 1,000 SF(스퀘어 휘트) 사무실을 아틀란타 한인 타운 안에 얻게 되었고 즉시 통신 학부부터 시작을 하기로 하고 광고를 대대적으로 했다. 믿음의 첫발을 내디디라고 돈도 보내 주셨는데 망설일 필요가 없었다. 이렇게 학교 설립의 첫삽을 뜰 수 있도록 도와 주신 집사님께 이 지면을 통해 감사의 마음을 전한다. 그리고 이 학교 사역을 통해 하나님께서 상급을 주실 것이 있으시면 이 집사님 몫도 단단히 있을 것임을 믿어 의심치 않는다. 이렇게 무일푼인 나에게 세계 복음화의 비젼을 주시고 하나님의 사람들을 보내 주심으로 하나님의 비젼은 또 그 실상을 향해 꿈틀거리고 있었다.

❧ 학교 설립 배경

고국에서 교도소, 군부대, 경찰관서, 소록도 . . . 등 선교를 감당할 때 나는 혼자 몸으로 수많은 곳의 선교를 감당한다는 것은 너무나 힘들다는 것을 느꼈다. 특히 전국 교도소 당시 37 곳에 동시에 선교한다는 것은 엄두도 낼 수 없는 일이었다. 그러던 중 기도 중에 하나님의 응답으로 1991년도에 통신 학부와 일반 학부로 2년제 예레미야 선교사 훈련원 신학교를 세워 운영하게 되었다. 당시에 교도소 제소자들, 교도관들, 군부대 사병들과 간부들, 경찰관들과 체육인들 . . . 등 많은 호응으로 큰 사역의 많은 수확을 거둘 수가 있었다. 내 마음 속엔 세계 복음화를 위해 좀더 체계적인 제자 훈련과 다른 민족을 향한 좀더 구체적인 사역 계획이 펼쳐져야 한다는 생각이 무겁게 자리잡고 있었다. 그래서 고국에서 사역하던 신학교 사역을 이곳 미국 땅에서도 계속 연장 선상에서 시도해야겠다는 생각이 떠나지 않았다.

이렇게 되면 더 많은 한인 제자들을 길러내어 그들이 이 큰 땅덩어리 미국 전국 방방곡곡으로 퍼질 수 있다는 그림이 머리 속에 스치고 지나갔다. 통신 과정이니 사실 그들이 방방곡곡 그 어디에 있든 공부 할 수 있는 장점이 있었다. 그리고 통신 과정을 영어로 하면 다른 민족들도 학교를 통해 제자 훈련을 받을 수 있겠다는 비젼이 꼬리에 꼬리를 물고

실타래처럼 풀려나가기 시작했다. 그렇다. 세계 복음화를 향한 비젼을 나 혼자 실천 할 순 없다. 사람을 길러내야 한다. 이런 마음을 하나님께서 내 마음에 심으시며 매일 매일 새롭게 그 실천 계획을 지혜로 응답해 주셨다. 나는 그래서 1991년부터 시작한 한국에서 하던 예레미야 선교사 훈련원을 1995년도에 어거스타로 본부를 옮겼다. 미국에서 시작된 신학교는 이렇게 한국 예레미야 선교사 훈련원이 그 뿌리가 되어 새로이 시작될 수 있었다. 하나님께서는 이미 오래 전 한국에서부터 이 사역을 준비하고 계셨다는 것을 깨달을 수 있었으니 두려울 것이 없었다. 기도하며 계속 전진할 수 밖에 . . .

ⓔ 우리 신학 대학을 향하신 하나님의 비젼

나는 지금 신학 대학을 운영하고 있는 학장이지만 사실 그때만해도 이민 사회에 한인 신학교가 너무도 많이 세워져 있었고 또 숫자적으로 많다보니 본의 아닌 물의도 심심찮게 일어났다. 정말 말하고 싶지 않은 것도 보고 싶지 않은 것도 너무도 많이 듣고 보았기에 또 나까지 신학대학을 세워 그 부류에 합세를 하면 어떻게 될까 . . . 사실 엄청나게 조심스러움과 망설임의 기도가 먼저 있었다. 물론 신학교가 많은 것도 하나님의 뜻이고 축복이고, 전파되는 것은 복음이니 더 이상 주저할 필요가 없었다.

그리고 분명히 밝히고 싶은 것은 나 자신의 사역만이 옳다는 것은 아니다. 다만 신학 대학을 운영하면서 지난 날 스쳐온 생각들이기에 나 스스로 느꼈던 대로 표현해 본 것이다. 나는 이 많은 학교가 있는 데도 신학 대학을 세우게 하시는 하나님의 뜻을 헤아리기 위해 정말 많은 기도의 시간을 가졌다. 그런데 그럴 때마다 우리 하나님께서는 너무도 분명한 말씀을 주셨다. 디모데 후서 2장 20절 말씀이다.

'큰 집에는 금과 은의 그릇이 있을 뿐 아니요 나무와 질그릇도 있어 귀히 쓰는 것도 있고 천히 쓰는 것도 있나니'

예수님께서도 다양한 사람들로 열두명의 제자를 뽑아 '제자 교육'을 하셨듯이 이땅에 세워진 크고 작은 모든 신학교, 교회 . . . 이 모든 것들을 하나님께서 필요하셔서 세우신 것이니 하나님께서 사람들을 통하여 운영하리라 믿는다. 그리고 성경적으로 말씀에 비추어 보면 사도행전의 시대는 핍박으로 제각각 흩어지게 하여 도망친 자리에서 다시 시작케 함으로 양적인 면에 하나님께서 치중 하셨다면 지금은 요한 계시록 시대가 도래하고 있다.   요한 계시록 시대는 민족도, 인종도, 교파도 . . . 모두 허무시고 오직 예수로 하나 되어 영광을 돌릴 수 있는 이땅에서의 복음의 추수기라 볼 수 있다.   특히 말세 시대는 예수님께서 마태복음 7장 15절에서 경고하셨듯이 '거짓 선지자를 삼가라 양의 옷을 입고 너희에게 나오나 속에는 노략질하는 이리라.'

그리고 마태복음 24장 5절에 '많은 사람이 내 이름으로 와서 이르되 나는 그리스도라 하여 많은 사람을 미혹케 하리라'고 하셨다.   야고보 사도는 '너희가 스승 되기를 자처하지 말라 심판 날에 가장 먼저 심판대에 서게 되리라'고 했다.   그리고 하나님께서는 고린도 전서 1장 27절에서 '세상의 미련한 것들을 택하사 지혜있는 자들을 부끄럽게 하려 하시고 세상에 약한 것들을 택하사 강한 것들을 부끄럽게 하려 하시며 하나님께서는 세상의 천한 것들과 멸시 받는 것들과 없는 것들을 택하사 있는 것들을 폐하려 하시나니'라고 하셨다.   즉 말세 시대에는 낮은자를 들어서 높은자를 바로 세우시며 약한자들을 들어서 강한자를 부끄럽게 하시겠다고 하셨다.   이땅의 교회 안에도 평신도를 통하여 잘못된 지도자를 바로 세우시는 시대가 도래하고 있다.   그러니 '아틀란타 신학 대학은 이 시대에 필요한 평신도 전문 사역자를 양육하는 학교로 세우고 운영하라'고 하나님께서 내게 명령하신 것이다.

나는 이런 명령을 받고 주님의 명령대로 우리 학교는 다양한 분야별 평신도 전문 선교사를 양성하는 신학 대학으로 초점을 맞추어 운영하게 되었다.   평신도들은 전문 목회자와는 다르게 신앙 생활이 자신들의 생활 터전을 중심으로 이루어진다.   그러니 전문 분야 교육과 신학 교육을 병행해서 제자화 할 때 이들은 불신자들이 살고 있는 생활 전선 깊숙히까지 파고들어 복음을 전할 수 있는 엄청난 파워가 있는 것이다. 그래서 다양한 일반 학과와 신학을 병행하는 지금까지 흔히 볼 수 없었던 독특한 형태의 신학교가 탄생하고 있었다.   이런 사역을 보지도 듣지도 못한 그래서 이해하지 못하는 일부 목회자 분들께 나는 많은 오해와 모함을 받아야 했다.   어쩌면 지금까지도 받고 있는지 모른다.   왜 신학 대학이 의료 선교학과, 컴퓨터 선교학과, 언어, 체육 선교, 경호학과 같은 것이 있느냐?   그리고 왜 신학 대학은 신학과만 운영하고 세례교인 이상만 학생으로 받지 않느냐? 등등 . . .   지금껏 동일한 질문을 수백번

들었는데 사실 성경을 깊히 이해하지 못하는 아니 현대 선교학을 바로 알지 못하시는 분들의 질문이라 생각한다. 사실 미국 신학대학 중에는 Sports Ministry, Magician Ministry, Drama Ministry 등등 그런 사역이 이미 이루어지고 있는데도 말이다.

지금 세상은 급속도로 다변화 되어 가고 있다. 복음을 전하는 방법이 옛날 방법에만 머물면 복음을 이해하고 접할 수 있는 기회가 한정될 수 있다. 나는 사역을 해보니 믿는 교인보다는 안믿는 세상 사람을 전도하고 양육하는 사역이 얼마나 중요한지를 깨닫는다. 죄송한 말이지만, 잘못 배운 기존 신자보다 아예 예수를 모르던 분들을 평신도 선교사로 교육 시켜보니 훨씬 더 그 열매가 값겼다. 이분들이야말로 순수한 열정으로 말씀대로 학교에서 배운대로 신앙 생활을 하려 함으로 교회와 사역지에서 엄청난 변화가 일어나고 있음을 나는 사역 현장에서 목격하고 경험을 했다. 그래서 우리 학교는 초창기에 학생 모집의 중점을 세례 교인에 제한하지 않았다. 학교 입학의 문을 신학을 배우고 싶어 하는 모든 사람들에게 활짝 열어 놓았다.

그래서 입학시 다른 신학 대학 모양 담임 목사 추천서니 각종 복잡한 서류로 입학의 문턱을 높이지 않았다. 나는 그때 하나님께서 이 지역에 복음을 들어야 할 사람들을 막 모으시고 싶어 하시는 것을 느낄 수 있었다. 그리고 상상도 못한 은혜를 경험하게 하셨다. 입학생 중에는 불교 신자인 보살도 입학을 해왔다. 당황스러웠지만 이미 문을 활짝 열기로 한 신학교이니 받을 수 밖에 없었다. 나는 그분이 입학을 하는 순간부터 교직원들과 함께 합심 기도에 들어갔다. '하나님 이분을 변화시켜 주시옵소서. 이 학교를 통해 주님을 영접치 못하면 이분은 불교로 돌아갑니다.' 정말 간절히 기도했었다. 놀라운 변화가 이분에게서 일기 시작했다. 눈높이를 낮춘 이해하기 쉬운 그리고 폭넓은 신학 공부를 통해 한 학기만에 개종을 하게 되었고 얼마나 열심히 신앙 생활을 하시는지 모른다. 나는 그때 '아!, 바로 이것을 하나님이 원하시는구나' 깨달을 수 있었다.

☺ 하나님의 비젼을 증명해 준 사람들

참으로 많은 분들이 우리 신학교를 통해 하나님을 만난, 그리고 하나님으로 인해 풍성해진 삶의 간증을 저마다 만들어내며 은혜로운 여정을 걸어갔다. 한분 한분의 간증이 다 소중하고 귀하다. 특별히 잊을 수 없는 몇분이 있어 소개하고자 한다. 그 한분은 현재 세계스포츠댄스 챔피언인 장세형 박사님 이시다. 이분은 미국 뉴욕에서 세계 챔피언을 꿈꾸시며 피나는 훈련 중에 우리 신학교에 입학 문의를 해오셨다. 우리 신학 대학에는 체육 선교학과가 있어 그토록 하시고 싶었던 성경도 체계적으로 공부하며 또 자신의 전공 분야와 관련된 공부를 병행 하실 수 있는 안성맞춤의 학교라며 매우 좋아하셨다.

우리 학교에서 제공하는 과목들이 개설되어 있지 않으면 이런 분들은 신학을 접하기 어려웠을 것이다. 신학만 전공하는 기존의 신학 대학은 문을 두드리기 부담스러워 하는 분들이 의외로 많았다. 이분은 학부 과정을 마치신 후 박사원 코스까지 모두 마치시는 열정을 보이셨다. 그리고 후에 뉴욕 주립대학 박사원에 편입하여 우리 대학 박사 코스와 뉴욕 주립대 박사 코스를 모두 성공리에 끝마치시는 놀라운 열매를 거두셨다. 이분은 이후 든든한 학문의 배경과 뛰어난 스포츠 댄스 실력으로 미국 챔피언의 자리까지 올라 그에 걸맞는 삶으로 하나님께 큰 영광을 올려 드렸다.

이런 분이 체계적 신학 공부로 준비가 되니 그 전문 분야의 선교는 바로 이런 분들이 맡아 하는 놀라운 영향력을 볼 수 있었다. 전문 사역자들이 감당하지 못할 일들을 바로 평신도 지도자들이 해내고 있는 것이다. 나는 장세형 박사님를 생각하면 너무나 마음이 뿌듯하다. 한국에서 이 큰나라 미국에 와서, 그것도 댄스며 스포츠며 세계에서 가장 발달한 이 미국에서, 수많은 인종들과의 경쟁에서 최고의 자리에 올라 서게 되었다는 것을 생각하면 하나님의 놀라운 은총이 아니고는 설명이 되질 않는다. 나는 이런 분을 만나 그분의 여정에 영적 영향력을 신학교를 통해 발휘할 수 있게 해주신 하나님께 얼마나 많은 감사를 올려드렸는지 모른다. 다시금 장세형 박사님의 삶을 축복하며 하나님께서 놀랍게 사용하시기를 기도한다.

뒤돌아 보니 우리 신학교에 유명하신 분들이 꽤나 많이 다녀갔음을 새삼 깨닫는다. 그중 한분이 바로 봉중근 선수이다. 야구를 좋아하든 싫어하든 한국 사람으로 봉 중근 선수 모르는 사람은 아무도 없을 것이다. 아니 이제는 세계적인 선수로 이름을 날리고 있다. 이 선수도 우리 신학 대학 체육 선교학과 학부에 적을 두고 공부하며 미국에서 선수 생활을 했었다. 그 바쁜 일정 속에서도 열심히 신학을 공부하며 운동하더니 오늘날의 영광스런 열매를 거두는 것 같아 얼마나 흐뭇한지 모른다. 당시 봉중근 선수는 정말 성실했고 믿음도 신실했다. 꼭 훌륭한 선수가 될 것이라 믿었는데 하나님께서 그의 믿음을 어여삐 보신 것 같다. 재학 당시 봉선수는 늘 나와 이런 농담을 하곤 했었다. '제가 큰 선수가 되면 학장님 우리 학교를 위해 등판에 학교 이름을 달고 뛰겠습니다.' 이 친구가 현재 그 약속을 지키고 있진 않지만 훌륭한 선수로 한국을 빛내고 있으니 그 약속 이상을 지키고 있는 셈이다. 나는 스포츠 신문을 접할 때마다 우리 봉선수의 근황을 먼저 살피게 된다. 그리고 그를 위해 아직도 뜨거운 기도를 드리고 있다. 야구계에서 하나님께 영광을 돌리는 선교사의 임무를 잘 감당하길 오늘도 간구한다.

잊을 수 없는 또 한분이 계신다. 바로 김은식 박사님이시다. 이분은 일찌기 서울대 약대를 졸업하시고 한국에서 기공학의 최고의 권위자로 유명하셨던 분이다. 한번은 아틀란타에 기공학 강의를 하러 오셨었다. 기공을 통해 사람들의 약한 기를 강하게 높여 그 기로 하여금 허약한 신체의 질명을 치료 하시는 분이셨다. 이분과는 신앙 간증도 나누고 설교와 많은 대화를 통해 교제할 시간이 있었다. 결국엔 신학을 공부하고 싶은 마음이 열리시어 우리 신학교에서 신학을 공부하셨다. 머리도 좋으시고 열정도 남다르시고 은혜도 남다르시더니 박사원까지 이수하시고 목사 안수까지 받으셨다. 김은식 목사님은 지금 하나님의 말씀까지 함께 한 영육간의 치료를 감당하는 치료사로 열심히 활동하고 계신다.

이런 분들에게 우리 신학교는 정말 이상적이었다. 기존 신학교였으면 이런 분들이 와서 공부할 수 없었을 것이다. 사실 지금 뒤돌아봐도 참으로 은혜로운 평신도 지도자를 위한 신학교 사역이었다. 그러나 사람들의 고정된 생각의 틀을 깨는 것은 생각처럼 쉽지 않았다. 그리고 부족한 인간들이 모이는 곳이기에 늘 눈에 보이지 않는 긴장이 있었다.

그당시만 해도 큰 교회들이 부설로 신학교를 운영하는 곳이 많았다. 신학생들 중 타 교회 출신들이 신학 공부를 하는 동안 신학교가 있는 본 교회로 옮기는 경우가 속출하니 다른 교회들이 이 문제에 민감할 수 밖에 없었다. 교회들은 성도들 중 신학교에 등록하는 것을 은근히 꺼리는 분위기가 있었다. 사실 우리 신학교에서도 경험한 일인데 강의를 맡으신 목사님들이 신학생들을 자신의 교회로 인도하려 하시는 경우를 종종 보았다. 이 문제는 생각보다 민감한 문제였다. 그래서 나는 이 문제만큼은 철저히 선을 긋고 행동해야 겠다고 생각했다. 우리 학교는 다른 교회에 덕이 되어야 한다는 것이 기본 철학이었다. 그분들에게 필요한 일꾼을 양육해 드리는 사역에 충실하려 노력했다. 그러다 보니 이런 경험을 할 수 있었다.

어느 한 교회에서 평신도 두분이 우리 신학교에 등록을 하자 그 교회 목사님 사모님이 적극적으로 반대를 하셨다 한다. 그러다가 한학기가 지난 후 그 사모님께서 학장인 나에게 전화를 해오셨다. '학장님, 정말 감사합니다. 처음엔 반대를 했지만, 학장님 학교에 다니시는 동안 두 집사님 가정이 얼마나 변화가 되셨는지 모릅니다. 감사 생활이며, 봉사 생활이며 얼마나 열심히 하시는지 너무나 은혜가 됩니다. 이분들 때문에 교회가 살았고 부흥의 원동력이 되고 있습니다. 그래서 오늘은 감사를 표현하려 이렇게 전화드립니다.'

나는 우리 신학교를 통해 바로 이런 분들을 길러 내는 것이 목적이었다. 지역 교회가 필요로 하는 평신도 일꾼들을 양육해 내고자 하는 것이었다. 그래서 지역 교회 목회자님들 가운데는 찬양 인도자며, 피아노 반주자며, 교육 담당 사역자 . . . 등을 찾기 위해 우리 신학교에 문의하시고 또 직접 오셔서 스카웃해 가시기도 하셨다. 그때 훈련 받은 분들 중 지금도 이지역에서 열심히 봉사하고 계시는 분들이 꽤 많이 계신다. 각 교회에서 평신도 리더로, 집사로, 장로님으로, 권사님으로 섬기시며 지역 복음화에 일익을 감당하고 계신다. 믿음이 전혀 없던 분들이 주님을 만나 한 가정의 영적 지도자로 그리고 나아가 주님의 몸된 교회에서 지도자로 섬기는 모습을 보는 것은 정말 놀라운 은혜요 감동이다.

누가 이런 신학교를 없어져야 한다고 말할 수 있겠는가! 사실 기존 신학교에서는 기대할 수도 상상할 수도 없는 너무나 놀라운 일들이 우리 신학교에서 일어나고 있었다. 우리 학교를 향한 이런 깊은 하나님의 마음을 알리가 없는 일부 교계 지도자들은 그분들이 갖고 계신 신학교에 대한 잣대를 들이대며 이단이니 . . . 없어져야할 신학교니 . . . 비판에 비판을 거듭했다. 정말 가슴아픈 일이었다. 그때의 일을 생각하면 지금도 가슴이 아려온다.

⊚ 급성장을 주신 하나님

다들 자신의 소견에 좋은 대로 신학교는 이러이러해야 한다고 주장하며
의견이 분분한 어려운 환경 속에서도 학교는 잘 성장하고 있었다.
아틀란타에 작은 사무실 건물로 문을 연 학교가 일년이 지나자 50명
이상으로 성장하게 되었는데 여기에서 솔직히 부끄러운 고백 한가지를
해야겠다.   나는 1년 전 아틀란타에 학교를 세우면서 하나님께 이렇게
기도했다.

> **하나님!**
> **35명만 보내주십시요.**
> **35명만 보내 주시면 원이 없겠습니다.**

왜냐하면 한명도 없이 돈 15,000불로 작은 건물에서 시작한 학교가 오늘
이 엄청난 성장의 기적을 가져오리라는 것은 상상도 못하는 일이었고
당시 나는 생각할 때 35명이면 대단한 성장이라고 생각을 했었기
때문이다.

한번은 우리 작은딸 한나가 사무실에 들려 이곳 저곳을 둘러 보더니
실망한 얼굴로 이렇게 한마디 불쑥 했다.
"애게, 이게 뭐 신학대학이야? 한사람도 없는데 ... "
나는 그때 한나에게 이야기 하길 "한나야, 하나님께서는 욥기서 8장 7절
말씀에 '네 시작은 미약하였으나 네 나중은 심히 창대하시리라'고
약속하셨다.   반드시 일년 내에 큰 건물로 이사를 갈 것이고 35명 이상
학생이 채워질 것이다.   두고 보아라."하고 큰소리를 쳤지만 사실 내심은
자신이 없었다.   생면부지한 곳에서 초라한 모습으로 출발한 학교가 35명
이상을 채운다는 것은 하나님의 도우심이 없이는 불가능한 일이었다.
그런데 지금 50명 이상으로 성장을 했고 50명이 넘다보니 건물이
협소했다.   그리고 이렇게 성장을 거듭하니 주위의 핍박과 모함이 더욱더
거세게 몰려오기 시작했다.   학교는 온갖 우겨싸는 반대 세력에도
불구하고 급성장을 향해 달려가고 있었다.   그만큼 학교를 필요로 하는
영혼들이 많았기 때문이다.

⊚ 철저한 신학 바탕 위에 예수 그리스도의 영성으로 무장한 학교를 꿈꾸며

한국에서 목회와 선교사역을 할 때도 또 미국에 이민을 와서도 느끼는 것은 우리가 신학을 하던 시대와 현대는 큰 차이점이 있다는 것을 실감할 수 있다. 나는 늘 그 옛날 순수한 열정으로 영성 개발에 힘쓰던 때를 그리워했다. 아니 더 정확히 말하면 내 마음 속에 이 부분은 엄청나게 큰 부담으로 늘 자리잡고 있었다. 70, 80년대 우리 세대가 신학 공부를 할 때는 솔직히 지금보다 학문적 입장에서는 좀 부족했지만 대신 영성적 면에서는 엄청나게 강한 교육을 받은 것 같다. 매주 금요일 밤이면 무조건 산기도로 밤을 꼬박 새웠고 수시로 기도원에 가서 전심의 기도를 드리며 하나님과 영적 교제을 하기에 힘썼다. 어떤 날은 눈이 오고 비가 쏟아지고 한여름 더위는 온몸에 땀으로 범벅이 되게 했다. 그래도 아랑곳 하지 않고 기도에 힘쓰곤 했다. 당시 신학생들에게 필수품이 대형 비닐 봉투 1.5-2m 가량을 차곡 차곡 접어 성경책 사이에 끼고 다니는 것이었다. 왜냐하면 산기도 중에 비가 오거나 눈이 오는 날엔 갖고 있던 비닐 끝 부분을 묶어 뒤집어 쓰고 기도하기 위해서 였다.

그때는 교수님들께서 여학생 남학생 할 것 없이 높은 산 때로는 공동 묘지 같은 곳에 초저녁에 올라가 각자 몇 미터 쯤 간격을 두고 각기 혼자 기도하게 시키셨다. 처음에는 바람만 불어도 무엇이 달려 드는 것 같아 머리 끝이 서고 소름이 끼치고 깜짝 깜짝 놀랄 수 밖에 없었는데 그렇게 몇날 며칠이 지나자 담력이 생겼다. 기도의 영력이 넘쳐 오히려 큰소리로 '나사렛 예수 이름으로 명하노니, 사단아 물러가라! 귀신아 물러가라!' 담대히 물리치는 기도를 하는 사람으로 바뀌게 되었다. 산기도를 통해 담력 뿐만이 아니라 영력도 크게 키우고 무엇보다 큰소리로 찬양함으로 목성도 트이고 음성 성대도 고음 저음 중음을 자유로이 낼 수 있게 가다듬어졌다. 산기도와 산에서 찬양 생활을 몇년 하고 나면 혼자 찬양을 드려도 고음 저음 중음 엘토 소프라노 바리톤 등의 다양한 음성으로 목성이 나와 직접 보지 않고 찬양 소리만 다른 곳에서 들으면 몇명이 함께 합창으로 찬양을 하고 있는 것으로 착각할 음성을 하나님은 주신다. 그래서 우리같은 사람은 찬양 한소절이나 기도 소리 아니 몇 마디의 대화 중 음성 음폭 등만 들어도 상대의 기도 생활 정도 영적 생활의 상태를 바로 알 수 있었다.

그리고 그 시대에는 합심 기도 훈련 중 기도원 기도굴이나 좁은 공간의 방에 각자 벽을 향하여 기도의 자세를 취하게 한 후 기도 전에 '주여!'를 삼창을 먼저 하게 했다. 그리고 나서 통성으로 기도를 시켰는데 5분

10분 후에는 한사람 기도 소리 밖에 들리질 않는다. 왜냐하면 그중 가장 많은 기도의 능력을 갖은 사람이 다른 사람의 기도를 제압함으로 다른 사람들은 가장 강하고 크게 기도하는 사람의 기도 소리 때문에 방해가 되어 기도할 수 없기 때문이었다. 또한 당시는 금식 기도를 오늘날 신학생들이 밥을 먹듯이 했다. 보통 15일 어떤 분들은 40일 금식 기도로 생명을 내놓은 결사의 기도를 드리기도 했다. 그리고 스피치 훈련, 제스츄어 훈련, 발음 교정 . . . 등 피나는 자신과의 싸움과 노력 끝에 해산의 산고를 통하여 얻어진 산물이 하나님께 얻는 능력과 영적 파워였다. 그때는 정말 말씀 하나로 당당했고 믿고 선포하는 뱃장이 두둑한 목사님들이 많았고 역사도 많이 일어났다.

요즘은 매끄럽고 반질반질한 인간의 지혜와 생각이 많이 가미된 그런 설교는 많다. 그러나 그때만큼 영성을 느낄 수 없는 것이 안타깝다. 오늘 날은 모두가 쉽게 인간의 힘과 지혜로 하고자 하니 영성은 약하고 교회 내에 의견만 분분하고 혼란한 것 같다. 특히 신앙의 가장 기본이 하나님의 말씀, 성경인데 솔직히 목회자가 성경 말씀 몇십독도 정독치 않고 강단에 서서 가르치고 설교하는 일은 상당히 부끄럽게 여겨야 할 일이다. 아니 매우 위험한 일이다. 나는 최소한 신구약 정독 30독은 제직이라면 해야 하고 목회자라면 적어도 백독은 하고 연구하여 강단에 서야 한다고 주장한다. 왜냐하면 성경 말씀을 본인이 바로 알고 목사라면 다른 것은 몰라도 성경만큼은 전문가가 되어야 하기 때문이다.

나는 처음 경찰 교회 군인 부대 등 지식 수준이 높은 분들을 상대로 설교를 해야 했는데 강단에 서고 보니 앞에 설교를 듣기 위해 앉아 계시는 분들이 너무도 크게 보였다. 달고 있는 계급장들이 번쩍번쩍 빛났고 얼굴에는 근엄함이 넘쳐났다. 도저히 주눅이 들어 다리가 떨리고 말을 더듬으며 입이 떨어지질 않았다. 나는 식은땀을 줄줄 흘리며 내가 무슨 말을 하고 있는지도 모르게 횡설수설거리고 단상에서 내려왔다. 그일을 겪고 난 후 나는 절망에 빠졌다. 안되겠다. 하나님께 매달려 기도해야겠다는 마음 외엔 아무 생각도 없었다. 그래서 산에 올라가 하나님께 기도로 매어달렸다. '하나님! 앞으로도 계속 다양한 계층의 분들 앞에 설교를 계속해야 하는데 어떻게 해야 합니까? 두렵고 떨려 어찌할바를 모르겠나이다.' 그렇게 한참을 한심한 나를 바라보며 울며 불며 하나님께 호소 했다.

그때 나는 이런 하나님의 음성을 마음으로 들을 수가 있었다. '좋아! 너는 무엇을 가르치고 목사의 사명이 무엇이라고 생각하느냐? 세상의 것으로는 그분들 모두가 자신들의 전공 분야로 잘 준비되어 너보다 물론 훌륭하다. 그런데 너는 내게 관한 말씀, 성경의 전문가, 성경의 박사가 되어 성경 말씀만 가장 쉽게 재미있고 은혜롭게 가르치고 증거하면 최고의 높임과 쓰임을 받으리라.' 나는 이 말씀이 마음에 와닿자 감사의 기도를 드리고 그 자리에서 계속해서 더 깊은 말씀의 영감과 은혜를 달라고 밤새 울부짖고 기도했다. 기도 중 하나님께서는 시편 119편 103절을 주시며 계속 반복해 묵상하게 하셨다.

'주의 말씀의 맛이 내게 어찌 그리 단지요. 내 입에 꿀보다 더하나이다.'

나는 그때 너무나 말씀 묵상이 하고 싶어 참을 수가 없었다. 그 이후로 나는 성경 말씀이 정말 꿀보다 더 달아 어디를 가나 성경을 손에서 놓을 수가 없었다. 하나님께서는 묵상하는 말씀들이 깨달아지도록 도우셨고 걷잡을 수 없는 능력으로 사로 잡으셨다. 지금껏 구약 수백독과 신약은 아마도 육백여독은 하지 않았나 싶다. 그러는 동안 하나님께서는 정말 엄청난 은혜를 주셨고 엄청난 비밀을 깨닫게 해주셨다. 그런데 하나님의 은혜가 놀라운 것은 이처럼 많이 성경을 통독 했으면 줄줄이 외워야 하는데 앞에 보면 뒤에 것은 잊어버리고 뒤를 보면 앞에 것은 잊어버려 또 읽고 또 읽고 연구하고 또 연구하며 거듭 거듭 다시 찾아 확인하게 하신다. 그러니 나는 계속 말씀과 함께 할 수 밖에 없다. 사실 나는 젊은 시절부터 정말 기억력이 뛰어나다는 말을 많이 들어왔었다. 그런데 하나님께서 교만치 않토록 은혜를 주심으로 자랑할 것이 없도록 해주신 것이다.

내가 처음 성경을 깊이 깨닫고 은혜 받은 것을 잠시 간증함으로 그시절 하나님의 인도하심을 나누고 싶다. 신학 대학 재학 시절 충남 논산의 한 시골 마을에 잠시 간적이 있다. 나는 그곳에서 한 작은 교회 새벽 기도에 참여 했는데 그곳 목사님께서 요한복음 강해 설교를 하시고 계셨다. 얼마나 은혜로왔는지 온 정신이 모두 빨려 들었고 그후 목사님을 따로 찾아 뵙고 그토록 말씀이 깊고 은혜롭게 설교 하실 수 있는 비결이 무엇인지 가르쳐 주십사 부탁을 드렸다.

목사님께서는 말씀하시기를 첫째 성경을 창세기부터 요한계시록까지 정독으로 토씨 하나도 빼지 말고 기도하면서 30회 정도를 정독하라고 하셨다. 30회 정도를 정독하다보면 66권 말씀 중 어느 한권이 가장 마음에 부딛치고 자신을 끌어 당기는 것을 느끼게 된다. 그리고 그 성경 한권을 이제는 주석 최소한 4 종류와 성구사전, 성경 낱말 사전, 인물 지형 지리 사전, 관주 성경 등을 준비하여 첫절부터 끝까지 연결된 성구를 모두 찾아 가면서 또 노트에 기록해 가면서 공부하라고 하셨다. 한 권을 공부 하려면 1년 정도가 소모될 것이라고 하셨고 나는 정말 그렇게 해보고자 하는 마음으로 가득했다. 목사님 말씀대로 성경 정독을 시작했고 나는 당시 요한복음 말씀이 가장 은혜스럽게 다가와 요한복음 1장 1절 말씀 '태초에 말씀이 계시니 ...' 태초부터를 관주 성경과 성구 사전으로 모두 찾아 기록하면서 1년간 꼬박 공부하고 나니 그 다음부터는 성경 66권이 어디서나 연결된 성구를 찾을 수 있었다. 그러니 폭넓은 성경공부도 인도할 수 있고 설교도 할 수 있어 설교 준비를 위해 따로 끙끙거리며 어려워할 필요가 없었다. 그리고 수많은 부흥회 인도며 목회를 통해 설교를 했지만 성경 말씀의 깊이가 없거나 설교가 부실하단 지적은 받지 않았다.

두번째로 중요한 것은 공부한 말씀을 전하는 일이라고 하셨다. 아무리 훌륭한 말씀이라도 전달하는 방법 수단이 좋지 않으면 무용지물이 된다는 것이다. 목사님께선 개인의 경험을 통해 효과적으로 말씀을 전하는 좋은 말씀을 많이 해주셨다. 그리고 나는 그분의 말씀을 나 자신에게 이렇게 적용을 하며 훈련에 임했다. 첫째 나 자신의 경상도 사투리를 교정하기로 했다. 날마다 표준어 사용을 위해 정말 3년간은 꼬박 피나는 노력과 훈련을 했다. 두번째는 말씀 전달 과정에서 제스추어 훈련을 하기로 했다. 벽 네면에 대형 거울을 걸어 놓고 하루 5-6 시간씩 거울 앞의 나 자신의 모습을 바라 보면서 동작 하나 하나 얼굴 표정 하나 하나를 훈련했다. 세번째로는 스피치 훈련을 했다. 성경책 일반 성경과 현대인의 번역 성경 등 종류대로 크게 소리내어 읽고 또 읽었다. 녹음을 하여 들어보고 다시 녹음을 하기도 했다. 네째는 피나는 기도와 찬양으로 깊은 영성을 가다듬었다. 그러자 나도 모르게 메세지도 음성도 새롭게 변했다.

특히 요즘 같이 미디어가 발달한 시대에는 매번 설교할 때 목회자들께서 가장 가까운 사모님들께 시켜 녹음 또는 비디오 촬영을 하게 하여 아무리 바빠도 10회 이상을 자신이 한 설교를 듣고 보아 계속 교정시키면 엄청나게 달라진 설교를 할 수 있을 것이다. 최소한 3천회 정도의 설교를 이렇게 하고나면 자신에게 맞는 이미지라든가 분위기를 알아차릴 수 있고 자신에게 가장 편안한 설교를 개발할 수 있는 영안이 열리게 될 것이다.

이처럼 목회자는 하루 아침에 헌신을 하는 순간 갑자기 태어나는 것이 아니라는 것을 배웠다. 피나는 훈련과 노력, 끝없는 말씀 기도 찬양 그리고 자신과의 싸움에 이길 때만이 훌륭한 한 목회자가 나올 수 있음을 배운 것이다. 에베소서 6장 12절 **말씀처럼** '우리의 싸움은 혈과 육에 대한 것이 아니요 정사와 권세와 이 어둠의 세상 주관자들과 하늘에 있는 악한 영들에게 대함'이기 때문이다. 나는 학교를 운영하면서 많은 신학교들을 연구하게 되었고 많은 신학생들을 만날 기회가 있었다. 그런데 솔직히 현대 신학생들은 대부분 이런 험한 길 험한 훈련을 받기를 싫어한다. 그들은 쉽게 인터넷에 들어가 매끄럽게 써 놓은 남의 것을 옮겨와 설교하고 가르치려한다. 어디 유명한 목사가 있다고 하면 그분의 노력과 훈련 과정을 닮으려 하기 보다는 그분이 써놓은 글을 퍼와 - 솔직히 말하면 훔쳐오는 것이지 않는가 - 자기 것인양 사용하곤 한다. 위에서 이러니 그 밑에 있는 성도들의 영성은 물어 무엇하랴. 성경에서 말씀하시는 예수님의 영성은 점점 흐려져 가고 있다.

난 옛날 인터넷도 좋은 책도 많이 없던 그시절이 그립다. 산으로 들로 성경 한권만 들고 세상을 얻은 양 뛰어다니며 말씀 연구에 힘쓰고 기도에 힘쓰고 간절함으로 찬양하던 그시절이 그립다. 성경 말씀은 꿀보다 달고 밤하늘에 별을 세며 산중에서 울부짖던 기도는 사역을 가능케 하는 힘이요 능력이요 나를 지탱하는 전부였다. 나는 이런 그리움 속에서 우리 학교는 철저한 신학의 바탕 위에 예수 영성 교육을 집중 병행 교육함으로 예수님을 닮아가는 제자 훈련을 중점으로 하기로 했다. 그래서 매주 예배를 시작으로 수업을 했고 교수님들도 청빙시 영성과 학문을 두루 갖춘 분들만을 엄격히 선별하여 모시고 강의에 임했다. 뭔가 그시대 내가 경험한 그 순수하고 뜨거운 신앙을 학교를 통해 전수하고 싶었다. 특별히 이민 교회의 신앙 생활을 처음 접하면서 느꼈던 충격들을 다시 뒤돌아보며 인간들의 주장만이 무성한 그런 나약한 교회가 아니라 예수 그리스도의 영성에 사로잡힌 그런 교회 사역에 기여할 수 있는 학교가 되길 간절히 바랐다. 학교에 등록된 학생들은 나의 그런 뜻을 알아차리는지 '뭔가 신선하다. 학교 생활이 기쁘다.

예수님과 동행함이 매일 느껴진다'며 변화된 삶의 간증을 풍성히 나누었고 학교는 나날이 성장해갔다.

◉ 하나님의 인도로 아틀란타 캠퍼스 확장

돈은 가진 것이 없고 그렇다고 융자를 할 수 있는 크레딧도 없고 학생은 자꾸만 등록해오고 내가 믿는 분이란 딱 한분 밖에 없으니 기도할 수 밖에 또 다른 도리가 없었다. 몇 주를 기도하는 중에 우리 학교 광고를 맡기던 신문사에 근무하시는 신 집사님이 오셔서 '목사님 아틀란타 신학교가 이사할 수 있는 좋은 빌딩이 하나 있는데 함께 가보시죠' 하셨다. 함께 그 장소로 가보니 파킹장도 넓고 학교 캠퍼스로 사용하기에 너무도 좋은 곳이었다. 왜냐하면 학교 건물은 첫째 주차장이 넓어야 하고 또 주위 환경과 학교 용으로 건물 용도가 카운티에서 허가가 나와야 교육국에서 허가를 받을 수 있다. 그렇기 때문에 이런 조건을 갖춘 빌딩을 얻는다는 것은 그렇게 쉬운 일만은 아닌데 모든 조건이 너무도 좋았다. 그러나 문제는 시설비, 보증금 등 당장 약 3만불 이상이 있어야 했는데 당시 내가 가진 돈은 약 5천불 뿐이었다.

그래서 나는 하나님께 기도를 드렸다. 하나님의 뜻이라면 돈도 조성해 주시고 모든 것을 역사해 주실 줄 믿고 기도를 하다가 **출애급기 14장 15-20절** 말씀을 주셔서 '예라, 모르겠다. 내 일이 아니고 하나님 일이니 저지르고 보자' 결단을 내렸다. 부동산 에이전트를 통해 5,000 SF의 건물을 1년 간은 월 약 4,500불, 1년 후부터는 5,000불로 3년 간 렌트 계약을 맺게 되었다.

그때 여호와께서 모세에게 말씀하셨다. "너는 어째서 나에게 부르짖느냐? 이스라엘 백성에게 앞으로 나아가라고 말하라. 그리고 너는 네 지팡이를 들고 손을 바다 위로 내밀어 물이 갈라지게 하라. 그러면 이스라엘 백성이 마른 땅을 밟고 바다를 지나갈 것이다. 내가 이집트 사람들의 마음을 돌처럼 굳게 할 것이니 그들이 그 뒤를 따라 들어갈 것이다. 내가 바로와 그의 모든 군대, 곧 그의 전차와 마병을 통해서 영광을 얻을 그 때에 이집트 사람들이 내가 여호와임을 알게 될 것이다."

출애급기 14장 15-20

또 한번의 기적

막상 이 계약을 맺고 나니 나 자신도 조금 겁이났다. 왜냐하면 당시 이 규모의 학교를 운영하려면 광고비, 렌트비, 교수비 ... 등 기본으로 월 약 3만불은 고정 인컴이 있어야 하는데 수중에 돈이란 한푼도 없었다. 주위에서는 너무 무리한다. 미국 생활을 모르는 무식한 행동이다. 대책없는 사람이다 ... 별별 소리를 다 했지만 왠지 나에게는 확신과 평안이 있었다.

그런데 그때 상황을 보면 당장 5천 SF 건물에 강의실이며 필요한 공간을 창출하는 칸막이 공사를 하려면 약 5-6만불이 있어야 했고 책상 시설, 강단 시설 등등 2만불 이상은 있어야 했다. 건물 주인이 수백만 SF의 건물을 새로 구입하여 모두 비어있다 보니 우리 학교가 처음 입주자로 계약을 맺자 파격적인 세일을 제안했다. 필요한 칸막이 공사를 해주겠으니 지역 한인들에게 많이 선전해서 고객을 좀 확보해 주고 이 일을 위해 기도를 부탁해 왔던 것이다.

나는 너무도 기적같은 일이라 내가 짧은 영어로 잘못 알아 듣지나 않았나 하여 영어 잘하시는 가까운 분께 가서 물어 보았다. 이분 말씀이 절대 그런 일이 없을 것이라고 하셨다. 그리고 건물 주인이 유태인인데 더 더욱 믿기 힘들다고 하셨다. 그래서 직접 그 주인과의 통화를 부탁드렸더니 전화 통화를 마치고 정말 기적같은 일이라며 무척 놀라셨다. 3년 간 렌트하면서 6-7만불 공사비를 투자하는 건물 주인은 처음 보셨다고 했다. 아무튼 하나님은 그분의 마음을 움직여 주셨고 우리 학교가 입주한 후 몇년 내에 그렇게 넓은 건물 전체가 렌트로 모두 나갔고 주인은 나만 만나면 감사하다고 도리어 인사를 했다.

바뀌어진 허가 도면

건물 렌트 계약 당시 입주 예정일을 90일로 정하고 계약서를 작성했다. 그런데 건물 주인이 설계사에게 도면을 맡겨 관할 카운티에서 실내 공사 허가를 30일만에 받아 즉시 공사를 시작해도 계약시 입주 예정일에 이사하기가 힘든 일정이었다. 나는 이 문제를 위해 기도를 하고 있었다. 그러던 중 부동산 에이전트가 연락을 해서 공사 현장엘 가보았는데 허가난 건물 도면을 보고는 이상하게 맞지가 않아 깜짝 놀랐다. 다시 자세히 살펴보았더니 건물 뒷면과 앞면(하나의 건물을 반으로 나누었는데)이 바뀌어 뒷면의 건물에 허가를 받아 잘못된 도면으로 공사를 하려고 준비 중인 것이었다. 내가 잘못된 점을 지적했더니 모두들 깜짝 놀라 어찌할 바를 알지 못하고 건물 주인에게 이 사실을 알렸다. 건물 주인은 연락을 받고 새파랗게 질려 즉시 달려왔다. 다시 도면을 만들어 허가를 받아 공사를 시작해야 하는 방법 외엔 딴 방법이 없었다. 이렇게 되면 공사 기간이 예정 보다 많이 소요될 것이고 신학기 개강 날짜는 정해져 있고 여간 난감한 문제가 아니었다.

다시 나는 하나님께 기도할 수 밖에 없었다. 그날 저녁 밤이 늦도록 기도를 하는데 하나님께서 로마서 8장 28절 말씀을 주셨다.

"우리가 알거니와 하나님은 사랑하는자 곧 그 뜻대로 부르심을 입은 자들에게는 모든 것이 합력하여 선을 이루느니라"

이 말씀을 응답으로 주시면서 하나님께서는 이런 말씀을 마음에 주셨다. '좋아! 네가 이 건물 인테리어 공사를 맡아하거라. 그리하면 도서실 책상 강단 등의 부대 시설을 할 수 있는 자금도 조성되고 공사도 빨리 이루어져 차질없이 개강할 수 있으리라'

나는 그 이튿날 건물 주인에게 찾아가 '내가 직접 공사를 할테니 나에게 본공사를 맡겨 달라'고 제의했다. 그토록 깐깐한 성격으로 소문난 유대인 주인이 흔쾌히 승락하면서 대신 한가지 조건을 달았다. 만약 공사가 늦어져 이사 일정에 차질이 생겨 가을 학기 개강을 못해도 본인에게는 책임을 지우지 않는다는 조건이었다. 이때 하나님께서 또 내게 지혜를 주시길, '좋아! 그럼 너도 조건을 붙여라. 네가 돈이 없으니 먼저 선급금 20%와 공사비를 65,000로 정하라.' 그래서 하나님께서 주신 지혜대로 내 조건을 말했더니 또 다시 쾌히 승락을 하였다. 우리는 서로 약정서에 싸인을 하고 그날부터 공사에 착공을 했다. 아무리 서둘러 공사를 해도 정상 절차를 밟으면 60일 내에 공사를 완공하기란 힘든 기간이었다.

그런데 하나님께서 주저하고 있는 내 마음을 이미 보시고 강한 힘으로 밀어 부치셨다. 그 추운 겨울에 밤낮으로 공사를 할 수 밖에 없었고 카운티 중간 검열을 받아 벽을 모두 세워야 하는데 마음도 급하고 또 밀어 붙이시는 강한 힘에 이끌리어 한쪽 벽면을 먼저 세워놓고 중간 검사를 신청하게 되었다. 당시 공사 전문가들은 '큰일났다. 절대 중간 검사에서 합격을 시켜주지 않을 것이다. 한쪽 벽면을 임의로 먼저 세워놓고 어떻게 중간 검열에 통과할 수 있겠는가' 염려들이 많았다. 나는 또 하나님만 의지하고 기도할 수 밖에 없었다.

그 다음날 카운티 검열관이 중간 검열을 나왔다. 그리고 나에게 묻기를 '왜 누가 허락을 해서 한쪽 벽면을 완공해 놓고 검열을 신청했느냐?'고 따졌다. 나는 올것이 왔다고 생각하며 또 하나님께 지혜를 구했다. 그때 성령님께서 강하게 역사하시길, '담대하라 두려워 말라' 계속 내게 속삭여 주셨다. 나는 나도 모르게 어떤 강한 힘에 이끌리어 당당하게 대답을 했다. '예, 우리 하나님께서 명령을 하셔서 이렇게 했습니다. 또 담당관님도 현재 우리 학교가 처한 현실을 하나님께서 이해시켜 주실 줄 믿었습니다.' 하고 망설임도 없이 대답했다. 황당스러울 정도로 담대한 내 자세에 놀랍게도 그 담당관은 크게 너털 웃음을 웃으며 입을 열었다. '좋습니다. 이번 딱 한번만 OK 사인을 해드릴테니 남은 공사에는 절대 하나님 말씀만 듣지말고 내 지시도 따르십시오' 하며 중간 검사를 통과시켜 주었다. 나도 검사관도 그리고 그곳에 있던 모든 사람들이 놀랐다. 어떻게 이런 일이 일어날 수 있는지. 나는 지금 생각해도 아찔한 느낌을 받는다. 그런 담대함이 어디서 나왔는지. 나는 이 경험을 통해 인간의 마음을 움직이시는 분이 하나님이심을 너무나 생생히 깨닫게 되었다. 하여튼 그곳에 모인 모든 사람들이 검사관까지도 성령께서 베푸신 은혜로 인해 충만한 기쁨에 넘쳤다.

그래서 그 짧은 기간에 아무런 일 없이 공사를 잘 마무리 할 수 있었고 이사까지 마칠 수 있었다. 정말 꿈같은 일이었다. 물론 하나님께서 해주시리라는 믿음은 있었지만 이렇게 극적으로 빨리 이루어 질 줄은 꿈에도 몰랐다. 더 놀라운 것은 하나님께서는 부족했던 시설비를 채워 주시려고 건축 설계사가 실수하여 잘못된 도면을 내밀게 하셨던 것이다. 그리고 또 지난 날 한국에서 내가 건축 회사에서 쌓은 경험을 사용케 하셔서 잘못된 도면을 금새 찾아낼 수 있게 하신 것이다. 그리하여 본공사를 무려 2만불 이상을 남기며 마치게 하셨다. 그 2만불은 하나님께서 도서관 책장, 강단 시설, 강의실 책상 등 부족한 실내 시설비로 충당케 은혜를 베풀어 주신 것이었다. 이렇게 세심하게 인도해 주신 하나님의 손길로 신학교는 멋진 강의실 뿐 아니라 실내에 필요한 가구까지 완벽히 완성되어 학생을 기다리게 되었다. 주인의 입장에서도 손해볼 것이 없었고 나 또한 돈 한푼 없이 이 일을 완성하게 하신 것이다. 이 일을 통해 나는 빌립보서 4장 19절 말씀을 너무나 감격스럽게 경험했다.

빌립보서 4장 19절
나의 하나님이 그리스도 예수 안에서 영광 가운데 그 풍성한대로 너희 모든 쓸 것을 채우시리라

❻ 축복 후의 한바탕의 폭풍

드디어 새로운 시설로 학교를 옮겼다. 넓은 강의실, 예배실, 스태프 룸등 근사한 학교 안에 들어서니 의욕이 저절로 넘쳐났다. 하나님께서 손수 마련해 주신 은혜의 터가 아니던가! 다른 사람들은 그냥 '아! 좋구나' 할지 모르지만 난 달랐다. 하나님께서 구체적으로 어떻게 하나하나 인도해 주셨는지 그 순간들을 하나도 잊을 수가 없는 나였다. 그래서 이곳이 나에겐 하나님의 살아 역사하심을 강하게 느낄 수 있는 은혜의 터였던 것이다. 나는 엎드려 감사의 기도를 먼저 드렸다. 한참을 눈물 콧물이 범벅이 된 채 . . . 그리고 주신 비젼을 더욱 튼튼히 잡으려 초심으로 돌아갔다. 그리고 건물 크기 만큼이나 학교의 질적 향상을 놓고 전심으로 기도하기 시작했다.

먼저 이민국으로부터 유학생 비자 발행 허가를 받기로 했다. 이 일이 이루어지니 한국, 중국, 일본, 케냐 등 5개국 유학생들이 계속 입학을 해왔다. 50여명의 학생이 단시일 내에 80명, 100명, 200명, 300명으로 불어났고 그 크게 보이던 강의실이 또 부족하게 되었다. 나는 하나님께 '하나님 또 학교 건물이 좁사오니 이제 그만 보내주셔도 됩니다' 하고 겁에 질려 기도를 드렸다. 그런데 하나님께서는 자상하신 음성으로 '좋아! 아무 염려 말라, 시설이 좁으면 건물을 넓히면 될 것이 아니냐' 하고 용기와 담대함을 주셨다.

솔직히 말해 나는 지금까지 수많은 기적과 축복을 체험하고 받아왔지만 내 뜻대로 내 의지대로 스스로 사역을 해온 일은 단 한번도 없었던 것 같다. 모두가 하나님께서 강하게 밀어 부치시니 떠밀려 온 것이 여기까지 오게 된 것이다. 이렇게 학교가 급성장에 성장을 거듭하자 마귀 사단들이 그냥 보고 있을리가 없었다. 이제 조직적이고 결사적으로

대항해 오기 시작했다. 심지어 지역 교회 협의회, 교역자 협회 . . . 등에서 연일 대책 회의 등으로 '아틀란타 신학 대학은 이단이다, 잘못된 학교다 . . . ' 등등. 정말 인간으로서는 참을 수 없는 핍박과 모욕이 물밀듯 덮쳐 왔다. 이 학교를 통해 영적 지도자가 양성되어 미국 방방 곡곡, 세계 방방 곡곡으로 흩어질 터이니 사단 마귀가 가만히 있을리 만무였다. 그런데 그 대항 방법이 너무나 교묘했다. 가장 잘 이해해 주어야할 목회자들로 오해케 해서 가장 권위있고 신뢰 할 수 있는 그분들의 입을 통해 이 신학교가 잘못된 신학교라 공표하게 만든 것이다.

나 혼자 감당하기에는 너무도 힘든 영적 전쟁이었다. 만약 당시 내가 단 1분만이라도 기도하기를 멈추었다면 나 자신은 아마 질식하고 말았을 것이다. 불안, 초조로 밀려오는 외로움, 공포, 분노, 억울함 . . . 이런 핍박과 고난을 받아보지 않은 사람은 필자의 심정을 조금도 이해하지 못할 것이다. 현실에서 도망치고 싶었지만 수백명의 학생들과 학생들의 딸린 가족들은 어떡하랴. '어떤 일이 있어도 이분들을 지켜야 한다, 목숨을 걸고 지켜 이겨야 한다' 결사의 각오를 했다. 그리고 오해로 핍박과 압박을 일삼는 목사님들을 한분 한분 만나고 학교로 모셔 모든 과정을 오픈하여 설명을 드리기 시작했다. 그랬더니 잘못된 소문과 편견이 좀 가시면서 해치려는 사람들보다는 도와주시고 격려해 주시는 분들이 더 많이 생겨났다.

지금 생각해 보면 그분들도 그분들 나름의 신앙관에서 교계에 잘못된 신학교가 서면 않되기 때문에 사명감으로 그렇게 하셨으리라 생각한다. 바쁜 목회 중에도 이 지역의 영성이 잘못되어 가는 것을 우려 하셔서 그렇게 팔걷고 나섰으리라 생각한다. 그점에서 그분들의 열심에 찬사를 보내는 바이다. 그러나 한가지 부탁드리고 싶은 것은 먼저 나를 찾아와 자초지종을 묻고 신학교 비젼이며 그동안 이 비젼을 위해 하나님께서 어떻게 준비시켜 오셨으며 인도해 오셨는지 들으셨어야 한다. 소문에 소문을 듣고 평가하고 질타하기에는 너무나 소중한 하나님의 일이었다. 하나님께서 천하보다 소중히 여기시는 영혼들이 달린 문제였다. 아무튼 급성장이란 엄청난 축복과 함께 거센 폭풍이 동시에 불어 닥치고 있었다.

℮ 우연한 기적은 없다.

당시에 주위의 많은 사람들은 우리 학교가 급성장에 급성장을 거듭하자 어떤 분은 이렇게들 이야기 했다. '운이 좋다, 또 재주가 뛰어나다 . . . 등등.' 자기들 마음대로 평가 했지만 이것은 분명히 말해서 우연한 기적은 절대 있을 수 없다는 것을 증명해 줄 뿐이었다. 하나님의 법칙도 **갈라디아서 6장 7절**에서 말씀해 주고 있다.

"스스로 속이지 말라 하나님은 만홀히 여김을 받지 아니하시나니 사람이 무엇으로 심든지 그대로 거두리라."

이 말씀의 참뜻은 우리 하나님은 어리숙하지 않으시다는 말씀이다. 심지도 않고 거두려는 인간들의 잔꾀에 어리숙하게 넘어가지 않으신다는 말씀이다. 우리 학교가 이토록 성장한 것은 첫째, 하나님의 역사요, 둘째는 스태프 모두가 하나님의 사랑으로 열심히 사역을 감당했기 때문이었다. 나는 어거스타 교회와 신학교 캠퍼스, 아틀란타 교회와 학교 캠퍼스를 한주에 최하 2-3회 (왕복 300마일, 5시간 소요) 드라이브를 왕복했다. 월 평균 5천마일 이상을 드라이브 하고 두 곳의 학교 행정, 강의, 주일 교회 목회를 감당했다. 주일은 어거스타 교회 1부 예배 오전 9시 30분 인도, 아틀란타로 이동 오후 1시 30분 아틀란타 교회 2부 인도 저녁 7시부터 기도회 등 하루 5-6시간 정도 잠을 자며 열심히 뛰었다. 운전하며 하나님께 부르짖고 차에서 내리면 설교하고 강의하고 정말 하나님의 능력이 나를 감싸지 않고는 인간으로선 할 수 없는 그런 사역을 감당했다.

특히 그당시 우리 학교 재학생 대부분이 한국에서 중국에서 어떤 분은 IMF 때문에 실직으로 어떤 분은 사업의 실패로 . . . 저마다 말못할 아픈 사연을 가지고 미국행을 결심한 사람들이 많았다. 이분들은 솔직히 말해 공부도 중요하지만 당장 생활도 급급하다보니 취직도 해야 했다. 그리고 처음 이민길이니 영어도 못해 집 렌트 문제, 자녀 학교 입학 문제, 운전면허 시험, 자동차 구입 . . . 등 끝없이 이분들의 이민 정착, 유학 생활 정착을 도와드려야 했다. 적어도 공항 도착부터 완전히 정착할 수 있도록 약 3년 간을 자질구레한 일부터 큰일들까지 모두 도와드려야 했다.

특히 학생 신분으로 취직을 하기란 여간 힘든 여건이 아니기에 나는 지역 한인회, 상공인 모임, 세탁 협회, 타운 번영회, 안전 대책 위원회 등등의 모임이란 모임은 다 다니면서 각 단체에 협조를 구했다. 우리 학교가 협조할 것은 다 협조 하면서 또 나와 학교가 모든 것을 보증할 테니 우리 학생들에게 일자리만 마련해 달라고 간청을 했다. 모든 단체장님들은 내 사정, 학생들의 사정을 들으시고 여러모로 협조해 주셔서 많은 재학생들이 직장을 잡고 일을 하며 공부할 수 있었다. 911 이후부터는 사실 상상도 못할 일이다. 그러나 그 이전에는 사실 많은 유학생들이 한인 비지니스에서 일을 하며 공부했다. 아마 그당시 유학생활을 해본 분들 중 세탁소, 샌드위치샵, 피자집, 주유소, 한국 음식점 등지에서 아르바이트를 안해본 분들이 거의 없을 것이다. 그때는 유학생들이 아르바이트 하며 공부하는 것이 그렇게 이상한 일도 아니요, 이민국에서도 묵인하는 분위기였다. 특별히 우리 신학생들은 대분분 생활이 어려운 학생들이고 아르바이트가 절실히 필요한 사람들이니 나로서는 이 분들을 도와주고 싶었다. 한인 사회도 이분들을 잘 포용해 주셔서 큰 은혜가 되었다.

그러나 부족한 사람들이 모인 곳에서 삐걱 소리가 나지 않을 리 없었다. 그당시 내가 안전 대책 위원회 고문, 한인 타운 번영회 회장을 (당시 우리 지역 한인 타운 내 비지니스 업체가 약 1,100여개 였음) 몇년 간 했다. 그러다 보니 남의 사정도 모르고 주위 목회자들과 일반인들 사이에 민학장은 명예욕이 너무 많아 안끼는 곳이 없다더니 . . . 등등, 또 구구한 모함과 루머들이 난무해갔다. 그들이 남의 사정을 어떻게 알랴. 몸은 몸대로 피곤하고 시간은 시간대로 그리고 돈은 일년에 수만불씩 들어가고 욕은 욕대로 먹는 이 일, 정말 쉬운 일이 아니었다. 정말 이제는 쉬고 싶었다. 차라리 이런 에너지를 하루 일당을 받으며 남의 일이나 하며 돈벌어 맘 편히 살고 싶은 마음도 불쑥불쑥 마음 속에서 일어났다.

그러나 이 모든 일이 주님의 사역을 위한 일이요, 사랑하는 형제 자매들을 위한 일이니 누가 뭐라해도 나름대로 자부심을 갖고 열심히 일할 수 밖에 없었다. '이억만리 낯선 땅에서 나만을 바라보고 있는 저 신학생 가족들을 어찌하랴. 이민 초기의 나의 어려움을 잊어서는 않된다. 그때 도움을 주신 천사같은 분들의 손길을 잊어서는 않된다. 이젠 내가 베풀 수 있는 위치에 있질 않은가!' 이런 마음이 나를 꽉 잡아 사실은 도망갈 수가 없었다. 그래서 정말 미친듯이 뛰며 조금이라도 어려운 분들께 도움을 드리려 했다. 그러나 고운 시선으로 보지 않기로 작정한 사람들의 눈에는 그 모든 것이 개인의 욕망으로 보였나보다. 그분들의 생각 속에 들어가 내 마음을 보여 줄 수 없음이 안타까울 뿐이었다.

◉ 나를 좌절케한 동족의 배신

학생들이 계속 등록해 옴으로 건물이 좁아 매우 불편한 지경에 이르게 되어 빨리 건물을 준비해야겠다는 조바심과 초조함이 커갔다. 그래서 이곳 저곳 건물을 보러 다니다가 당시 내 생각에 좋은 조건의 건물을 찾게 되었다. 나는 계약서를 작성하고 거래 은행에서 120만불 융자까지 받아 클로징(이전 등기 절차) 날짜를 기다리던 중 주인으로부터 엉뚱한 조건이 제시 되었다. 처음 계약 당시 우리 학교는 총 156만불에 건물을 매입키로 하고 인수 자금은 은행 융자 120만불과 현금 36만불이 필요했었다. 그런데 현금 36만불 중 20만불은 건물 주인이 오너 파이낸싱(Owner Financing)을 해주겠다고 해놓고 갑자기 돌변하여 못해주겠으니 현금 36만불을 모두 지불하라는 것이었다. 25만불까지는 준비해 놓았지만 11만불을 클로징 날짜까지 준비하지 못해 이 일로 인해 5만불 이상 손실을 입게 되었다. 사실 문제는 돈보다도 당장 건물이 좁아 수업에 큰 어려움을 겪어야 하는 것이었다.

이렇게 일이 진행된 그 원인을 알아 보았더니 참으로 어처구니 없는 일이 일어났다. 우리 학교와 계약 당시엔 건물이 팔리지 않아 주인은 오너 파이낸싱까지 주기로 해놓고 클로징 날짜를 기다리던 중 모 한국 교회가 더 좋은 조건으로 사겠다고 하니 우리와의 계약을 교묘히 해약하고 그 교회와 현금으로 매매를 했던 것이다. 나는 이 사실을 알고 얼마나 실망을 했는지 모른다. 며칠 동안 너무도 가슴이 아파 밤잠을 이루지 못했었다. '어찌 그럴 수가 있을까! 같은 동족 같은 하나님을 섬긴다는 교회가 현금이 있다고해서 진행 중인 것을 가로채 가다니 . . . 비신앙인들도 해서는 않될 일인데 . . .' 아무튼 나는 이 일로 엄청나게 큰 충격과 아픔, 동족에 대한 배신감으로 인해 건강에 이상이 생길 정도로 큰 시련을 겪어야 했었다. 돈은 돈대로 어찌할 것이며 학교 사정은 또 어찌해야 하나 난감하기 그지 없었다.

손발에 힘이 다 풀린채로 주저 앉아 다시 하나님께 기도하기 시작했다. 기도도 말씀도 왜 이리 힘들게 다가 오던지 . . . 그래도 나는 그 길 밖에는 없음을 잘 알았기에 신음을 하더라도 하나님을 찾았다. 나는 그때 흐미하게 다시 나를 찾아 온 말씀 앞에 고개를 들기 시작했다.

합력하여 또 선을 이루어 주실 하나님만을 바라보며 아린 가슴을 쓰러내렸다. 분명 더 큰 축복을 예비해 놓으신 하나님의 계획이 있을 것이란 믿음이 서서히 마음 속에 일어나기 시작했다. 이렇게 하나님께서는 상심한 마음을 어루만져 주시며 상처를 조금씩 치유해 주시기 시작했다.

스트레스성 당뇨와의 싸움

엎친데 덮친 격일까 . . . 하루는 아침에 출근을 하는데 운전 도중 고속도로 선상에서 갑자기 앞이 보이질 않았다. 마치 안개가 자욱하여 시야를 가리듯이 모든 것이 부옇게 보였다. 그래서 차를 길가에 세우고 앞 유리를 닦고 내 눈을 비비고 다시 앞을 내다봤다. 그런데 마찬가지였다. 온몸은 나른하고 마치 땅 속으로 가라앉아 들어가는 것 같았다. 피곤까지 겹쳐와 꼼짝을 할 수가 없었다. 그자리에서 20분 가량을 그대로 주저 앉아 있다가 겨우 정신을 차려 몸을 추스린 후 학교까지 갈 수가 있었다. 그날로 병원엘 가서 의사 선생님께 진찰을 받아보았다. 이상하게도 혈압은 평상시보다 높았지만 혈당이 체크가 되질 않았다. 이유인즉슨 혈당 체크 기계는 600이 넘어가면 체크가 되질 않기 때문이었다. 몇번 반복하여 에러가 나자 의사 선생님은 간호사에게 지시를 해 혈관에서 피를 직접 뽑게 하여 정밀 검사를 실시했다. 그 결과는 스트레스성 당료였다. 의사 선생님은 절대 휴식과 안정을 취하라고 당부하면서 약을 처방해 주셨다. 처방 약을 먹고 약 2-3분이 지나자 갑자기 어지럽고 속이 울렁거리고 마치 비행기가 갑자기 내려 앉는 느낌의 쇼크가 와서 한시간 이상을 그 충격 속에서 보내야 했다.

나는 겨우 겨우 정신을 차리고 난 후 그 약을 쓰레기통에 모두 던져버렸다. '죽든지 살든지 하나님께 매어 달리리라. 그리고 식이요법과 운동으로 치료하리라' 마음먹었다. 그리고는 당뇨 치료에 관한 책들을 구입해서 읽고 공부하면서 운동과 식이요법의 중요성을 깨닫게 되었다. 하나님께서 주신 이 성전인 몸을 관리하는데 너무도 소홀했음을 깨닫고 회개를 했다. 그날부터 나는 어떤 일이 있어도, 온힘을 다해 비가와도 밤이 늦어도 하루에 4-5마일, 1시간 정도씩은 반드시 걷기 시작했고 음식도 절제하며 잡곡밥 등 몸에 좋은 것으로 바꾸려 노력했다. 약 한달 간을 이렇게 생활하고 나니 당뇨에 변화가 생기기 시작했다. 평소 내 수치였던 480-500 정도로 내려와 있었다. 나는 이에 자신감을 갖고 2년 간을 꾸준히 피나는 노력을 계속했다.

결국 당뇨는 정상으로 돌아와 있었다.

나는 나 자신을 다시 돌아보았다. 부족한 종이 늘 모든 것을 하나님께 모두 맡겼다고 하면서도 연약한 육신을 갖고 있는 인간이기에 수없이 쓰러지고 일어나기를 얼마나 반복하였던가. 벌떼처럼 달려들어 사역을 가로막고 온갖 악성 루머로 핍박과 협박을 해오는 시련을 오랜 세월 겪다보니 참지 못할 울분과 분노를 삭이지 못해 몇 날 밤을 혼자 뜬 눈으로 지새우던 날도 참으로 많았다. 태풍이 몰아쳐 오는 막막한 넓은 광야에 나 홀로 서서 그 태풍을 막아 보려고 발버둥치다가 지쳐 넘어지고 쓰러지는 그런 나약한 모습은 또 얼마나 자주 보였던가. 세차게 불어닥치는 그 거대한 힘에 짓눌려 주눅이 들어 고개조차 들 수 없었던 그 순간들을 하나님 외에는 그 누구도 이 힘든 영적 싸움을 이해하지 못할 것이다.

그러나 쓰러지더라도 아주 쓰러지게 하지 않으시고 나를 더 강하게 연단시켜 주시는 신실하신 하나님의 손길로 인해 나는 어려운 순간마다 오뚜기같이 다시 일어설 수 있었다. 나는 두손을 불끈 쥐고 다시 기도하면서 **로마서 8장 35절, 39절** 바울 사도가 고백한 말씀으로 힘과 용기를 얻었다.

"누가 우리를 그리스도의 사랑에서 끊으리요 환난이나 곤고나 핍박이나 기근이나 적신이나 위험이나 칼이랴"
"높음이나 깊음이나 다른 아무 피조물이라도 우리를 우리 주 그리스도 예수 안에 있는 하나님의 사랑 안에서 끊을 수 없으리라."

나는 이 말씀을 정말 수없이 묵상하고 묵상했다. 그럴 때마다 나는 온몸에 다시 힘이 솟는 것을 느끼곤 했다. 새벽에 출근하여 저녁 늦게까지 학교 업무며 강의를 마치고 보통 밤 10시 11시경에 퇴근해 집에 돌아오는 삶을 반복했다. 그리고도 바로 눕지 않고 운동과 기도를 쉬지 않았다. 비가 오면 우비를 입고 바람 불고 추운 날엔 외투를 입고 모자를 쓰고 걷고 기도하고 또 걷고 기도하고 . . . 그렇게 나는 운동과 기도에 힘쓰며 자신과의 싸움을 계속했다. 그렇게 할 수 있는 새 힘을 공급하시는 하나님께 얼마나 감사했는지 모른다. 나는 이런 생활을 반복하며 스트레스성 당뇨를 능히 누르고 이길 수가 있었다.

나에게 어떤 일이 일어났는지 모르는 미국인 이웃들은 열심히 운동하는 나를 만나기만 하면 엄지 손가락을 위로 올리며 '최고'라는 표현을 해주는데 인색하지 않았다. 그리고 우스운 일은 온 동네에 걷기 운동이 시작되었다. 그로부터 우리 동네에는 밤낮 없이 걷는 사람들이 늘 보이게 되었다. 지금 생각해보면 아마 나에게 잠시 당뇨로 고생하게 하신 하나님께서는 그 병까지도 하나님의 계획 섭리 중 하나셨든 모양이다. 어찌하여튼 고생은 했지만 하나님의 은혜로 얻은 것이 더 많은 경험이었다. 언제나 그랬듯이 ... 말이다.

⚡ 7년 기도 응답으로 어거스타 캠퍼스를 얻다.

어거스타 교회와 캠퍼스를 구입하게 해달라고 나와 우리 교회 식구들은 학교 설립 초기부터 약 7년간의 오랜 기도를 해왔었다. 그때 우리는 이렇게 기도했다. '하나님 저희가 원하는 교회는 이렇습니다. 땅이 한 10에이커 이상이 되야 합니다. 연못도 있고, 자연 경관도 좋아, 그곳에 학교 캠퍼스로도 사용할 수 있는 건물과 시설들이 있어야 합니다. 그리고, 주일에는 교회 시설로, 또 일부는 임종 직전의 분들을 도와드릴 수 있는 호스피스 시설을 갖추어 특수 선교를 감당할 수 있는 그런 땅을 주십시요.' 이 기도를 장장 7년 동안 하면서 수십군데를 가서 건물과 땅을 둘러 봤지만 우리가 찾는 땅을 찾을 수가 없었다. 그렇게 찾아 다니기를 한지 몇년 쯤 지났을 때 한 미국 분으로부터 갑작스런 전화 한통을 받게 되었다. 한 2년 전 즈음에 우리 교회 집사님이 한 미국분 부동산 에이전트에게 이런 조건의 땅을 찾고 있으니 혹시 세일에 나오면 살 수 있게 도와달라고 부탁을 한적이 있었다. 그후 집사님과 우리는 까맣게 잊어버리고 있었다. 그러던 어느 날 그 부동산 에이전트로부터 급히 연락이 온 것이다. 비슷한 땅을 발견했다는 것이다.

우리는 기대에 차 그곳에 안내를 받아 가보니 깜짝 놀라지 않을 수가 없었다. 왜냐하면 나와 우리 교인들이 기도하던 바로 그 조건 100% 딱 맞는 너무도 아름다운 미국 교회였기 때문이다. 놀랍게도 가격도 아직 부동산에 나오지 않아 무척이나 싼 가격이었다. 내용을 알고보니 소개해 주신 부동산 에이전트 챨스라는 분이 바로 그 교회에 집사님으로 봉사하고 계시는데 교회가 재정이 어려워 큰 교회와 합하기로 결정하고 본교회 건물을 매매코자 한다는 것이었다. 그리고 바로 그 챨스 집사님이 제직회의에서 교회 건물 매매건을 맡게 되셨고 맡자마자 2년 전에 부탁받은 일이 떠올라 곧 바로 연락을 하게 되었다는 것이다.

할렐루야! 여호와 이레의 하나님!

만 7년간을 밤낮 없이 기도를 시키신 하나님께서 꼭 필요한 선교 센타와 신학교 캠퍼스를 이렇게 기가 막히게 응답하여 주신 것이다. 나는 매주 어거스타 캠퍼스에 강의를 하러 갈 때마다 너무도 감사하고 감사해 내게 기도를 응답해 주신 하나님께 벅찬 감사를 진심을 다해 늘 드린다. 그리고 이곳에 하나님께서 머지 않아 특수 양로원과 (신체 불구 노인분들을 위한) 호스피스 (임종 직전의 분들을 간호해 드리는 곳) 시설을 꼭 세울 수 있게 해달라고 기도한다.

인생의 마지막 때에 하나님을 만날 수 있도록 노인 선교에 주력하고 또 마지막 여생을 충만한 은혜로 살다 가실 수 있도록 돕는 사역을 통해 하나님께 은혜의 빚을 갚고 더 많은 영광을 올려 드리고자 한다. 나는 이러한 꿈을 꾸게 하시는 신실하신 하나님께서 꼭 그렇게 해주실 것을 믿는다.

❷ 아틀란타 캠퍼스를 주신 하나님

등록하는 학생의 숫자는 점점 늘어가고 마음이 조급해지기 시작했다. 그렇다고 모아둔 자금은 없고 오히려 지난번 일로 몇만불의 빚만 지고 있었다. 그렇다고 그냥 앉아 있을 수도 없고 계속 이곳 저곳 부동산을 많이 보고 다녔지만 쉽지 않았다. 내 마음에 들면 은행 융자에서 거절 당하고 . . . 이럭 저럭 1년반 가량이 지나자 '이젠 내 의지는 완전히 꺾어버리시고 하나님 뜻대로 행하시옵소서. 이젠 더 이상 저는 할 수가 없습니다 . . .' 이렇게 기도하며 나는 두손을 모두 들었다. 그때 즈음에 우리 교회에 출석하시는 집사님 한분이 좋은 자리가 있다고 하셔서 그곳엘 가보게 되었다. 큰 기대 없이 갔는데 너무도 평온하고 아늑하였고 '여기가 바로 그토록 찾던 바로 그 캠퍼스 자리다. 여기에 신축을 하라'는 주님의 음성이 들리는 듯했다. 결국 그곳에, 두필지에 있는 땅과 집을 사서 중앙에 약 10,000SF의 건물을 2003년도에 신축할 수 있게 도와주셨다.

❷ 나는 학고방 건물을 원치 않는다

두필지, 약 3에이커의 땅을 매입한 후 지혜가 생겼다. 다름이 아니라 완전 한 건물을 세운다는 것은 너무 힘들어 보였다. '아니 또 얼마나 힘든 영적 전쟁을 또 한바탕 치뤄야 이루어질 수 있을까' 하는 생각을 하니 지레 겁에 질렸다. 그래서 좀더 쉬운 길을 택하고 싶었다. '가건물 즉 조립식 건물을 세우자 그렇게 하면 어려운 융자도 받지 않아도 되고 가건물은 조립식 건물 회사가 자체 융자를 해줄 테니 공사 기간도 단축할 수 있지 않을까' 하는 생각을 하게 되었다. 이런 저런 생각을 하며 사람의 계산으로 판단하고 결정을 내려 조립식 건물 회사를 몇 군데 알아 보았다. 그리고 회사 직원들을 만나 설계를 의뢰하고 급속도로 일을 진행해 가는데 문제가 생겼다. 현재 우리 학교 크레딧으로는 융자를 해줄 수 없다는 것이었다. 사실 이것은 말도 않되었다. 당시 우리 학교 크레딧이면 1.5 밀리언 달러를 융자할 수 있었다.

한달 이상 수 곳에 융자 교섭을 시도해 보았지만 모두 똑같은 답변이었다. 융자가 가능한 모든 액수를 합해봐야 50만불 정도였다. 하나님께 다시 또 기도할 수 밖에 없었다. 기도에 전심전력해 깊은 기도를 드리는데 하나님께서 이렇게 말씀하시는 것 같았다. '종아! 나는 네가 세우려는 학고방 집에서는 '세계 복음화를 할 수 없다. 반듯한 벽돌로 최고의 건물을 세워라.'

이때 나는 '하나님, 지금 미국이 전쟁 중입니다. (2002년 9월 11일 후 였음) 경제가 심히 어렵고 우리 학교 형편도 잘 아시지 않습니까?' 이렇게 변명을 늘어놓자 다시 이런 말씀을 주셨다. '종아! 경제가 좋고 네가 돈이 있고 모든 조건이 갖추어진 뒤에 건축을 하면 네가 했다고 자랑할 것 아니겠느냐. 이토록 힘들고 어려울 때 내가 시행을 하여야 온전히 하나님 나 여호와가 했노라고 간증할 것 아니냐.'

나는 다시 기도하면서 가건물 세우는 계획을 취소하기로 했다. 그리고 하나님께서 세우라고 하신 반듯한 건물을 세우고자 마음을 바꾸었다. 이젠 하나님만 의지하고 밀고 나가는 수 밖에 없었다. 인간적으로 할 수 있는 것은 다 시도해 보았고 다 막히는 경험을 했기 때문에 더 이상 미련도 없었다. 기도에 더 전심 전력하며 날마다 하나님께 지혜를 달라고 매달렸다. 그렇게 기도를 하면서 설계를 하고 설계 하면서 기도하기를 얼마였던가, 드디어 건축 허가를 받게 되었고 믿음으로 당시 거래 은행에 융자를 신청했다. 하나님께서 하라신 대로 했으니 결과도 하나님께 맡기는 배짱이 생겼다. 그러면서도 지난번에 고배를 마신 경험이 있어 마음 한구석엔 초조함이 있었다. 그런데 놀랍게도 이번에는 쾌히 승락을 하는 것이 아닌가! 달라진 것은 하나님께서 확신을 주신 그 사건 밖에 없었고 나머지 조건이라야 달라진 것이 없었다. 그러나 이렇게 하나님께서 간섭하시면 일은 너무도 쉽게 해결이 되었다. 결국 약 170만불로 총 약 2만 스케어 피트 건물을 완공할 수 있었다.

건물을 세워가는 과정에서는 뜻하지 않은 복병들이 여기 저기 숨어 있었다. 또 한바탕 저들과 전쟁을 치루며 영성을 잃지 않고 깨어 있어 승리해야 한다는 전쟁태세에 돌입을 했었다. 그동안 뜻하지 않은 일들을 만나 당황해 하고 좌절하고 또 다시 일어서기를 얼마나 반복하였던가. 그래서 지레 겁을 먹고 가건물을 세우려는 얄팍한 잔꾀도 부리지 않았던가. 그러나 하나님께서 원하시는 일이니 하나님께서 결국엔 이루어주실 것임을 믿고 인내하며 완성될 그날을 향해 하루도 쉬지 않고 영적 전쟁에 충실했다.

사실 건축을 한다는 것은 쉬운 일이 아니다. 건축에는 많은 부분 부분의 공사들이 성공적으로 완성되어야 최종 건물이 탄생하는 것이다. 토목 공사며 하수 상수 공사, 전기 공사, 콘크리트, 벽돌쌓기, 수도 배관 시설 . . . 수많은 공사들이 잘 어우러져야 가능한 것이다. 이 모든 것이 사람의 손에 의해 이루어지는 것이라 하나 하나 스케줄에 따라 차질 없이 진행되어야 모든 공사가 공사 예정 기간 안에 완공이 가능하다. 그런데 어느 공사에서나 늘 차질이 빚어지기 마련이다. 생각지 못했던 변수들이 이곳 저곳에서 머리를 들기 때문이다. 콘크리트 작업을 해야 하는데 비가 온다거나, 콘크리트 작업 전에 배관을 했어야 하는데 그만 건너뛴 경우라든가 어처구니 없는 일들이 비일비재하게 일어난다. 그런가 하면 아무리 정밀 설계를 했다 할지라도 시공상에는 종종 차질이 발견되어지곤 한다. 이럴 때 그 차질을 어떻게 잘 상황에 맞게 처리 하느냐에는 현장 총 책임자의 노련한 경험과 판단력이 요구되어진다. 당시 우리 학교 공사를 총 감독해주신 홍만윤 집사님은 오랜 건축 현장 경험과 헌신으로 모든 문제를 너무도 잘 처리해 주셔서 늘 감사한 마음이었다.

그리고 본 공사 기간 중 가장 어려웠던 것은 유수지 (Detention Pond-비가 오면 그 물이 저지대로 바로 내려가 홍수가 나는 것을 방지하기 위해 임시로 물을 저장하는 장소) 설치 문제였다. 유수지는 보통 밖에 노출시켜 설치를 하는데 그렇게 되면 미관상도 아름답지 않을 뿐 좁은 땅이라 파킹장이 너무나 좁게 나왔다. 그래서 이 문제를 놓고 기도와 전문가들의 연구 끝에 뒷마당 땅 속에 유수지를 설치 하기로 설계를 중도에 변경했다. 이 과정에서 관계 기관들의 마음도 하나님께서 움직이시어 별탈없이 허가를 받았다. 그리고 우리는 약 12만불의 추가 공사비를 들여 땅속에 유수지를 설치하고 위에는 아스팔트로 덮어 훌륭한 파킹장을 설치할 수 있었다. 많은 시행착오를 거쳤지만 좁은 대지에 약 120대 가량의 차량을 파킹할 수 있는 공간을 확보했으니 그럴만한 충분한 가치가 있었다. 결국엔 이렇게 세계 복음화 사역을 위한 건물이 하나님 보시기에 만족하신 제대로 된 건물로 아틀란타에 당당히 세워진 것이다.

이제 이곳에서 펼쳐질 사역을 생각하니 들뜬 마음에 밤잠까지 설치는 날이 하루 이틀이 아니었다. 오래전 고국에서 목회를 할 때는 건축할 자금이 있음에도 불구하고 몇번씩 건축을 막으심으로 한번도 내손으로 성전을 건축치 못했었는데 . . . 미국에 와서 세계 복음화를 위해 뛸 제자들을 양육할 신학대학 건물을 완공케 해주셨으니 정말 꿈만 같았다. 한국에서부터 막연히 꿈꾸던 세계 복음화의 비젼들이 이렇게 하나씩 내 앞에 실상으로 들어나는 현실 앞에 하나님의 임재가 너무도 강하게 느껴지곤 했다. 정말 어떤 날은 움직일 수가 없었다. 주저 앉아 감사 기도를 드리다 그자리에서 잠이든 날이 수도 없이 많았다. 그저 감사, 감사 밖에 하나님께 올려드릴 것이 없었다.

보잘것 없는 이 종을 부르시고 삼각산에서 비록 가난과 헐벗음 가운데 있었지만 강한 영성 훈련을 시켜주시고 세계 복음화의 비젼을 주셨던 하나님! 그 하나님께서는 내가 미국에서 이런 사역을 할 것임을 이미 한국에서부터 알고 계셨다는 것을 생각하니 그 사랑과 은혜와 거룩함 앞에 눈물의 감사 기도 밖엔 정말 올려 드릴 것이 없었다. 우뚝 선 기적의 건물에 들어설 때마다 벽돌 하나 하나마다, 창문 하나 하나 마다, 하나님께서 공급하셨음을 생각하니 하나님의 거룩한 임재가 느껴져 신발을 벗고 싶은 충동이 느껴지곤 했었다. '아! 하나님께서 또 어떤 사역을 이곳에서 펼치실까' 기대하면서 더욱더 겸손한 종, 충성된 종이 되고자 다짐했다.

IV. 사선을 넘어

◉ 위암 초기 선고를 받다.

아틀란타 캠퍼스를 건축하면서 만난 복병 중 가장 큰 것은 자연 재해였다. 1년 간이면 충분히 건축을 완공할 수 있으리라고 시작한 공사가 뜻하지 않게 한없이 지연되었다. 그해에 50년만에 처음 찾아온 홍수로 일주일에 3-4일씩 1년 가량을 비가 내렸다. 공사 기간은 예정보다 무려 7-8개월이 늦어져 총 1년 6개월 가량 걸렸다. 이로 인해 원래 예산보다 훨씬 더 많은 공사비가 소요되었고 그에 따른 수많은 어려움을 겪어야 했었다. 결국엔 내 육신의 건강에까지 영향을 미쳤다. 언제부터인가 몹시 피곤함을 자주 느끼고 소화가 잘 되질 않아 소화제를 늘 달고 생활했어야 했다. 가만히 돌이켜 생각해보니 이런 증상이 있은지가 벌써 1년 가량이나 되어 가는 것 같았다. 아틀란타 캠퍼스를 신축하면서 계속 위가 편치 않았던 것 같다. 그러던 어느 날 기도 중에 하나님께서 자꾸만 병원엘 가서 정밀 검사를 해보라는 마음을 주셔서 기도하면서 어느 병원엘 가야 할까 적당한 병원을 찾기 시작했다.

당시 우리 학교는 한국 중국 일본을 비롯해 약 5개국에서 온 유학생 및 통신 학부 학생으로 수백명이 넘었고 이처럼 빠른 시일 내에 크게 성장을 하다보니 마귀 사단들의 시험은 더욱더 거세져만 갔다. 특별히 가장 이해해 주고 기도해 주어야 할 지역교회 목회자 분들이 앞장 서서 온갖 악성 루머로 핍박과 협박으로 학교를 방해함으로 정말 당시 나는 처신 하기가 무척이나 힘든 시기였다. 그런 형편이니 병원엘 다니게 되면 이젠 민학장이 천벌을 받아 불치병으로 죽을 것이라고 아니 죽었다고 할 것이며 이 악성 루머로 학교는 하루 아침에 무너져 내릴 것이 뻔했다. 그래서 병원도 이들 모르게 조용히 다녀야 했고 심지어 점심 식사 한끼를 한인 식당에 가서 편히 먹을 수가 없었던 시기였다. 나는 그때 우겨쌈을 당한다는 것이 무슨 뜻인지 어렴풋이 알게 되었고 참으로 정신적으로 힘들고 외로왔다. 그분들이 모두 매달려 도와주신다고 해도 헤쳐 나가기 힘든 일인데 그분들과 싸워가면서 하나님께서 주신 비전을 향해 달려 간다는 것은 정말 말로 표현할 수 없을 정도로 버거웠다. 오죽하면 몸이 견디다 못해 병이 생기고 이토록 고통스런 통증을 호소하겠는가 생각하니 너무도 외롭게 느껴졌다. 이젠 치료도 조용히 해야할 상황이었다.

그래서 여러 곳을 알아보다가 어거스타 의과 대학 부속 병원을 찾아가 의사와 1차 상담을 했다. 담당 의사는 7일분 소화제를 주면서 먹어 보라고 해서 일주일 간 먹었었는데 여전히 불편이 느껴졌다. 정밀 내시경 검사를 받아 보기로 하고 다시 병원엘 찾아가 내시경 검사를 하게 되었다. 초조한 마음으로 결과를 기다렸다. 의사의 얼굴에서 좋은 소식이 아님을 직감적으로 알아차릴 수가 있었다. "It's a cancer." "암입니다." 위암 초기 현상이었고 의사는 위절제 수술을 권했다. 앞이 노랬다. 이렇게 인생이 끝나는구나 생각하니 아무 생각도 나지 않았다. 그냥 얼음 조각처럼 차디찬 몸으로 한참을 멍한히 앉아 있었다. 올 것이 왔다는 생각도 스치고 지나갔다.

한참을 혼란스런 가운데 정신을 가다듬고 의사의 설명에 귀를 기울였다. 위암 초기라 절제하면 생명에는 지장이 없다는 설명이었다. 그래도 암인데 . . . 나는 내 인생에 드리워진 어두운 그림자에 눌려 착잡한 심정으로 병원을 나왔다. 어떻게 운전을 했는지 생각도 나지 않는다. 두서없는 이런 저런 생각이 과거와 현재 그리고 죽음 이후를 오가며 혼돈스러웠고 인생이 서럽게 느껴지면서 하염없이 꺼억꺼억 울며 운전을 했다. 그렇게 제정신이 아닌 상태에서 빨간불을 그냥 지나치기도 하며 그래도 늘 다니던 익숙한 길이라 습관적으로 차는 학교 파킹장으로 들어서고 있었다.

학교로 돌아오니 암의 존재보다 눈 앞에 밀린 일들이 먼저 눈에 들어왔다. 다급한 현실 앞에 놓인 이일 저일을 처리하다 보니 미련하게도 병을 키워가고 있었다. 당시 건축으로 학생 관리로 그외 여러가지 일로 단 하루도 자리를 비울 수 없는 형편이라 수술을 즉시 받지 못하고 4개월이나 지나서야 받게 되었다. 그것도 극비리에 학교 직원들에게까지 비밀로 하면서 어거스타 시골 병원에 입원을 하였다. 정말 생각지도 못한 대수술을 갑자기 받게 된 것이다. 나는 이시절 고린도후서 4장 말씀으로 위로를 받으며 하루 하루를 지탱해 갔었다. 그리고 진실로 나는 내 죽을 육체에 예수 그리스도의 생명이 나타나기를 간구했다. '우리가 이 보배를 질그릇에 가졌으니 이는 능력의 심히 큰 것이 하나님께 있고 우리에게 있지 아니함을 알게 하려 함이라. 우리가 사방으로 우겨쌈을 당하여도 싸이지 아니하며 답답한 일을 당하여도 낙심하지 아니하며 핍박을 받아도 버린바 되지 아니하며 거꾸러 뜨림을 당하여도 망하지 아니하고 우리가 항상 예수 죽인 것을 몸에 짊어짐은

예수의 생명도 우리 몸에 나타나게 하려 함이라. 우리 산자가 항상
예수를 위하여 죽음에 넘기움은 예수의 생명이 또한 우리 죽을 육체에
나타나게 하려 함이니라'

                                              - 고린도 후서 4장 7절-11절

@ 안개와 같은 인생인 것을 ...

가장 바쁘고 중요한 시기에 몇 주간을 학교를 비운다는 것이 몹시도
부담스러웠다. 내 어깨에 지어진 짐들이 산더미처럼 느껴만 졌다. 정말
두눈을 꾹 눌러감고 애써 시선을 그 일들에서 떼려고 했다. 그리고
지금은 내 한몸만 돌아보자고 다짐했다. 마태복음 16장 26절 말씀이
진정 나를 도전해 왔다. **'사람이 만일 온천하를 얻고도 제 목숨을
잃으면 무엇이 유익하리요. 사람이 무엇을 주고 제 목숨을 바꾸겠느냐'**
진실로 '내 한몸 잘못되면 그 일들이 다 무슨 소용인가' 생각하니
허무하기 그지 없었다. 물론 하나님의 일은 그 누군가에 의해 계속
되어지리라. 그러나 나의 시간은 끝이 나는 것이다. 나 아니면 않된다는
생각으로 짊어지고 있던 짐들이 너무도 허망한 무게로 다가왔다. 나는
손끝에 힘을 주어 차 키를 집어들고 병원으로 향했다.

새벽 시간에 병원엘 도착해 입원 수속을 마치고 수술 동의서에 싸인까지
했다. 입고 갔던 옷을 벗어 놓고 환자 옷으로 갈아 입고 난 후 의사가
마취를 시키기 전 침대에 누워 잠시 깊은 생각에 잠겼다. '지난 살아온
나의 인생길이 정말 힘들고 험한 세월이었구나. 너무나 힘들어 쓰러지고
넘어져 포기하려 할 때가 얼마나 많았던가 . . . 그러나 그때마다 우리
하나님께서 다시 새 힘을 주시고 일으켜 세워 주셔서 오늘 날까지 잘
살아오지 않았던가 . . . 그런데 이제 내가 지난 날처럼 다시 그런 건강을
유지하며 잘 살아갈 수 있을까?' 마음이 착잡해져왔다. 그러면서도
아쉬움이 물밀듯 몰려왔다. 좀더 열심히 좀더 열정적으로 주위의 더
많은 분들을 사랑하고 도우며 용서하며 살았어야 했는데 . . . 사랑하는
아내와 딸들의 얼굴이 눈물로 범벅이 되어 미안함과 감사함으로
아른거렸다.

'아니 내가 입고와 벗어 놓은 저 옷을 다시 입고 학교로 집으로 돌아갈
수 있을까? 안개와 같은 인생인 것을 . . . 미워하고 부딛치고 . . . 왜

그렇게도 버겁게 살아왔을까?' 후회와 아쉬운 생각들이 밀려오면서 나의 두볼을 타고 나도 모르게 눈물이 짜꾸만 흘러 내렸다. 감정은 점점 격해지며 흐느낌으로 목이 메였고 북받친 울음을 참으려하자 신음하듯 한 억눌린 소리가 참을 수 없이 목구멍으로 솟구쳐 올라 왔다. 그 순간 나는 다시 정신을 가다듬고 '주여! 뜻대로 행하옵소서. 당신 손에 맡긴 인생 당신 뜻대로 행하소서. 이 땅에서 아직 내가 해야할 일이 있다면 내 생명을 연장해 주실 것이고 이 땅에서 더 이상 필요 없는 사람이라면 차라리 내 생명을 거두소서' 하며 마음 저 깊은 곳에 있는 진실한 기도를 드렸다.

그때 마침 담당 의사가 다가와 자상한 얼굴로 미소를 보이면서 '닥터 민 긴 휴식의 잠을 좀 취하고 오십시요. 잠에서 깨어나서 다시 만납시다.' 하고 내 팔에 마취제 주사를 놓았다. 나는 그 순간 졸음을 느끼기 시작했고 그 후 10여 시간이란 긴 대 수술에 들어갔다. 배가 갈리고 위를 잘라내는 여러가지 일들이 내 몸에서 일어나고 있었지만 난 아무 것도 느끼지 못한 채 장장 10여 시간의 깊은 잠에 빠졌다. 참 인간이란 이렇게 나약한 존재인 것을 . . . 10시간씩이나 의사들이 매달려 몸에 칼을 대고 가위질을 해대도 의식 없이 누워 잠을 자고 있다니 . . . 내 의지로 그 어떤 생각도 의견도 내 몸에 대해 참견하지 못하고 모두 다른 사람들의 손에 내 생명을 맡기고 있는 그 모습을 생각하니 정말 연약한 것이 인간이란 생각이 들었다. 아니 이제부터는 수술대 위에서 의사들의 손에 내 몸을 다 맡기듯 하나님 앞에 내 생명 다 맡기고 편안한 마음으로 살아야 겠다는 또 다른 교훈이 다가왔다.

❦ 믿음의 의사를 만나게 해주신 하나님

나의 수술을 맡은 의사는 닥터 할렌드라는 백인 의사였다. 아버님이 목사님 이셨고 이분도 믿음이 얼마나 좋으신지 늘 기도하면서 수술에 임하시는 분이셨다. 그분은 지금껏 3천회 이상의 위절제 수술을 하셨는데 단 한번도 자기 의지나 의술로는 수술을 하지 않았고 모두 기도로 하나님께서 성령님을 통해 자신을 수술의 도구로 사용해 주셨다고 그리고 지금껏 이 병원에 사명감으로 근무하고 있노라고 간증을 했다. 그후에 알게된 사실이지만 닥터 할렌드는 당시 위 수술에는 조지아에서 가장 유명한 의사였다. 나는 닥터 할렌드와 이 인연으로 친구가 되었고 수술 후에도 몇년간을 특별한 배려로 돌봐 주셔서 오늘 날까지 이렇게 건강을 유지할 수 있었다.   하나님께서는 이처럼 한걸음 한걸음마다 함께 동행하시면서 때를 따라 은혜를 베풀어주시니 내가 평상시 가장 좋아하는 로마서 8장 39절의 사도 바울의 고백처럼 나도 수없이 이 말씀을 중얼거리며 고백을 하곤 한다.

'누가 예수 안에 있는 하나님의 사랑에서 끊을 수가 있으랴.'

당시 사실 믿음의 의사가 아니었다면 내 경우 대수술을 결정하기가 매우 힘든 상황이었다.   왜냐하면 당시 스트레스성 당뇨로 당이 몹시 높았고 (평상시 약 480 정도) 거기에다가 혈압까지 높아 수술로 지혈이 되지 않을 위험성이 있었다.   그 문제를 놓고 닥터 할렌드가 내게 어떡하면 좋겠느냐고 물어와 나는 이렇게 답변했다. '죽고 사는 것은 우리 하나님 손에 달렸으니 아무 염려하지 말고 편안하게 수술하십시요.'   닥터 할렌드는 '그렇습니다.   나도 그렇게 생각하고 있습니다.'고 동의하며 경험담을 이야기해 주셨다.   간혹 수술시 몸에 칼을 대면 온 신경과 모든 기관이 쇼크로 인해 신체 기능이 저항을 발휘해서 당뇨도 혈압도 제자리로 돌아가기도 한다는 것이다.   자기가 생각하기엔 닥터 민은 아직 이땅에서 해야할 일들이 너무도 많이 남았으니 하나님께서 기적적인 역사를 행하실 것 같다고 하셨다.   결국 믿음으로 용단을 내려 수술을 했다.   그런데 정말 닥터 할렌드 말대로 믿음대로 나는 대 수술 후 혈압도 당뇨도 정상으로 돌아와서 합력하여 선을 이루어 주시는 하나님의 크신 사랑을 또 한번 누릴 수가 있었다.   하나님을 의지하는 귀한 의사의 손에 내 몸이 맡겨진 것을 생각하니 '휴~"하는 안도의 한숨과 함께 하나님의 섬세하신 배려에 또 다시 감사를 드릴 수 밖에 없었다.

❷ 고통 중에 찾아오신 예수님

마취에서 깨어나 겨우 정신을 차려보니 온몸을 움직일 수가 없었다. 참기 힘든 아픔과 고통이 시작되어 몰핀을 넣고서야 좀 잠을 청할 수가 있었다.   그럴 수 밖에 없었던 것이 배꼽부터 시작해서 가슴까지 배를 약 20Cm 가량 오픈하여 장장 9시간 40분의 긴 시간 동안 수술을 했고 가슴엔 철 스템프로 찍어 놓았으니 옆으로도 앞으로도 움직일 수가 없었다.   그 통증이란 이루 말할 수가 없이 고통스러웠다.   그런데 그 참지 못할 고통으로 신음하고 있을 때에 갑자기 주님께서 나타나셔서 너무도 인자하신 모습으로 내게 말씀해 주셨다. '종아! 그렇게 고통스러우냐, **이사야서 53장 5절** 말씀을 네게 주노라. 내가 이미 너의 온전함을 위해 그 고통의 채찍을 다 맞았노라' 하시며 또렷이 그 말씀을 내 귀에 속삭여 주셨다.

'그가 찔림은 우리의 허물을 인함이요, 그가 상함은 우리의 죄악을 인함이라. 그가 징계를 받음으로 우리가 평화를 누리고, 그가 채찍에 맞음으로 우리가 나음을 입었도다'

나는 깜짝 놀라 '주님 감사 합니다. 정말 감사합니다.'를 반복하며 감격에 젖어 울며 기도를 드렸다. 더 놀라운 것은 기도를 시작하면서 그토록 찢기도록 아파오던 수술 부위의 고통이 멈추어지고 너무도 평안한 가운데 잠이 들게 되었다. 그후에도 그때의 그 인자하신 주님의 얼굴과 그 부드러운 주님의 음성을 생각하면 아픔이 사르르 사라져 다른 환자들에 비해 몰핀을 십분의 일 정도 밖에 사용하지 않아도 되었다. 당직 간호사들이 회진을 하면서 깜짝 놀라며 왜 몰핀을 투약하지 않느냐고 아프지 않냐고 물어오곤 했다. 그토록 큰 대수술을 받은 환자가 몰핀 주사를 맞지 않고 있는 것은 도저히 이해할 수 없는 상황인 것이다. 나는 그분들께 내게 일어난 일을 간증을 했다. 그러자 하나님께서 정말 살아계시는 모양이라고 놀라며 다들 자신의 일처럼 들떠 기뻐해 주었다. 나의 병실은 성령으로 충만했고 하나님의 역사하심에 놀란 간호사들도 내 방에 들어오면 뭔가 느낌이 다르다고들 했다. 예수님께서는 이미 오래 전에 내가 교통사고를 당해 의식없이 식물 인간으로 누워 있을 때 나를 찾아 오셔서 온몸에 불같은 은혜를 내리신 적이 있었는데 이번에도 고통 중에 있는 나를 친히 찾아 오셔서 이렇게 은혜의 간증을 나눌 수 있게 하신 것이다. 사망과 생명 사이를 정말 지척에 두고 있던 그때에 나에게 말씀으로 친히 위로를 주신 주님께 사랑의 고백을 드리지 않을 수 없다.

처음 닥터 할렌드는 수술 시간을 3-4시간 정도로 잡았고 30-40%정도 위절제 수술을 하면 될 것으로 추정했었다. 후에 들은 이야기인데 내시경 검사를 했을 때는 위벽에 30% 정도가 암초기 증세라 40% 정도만 절제하면 될 것으로 예상했었다고 한다. 그런데 즉시 수술을 받지 않고 약 4개월 후에 수술을 했음으로 그동안 70% 이상 전이되어 닥터 할렌드는 위를 조금이라도 덜 절제해 보려고 혼자 많은 고민과 기도를 했다고 했다. 어쩔 수 없이 90%를 절제하게 되었고 이 과정에서 수술 시간이 열시간 가까이 걸릴 수 밖에 없었다고 했다. 내가 회복된 며칠 후에 닥터 할렌드는 나를 찾아와 '친구야 정말 미안하다'고 정중히 사과를 해왔다. 사실 당시 사정은 수술한 의사 친구가 미안할 일이 아니라 수술을 늦게 받은 나 자신이 문제였다.

당시 수술을 늦게 받을 수 밖에 없었던 사정은 이랬다. 첫째는, 학교 신축 공사 관계 때문이었고, 둘째는 수술비 때문이었다. 수술을 진찰 즉시 하려고 돈을 마련해 두었는데 그때 토목 공사를 맡아 하는 회사가 공사비를 청구해와서 수술은 늦출지라도 하나님의 학교 공사는 늦출 수 없다는 작은 순교의 마음으로 공사비를 먼저 지출하였기 때문이었다. 그후 다시 수술비를 마련하기 위해 시간이 필요했다. 세째는 몇달 동안 하나님께 매달려 기도하며 주님의 확실한 응답을 다시 얻기 위해서였다.

나는 이렇게 기도했다. 하나님! 당신은 말씀으로도 암 아닌 목숨도 되살릴 수 있으신 분이십니다. 내 사정과 내 형편을 너무도 잘 알고 지켜보고 계시는 분이시니 될 수만 있다면 하나님 능력으로 말씀으로 치료해 주십시요. 3개월을 기도하다가 최종 일주일 간은 작정기도를 드렸다. 확실한 응답으로 만약 일주일 내에 수술비의 일부인 2만불의 돈이 다시 생긴다면 수술하라는 응답으로 알겠습니다. 만약 일주일 안에 돈은 주시지 않으신다면 수술을 하지 말라는 응답으로 알겠습니다. 나는 기드온처럼 확실한 기도 응답의 표적을 구했다. 이 작정 기도 후 4일만에 생각지도 않은 크레딧 카드 회사에서 카드 사용 한도액을 2만불이나 올려 놓았다고 연락이 왔다. 또 하나님께서 말씀으로 응답하시길 '사랑하는 종아! 수술 담당하는 의사도 내가 치료의 도구로 사용한단다. 사람을 통해 치료해야할 병이 있는가 하면 말씀으로 은사로 치료해야할 병이 있다'고 말씀해 주셨다. 나는 너무도 선명한 기도 응답이라 순종하는데 주저하지 않았다.

나는 지난 날 고국에서 오랜 동안 기도원과 특히 용산 현신애 권사님 목요 신유 집회 강사로 원목으로 활동하면서 수십만명의 환자를 접했고 놀랍고 신기한 하나님의 역사를 너무도 많이 보고 체험했었다. 강단에서 성령님의 강권적 힘에 사로잡혀 찬양만 30-40분 드려도 암이 녹아 내리고 귀신이 도망가고 각종 질병이 치료되는 큰 역사를 너무도 많이 체험했었다. 그런데 이처럼 놀라운 성령의 역사를 경험하며 사역하던 종이 정작 제 몸에는 칼을 대고 수술을 해야한다는 것을 사실 자존심과 자부심 때문에도 받아들이기가 힘들었고 할 수만 있으면 성령님의 능력으로 치료해 보려고 최선을 다했던 것이다.

지금 생각해 보면 수술하고 병원에서 푹 쉬라고 그렇게 하신 것이 아닌가 싶기도 하다. 그렇게라도 하지 않으면 또 학교로 달려가 일할 위인이니 성치 않은 몸으로 병원 침대에 뉘여 푹 쉴 시간을 주신 것 같다. 또 살아온 삶도 뒤돌아 보고 앞으로의 삶을 다시 내다볼 수 있는 그런 쉼의 기회를 주신 것이다. 수술이 아니고서는 상상치도 못한 장기 휴가를 하나님으로부터 받은 셈이었다.

수술 후 장장 4주간의 입원 생활을 마치고 퇴원 수속을 밟으면서 감사의 눈물을 얼마나 흘렸는지 모른다. 닦아도 닦아도 계속 흘러내리는 눈물 . . . 몇 개월만 더 늦게 발견했더라면 속수무책으로 이 세상 생을 마감할 수 밖에 없었을 텐데 . . . 그 크신 하나님의 사랑 또 다시 이땅에서의 삶에 연장을 허락하셨으니 이제부터 더 열심히 더 뜨겁게 남은 생을 오직 주님만을 위해 살겠다고 다짐에 다짐을 했다. 환자 옷을 벗고 집에서 준비해온 옷으로 갈아 입을 때 그 심정 그 기분은 누구도 경험해 보지 않고서는 감히 짐작할 수가 없을 것이다. 4주의 병원 생활은 나에게는 4년 10년 보다도 더 긴 시간들이었다. 정말 많은 것들을 생각해 볼 수 있었던 시간들이었다.

❧ 홀로 가는 인생

생사의 분계선 정말 근처까지 갔다가 살아나 이렇게 퇴원을 하게 되니 세상이 다시 보였다. 병원 문을 나서 바깥 공기를 들여마시는데 어찌나 상큼하고 달게 느껴졌는지 모른다. 나무들도 새들도 다 새로와 보였다. 분주히 왔다갔다 하는 사람들 틈을 비집고 나오려니 왠지 외로움이 물밀듯 밀려왔다. 사선을 넘나드는 엄청난 수술을 겪고 엄청난 고통의 과정을 거쳐 이렇게 쪼그라진 몸으로 나오는데 사람들은 내게 무슨 일이 있었는지 관심도 없이 저마다 발길을 재촉하며 자기 인생길 가기에 바쁜 것이다. 아! 인생은 나홀로 가는 것이구나! 다시 한번 뼈저리게 느끼며 울적한 기분이 되었다. 그 누구도 나를 대신해 수술대 위에 누워 줄 수 없었다. 아내도 자식도 대신해 줄 수 없었다. 내 인생 나 홀로 가야 하는 것이었다. 만감이 교차하며 달리는 차 밖으로 지나가는 풍경들을 하염없이 바라보았다. 감격스러웠다. 다시는 못볼 수도 있었던 이 길을 다시 달리고 있질 않은가. 갑자기 하나님께서 이 홀로 가는 인생에 함께 계신다는 위로가 느껴졌다. 힘이 솟았다. 나는 말라 뼈가 보이는 앙상한 손에 힘을 주어 주먹을 쥐었다. 하나님께서 함께 하시니 다시 주신 사명을 위해 힘껏 살자. 그렇게 살다가 다시 부르시면 그땐 후회없이 떠나자.

어느덧 달리던 차는 집 앞에 와서 멈추어 섰다. 부축을 받으며 방에 들어서니 내 방인데도 낯설게 느껴졌다. 내가 변해서 돌아온 것이다. 다시 적응을 해야할 것들이 너무도 많았다. 삶과 죽음이 그리 멀리 있지 않음도 깨달았고 삶을 바라보는 시각도 변해서 돌아온 것이다. 옷장을 열어보니 옷들도 다 생소했다. 다 입을 수 없는 큰옷들이 되어버린 것이다. 나는 갑자기 변해버린 내 육신에도 적응해야 했다. 나는 더 이상 이전의 민바울이 아닌 것이다. 전에는 경험하지 못한 새로운 삶들이 나를 기다리고 있었다. 퇴원한 그날 오랜만에 집으로 돌아와 약간의 죽으로 식사를 했는데 갑자기 구토가 나오고 속이 뒤틀리고 마치 심한 배멀미 같은 현상이 왔다. 나는 두손으로 배를 움켜잡고 한시간 이상 고통을 겪다가 그 다음 날로 수술한 병원 응급실로 가서 다시 정밀 검사를 해보았다. 결과는 별 이상이 없었다. 그때 알게 된 일이지만 위를 갑자기 90%나 끊어내고 10% 정도의 위로 생활을 해야하니 음식을 먹을 때 무척이나 조심해야 했다. 음식을 조금 많이 먹거나, 고단백질이나, 기름기가 많은 음식이나, 급격히 먹거나, 배가 고플 때 먹거나 . . . 등으로 인해 덤핑 증후증이란 현상이 와 그토록 고통을 겪어야 했던 것이다.

덤핑 증후증이란 이런 것이었다. 정상적인 위를 갖은 사람들은 급히 먹거나 기름기가 많거나 고단백질 음식 등을 섭취해도 일차 위로 들어가 위에서 대장 소장 등 기관으로 순차적으로 나누어 주어 모든 기관들이 조화를 이루어 소화케 하니 문제가 없다. 그러나 나같은 사람은 위가 없으니 곧바로 소장 대장 등 기관으로 내려가 쇼크 현상과 함께 큰 고통을 겪어야 했다. 나는 퇴원 첫날 그 큰 고통을 겪고 난 뒤 음식을 보면 무조건 겁이 났다. 차라리 않먹고 굶는 편이 속이 편했으니 수술전 20년 가량을 똑같은 체중을 유지해 바지 허리가 35인치로 생활했었는데 대 수술 후 29인치로 갑자기 허리가 줄어버렸다. 그러니 가슴을 펴기도 힘들고 배에 힘이 없어 서있기도 힘들고 아무튼 여러가지로 어려운 점이 한두 가지가 아니었다.

식사는 제대로 할 수가 없고, 학교 잔여 공사와 한달간의 공석으로 인해 업무는 태산 같이 밀려 있었다. 살아있는 한 일은 해야 했다. 사람들은 좀 쉬어야 하지 않냐고 걱정 했지만 나에게는 저축한 돈이 없어 평안히 요양을 할 수 있는 그런 여유가 전혀 없었다. 나는 낮에는 양손으로 배를 움켜잡고 기어 다니다 싶히 활동을 해야 했고 밤이면 간호사를 집으로 불러 매일 밤 4-5시간 혈관에 알부민 주사를 맞고 주사 기운으로 활동을 하기를 4개월 이상을 했다. 지금 생각해보면 하나님의 도우심이 없었다면 그 큰 고비를 넘길 수가 없었을 것이다.

어느 날 하루는 아침에 출근을 하는데 학교 사무실 앞에 막 도착하자 또 덤핑 증후증으로 배가 뒤틀리기 시작했다. 속이 울렁거리고 하늘과 땅이 돌아가는 것 같으며 심한 어지러움으로 마치 배멀미를 심하게 하는 사람들이 겪는 그 이상의 고통을 겪었다. 차 안에서 내리지도 못하고 혼자 뒹굴어야 했다. 30-40분 가량 이 고통을 겪으며 홀로 외로이 오직 신음하며 하나님만을 불러댔다. 정신을 수습해보니 마치 물에 텀벙 빠졌다가 나온 사람처럼 온몸은 온통 땀에 젖어 있었다. 나는 그 날 다시 인생은 언제나 내 십자가는 나홀로 지고 가야 하는 것이며 이땅의 그 누구도 대신해 줄 수 없음을 철저히 체험했다. 뒤늦게 안 사실이지만 당시 많은 직원들이 나보다 먼저 출근하여 내 차가 파킹장에 도착하는 것도 보았다고 한다. 하지만 '학장님이 차에서 누구와 전화를 하시느라 오랫 동안 차에 계시는구나.'라고 생각들 했다는 것이다. '많은 사람들 중에 단 한사람이라도 세심히 신경을 써 주었으면 얼마나 큰힘이 되었을까' 하는 아쉬움도 있었지만 그것은 내 생각일 뿐 남의 사정을 누가 그렇게 깊이 이해할 수 있단 말인가!

진실로 인생은 철저히 홀로가는 것임을 . . .
그래서 내겐 하나님이 더욱더 소중한 것을 . . .

V. 산산조각이 난 세계 복음화의 꿈

❷ 또 한번의 불같은 시험

수술 후 6개월 정도가 지나 이제 겨우 죽 정도를 먹고 몸을 겨우 추수릴 즈음에 또 한번의 불같은 시험을 겪어야 했다. 당시 미국에 9 11 테러 사건 이후 국토 안보부가 새로 신설되었다. 유학생으로 들어온 아랍계 비행 학교 학생들이 일으킨 테러라 모든 유학생은 이제 국토 안보부에서 관리하게 되었다. 이제 유학생은 어떤 경우든지 학교 내에서의 아르바이트 외에는 학교 밖의 어떤 일도 할 수가 없으며 학교도 이에 강력히 협조할 것을 요구 받았다. 이제 실제로 돈이 있어 공부만을 목적으로 하지 않는 사람이 유학 비자를 받는 다는 것은 불가능하게 되었다.

나는 내가 이민 초기에 돈 없이 미국에 정착하는 것이 얼마나 처절하게 어려운 일인가를 경험한 처지라 그런 상황에 있는 사람들을 보면 도와주고 싶은 마음이 솟구쳐 오르곤 했었다. 그래서 할 수만 있다면 그런 사람들을 도와주려 최선을 다했었다. 그런데 이제는 아무리 사정이 딱한 사람이라도 도와줄 수가 없었다. 사실 사정이 딱한 사람들을 도와주다 보면 학교에는 관심이 없고 신분 유지만에 연연하는 사람들을 만나곤 했다. 자식을 데리고 무작정 상경 식으로 미국에 들어온 가난한 이민자들을 보면 우선 살게 해줘야 공부도 하지 않겠나 하는 생각에 공부에 앞서 빵문제 해결을 매달려 도와주곤 했었다. 사실 이때 즈음에는 이런 식의 도움에 나도 한계를 느끼고 있었다. '더 이상 이런 식으론 학생들 자신들에게 도움이 않되겠다. 아르바이트나 하며 가족을 부양하는 것은 임기 응변식 해결책이다. 좀더 구체적으로 이들이 기술을 배워 미국 사회에 안정되게 정착할 수 있는 길을 마련해 주어야겠다'는 생각이 자꾸만 마음을 지배했었다.

911 이후 미국의 변화된 상황으로인해 이젠 뭔가 결단을 내려야할 시점에 와 있었다. 그래서 이 결단이 일으킬 파장을 잘 알면서도 나는 하나님께서 주시는 부담을 뿌리칠 수 없었다. 그래서 발표를 했다. 우리 학교는 앞으로 직업학교와 신학교를 분리하려 한다. 직업학교가 신설되기까지 다음 학기부터 공부보다 유학생 신분을 유지하는 것이 더 절실하신 분들은 일단 타 학교로 전학을 해 신분을 유지하기를 권고했다. 그리고 신학교에는 공부만을 목적으로 하는 분들만 남도록 하는 학교 정책을 알렸다. 그리고 이민 정착이 목적인 평신도들은 더 이상 임시방편 식의 아르바이트로 생계를 유지하기 보다는 구체적인 기술 교육을 통해 미국 사회에서 안정된 직업을 구할 수 있도록 도와줄

직업학교를 시작할 때가 왔다고 생각했다.   그리고 이들을 직업전선에 평신도 선교사로 파송하는 그 비젼의 실현을 할 때가 왔다는 부담감이 마음을 눌렀다.   사실 이런 직업학교에 대한 비젼도 이미 한국에서 재성학교 교목을 할 때부터 가졌던 것이라 이미 하나님께서는 구체적인 준비를 내게 시켜놓고 계시던 상태였다.   이제 세계 복음화 사역을 한차원 다르게 진행할 수 있는 과감한 결단을 내릴 때가 왔다는 강한 인도함을 받았던 것이다.

사실 그동안 유학생 비자 프로그램을 통해 어려운 환경에 처한 많은 학생들이 신앙을 키우며 미국 정착을 할 수 있도록 돕는데 엄청난 시간과 에너지를 사용해 왔었다.   몸이 열개라도 모자라는 학생들 수발에 사실 좀 지치기도 했었다.   그리고 그 무엇보다 좀더 구체적으로 다양한 필요를 가지고 유학온 학생들을 도울 방법이 절실히 요구되었었다.   지난 10여년 간은 폭넓은 사역을 해왔었다.   신앙이 어린 사람, 심지어는 신앙이 없는 사람, 타 종교권의 사람들도 신학교에 입학해 개종을 하는 경우가 많았다.   선교적 차원에서 엄청난 일들이 벌어지고 있었다.   일부 종교 지도자들은 신학대학이 왜 경호학과, 의료 선교학과, 체육 선교학과 한의학과 등이 있느냐고 반문하셨지만 평신도들이 직업을 배우며 신학을 공부할 수 있어 사실 그 당시 많은 분들에게 매우 효과적인 사역을 할 수 있었다.   사실 외국 학교들의 경우 이제 Sports Ministry는 매우 보편화된 과목으로 자리잡아 가고 있어 그리 이상한 일도 아닌데 말이다.   사실 타종교권에서 오신 분들이나 무종교 배경의 분들이 본교에 등록해 공부하면서 기독교로 개종하고 구원의 확신을 체험하고 현재 교회 전도사나 목사로 사역하시는 분들도 많이 계신다.   기존 신학교 개념으론 절대로 이루어 질 수 없는 선교가 우리 신학교를 통해 이루어 지고 있었다.

그러나 이제 늘어난 학생들을 이런 식으로 계속 돌보기는 힘들었다. 그분들 중엔 또 더 깊은 신학을 공부하고 싶어 하는 분들도 많았다. 이제는 학교 설립 초기의 폭넓은 방향에서 좀더 체계적인 세분화가 필요한 시점에 와있었다.   학교 성장의 한 과정이었다.   그당시 하나님께서는 신학 대학과 평신도 전문 직업학교를 분류할 때가 되었음을 여러모로 깨닫게 해주셨다.   세계 복음화에 대한 비젼을 품고 이국 땅에 발을 딛게 하신 하나님께서는 이제는 신학대학을 통해 전문 목회자 양성에 주력하고 직업학교를 통해 평신도 전문 특수 직업 선교사를 길러내라는 학교 운영에 관한 새로운 방향과 도전을 계속 주셨다. 그 이전부터 준비해 오던 직업학교 라이센스를 주 교육부에 이미 신청을 하여 사실 진행 중인 상태에 있었다. 이미 하나님께서는 이일을 나보다 앞서 준비시키고 계셨던 것이다. 그러나 하나님의 뜻을 알 수 없는 우리 인간 사에는 학교의 정책 변경으로 인한 대소동이 벌어지고 말았다.

❦ 방향 전환으로 인한 대 소동

뒤 돌아보면 이런 방향 전환은 하나님의 인도하심이 아니면 할 이유가 없었다. 그당시 학교는 너무나 잘 성장하고 있었기 때문이다. 그냥 놔두면 나는 재정적으로나 학교 운영면에서 오히려 수월했다. 그러나 하나님의 뜻을 저버릴 순 없었다. 그래서 많은 모험을 해야함에도 불구하고 방향 전환을 선포했던 것이다. 이러한 방향 전환으로 당시 공부만이 목적이 아닌 유학 비자 신분의 재학생들 약 130여명은 다른 학교로 전학을 가야 하니 불편을 겪을 수 밖에 없었다. 일부 학생들은 지역 신문사 여러 곳에 그동안 본교에 직접 하지 못한 불편한 일들을 일일이 제보하여 그날부터 4개월 가량을 지역 신문사 모든 신문들은 아틀란타 신학대학에 대한 기사를 제 멋대로들 탑 뉴스로 내보내고 난리도 아니었다. 어느 신문사는 기획 시리즈로, 특집으로, 온통 지역 사회가 대혼란에 빠지게 되었었다.

사실 이렇게까지 큰문제가 될 필요가 없었다. 무엇인가 단단히 잘못된 제보들을 검증의 과정도 거치지 않고 특종만 쫓아가던 일부 기자들 때문에 일은 일파 만파 겆잡을 수 없이 소용돌이 치고 있었다. 사실 그당시 모든 학생들은 본교에서 다른 학교로 안내를 하여 지역 학교 여러 곳에 모두 전학이 완료 되었고 크게 문제가 될 것은 없었다. 그런데도 민학장이 몇백명을 불법 체류자로 만들었느니 민학장은 목사 안수를 않받았을 뿐만 아니라 모든 경력이 다 거짓이라느니 . . . 정말 나도 모르는, 그리고 사실과는 거리가 먼 기자들이 쓴 소설이 어처구니 없이 연일 터져나왔다. 진실이 이토록 무색할 수 있나 참으로 기가 막힐 지경이었다. 그때의 상황은 마치 겁에 질린 한마리 토끼를 잡기 위해 혈안이된 수백명의 몰이꾼들과도 같이 참으로 험하게 나를 몰아치는 참담한 상황이었다. 나는 '아~'하고 변명 한마디 할 수가 없었다. 다들 진실 따위엔 관심도 없었다. 거짓된 기사들이 교민들의 마음에서 마음으로 입에서 입으로 널뛰듯 펄떡이며 춤을 추고 있었다.

🌀 "종아! 나처럼 십자가에서 죽으라. 그러면 살리라."

이렇게 무력할 수가 없었다. 속된 말로 내가 내 사업 망치는 일을 왜 이유 없이 벌이겠는가? 그냥 가만히 종전의 방식으로 학교를 운영하면 잘 굴러 갈텐데 . . . 아무도 '왜 민학장이 그런 손해보는 일을 벌였을까?' 이런 질문을 스스로에게 하는 사람은 단 한명도 없었다. 영리를 목적으로 한다면 천번 만번 학교 체제를 바꿀 필요가 없었다. 그러나 하나님께서 강하게 이젠 신학교와 직업학교를 분리 운영할 때가 되었다고 역사하시니 난들 어쩌란 말인가. 이런 하나님의 인도하심의 내막을 알리 없는 사람들, 아니 알려고 하지도 않고 불평하는 사람들의 말에만 귀를 기울은 사람들의 횡포에 나는 그냥 앉아 고스란히 두들겨 맞아야 했다. 억울하게 당하는 것 참으로 힘든 고통이었다. 더 힘든 것은 아무도 진실에는 관심이 없는 것이었다. '임금님 귀는 당나귀 귀, 어디 숲 속에라도 찾아가 소리쳐 진실을 외치고 싶었다.

나는 이 엄청난 핍박과 모함을 도저히 그냥 참을 수가 없어 인간의 도움을 청하기로 했다. 지역에서 가장 유명한 변호사 그룹을 찾아갔다. 언론사며 기자며 민형사 소송을 제기해 진실을 밝히고자 상담을 할 작정이었다. 변호사 선임 계약과 선임비를 지불하려던 순간 주님의 음성이 저 마음 속 깊숙히로부터 너무도 또렷하게 들려왔다. '종아! 너 정말 억울하냐? 네가 아무리 억울해도 나만큼 억울하냐? 나는 아무런 죄도 없이 그것도 당시 종교 지도자들에게 하나님의 가짜 아들로 몰려 십자가에서 처참히 사형까지 당했었다.' 그러시면서 계속 말씀하시기를 '나를 바라 보라. 너도 나처럼 인간의 혈기 변명 모두 버리고 죽으라. 그리하면 살리라. 모든 사람들이 한사람도 십자가에 나처럼 달려 죽으려 하지 않고 살려고만 하니 이땅에 정말 나의 제자된 자를 찾아 보기가 힘든 세대다. 너는 이번 일을 통하여 십자가에서 완전히 죽는 모습을 보여라. 그것이 나의 뜻이요, 네가 사는 길이요, 감당해야 할 십자가다.' 그러시면서 **로마서 12장 20-21절** 말씀을 내게 주셨다. '네 원수가 주리거든 먹이고 목마르거든 마시우라. 그리함으로 네가 숯불을 그 머리에 쌓아 놓으리라. 악에게 지지 말고 선으로 악을 이기라.' 나는 주님의 음성을 듣고 나서 더 이상 그 자리에 앉아 있을 수가 없었다. 모든 소송을 포기하고 그날부터 모든 억울함도 . . . 모두 주님께 맡기게 되었다. 그러고 나니 나의 마음이 너무도 편안해 옴을 느꼈다.

❷ 하나님의 심판의 자리에 앉은 목회자들의 횡포

이러한 와중에 어느 지역 목사는 당시 지역 교회 협의회 간부라는 타이틀이 마치 하나님의 전권 대사나 된 것처럼 기자 회견을 통해 아틀란타 신학 대학은 없어져야 한다고 심판의 소리를 높이고 있었다. 정말 그분이 이 사건에 대해 무엇을 알고 있단 말인가. 학교 사역을 하나님이 하신 일이라면 그분은 정말 엄청난 실수를 하고 있는 것인데 생각하면 아찔하기까지 했다. 그분의 그때 모습은 지금 생각해도 정말 은혜롭지 않은 모습이었다. 나도 목사이지만 같은 목사를 이렇게 평가한다는 것은 나 자신의 얼굴에 침을 뱉는 일이지만 정말 너무도 아름답지 못한 모습이었기에 그리고 그런 일이 다시는 있어서는 않된다고 생각하기에 이렇게 몇자 글로 남기는 것이다.

사실 조금만 더 긍휼과 사랑하는 마음이 있었더라면, 조금만 더 사건의 어떠함을 알려고 노력했더라면, 그렇게 하나님께서 인도하시고 역사하신 신학교를 향해 난도질을 할 수는 없었을 것이다. 그분 본인의 생각으로 판단컨데, 그리고 겉으로 들려오는 소문으로 판단컨데 없어져야겠다고 생각할 수도 있었겠지만 그래도 최소한 하나님은 그때 어떤 입장을 취하실까 잠시라도 생각해 보았어야 했다. 하나님께서는 가룟 유다도 예수님께 붙여 장차 인류 구원의 한부분으로 사용하셨었는데 모든 만물과 생명, 그리고 교회, 신학교의 일인데 . . . 하나님의 예정과 계획 가운데 운행하고 계시는 깊은 섭리가 있음을 조금은 생각하셨어야 했다. 그분이 심판의 칼을 직접 휘두르지 않아도 하나님께서 보시기에 좋지 않으시면 어떤 방법으로든 문을 닫게 하시리란 하나님 중심에 서서 일을 지켜 보셨더라면 . . . 사실 학교 행정이 잘못 되었으면 미국법이 그냥 놔두질 않을 문제였다. 지역 목사님이 처리할 일은 분명 아니었다. 이일로 인해 오히려 좁은 이 지역 한인 사회에 혼란이 야기되고, 기독교인들끼리 치고 박으니 덕은 커녕 눈살이 찌프러지게 만들고, 목회자들 조차 둘로 갈리어 옳으니 그르니 편가름이 일고 있었으니 아무리 생각해도 하나님께서 인도하신 일은 아니었단 생각이 든다.

지역 교계를 대표하는 위치에 있다면 먼저 그 상황의 진실부터 소상히 알아봤어야 한다. 최소한 학교 대표자요 같은 목사인 나를 만나 상황을 파악하고 만일 잘못된 것이 있다면 고치도록 사랑어린 충고와 조언을 해주고 기도해 주셨어야 하지 않았을까? 그리고 오해가 있음을 파악하셨으면 중간에서 중재 역할을 해주시고, 좀더 지혜롭게 은혜롭게 풀 수 있도록 그런 역할에 주력하셨었더라면 . . . 큰 교회를 담임하시는 큰 목회자답게 '우리 모두 이 문제를 위해 함께 기도하며 하나님의 인도하심에 맡깁시다.'라고 했었더라면 믿지 않는 사람들이나 타 종교인들이 볼 때 아니 믿는 성도들이 볼 때도 '과연 큰 교회 목사는 다르구나, 기독교회는 정말 사랑의 종교구나.' 하고 하나님께는 영광이요, 본인에게도 엄청난 칭찬이 돌아갔을텐데 . . . 분별 없는 교만한 인간의 생각으로 휘두른 칼에 맞아 수많은 사람들의 가슴에 (나와 내 아내와 어린 두딸, 주님의 피값으로 사신 바된 형제요 자매된 교우님들, 학생들, 그리고 나를 사랑하는 많은 목회자들 . . . 등등) 말로 형언할 수 없는 상처를 남겼다.

나는 지금도 그분께 묻고 싶다. 그때 우리 신학교와 벌어지는 사건에 대해 얼마나 알고 계셨으며, 과연 그 문제를 놓고 얼마나 기도를 하셨었는지를 . . . 얼마나 간절히 이 문제가 하나님께 영광돌리는 방법으로 해결되기를 원하셨는지 . . . 택하신 해결 방법을 통해 얼마나 하나님께 영광을 돌려 드렸는지 . . .

나는 그당시 **요한일서 3장 14-18절**을 눈물로 암송하곤 했었다. 사랑이 없다는 것이 얼마나 무서운 것인지, 사랑이 없는 지옥이 얼마나 처참한 곳인지 다시금 깨닫게 되었다. 그리고 사랑을 행함과 진실함으로 애써 실천해야하는 중요성을 평생 심령에 새기고 살자고 다짐했었다.

우리가 형제를 사랑함으로 사망에서 옮겨 생명으로 들어간 줄을 알거니와 사랑치 아니하는 자는 사망에 거하느니라. 그 형제를 미워하는 자마다 살인하는 자니 살인 하는 자마다 영생이 그 속에 거하지 아니하는 것을 너희가 아는 바라 . . . 자녀들아 우리가 말과 혀로만 사랑하지 말고 오직 행함과 진실함으로 하자.

❷ 거듭난 참 하나님의 사람들

의인은 환난 날에 더욱더 빛이 난다고 했던가. 이러한 와중에도 지역 큰 교회 모 목사님은 칼럼을 통해 전혀 상반된 말씀으로 거듭난 참 하나님의 사람들이 어떻게 행동해야 은혜가 되는지 몸소 느끼게 해주셨다. 우리 학교를 지칭하며 하나님의 일이지만 하나님의 일들은 사람을 통해 모든 사역이 이루어지는 것이고 이 과정에서 실수도 시스템 상 오류도 일어날 수 있음으로 그 오류를 바로 잡고 시스템을 바로 세우면 된다고 글을 발표하셨다. 참으로 두분의 행동은 대조가 되었다. 어느 분이 하나님의 말씀에 비추어 볼 때 옳은 행동이었는가를 애써 따질 필요가 없었다. 한분의 글은 그냥 읽는 이로 하여금 은혜를 느끼게 하기에 충분했기 때문이다.

하나님께서는 거친 회오리 바람 중에도 격려의 사람들 사랑의 사람들을 통해 이 종에게 위로와 소망을 주시기를 쉬지 않으셨다. 멀리 타지역에 계신 목사님들은 전화를 하셔서 많은 격려와 용기를 주셨고, 어떤 분은 기도도 해주시고 점심도 사주시고, 뜻하지 않은 분들을 통해 계속 위로와 소망을 전달해 주셨다. 지금도 그분들을 위해 감사기도 드림은 그당시 그분들로부터 받은 격려가 얼마나 값지고 뜻있는 것이었는지 말로 다 표현할 수 없기 때문이다.

우리는 서로 적이 아니다. 아니 적까지도 용서하고 사랑하라고 주님은 말씀하신다. 그들이 변화될 기회를 주기 위해서다. 과연 그토록 혹독히 짓밟고 그 사람을 어떻게 전도할 수 있겠는가. 진정 우리 그리스도인들은 하루에 7번씩 70번이라도 용서하라고 하시는 주님의 말씀을 늘 기억해야 하리라. '네가 누구관대 이웃을 판단 하느냐'는 주님의 질책의 소리를 들을 수 있어야 한다. 심판하시는 분은 하나님이시다. 그런데 과연 누가 이웃을 판단하며 이웃에게 심판의 칼을 휘둘러 치명적인 상처를 줄 수 있겠는가. 나는 이일로 그리스도인들이 절대로 해서는 않될 일과 또 과감히 반드시 해야할 일들을 뼈속 깊이, 아니 사망의 골짜기를 헤매며, 생사를 건 아픔 속에서 처절한 피를 흘리며 깨닫게 되었다.

문득 그때를 뒤돌아보노라면 아직도 고통이 느껴질 정도로 생생히 장면 장면들이 지나간다. 남에게 상처를 준다는 것은 곧 주님께 그리하는 것이고 마지막 때에 심판을 받을 것이란 마태복음 말씀이 계속 마음에서 떠나질 않는다. 예수 그리스도의 피값으로 산 바된 형제 자매들에게 하는 모든 행동을 조심스럽게 해야함을 깨닫는다. 그들에게 하는 것이 곧 주님께 하는 것이기 때문이다. 나는 마태복음 25장 31-46절을 묵상하며 얼마나 많은 회개를 했는지 모른다. 내가 알고 지은 모든 잘못, 그리고 모르고 지은 모든 죄들까지 다 용서해 달라고 하나님께 매달려 기도했다. 남에게 상처를 입히는 것이 얼마나 아픈 것인지, 아니 인격의 살인이 육신의 살인보다 더 악한 것임을 경험했기에 앞으로 남은 인생을 살 동안 누구에게도 그런 실수가 없기를 간절히 하나님께 도움을 구했다. 그리고 나로 인해 상처를 입은 사람들 – 어린시절부터 지금까지 만난 모든 사람들 가운데 – 모든 분들께 용서를 구하고 그분들께 하나님께서 하늘의 위로를 내려 주시길 간구한다.

인자가 자기 영광으로 모든 천사와 함께 올 때에 자기 영광의 보좌에 앉으리니 모든 민족을 그 앞에 모으고 각각 분별하기를 목자가 양과 염소를 분별하는 것 같이 하여 양은 그 오른편에, 염소는 왼편에 두리라 그 때에 임금이 그 오른편에 있는 자들에게 이르시되 내 아버지께 복 받을 자들이여 나아와 창세로부터 너희를 위하여 예비된 나라를 상속하라. 내가 주릴 때에 너희가 먹을 것을 주었고 목마를 때에 마시게 하였고 나그네 되었을 때에 영접하였고 벗었을 때에 옷을 입혔고 병들었을 때에 돌아보았고 옥에 갇혔을 때에 와서 보았느니라 이에 의인들이 대답하여 가로되 주여 우리가 어느 때에 주의 주리신 것을 보고 공궤하였으며 목마르신 것을 보고 마시게 하였나이까 어느 때에 나그네 되신 것을 보고 영접하였으며 벗으신 것을 보고 옷 입혔나이까 어느 때에 병드신 것이나 옥에 갇히신 것을 보고 가서 뵈었나이까 하리니 임금이 대답하여 가라사대 내가 진실로 너희에게 이르노니 너희가 여기 내 형제 중에 지극히 작은 자 하나에게 한 것이 곧 내게 한 것이니라 하시고 또 왼편에 있는 자들에게 이르시되 저주를 받은 자들아 나를 떠나 마귀와 그 사자들을 위하여 예비된 영영한 불에 들어가라 내가 주릴 때에 너희가 먹을 것을 주지 아니하였고 목마를 때에 마시게 하지 아니하였고 나그네 되었을 때에 영접하지 아니하였고 벗었을 때에 옷 입히지 아니하였고 병들었을 때와 옥에 갇혔을 때에 돌아보지 아니하였느니라 하시니 저희도 대답하여 가로되 주여 우리가 어느 때에 주의 주리신 것이나 목마르신 것이나 나그네 되신 것이나 벗으신 것이나 병드신 것이나 옥에 갇히신 것을 보고 공양치 아니하더이까 이에 임금이 대답하여 가라사대 내가 진실로 너희에게 이르노니 이 지극히 작은 자 하나에게 하지 아니한

것이 곧 내게 하지 아니한 것이니라 하시리니
저희는 영벌에 의인들은 영생에 들어가리라 하시니라

마태복음 25장 31-46

◉ 또 다시 빈털털이가 되어

한인 사회가 술렁이자 학교도 덩달아 평안칠 않았다. 수백명의 학생들이 한꺼번에 빠져 나가고 지역에서는 연일 악성루머와 모함이 끊이질 않으니 당연히 학교에 등록하는 사람 또한 한명도 없었다. 이로 인해 당장 학교 재정이 말이 아니었다. 학교 빌딩, 살고 있는 집, 유아원 빌딩, 자동차 등등이 몇 개월씩 페이먼트가 밀리다보니 압류 및 경매 절차가 진행되었다. 미국에 와서 그동안 밤낮 없이 일구어 놓은 모든 것들이 하루 아침에 허물어져 내렸다. 그때 그 무기력함과 비참함, 허무함이란 정말 말로 표현할 수가 없는 지경이었다. 수백만불짜리가 반값에 모두 넘어가는 것을 보고도 속수무책이었다. 더군다나 건강까지 수술 후유증으로 감당할 수 없을 정도로 너무도 힘이들었다. 모든 것이 엎친데 덮친격이 되었으니 어쩌면 욥이 당한 시험과 비슷한 상황이 되었다.

남들은 이런 속사정도 모르고 그래도 민학장은 몇백만불을 숨겨 놓았느니 어디에 땅이 있느니 . . . 라고 계속 말도 되지 않는 루머를 퍼뜨리고 있었다. 참을 수 없는 치욕과 고통들이었다. 나는 하는 수 없이 전혀 기도에 힘쓰며 최후의 결단을 내릴 준비를 했다. 결론은 학교 빌딩, 유아원 빌딩, 집 등 모든 것을 관련 은행에 넘겨주고 돈 한푼 없이 오갈데 없는 빈털털이가 되어 길거리로 나오는 것이었다. 그 와중에서도 한가지 분명히 붙잡았던 것은 하나님께서 함께 하신다는 여호수아 1장 9절 말씀이었다. '내가 네게 명한 것이 아니냐. 마음을 강하게 하고 담대히 하라 두려워 말고 놀라지 말라. 네가 어디로 가든지 네 하나님 여호와가 너와 함께 하느니라.' 하나님께서 하라고 하셔서 한 일이니 하나님께서 해결해 주시리란 강한 믿음이 있었다. 그러나 돌아가는 험한 상황을 하루 하루 다 겪어 나가야 하는 것은 내몫이었다. 정말 힘든 과정이었다. 하나님께선 끊임없이 말씀으로 위로를 주시며 나로 그 사망의 골짜기를 벗어나게 해주셨다. 그당시 시편 23편 말씀은 나를 지탱하는 유일한 힘이었다.

여호와는 나의 목자시니 내가 부족함이 없으리로다.
그가 나를 푸른 초장에 누이시며 쉴만한 물가로 인도하시는도다.
내가 사망의 음침한 골짜기로 다닐찌라도 해를 두려워하지 않을 것은
주께서 나와 함께 하심이라.
주의 지팡이와 막대기가 나를 안위하시나이다.
주께서 내 원수의 목전에서 내게 상을 베푸시고
기름으로 내 머리에 바르셨으니 내 잔이 넘치나이다.
나의 평생에 선하심과 인자하심이 정녕 나를 따르리니
내가 여호와의 집에 영원히 거하리로다.

❻ 교회는 나의 안식처

오갈 데가 없어 잠시 방황하고 있을 때 하나님께서 이런 음성을 마음으로 듣게 하셨다. '사랑하는 종아! 어거스타 교회가 있지 않느냐. 그곳에서 다시 시작하라. 반드시 너를 다시 일으켜 세우리라.' 아무 생각도 할 수 없던 절망적인 상황에서 어거스타 교회는 나의 안식처요 희망이요 하나님의 따뜻한 품이었다. 나는 곧 어거스타 교회로 대충 짐을 챙겨 내려갔다. 첫날을 교회에서 보내는데 얼마나 눈물이 나는지 일주일 동안을 서 있어도 앉아 있어도 누워 있어도 나도 모르게 흘러 내리는 눈물을 주체할 수가 없었다. 어느 날은 잠에서 깨어나 보면 베개가 흥건히 젖어 있었다.

하나님!
이 종이 인생을 잘못 살았습니다. 아니 인생을 사는 방법을 잘 몰랐습니다. 그동안 수백만불을 만지면서도 내 자신을 위해 내 자식을 위해 제대로 쓴 것이 없습니다. 한푼도 제 손에 남아 있는 것이 없습니다. 다른 사람들처럼 저축도 하며 살았어야 했는데 하나님 당신의 사역을 위해 한푼도 남기지 않고 모두 다 사용했습니다. 이제 남은 것은 다 망가진 이 연약한 육신과 파렴치범이 된 내 이름 석자와 오갈 데 없는 어린자식들 뿐입니다. 몇날 며칠을 뒹굴고 바닥을 치며 통곡의 기도를 드렸다. 아니 기도와 신세한탄이 범벅이된 부르짖음이었다.

하나님께서는 그러나 이런 말씀으로 위로해 주셨다. '사랑하는 종아!

나는 다 알고 있다. 너무 억울해 하지 말라. 이 큰 시련에도 내가 너를 향한 뜻과 섭리가 있다. 그 섭리를 찾는 기도에 집중하라.' 그러시면서 요한복음 13장 1절에서 11절 말씀 중 특별히 7절 말씀을 주셨다. **"예수께서 대답하여 가라사대 나의 하는 것을 네가 이제는 알지 못하나 이 후에는 알리라."** 나는 다시 마음을 가다듬고 정신을 차려 성경 말씀을 묵상하기 시작했다. 식음을 전폐하고 기도와 말씀 묵상, 기도와 말씀 묵상을 반복하며 하나님의 섭리를 깨닫게 해달라고 매달렸다. 사실 얼마나 은혜로운 시간들이었는지 . . . 어거스타의 아름답고 조용한 환경 속에서, 너무도 사랑하는 어거스타 교회에서 세상 염려 걱정 다 내려 놓고 하나님 말씀에 빠져 기도에 잠겨 보내는 이 시간이 천국이었다. 하나님의 임재를 깊이 느끼며 나는 안정을 되찾아 갔다.

하나님께서는 결국 내 생에 이런 시간을 주시는 이유를 깨닫게 하셨다. 하나님께서는 바쁘게 뛰던 나를 이곳에 유배 아닌 유배 저 밑바닥 실패자의 자리까지 낮추시고 오직 하나님만 의지하는 자리로 나를 인도하신 것이다. 현재 나 자신에게 가장 필요한 것은 사실 건강 회복, 기도와 말씀 회복, 영성 회복이었다. 또 다른 사역으로 사역의 방향을 전환해야 하는 이 시점에서 가장 필요한 것들을 회복시키시고자 하신 것이었다. 이것을 깨닫자 하나님의 나를 향한 사랑이 파도처럼 밀려와 그 사랑의 파도에 덮혀 한동안 천국에 와있는 착각을 할 정도였다. 하나님의 깊고 넓으신 사랑에 힘입어 다시 베풀어 주실 은혜를 기대에 차서 바라보게 되었다.

❷ 겨울 장미 한송이의 위로

늘 일과 사람에 둘러싸여 정신없는 삶을 살다가 갑자기 어거스타 교회에서 유배 아닌 유배 생활을 하려니 처음에는 적응이 잘 되질 않았다. 아침에 눈을 뜨면 뭔가 해야할 것 같은 일 중독 증세가 나와 우울증에 빠지기도 했다. 문득 문득 억울함이 밀려 오면 정말 미칠 것만 같았다. 너무도 힘들고 지친 어느 날 유난히 추웠던 한 겨울 날로 기억이 된다. 교회당에 막 들어가려 하는데 문 입구에 활짝 핀 장미 한송이가 눈에 확 들어왔다. 나는 발걸음을 멈추어 서서 멀리서 그 장미꽃을 한참 동안 바라보았다. 그리고는 나도 모르게 발걸음이 장미꽃을 향하여 다가가고 있음을 발견했다. 장미꽃 가까이에 다가선 나는 나 자신도 모르게 장미꽃을 어루만지며 하염없이 눈물을 흘리며 흐느껴 울었다.

> 장미야! 너는 이 추운 겨울 억센 눈보라 속에서도 힘겹게 이 자리에 홀로 서서 보아주는 사람도 알아주는 사람도 한사람 없는데 이 아름다운 꽃을 피우고 있구나. 나같은 보잘 것 없는 사람을 위해 이처럼 아름답게 활짝 웃어 주고 있구나. 사람들은 자기에게 득이 되면 웃음짓고 다가오지만 더 이상 이용할 것이 없으면 냉냉한 모습으로 멀리 떠난단다. 한순간에 매몰차게 외면해 버린단다. 너는 미워하는 사람이든지 좋아하는 사람이든지 이처럼 환하게 항상 웃음으로 마주해 줄 수 있다니 . . . 참 놀랍구나. 너도 우리 하나님의 크신 사랑을 입은 자로구나 . . .

나는 그날 아침 외롭게 피어 있던 장미꽃 한송이 때문에 얼마나 큰 위로와 소망을 얻었는지 모른다. 사람이 건강하고 모든 일이 뜻대로 잘 될 때는 모르지만 힘들고 어려울 때는 장미꽃 하나에도 이토록 큰 위로와 은혜를 받을 수 있다는 것을 체험한 것이다. 좋으신 우리 하나님은 잠시 사람들의 모함과 핍박, 시련과 고난 앞에 힘들어 하던 나를 겨울에 피게한 장미꽃 한송이를 통해 큰 위로와 소망으로 만져 주셨다. 나는 아직도 그 쌀쌀한 겨울 날씨에도 아랑곳 하지 않고 우아하고 아름다운 모습으로 내 마음을 밝혀주던 그 장미 한송이를 생생히 기억하고 있다. 그리고 나도 그 장미꽃처럼 그 어떤 쌀쌀한 환경과 상황 속에서도 다른 사람들의 마음을 위로와 소망으로 따뜻히 밝혀줄 수 있는 그런 장미꽃 인생이 되고자 다짐해본다.

❻ 믿음의 사람들을 통한 격려

이시기 나의 삶은 자동차에 기름이 떨어져서 동전까지 다 털어 기름을 넣고 나면 배가 고파도 음식을 사먹을 돈이 없어 참아야 했다. 그보다 더 힘들었던 것은 자동차 보험을 내지 못해 어린 두딸들이 타고 다니는 차까지 모두 보험이 취소된 일이었다. 어린 것들은 그 사실도 모른채 자동차를 운전해 학교로 직장으로 다니고 있으니 아버지로서의 심정은 정말 찢어지는 아픔과 피말리는 순간들이었다. 그러니 하루 종일 교회당에서 '하나님 아시지요. 아시지요, 하나님!' 하며 울부짖을 수밖에 없었다. 하나님께서 차라리 나가서 노동을 하라고 내몰아 주셨으면 좋겠단 소망 사항도 아뢰었다. 그러나 하나님은 그에 대한 응답을 주시지 않으셨다.

한달 가량을 가슴 조이며 기도하던 중 오클라호마 주에 사시는 김은희 목사님께서 전화를 해오셨다. '학장님 어떻게 지내십니까? 제가 지금 해드릴 수 있는 것은 기도 밖에 없어 기도하고 있는데 학장님이 너무 물질적으로 어려우실 것 같아 500불 밖에 않되는 작은 돈이지만 지금 보내드릴 테니 쓰십시요' 하셨다. 나는 그당시 김 목사님께서 보내주신 그 500불이란 돈이 5만불보다 더 크고 값지게 느껴졌다. 그분으로부터 받은 격려를 물질로 환산한다면 5백만불도 더 될 가치였다. 내겐 정말 다시 일어서서 이런 분들의 사랑에 보답해야 한다는 엄청난 힘과 용기를 불어넣어 주는 그런 귀한 헌금이었다. 사실 김목사님도 넉넉치 않으신데 사랑의 헌금을 보내 주신 것이다. 나는 이 돈으로 자동차 보험을 다시 살려 겨우 위기를 모면할 수가 있었다. 위기의 때에 하나님께서는 하나님의 사람들의 손길을 통해 사랑을 느끼게 하시고 필요를 공급해 주심을 또 경험케 하신 것이다. 나는 그날 하나님께서 만배의 축복으로 김목사님을 축복해 주십사 목을 놓아 감사와 간구의 기도를 드렸다.

⊘ 어느 날 어린딸의 통곡

물질로 어렵던 어느 날 큰딸 지영이가 학교에서 돌아와 저녁에 엉엉 통곡을 하고 울고 있었다. 나는 가슴이 덜컹 내려 앉으며 왜 우느냐고 딸을 한참을 달랬다. 딸 아이는 '아빠, 정말 살기가 힘들어요. 죽고 싶어요. 가는 곳마다 아빠 모함 소리 뿐이고, 내일 오전까지 학교 등록을 해야 하는데 돈이 부족해요. 300불이 없어 등록을 할 수가 없어요. 하루 종일 여러 곳을 찾아 다니며 빌려 보려 했지만 빌릴 수가 없었어요. 이번 학기 포기할 수 밖에 없어요. 그렇치 않아도 다른 친구들보다 졸업이 늦었는데 그렇게 되면 전 정말 너무 힘들어요.' 그동안 쌓인 설움이 한꺼번에 북바쳐 눈물과 콧물이 범벅이 되어 계속 통곡을 하였다. 숨을 쉴 수 없을 정도로 흐느끼며 우는 딸을 바라보는 아비의 심정은 정말 말이 아니었다.

사실 내 딸이라서가 아니라 지영이는 어디다 내놔도 참 자랑스러운 딸이었다. 지영이는 13살 때부터 교회 대예배 반주자로 봉사해왔다.

그리고 미국에 와서 고등학교 1학년 때부터 어린 것이 학교를 마치면 곧바로 일터로 나가 밤늦게야 돌아오는 생활을 감당해냈다. 한주에 50시간 이상씩을 일을 하며 대학 졸업 때까지 아빠를 도와온 자식이었다. 그러니 얼마나 미안하고 또 미안한지 나는 그 자식을 안고 함께 통곡할 수 밖에 없었다. 자식 공부 하나도 제대로 시키지 못하면서 수천만불을 선교비로만 사용했으니 하나님 앞에는 부끄러울 것이 없었지만 자식 앞에서는 한없이 작아질 수 밖에 없었다.

겨우 지영이를 달랜 후 딸아이 방에서 막 일어나려고 하는데 내 핸드폰에 전화 벨 소리가 울렸다. 받아보니 집사님 한분이 안부 전화를 해오셨다. '목사님 왜 음성이 그러세요? 우셨어요?' 황급히 물으셨다. 나는 아니라고 부인했고 그 집사님은 계속 반복해서 되물으셨다. 결국 사정 이야기를 하게 되었고 왜 진작에 이야기 하지 않으셨냐는 사랑의 책망을 받게 되었다. 곧바로 지영이를 바꾸어 달라시더니 지영이와 통화를 계속하셨다. 결국 그 집사님께서는 지영이 어카운트에 부족한 돈을 입금시켜 주셔서 겨우 딸의 등록금 문제를 해결할 수가 있었다. 하나님께서는 이렇게 어려운 때마다 사랑의 손길들을 통해 하나님의 사랑을 더욱더 뜨겁게 경험케 해주셨다. 하나님께 순종하시어 사랑을 베풀기에 인색하지 않으셨던 그 집사님과 어려운 순간마다 하나님의 사람들을 보내주시어 필요를 채워주셨던 하나님께 뜨거운 감사를 드린다.

℮ 죽고 싶은 충동 뿐이었다.

기도할 때는 길이 보이는 것 같은데 눈을 뜨고 현실을 바라보면 마치 나를 우겨싸고 있는 깊고 캄캄한 우물 안에 빠져 하늘만 높게 보이는 처절한 절망감에 빠져 있었다. 사실을 정확히 파악하지도 못하면서 이유없이 죽이려고 가차없이 던져대던 야유의 돌팔매, 멸시, 조롱 . . . 그것들을 고스란히 다 맞아야 했던 나는 정말 참기가 너무나 힘들어 지치고 지쳐 쓰러져 있었다. 사탄은 연약한 내 마음을 잡고 내 귀에다 끊임없이 속삭여댔다. '그래 살아서 뭐하냐. 몸도 성치 않지, 돈 한푼 없지, 이제 넌 다시는 재기하지 못한다. 철저한 패배자다. 남편으로, 아버지로, 목회자로 넌 끝났다. 죽으라, 차라리 죽으라.' 그 순간 나는 나도 모르게 죽음을 향해 아니 자살할 방법을 열심히 찾고 있었다.

그러던 어느 날 정신을 놓고 운전을 하고 가다보니 평상시에 다니던 도로 외진 높은 곳으로 향하고 있었다. 자동차와 함께 떨어져 죽어야겠단 생각을 하며 그 정상까지 올라가서 수십길 낭떨어지 앞에 차를 세워 놓았다. 그런데 순간 이런 생각이 머리를 스치고 지나갔다. 나는 죽으면 그만이지만 아내와 어린 자식들, 그리고 이 부족한 종을 목사님이라 부르며 따르던 사랑하는 교우님들과 수 많은 제자 학생들은 어찌하랴! 아니 내가 사고를 위장해 죽으면 얼마 되지는 않지만 생명 보험이 있으니 자식들은 그 돈으로 살면 되고 나는 더 이상 모함과 멸시로 인한 수모를 겪지 않아도 되지 않는가. 안식을 얻는 길은 그 길 밖엔 없다는 너무도 어리석고 무서운 생각에 사로잡히게 되었다. 몸은 점점 가라 앉는 것처럼 힘이 없었고 세상은 온통 어두침침한 잿빛으로 생명력이 없게 느껴졌었다. 소망이 없었다.

그런데 그 순간 하나님의 인자하신 부드러운 음성이 나를 사로 잡았다. 마치 한 줄기 빛이 암흑을 뚫고 내려오는 것 같았다. '사랑하는 종아! 지금 네가 무엇을 하고 있느냐?' 나는 '하나님 죽으려고 합니다.' 하고 죄에 눌린 목소리로 궁색하게 답변을 드렸다. '어리석은 자여, 살다가 살다가 더이상 못 살겠으면 그때 죽으라. 그때 죽으면 내가 있는 천국에 올 것이다. 이곳에는 네가 그동안 쌓아놓은 면류관이 있길 않느냐. 그러니 죽기를 각오하고 죽을 용기로 살아라.' 지금도 나는 그 당시의 행동이 하나님께 너무도 부끄럽고 죄송하다.

'살다가 살다가 정 살기 힘들면 . . . 그때 죽으면 된다.'는 마음으로 끝까지 이 주신 생을 책임있게 살아야 한다는 진리를 몸소 체험케 해주셨다. 그리고 사명이 남아 있는 한 죽으려 해도 내 마음 대로 죽을 수 없다는 것도 체험케 되었다. 생명이 있다는 것은 이땅에 살아 있어야 할 존재 이유가 있다는 것이다. 그것은 하나님께서 보증하시는 생명이요, 이유이다. 하나님께서 목적을 가지고 이땅에 남게 하시는 섭리가 있기 때문에 아무리 어려운 상황에 처한다 해도 하나님을 바라보고 어리석은 생각을 결코 해서는 않된다는 깨우침을 주셨다. 어차피 이 세상은 평안과 안식이 있는 곳이 아니지 않는가. 우는 사자와 같이 달려드는 사탄 마귀가 있는 한 인간들의 죄의 사악함은 그 현란한 춤을 계속 추리라. 나는 차를 돌려 '믿음으로 인내하며 부딛치리라.' 다짐을 했다. 그리곤 두손에 힘을 주어 운전대를 잡고 힘차게 언덕을 달려 내려왔다.

@ **계속되는 핍박**

어거스타 작은 시골 교회 . . . 정말 내 생명보다 귀한 이 교회에서
10여년만에 목청을 놓아 마음껏 기도를 할 수 있었다. 스케쥴 걱정을 할
필요도 없었고 분주히 시계를 바라볼 필요도 없었다. 그동안 감질나게
보아왔던 성경 말씀도 하루 종일 묵상할 수 있어 정말 막힌 가슴이 '펑'
뚫리는 기분이었다. 그런데 사탄 마귀는 이 평안을 가만히 둘리가
없었다. 심지어 한인회에서 발행하는 한인회지 교회 주소록 명단에서
우리 교회 이름까지 빼버리며 정말 야단 법석 난리도 아니었다. 아니
정말 자신들이 지금 도대체 무엇을 위해 저토록 난리를 치는지 그 이유는
정확히 알고 있는 것인가 의문이 갈 정도였다. 갑자기 예수님을
십자가에 처형하라고 소리지르는 군중들 처럼 과연 자신들이 왜
그러는지도 모른채 군중이 되어 소리 소리 지르고 있는 모습으로 보였다.
나는 겁에 질린 생쥐가 되어 한마디 변명할 기회조차 갖지 못한 채
고스란히 모든 돌팔매를 다 맞아야 했다. 그리고 그들 앞에서 아주
나쁜놈으로 낙인 찍혀야 했다. 주님이 그 현장에 계셨다면 '누구든지
죄없는 자가 먼저 돌로 치라'고 하셨을 텐데도 말이다.

나는 돌팔매를 맞아도 온갖 욕을 먹어도 참을 수 있었다. 언젠간 진리는
밝혀질 것이고 무엇보다 하나님께서 소상히 일이 어찌되었는지 알고
계시는데 무엇이 두려우랴. 그러나 사랑하는 교우들까지 이유없이 이
핍박을 당해야 하니 이건 정말 너무도 참기 힘든 일이었다. 심지어 지역
교회 교인들이며 목사님들까지 자세한 내용도 모르면서 우리 교인들에게
이단 사기꾼 교회를 왜 다니느냐고 공공연히 연락들을 해왔다. '우리
교회로 오라, 거기 왜 있냐' 온갖 멸시와 야유를 보내왔다. 이런 과정을
다 겪고도 끝까지 남아 나와 함께 교회 생활을 하시는 우리 교우님들이
내게는 정말 너무도 소중하고 소중한 사람들이다. 이런 분들을 보내주신
우리 하나님께 또 머리 숙여 감사기도를 드린다.

@ **강달희 목사님을 보내주시다.**

짧은 인생 동안 하나님께서 내게 가르쳐 주신 큰 교훈 가운데 하나는
어려운 순간을 맞을 때 결코 혼자 놓아두지 않으신다는 것이다.
주옥같은 하나님의 사람들을 보내주시어 하나님의 사랑을 그분들을 통해
흠뻑 경험하게 하신다. 한창 어려움 속에 처해 있을 때 이렇게 사랑하는

사람들을 통해 얼마나 큰 격려를 받았는지 모른다. 생명에 대한 소망, 삶에 대한 용기, 나 자신의 가치에 대한 재조명을 하게 해주는 귀한 계기가 된 분들이시다.

하나님께서는 우리 어거스타 교회 성도님들께도 때를 따라 큰 은혜를 공급해 주셨다. 본인과 교회가 외부로부터 우겨싸여 핍박과 모함을 받고 있을 때 하나님께서는 세계적인 부흥강사 강달희 목사님을 우리 교회에 부흥 성회를 인도 하시도록 보내 주셨다. 한주간 동안 은혜 넘치는 천국 말씀으로 내 심령도 우리 교회 교우님들께도 너무도 큰 은혜와 용기와 새 힘을 주셨다. '천지만물을 창조하신 창조주 하나님, 만물의 되어짐을 하나도 모르시는 것이 없으신, 그리고 그 만물을 통치하시는 전지하시고 전능하신 하나님!' 아! 그 선포된 말씀의 권세로 인해 두려움과 죄악과 나약함이 다 물러감을 경험했다. 그렇다. 우리에겐 살아계시어 눈동자같이 지키시는 하나님이 계셨다. 그토록 짓누르던 먹구름 같은 암담한 현실이 창창히 빛나는 태양볕 아래 순식간에 다 걷히는 그런 느낌을 받았다. 발끝에서 머리끝까지 힘이 솟음을 느꼈다. 이젠 뭐든 다시 할 수 있을 것 같았다.

강목사님과의 인연은 24-25년 전 고국에서 목회 초년생일 때 목사님을 만나 그동안 너무나 많은 사랑을 받기만 했었다. 내가 목회에 어려움을 겪을 때마다 강목사님을 통해 물심양면으로 큰힘을 얻곤 했었다. 큰딸의 뜻하지 않은 죽음으로 주저 앉으려 할 때도 목사님께서는 바쁘신 집회 일정 중에도 직접 영안실까지 찾아 오셔서 기도해 주시고 예배도 인도해 주셨었다. '93 대전 엑스포 사역 때에도 찾아 오셔서 기도해 주셨고, 내가 어디에서 사역을 하든 어려울 때마다 찾아 오셔서 물질로 기도로 말씀으로 영육 간에 강건할 수 있도록 도와주시고 격려해 주셨었다. 오늘 내가 이렇게 계속 하나님의 사역을 할 수 있도록 영적 지도를 해주신 내겐 너무도 귀한 스승이요, 영적 아비와 같으신 분이다.

교회는 강목사님의 부흥 집회로 영적으로 한층 더 거듭나며 생기를 띠게 되었다. 성도님들도 저마다 말씀의 은혜를 받았고 굳건한 신앙으로 그 어떤 환난에도 능히 서서 대처할 영적 힘들이 넘쳐나 보였다. 때를 따라 꼭 필요한 은혜를 공급해 주시는 신실하신 우리 하나님! 이렇게 강목사님 내외분께서는 내가 가장 힘들고 어려울 때에 작은 시골 교회까지 찾아 오셔서 한주간 동안의 집회로 많은 은혜와 치유를 베풀어 주셨다. 그리고 강목사님 내외분은 내년에 다시 오시겠다고 약속을 하시고 떠나셨다. 목회 인생에 이런 귀한 분을 알게 하시고 존경하며 따를 수 있게 해주신 하나님께 감사를 드린다.

❧ 영적 아비를 잃은 슬픔

가장 어려웠을 때 찾아 오셔서 그토록 은혜를 베풀어 주신 강목사님은 내년에 다시 오시겠다던 약속을 잊지 않고 계셨다. 이듬 해인 10월 초, 집회 약속 예정 한달 전 즈음에 전화를 주셨다. '사랑하는 민목사님, 내가 한국 집회 때문에 민목사님 교회 집회 일정을 한달 정도 늦추어야겠는데 괜찮겠습니까?' 물으셨다. 나는 괜찮다고 말씀드리고 목사님 일정을 따르겠노라고 했다. 목사님께서는 전화로 축복 기도를 마음을 다해 해주셨다. 늘 해주시는 축복기도였는데 그날은 유난히 간절하고 정이 느껴졌었다.

그리고 한국 집회차 떠나셨다. 강목사님께서 한국을 가신 후 3주만에 그 누구도 상상할 수 없었던 하늘이 무너져 내리는 듯한 무거운 소식을 받게 되었다. 강목사님께서 집회 도중 뇌졸증으로 소천하셨다는 연락을 받았던 것이다. 연약한 나에게 이 세상에서 가장 큰 버팀목이 되어 주셨던 영적 아버님과 같은 강목사님는 다시 오시겠다는 이땅에서 하신 약속을 뒤로 하신 채 천국으로 가신 것이다. 한치 앞도 내다 볼 수 없는 것이 우리 인생인 것을 ... 나는 너무도 큰 슬픔과 무력감에 빠졌었다.

목사님께서는 강단에서 말씀을 선포하시면서 늘 하시던 말씀이 있다. '나는 말씀을 전하다가 하나님의 부르심을 받고 싶다.' 늘 하시던 말씀대로 강목사님은 집회 중 뇌졸증으로 순교를 하시게 된 것이다. 평생 얼마나 많은 이들에게 예수님을 전하며 주님의 능력을 선포하셨던가. 얼마나 많은 연약한 종들의 아비 역할을 하셨던가. 이 보잘 것 없는 종에게도 늘 힘을 주시려 눈빛으로, 행동으로, 말씀으로, 어떤 모양으로든 사랑을 전달해 주시려 늘 마음써 주신 목사님을 생각하니 눈물이 앞을 가려 아무 일도 할 수가 없었다. 나는 이 악한 세대에 귀히 쓰는 종으로 보내 주셨던 강목사님을 이땅에서 다시 뵐 수 없다는 허전한 현실 앞에 여러 날을 무척이나 어렵게 보내야 했다.

한 없이 존경하고 사랑하는 강목사님, 고이 잠드시고 천국에서 편히 쉬소서 . . . 이땅에서 너무도 고생과 수고가 많으셨습니다. 하나님의 크게 쓰시는 종이신지라 인간들의 시기와 질투로 온갖 누명 쓰셔야 하셨던 목사님, 말도 되지 않는 각가지 악성 루머 때문에 마음을 찢기시며 시달려 오셨는데 이제 모든 진실을 다 아시는 주님 품에서 평안하소서.

사실 나는 몇년 전 강목사님 생전에 LA 목사님 댁을 방문한 적이 있었다. 너무도 검소하게 너무도 초라하게 생활하고 계셔서 마음이 짠했던 기억이 있다. 우리 교회 집회 인도시 입고 오셨던 바지가 10년 이상 입으신 것이라 다 낡아 헤어져 입으실 수가 없이 되어 사모님께서 목사님 몰래 버리시는 것까지 보았다. 그런데 마귀들은 연약한 인간들의 시기와 질투심을 부추기며 온갖 방법으로 목사님을 험담해댔다. 수백만불을 미국에 숨겨 두었느니, 호화로운 생활을 한다느니 . . . 참으로 괴롭혀 드렸으니 . . . 이제 천국에서 우리 주님 주신 면류관 쓰시고 주님과 함께 안식하시리라 생각하니 오히려 마음에 잔잔한 기쁨이 생겨났다. 그리고 이다음에 천국에 가서 다시 뵈올 때까지 이땅에서 목사님께로부터 받은 사랑 더욱더 열심히 사역하며 갚아야 겠다는 다짐을 하게 되었다.

VI. 세계 복음화의 은혜의 현장과 앞으로의 비젼

℮ 실패를 딛고 다시 서기란 정말 힘든 일이다.

사람들은 정말 남이 잘되면 배아파하고 나와 아무런 관계도 없는데 얼굴도 모르는 입장이면서도 쉽게 휩싸이곤 한다. 더우기 그일의 어떠함에 대해 사실 전혀 아는 바 없으면서도 남들이 나쁘다고 하면 단 1시간의 아니 단 1분의 심사숙고의 과정도 없이 무작정 나쁜 사람으로 단정하고 돌을 집어 들어 여지없이 던져댄다. 그리고는 언제 그런 일이 있었냐는 듯이 돌아서 희희낙낙 자신들의 인생을 즐긴다. 아마 오늘날 그때 나를 죽이기에 혈안이 되었던 사람들을 찾아가 그때 왜 그랬느냐고 물으면, 아마 '그때 무슨 일이 있었어요?'라며 기억조차 못하고 있을 것이다. 그러나 나와 내 가족은 그 일로 죽은 인생이나 다름이 없이 처참히 쓰러져 인생의 사경을 헤매야 했다. 힘겹게 일어서려고 하는 사람의 손을 잡아 일으켜 세우진 못할 망정, 발길로 차고 밟고 . . . 정말 세상이 무서웠다. 지금도 그때를 생각하면 소름이 돋고 목구멍 저 아래에서 쓴물이 올라오며 끔찍하여 몸이 땅 속으로 꺼져들어갈 것만 같은 무기력을 경험한다. 인간이 살아서 경험할 수 있는 것들 중 아마도 가장 끔찍한 경험 중 하나 일 것 같다.

내가 이런 과정을 몸소 겪지 않았을 때는 주위 분들이 사업 실패니 인간 관계의 좌절로 낙심하고 자포자기해 스스로 목숨까지 끊는 일들을 혀를 끌끌 차며 쉽게 판단하곤 했었다. 그러나 나는 이제 그들을 다른 시각으로 보게 되었다. 전에는 '멍청한 사람, 왜 죽어, 왜 포기해, 다시 하면 될텐데.'라고 쉽게 말을 했었다. 그런데 내가 인생 최고의 밑바닥까지 떨어져 그 심정을 느껴보니 '자살'할 수 밖에 없는 심정을 이해하게 되었다. 부끄러운 이야기지만 기도하는 목사인 나 자신도 자살 수 없이 생각했었으니 오죽하니 죽음을 택했을까 . . . 그러나 다시 한번 강조하지만 죽음은 택해선 않된다. 그건 정말 사탄의 마지막 무기이다. 죽을 용기로 살아 있기만 하면 그 죽을 것 같은 상황 그 밑바닥의 상황에서 이제 올라가는 길만 남아 있음을 깨닫게 된다. 살아서 그 길을 걸어 올라와야 한다. 내려갈 대로 다 내려 갔으니 오히려 희망이 있는 거다. 올라가는 희망만 남았음을 명심해야 한다. 그리고 죽음을 향해 소리쳐라. '나는 살 가치가 있는 인생이다! 생명을 허락하신 분이 책임지실 것이다!' 진실로 **고린도전서 10장 13절**

말씀처럼 하나님께서는 감당할 시험만을 주신다. 감당치 못할 것 같으면 피할 길을 주신다. 곧 이땅에서 우리가 겪는 모든 어려움은 우리가 능히 이겨낼 수 있다는 것이다. 그러니 끝까지 건디라! 그후엔 반드시 영광이 온다!

'사람이 감당할 시험 밖에는 너희에게 당한 것이 없나니 오직 하나님은 미쁘사 너희가 감당치 못할 시험 당할 즈음에 또한 피할 길을 내사 너희로 능히 감당하게 하시느니라.' 고린도 전서 10장 13절

🌀 실패한 그 자리에 다시 서서 간증하리라.

학교 건물과 모든 재산을 하루 아침에 날리고 세상 수많은 사람들이 나쁜놈, 사기꾼이라고 가차 없이 돌팔매를 던질 때 나만이 아니라 심지어 우리 어린딸들까지 그 매를 고스란히 다 맞아야 했다. 민학장 딸들이라고 한인 사회에서 직장도 구할 수 없었고 나를 따르는 교인들까지도 수많은 불이익을 당해야 했다. 나는 그때 이 지역을 훌쩍 떠나 다른 도시에서 새롭게 시작해볼까 하고 솔직히 몇번이고 인간적 계산을 해보곤 했다. 나를 아껴 주시던 분들이 그곳으로 오라고 도와 주시겠다고도 했고 아이들도 멀리 이 지역을 떠나 이사를 하자고 했다. 사실 두딸과 아내는 모두 이때 끔찍한 기억을 뒤로 하고파 죠지아를 떠나 텍사스로 이사를 가버렸다.

그러나 나는 기도 중 '않된다. 내가 이곳을 이대로 떠나면 하나님의 영광도 가리고 나 자신은 진짜 사기꾼, 천하에 못된 파렴치범으로 영원히 남게 된다. 나는 끝까지 이곳에 남야야 한다. 때리면 맞고 밟으면 밟히더라도 오직 우리 하나님만 바라보며 진실이 밝혀지고 다시 재기해야 한다. 내가 그동안 섬기고 충성하던 하나님께 할렐루야 영광을 돌려드리며 본의 아니게 피해를 입게 된 사람들이 있다면 모든 분들께 꼭 그 빚을 갚고 보답하리라.' 이렇게 마음먹고 당분간은 얼굴을 두껍게 하고 견디자고 스스로에게 다짐했다. 인내에 인내를 거듭하고 나니 하나님께서는 더욱더 큰 소망으로 인도해 주셨다.

마치 죽일 듯이 달려들던 사람들도 다 어디에 있는지 이젠 눈을 씻고 찾아봐도 찾을 수 없이 조용했다. 정말 너무나 어처구니 없고 허망한 일이 아닐 수 없었다. 그리스도인들은 남의 허물은 덮어주고 사랑으로

일으켜 세우는 일에, 그런 생산적인 일에 하나가 되어 하나님께 영광을 돌려야 하는데 . . . 어찌 이리도 쓸모없이 열정을 허망한데 쏟았단 말인가 . . . 과연 얻은게 무엇이며 하나님께 무슨 영광을 돌렸는가 . . . 나는 인내를 얻고 하나님께 더 매달리는 경험을 했다 치지만 돌을 들고 달려든 그 핵심 멤버들과 이유도 잘 모르며 달려든 군중들은 과연 무엇을 얻었단 말인가 . . . 나는 잿더미로 변한 내 인생 앞에 초라히 서서 솟아 오르는 허무함으로 한참을 허공을 멍하니 바라보며 온갖 상념에 젖곤 했었다.

학교의 재건 이 임무는 나는 감당할 수 없는 일임을 너무도 분명히 보았다. 인간의 힘으로는 어디서 어떻게 시작해야 할 지 엄두조차 나지 않는 일이었다. 철저히 내가 할 수 있는 일이 아니므로 전적으로 하나님을 의지해야 한다는 생각에 미치자 다시 용기가 났다. 그리고 다시 세우리란 다시 건축하리란 하나님의 자비로우신 청사진 앞에서 다시 소망을 가지고 일어설 수 있었다. 그리고 하나님께선 사람을 통해, 사건을 통해, 말씀을 통해 계속 할 수 있다는 용기를 불어넣어 주셨다. 참으로 비싸게 치른 인생 공부였다.

☙ 딸의 인생을 축복해 주신 하나님

겨우 어렵게 일어서려고 몸부림치고 있을 때 큰딸 지영이가 아무 준비도 없는데 결혼을 하겠다고 알려왔다. 결혼할 신랑을 만나봤더니 너무도 준수한 신앙으로 잘 다져진 청년이었다. 아버님은 서울에서 교직에 평생 몸담으셨다가 교장 선생님으로 얼마 전에 퇴직을 하셨고 교회 장로님으로 하나님을 잘 섬기고 계셨다. 어머님도 교회 권사님으로 훌륭한 신앙의 가정에서 자란 아름다운 청년이었다. 이렇게 훌륭한 청년을 예비해 두셨다가 만나게 해주셨으니 얼마나 감사한지 하나님의 은혜가 감격스럽게 복받쳐 올랐다. 그동안 딸의 나이가 많아지고 해서 오랫동안 배우자를 위해 기도했는데 늘 기도해 오던 기도 제목대로 아니 그에 넘치게 응답해 주신 하나님께 정말 감사에 감사 기도를 드릴 수 밖에 없었다. 그동안의 벅찬 인생 길을 살아온 노고에 대한 상급을 딸아이를 통해 주시는 것 같이 느껴졌다. 하나님께서 내 살아온 역경의 순간들을 다 보고 계셨다는 생각이 들자 눈물이 핑 돌았다. '다 알고 계시는구나, 그리고 축복해 주시기 원하시는구나' 하는 하나님의 자비하신 마음이 전달되자 나이도 아비임도 잊은 채 소리내어 울며 하나님께 감사기도를 드렸다.

그러나 현실은 항상 내 마음과는 멀리 있었다. 정말 잘해주고 싶은데 물질로는 어떻게 해줄 것이 없었다. 아빠로서 당장 결혼을 시킬 돈이 수중에 단 한푼도 없었다. 어떻게 해야하나 하나님께 다시 기도를 올리며 아이 앞에서는 자세를 낮출 수 밖에 없는 처지였다. 눈치 빠른 딸이 아빠의 심정을 모를리 없었다. '아빠, 아빠는 아무 것도 준비 할 것이 없어요. 내가 다 알아서 미국식으로 할테니 아무 걱정마세요. 축복만 많이 해주세요.'라고 말하며 신랑될 청년에게도 양해를 다 구했다고 나를 안심시켰다.

그러나 부모 마음이 어찌 자식 입장과 같으랴. 나는 지금까지 살면서 나 자신이 이토록 무능하고 아무 것도 아니라고 느껴본 적이 아마 없는 것 같다. 많은 일들을 겪었지만 사랑하는 딸 앞에서의 무능함은 정말 뭐라 말로 형언할 수 없이 서글펐다. 하나님의 일 선교하는 일이라면 무엇이든 아깝질 않았다. 모든 재산을 다 드리고 내 생과 열정을 다 드리며 살았다. 그래도 늘 부족한 마음으로 사역했다. 그런데 자식 결혼시킬 돈 한푼 따로 준비해 놓치 못한 아비의 심정은 또 다른 것이었다. 경험해 보지 않고는 그 누구도 이 심정을 짐작키 어려울 것이다.

누구나 내 자식이라면 끔찍히 아끼고 사랑하는 것이 인륜이요 천륜이다. 특히 나에게는 지난 날 사고로 큰딸을 먼저 보낸 아픔이 저 가슴 깊이에 응어리로 늘 남아 있다. 그래서 늘 남은 두딸을 기르면서 조심 조심스럽게 또 강하고 담대한 신앙인으로 키우려 남모르는 눈물의 기도도 많이 흘려 왔다. 그런데 지금의 큰딸 지영이는 너무도 착하고 아름답게 컸고 아빠의 동역자로 교회의 일꾼으로 열심히 헌신 봉사 하다가 이제 결혼을 하게 되었으니 무엇이든지 다 해주고 싶은 것이 아비의 마음이었다. 정말 내게 있는 모든 것을 다 주어 축복해 주고 싶었다.

그러나 어찌하랴. 난 가진 것이 아무 것도 없었으니 . . . 그 괴로움이란 참 견디기 힘들었다. 결국 이런 저런 고민의 시간이 흘렀고 결혼식 날이 다가왔다. 결혼식 날 딸의 손을 잡고 입장을 하여 신랑에게 딸아이를 넘겨 주려는 순간 나도 모르게 참고 참았던 설움과 미안함이 봇물처럼 터져나왔다. 결혼식 하객들 앞에서 나는 그만 어린아이처럼 엉엉

울어버렸다. '지영아! 아빠가 정말 미안하다. 아빠가 너무 미안하다. 고생만 시키고 . . . 시집을 보내면서 아무 것도 못해주고 빈손으로 너를 보내다니 . . . 정말 미안하다.' 한참 동안 딸을 끌어 안고 울고 또 울고, 딸 아이도 울고 나도 울고 . . . 그러다가 겨우 마음을 추수리고 딸을 신랑의 손에 넘겨 주었다. 그리고 내 영혼을 다한 간절한 축복 기도로 내 귀한 딸 지영이의 새로 출발하는 생을 축복해 주었다.

오! 하나님, 우리 지영이의 새삶을 축복해 주소서.
그동안의 고생은 저만치 물러가고
하늘과 땅의 온갖 좋은 모든 충만한 축복이
삶의 매 순간마다 넘쳐나게 하옵소서!

ⓔ 고마우신 사돈댁

그후 딸은 텍사스 주 달라스에 살면서 꼭 저를 닮은 예쁜 딸을 낳아 벌써 6 살을 맞이했다. 신앙 안에서 잘 살고 있는 아이가 늘 내 생애 기쁨이요 축복이다. 특별히 훌륭하신 사돈 장로님 내외분이 얼마나 사랑이 많으신지 모른다. 친딸보다 더 귀하고 끔찍하게 아껴주시고 인정해주시고 사랑해주시니 너무도 감사하고 늘 그분들께 미안한 마음뿐이다. 우리 사돈 장로님께서는 얼마나 사랑이 많으신지 당시 내 형편, 목회자의 속 사정을 딸을 통해 들으시고 서로 옷 한벌도 나누지 말고 하나님 앞에 결혼 예식만 드리자고 하셨던 분이시다. 나는 얼굴 두껍게 손수건 한장도 건네 드리지 못하고 그냥 딸을 넘겼으니 늘 그분의 크신 사랑에 감사한다. 그리고 오직 내가 할 수 있는 기도로 사돈 장로님 댁과 아이들을 위해 축복하기를 쉬지 않는다.

'하나님, 고마우신 분들과 양가의 부모로 만나게 하시니 감사합니다. 그분들의 넓은 사랑 위에 하나님의 축복이 넘치는 귀한 생 사실 수 있게 축복하소서. 내 사랑하는 사위 노서방, 그리고 내 딸 지영이, 그리고 눈에 넣어도 아프지 않을 귀한 손녀 노예빈, 이들 모두를 하나님, 눈동자같이 지켜주시며 하나님께 사랑받는 복된 삶 살 수 있도록 축복해 주시옵소서'.

ⓔ 딸아 너는 나를 어떻게 보느냐?

몇년 전 정말 힘들고 어려웠을 때 나는 내 딸 지영이와 조용한 대화의 시간을 가진적이 있다. 세상 모든 사람들이 나를 향해 지탄의 화살을 쏟아낼 때 순간적으로 나는 '정말 내가 인생을 잘못 살고 있는 것이 아닌가' 하는 생각을 했었다. 내가 저 사람들이 말하듯이 잘못된 신앙, 잘못된 삶의 길을 가고 있지는 않은가 하고 나 자신이 자신에 대해 바로 알고 싶어 몸부림치며 기도하는 시간을 갖았었다. '하나님 제가 정말 저 사람들의 원성처럼 사기를 쳤습니까? 이단입니까? 신앙이 잘못 되었습니까?' 하고 몇날 며칠을 기도하는데 하나님께서 이런 마음을 주셨다. '종아, 그럼 네 딸들에게 물어 보아라. 특히 네 큰딸 지영이는 학교 일과 교회 일 등을 5년간이나 너와 함께 직접했으니 너무도 그 내막을 잘 알 것이다.'

나는 그날 지영이에게 전화를 걸어 밖에서 좀 만나자고 했다. 의외의 전화에 왠일이냐고 묻던 딸에게 맛있는 밥도 먹고 커피도 마시면서 아빠와 데이트를 좀 하자고 했다. 신이나서 나온 딸아이와 그동안 해보지 못한 둘만의 시간을 갖게 되었다. 나는 좀더 자주 이런 시간을 마련할걸 하는 후회와 앞으로 더 자주 이런 시간을 갖으면 좋겠단 생각을 했다. 언제 저렇게 훌쩍 커서 아빠의 고민 상담까지 하게 되었는지 세월이 참으로 빠름에 놀랐다. 그 험란한 어린시절의 폭풍우 다 견뎌 내고 늠늠하게 자란 딸아이가 너무나 대견하고 고마웠다. 폭풍우 속을 품에 꼭 껴안고 손끝 하나 상하지 않게 보호해 주신 하나님의 은혜가 느껴지는 순간이었다. 이렇게 이쁘게 키워주셨구나 생각하니 이땅에서 내가 받을 수 있는 최고의 상급을 이미 받았단 생각이 들었다.

내 머리 속에 지금 무슨 생각이 스치고 지나가는지 알리 없는 딸아이를 향해 나는 조심스럽게 물었다.
'지영아! 너 요사이 아빠에 대한 신문 기사를 보고 있지?
그런데 너는 아빠를 어떻게 평가하니?
넌 지난 26년 간을 아빠와 함께 가장 가까이에서 보았으니 가장 잘 말해 줄 수 있을 것 같다. 솔직한 네 의견을 말해 보렴.'

딸아이는 심각한 얼굴로 깊이 곰곰이 생각에 잠기더니 조심스레 입을 열기 시작했다. 나는 인생을 살면서 그때처럼 긴장한 적이 없는 것 같다. '나는 솔직히 우리 아빠로서는 빵점짜리 아빠라고 생각해요. 그렇지만 목사님으로서는 최고로 존경해요. 왜냐하면 지금까지 오랫 동안 아빠와 함께 교회 봉사, 학교 근무, 집에서 가정 생활 등을 해오면서 하나님의 일이라면 특히 선교라면 자식이 생각하기에 야속하리만치 우선순위를 두고 열정적으로 하셨잖아요. 저희들에게나 아빠 본인에게는 지독히도 인색하시면서 하나님 일이라면 돈도 시간도 생명도 정말 물 불 안가리시고 다 쓰셨잖아요. 누가 뭐라고 해도 난 우리 아빠가 최고의 목사님이요, 최고의 학장님이라 생각하고 평가해요. 그리고 부름을 받은 목사님이시면 그렇게 사셔야지요. 저희들 고생한 것도 다 영광으로 생각해요. 하나님 섬기느라 아빠와 함께한 고생이잖아요.'

딸아이의 대답을 마치 하나님 앞에서 심판받는 기분으로 매우 초조히 앉아 들어야 했다. 아이의 입에서 나오는 대답을 듣자 울컥 눈물이 솟아 나왔다. 정말 대견한 딸, 언제 저렇게 늠름하게 컸는지 . . . 하나님께서 보내주신 나의 최고의 동역자란 생각에 벅찬 감사가 밀려왔다. 이 최고의 동역자인 딸의 평가는 내게 너무도 중요했다. 나는 그날 딸아이의 솔직한 대답에 엄청나게 큰힘과 용기를 얻을 수가 있었다. 내 아이들을 너무 희생시킨 점 그점은 고개를 들 수 없이 미안했지만, 자식들 앞에서 잘못 살아온 것은 아니구나 하는 생각에 천하를 얻은 것 같은 기쁨이 마음 속에 잔잔히 퍼졌다.

❷ 한마디 말이 운명을 바꾸어 놓을 수 있다.

가시밭길을 걷는 것이 사역자의 길이다. 호의호식을 하고자 사역의 길에 들어서는 사람은 없다. 있다면 그분은 사역의 길을 접어야 한다. 사역은 예수님이 가신 고난의 길을 따라가는 것이다. 사역을 하면서 많은 어려움들을 만나고 믿음으로 헤쳐나가는 과정 과정이 사역자의 삶이다. 다양한 모양으로 다가오는 여러가지 어려움들이 있지만 물질의 어려움은 어쩌면 거의 모든 사역자들이 당하는 공통된 난관중 하나일 것이다. 수없이 물질의 어려움의 고비를 넘기고 또 넘기건만 만날 때마다 참으로 넘기 힘든 어려운 허들 중 하나이다. 그러나 그럴 때마다 하나님께서는 사랑하는 사람들을 통해 능히 넘을 수 있도록 은혜를 베풀어 주시곤 하신다.

한창 힘들고 어려울 때의 어느 날 일이다. 아침에 자동차 시동을 켜는데 기름이 하나도 없었다. 순간 나는 나도 모르게, '오, 하나님! 수천만불을 만지던 사람이 어찌 자동차에 기름조차 넣을 수 없는 거지 처지가 되었나이까!' 하고 긴 한숨을 쉬었다. 그때 갑자기 핸드폰이 울려 목소리를 가다듬어 전화를 받았다. '나요, 민학장' 하는 귀에 익은 목소리가 들려 왔다. 오랫동안 부족한 나를 늘 지도해 주시고 사랑으로 보살펴 주시던 이길부 목사님의 음성이었다. 이목사님은 근처 와플 하우스에 와 있으니 빨리 와서 함께 아침 식사도 하고 이야기좀 하자고 하셨다. 나는 단숨에 달려갔다. 이목사님께서는 나를 보자 울먹이시며 '내가 한국엘 다녀와서 어제 한국 신문을 보았는데 민학장에 대한 악성 기사를 읽고 얼마나 울었는지 모른다'고 하셨다.

그리고 특별히 기사 중 어떻게 요사히 생활 하시느냐고 근황을 묻는 기자의 질문에 '예, 교인 분들과 지인들이 조금씩 도와주어 생활하고 있습니다'라고 답변한 그 대목을 읽는 순간 너무도 목이 메여 한참을 우셨다고 사랑어린 목소리로 부족한 종을 향한 관심을 표현해 주셨다. 그리고는 어떤 모양으로든 나를 일으켜 세우고자 하시는 그분의 깊은 사랑을 느낄 수 있었다. '민학장 용기를 내세요. 누가 뭐라고 해도 내가 보아온 민학장은 올바른 사람이고 절대 여기서 주저 앉을 사람이 아닙니다. 다시 금방 일어설 수 있는 사람임을 저는 믿습니다.'

한참을 위로해 주시고 격려해 주시며 만신창이가 된 내 마음을 어루만져 주셨다. 그리고는 지갑을 꺼내시더니 지갑에 있는 돈을 다 꺼내시어 200불을 나에게 주셨다. 작지만 개스비라도 하라고 하시면서 뜨겁게 기도를 해주셨다. 목사님은 목사님이 하실 수 있는 모든 힘을 다해 내게 위로와 소망을 주시려 하셨다. 나는 그 때 얼마나 큰힘을 얻었는지 모른다. 당시 목사님께서 주신 200불은 진정 20만불 아니 2백만불보다도 더 큰 액수로 여겨졌다. 무엇보다 위로와 용기의 말씀은 오늘 내가 이자리까지 다시 오기까지 너무도 큰힘이 되었음을 고백하지 않을 수 없다. 목사님께는 지면을 통해 다시금 감사를 드리고 싶다.

사람이 정말 힘들고 어려우면 혼자 서있기조차 힘겨울 때가 있다. 그럴 때 따뜻한 말 한마디, '힘내세요. 하나님은 함께 하십니다. 나는 당신을 알아요.'라는 말 한마디는 그 어떤 사람도 다시 일어설 수 있게 하는 큰힘이 있음을 다시 한번 체험하게 되었다. 똑같은 사건을 놓고도 사람들의 반응은 이렇게 천차만별일 수 있음이 다시금 놀라왔다. 어떤 사람들의 말은 한 인생을 송두리채 무너뜨린다. 그런가 하면 어떤 사람들의 말 한마디는 잿더미 속에 있는 인생이 다시 걸어나와 재기할 힘을 준다. 다들 힘든 인생 살아가는데 더욱더 격려하며 사랑하는 위치에 서야겠다는 다짐을 새롭게 하는 계기가 되었다.

❷ 나의 귀한 기도 동역자

인생의 폭풍은 몰아 닥치면 한꺼번에 사정없이 몰려오는 것 같다. 경제적으로 가장 힘들고 정신적으로도 상상을 초월하는 어려움을 겪던 어느 날이었다. 샤워를 하려고 하는데 왼쪽 사타구니에 계란만한 혹이 튀어나와 통증이 심하고 온 하체가 무거운 것을 느끼게 되었다. 그후 걸음 걷기도 힘들고 오래 서있기도 힘이 들어 병원엘 가서 의사 진찰을 받았다. 탈장이라고 했다. 탈장이 뭐냐고 물었더닌 남자들에게만 있을 수 있는 증세로 장이 터져서 낭으로 흘러 내려 왼쪽 사타구니가 불룩하게 튀어나오는 증세라고 했다. 빨리 수술을 하여 터진 부분을 인조막으로 막으면 더이상 흘러 내리지 않는다고 했다. 건강에 앞서 걱정은 수술비였다. 얼마냐고 물어 보았더니 5천불 정도이며 3-4일은 입원 치료를 하여야 한다고 했다. 당장에 5불도 없어 쩔쩔매는 상황에 엄두가 나질 않았다. 다음에 연락하고 다시 오겠노라고 한 후 돌아왔다.

그런데 조금만 무거운 것을 든다던지 힘을 주게 되면 통증이 심했다. 밤에는 통증이 더 심해서 잠을 설칠 때도 많았다. 그러나 당장 수술비도 없었고 설령 수술비가 수중에 있다 해도 당장에 어려운 학교 재정으로 사용하는 것이 우선으로 느껴질 때였다. 나야 조금 불편하게 살다가 주님께서 부르시면 이대로 가면 될 것을 그렇게 생각했다. 그리고 불과 몇년 전 위암 대수술로 겨우 건강을 회복하고 있는데 또 수술을 해야 한다는 것이 몹시 부담스럽고 몸서리쳐지게 느껴졌다. 그래서 1년간을 어렵게 불편한 가운데 참고 참으며 지내던 중 사랑하는 제자 김은희 목사님이 전화를 해오셨다. '목사님, 요사이 건강은 어떠신지요? 특히 탈장은 어떠신지요?' 하고 물어 오셨다. 현재 어쩔 수 없는 상황이라 그냥 참고 견디고 있다고 이야기해 주었더니 김목사님은 조심스럽게 말문을 여셨다.

'학장님, 제가 감히 스승님께 이런 말씀 드리기가 매우 어려운데 그래도 드려야 할 것 같아 어렵게 말문을 엽니다. 어제 우리 본 교회 삼일 예배를 갔었는데 외부 강사님을 초청한 특별 예배였습니다. 강사로 오신 미국 목사님께서 특별 집회를 인도하셨는데 오신 목사님께서 탈장에 대한 간증을 하셔서 관심 있게 들었습니다. 당신도 탈장 때문에 고생을 하셨는데 기도의 힘으로 깨끗이 치료하셨다고 간증하셨습니다. 그 간증을 듣는 순간 '오, 하나님! 우리 학장님도 하나님께서 직접 치료해 주십시오.' 하고 자신도 모르게 성령님께 강하게 이끌려 기도를 드렸습니다. 학장님도 동일한 역사로 고통 중이신 탈장이 즉시 나으실 것을 믿습니다.'

이런 확신에 찬 간증과 기도를 해주셔서 전화를 받다 나도 모르게 '아멘' 하고 화답을 했다. 그리고 그후 놀라운 경험을 나도 하게 되었다. 김목사님의 전화를 받은지 정확히 이틀 후 저녁이었다. 샤워를 하려고 하는데 그동안 왼쪽 사타구니에 계란 보다 더 크게 느껴지는 불룩 튀어나온 혹이, 그동안 무던히도 괴롭히던 그 혹이 흔적도 없이 사라져 버렸고 더이상 아픔을 느끼지도 않았다. 순간 나는, 아! 우리 하나님께서 김 목사님의 중보 기도와 사랑을 통해 역사하셨구나. 정말 우리 하나님은 능력의 하나님이시며 만병을 치료하시는 치료자 되시는 분이시구나. 나는 다시 한번 체험을 했다. 그리고 지금까지도 아무런 이상이 없이 완치케 해주셨다.

모든 사역에는 일선에서 뛰는 사람들보다 더 중요한 사역을 감당하는 사람들이 있다. 바로 뒤에서 기도하는 기도 동역자들이다. 기도 동역자의 중요성을 너무도 잘 알고 있었기에 나는 사역을 할 때마다 항상 기도 동역자를 얻기 위해 많은 시간과 정성, 사랑을 쏟아 왔다. 교도 재소자 신우회, 소록도 나환자 병원 등 소외시된 여러 곳을 선교하면서도 기도 동역자를 얻으려 무던히 노력을 했었다.

우리 김은희 목사님은 성령님의 인도로 우리 신학 대학을 입학하시고 졸업을 하셨다. 현재까지 오랜 세월을 기도의 동역자로 부족한 나와 학교를 위해 중보자로 섬기고 계신다. 이분은 자기 자신도 너무나 오랫 동안 온갖 병마에 시달리며 투병 중이신 분이다. 자신의 건강 하나만도 챙기시기가 힘든 환경이면서도 우리 학교와 이 종을 위한 중보를 쉬지 않고 계속 해주시니 얼마나 감사한지 모른다. 이분이 비록 성치 않은 몸으로 활발하게 외부 선교 사역과 목회 활동은 못하고 있지만 집에서 가장 중요한 기도의 동역자 사역을 감당함으로 본교의 세계 복음화 사역에 동참하고 있음을 나는 누구보다 잘 알고 있다. 우리 사역에 동참하고 있는 그 어떤 사람들보다 소중하고 훌륭한 제자요 동역자라

나는 늘 자랑스럽게 생각하며 이분과의 만남을 허락하신 하나님께 감사를 드린다. 이렇게 귀한 분들을 통해 나는 다시 일어설 준비를 서서히 할 수 있었다.

❤ 2년만에 다시 세워주신 하나님!

엄청난 고난의 시간들이 지나 2년이란 세월이 훌쩍 흘러갔다. 타작 마당의 곡식을 두드려 패듯 평소에 전혀 알지 못했던 사람들까지 합세해 그토록 피튀기며 혈안이되어 죽일듯이 두드려 대더니 지금은 다들 어디서 무얼하는지 이젠 학교의 존재에 대해서조차 관심을 보이질 않고 조용했다. 그들의 휘두르는 험담의 채찍에 맞은 나와 내 가족, 사랑하는 교우들, 친구 목회자들은 만신창이가 되어 있었건만 목소리 높이던 군중들은 뿔뿔이 흩어져 언제 무슨 일이 있었냐는 듯이 대수롭지 않게 각기 제 할 일로 돌아가 있었다. 물씬 얻어 맞은 한가정은 굶주림과 쓰라린 아픔으로 사경을 헤맬 때 그들은 안락한 가정으로 돌아가 웃고 배불리 먹으며 자신의 가족들과 인생의 낙을 누렸으리라. 그러나 그와 정반대에 있는 이 길이 바로 내가 걸었던, 걷고 있는, 앞으로도 계속 걸어가야할 골고다의 십자가 길이던가! 그리고 예수님의 십자가 위에서의 고통과 같은, 앞으로 더 큰 고통들을 만나야 하는 길, 바로 주의 종의 갈 길을 묵상하게 되었다. '죽기까지 따르리라.' 다짐하면서 . . .

하나님께서는 말씀으로 기도로, 귀한 분들을 통해 마음의 평안을 갖도록 위로하시며 다시 일어설 힘을 주셨다. 마치 다 무너져 내린 황폐해진 예루살렘 성벽 앞에 서 있는 느헤미야처럼 다 무너져 내린 학교 앞에 서서 하나님께서 주신 비전을 바라보았다. 사람들이 던지고 간 비판의 돌들에 맞아 벽들도 창문도 학교도, 그리고 학장인 내 이름까지 먹칠이된 정말 철저히 다 무너져 내린 학교를 바라보니 말 그대로 암담했다. '하나님, 이 학교를 재건하라구요?' 이런 질문이 목구멍을 타고 개미소리 같이 올라왔다. 차라리 새 지역에 가서 새로이 시작하는 편이 빠르겠단 생각도 들었다. 그러나 하나님께서는 기적같은 역사로 다시 아틀란타 지역에 학교를 재건할 수 있게 도와주셨다.

2년 전 직업학교 설립 과정 당시에 있었던 일이다. 1년 이상을 허가 진행으로 교육부에서 최종 점검으로 모든 절차들이 통과가 되어 마지막 3만불짜리 보증 보험 증권만 제출하면 직업학교 라이센스를 받을 수 있었다. 그런데 크레딧이 15,000불 모자라 모든 것을 다 해놓고 포기할 수 밖에 없었다. 그런데 그런 일이 있은지 2년 후 지금에 와서 직업 전문 학교를 가장 빠른 지름길로 진행케 해주셨다. 교육부 허가 문제와 이민국 학생 비자 발행 문제 등 학교 허가에 필요한 모든 세부 사항들을 정말 신기할 정도로 너무도 섬세하고 신속하게 해결해 주셨다.

이제 신학 대학에서는 전문 사역자를 양성하는 일에 전념할 수 있었다. 그리고 일반 평신도는 직업 학교를 통하여 다양한 학과에 등록하여 사회가 필요로 하는 기술을 익혀 세상 곳곳에 퍼져 주님을 증거하며 또 보람된 생활을 영위할 수 있게 도울 수 있게 되었다. 특별히 이 직업 학교에서는 수요가 많은 의료 계통의 학과들을 개설했는데 불황을 모르는 분야이므로 불황 중에도 호황을 누릴 수 있는 맞춤형 직업 교육을 실행할 수 있었다. 이민 초년생들이 기술을 배워 현지인들 틈에 들어가 안정된 이민 정착을 추구하는 길을 드디어 열어주게 된 것이다. 또 현지인들까지 이 학교를 통해 필요한 기술을 습득해 자신의 전문 직업을 갖게 도와주니 그들의 관심도 대단했다. 이렇게 세계에서 몰려온 모든 이민자들, 현지인들에게 각광을 받는 프로그램을 통해 그토록 꿈꾸던 세계 선교의 비전은 서서히 그 가능성을 드러내기 시작했다.

외국인들을 위해서는 직업 학교 트레이닝 비자인 M-1 학생 비자로 합법 체류를 하며 기술을 배우고 특수 직장 선교사로 세상에 나아가 빛과 소금이 되는 길을 열어 주게 되었다. 이 메디칼 분야의 졸업생들은 그 인종 구성이 참으로 다양하다. 하나님께서는 일찌기 마음 속에 심으셨던 세계 복음화의 길을 바로 이 클래스들을 통해 성취시켜 주시는 것 같다. 70% 정도는 미국 주류의 백인과 흑인들이 찾이하고 30% 정도의 학생들은 한국인, 아시아인, 유럽계, 동구 유럽계 등등 다양한 학생들로 구성되어 있다. 이들에게 그리스도의 사랑을 여러 모양으로 전달하려 날마다 기도하며 지혜를 다해 사랑을 다해 섬기려 노력하고 있다. 실제로 재학생들의 설문 조사 결과를 보면 '학교에서 예수님을 전하는 것이 좋았다'는 긍정적인 평가를 받고 있다. 학교 스태프도 목사님들을 중심으로 구성하고 있고 강사분들도 크리스챤들이어서 학교 분위기가 뭔가 다르다는 것이 학생들의 의견이다.

그간 약 10년 동안 수백명(약 1,000명)의 인터내셔널 학생들을 배출하여 병원에서, 양로원에서, 닥터 오피스에서, 약국에서, 헌혈 기관에서, 등등 다양한 의료 계통 기관에서 성공적으로 직장 생활을 하며 선교 사역을 감당하고 있으니 너무도 감사한 일이다. 미국은 지금 경제 대공항 이후 최대 경제 위기를 맞고 있다. 연일 실직자들이 셀 수 없이 쏟아져 나오고 직장들은 문을 닫는다. 그런데 그런 상황에서도 의료 계통 직장들은 계속 확장되며 늘어나고 있어 전망이 매우 밝다. 미국 유명 뉴스 채널인 Fox New에서도 요즘 같은 경기에 가장 유망 직종으로 간호 조무사 (CNA) 클래스와 Medical Assistant 클래스를 소개한 바 있다.

본교의 이 두 클래스도 현지인들에게 잘 알려져 있어 늘 클래스가 조기 등록 마감을 한다. 올해는 공인 약사 보조사 (Certified Pharmacy Technician) 프로그램이 신설되어 더 많은 기회를 제공하게 되었다. 졸업생들은 각 시, 각 주에 흩어져 본교의 명성을 높여 주고 있다. 또 본교는 자격 시험 지정 학교로도 NHA(National Healthcareer Association) 인가를 받았고 전국에서 가장 높은 합격률을 보이는 실력있는 학교 중 하나로 우뚝 서게 되었다. Supervisor로 승진된 졸업생들은 후배들에게 취업의 기회를 열어주며 보살펴 주어 학장으로서 얼마나 뿌듯하며 감사한 마음인지 모른다. 이 보람된 일에 부족한 종을 써주신 하나님을 생각하면 가슴이 벅차 뜨거운 눈물을 흘리지 않을 수 없다. 그리고 지난 날의 아픔과 어려움들이 오히려 연단의 과정이었다고 생각하니 그 험난한 기억조차도 감사함으로 다가온다.

또 패션 디자인, 알터레이션 클래스 졸업생들은 기술을 익힌 후 세탁소며, 개인 알터레이션 샵, 백화점 양복부, 패션 회사 등등 다양한 관련 직종으로 나아갈 수 있다. 이 클래스에 오신 분들 가운데는 사연도 많고 간증도 많다. 기술을 배우는 동안 학교 스태프이신 목사님들, 권사님, 장로님과 신앙 상담, 인생 상담을 통해 생에 주님을 만나는 분들, 신앙을 회복하는 분들, 상처를 치유받는 분들, 사명을 깨닫는 분들, 이민 생활의 안전한 정착에 도움을 받는 분들, 교회에서 배운 기술을 사용하며 더욱더 충성된 봉사자로 섬기시는 분들 . . . 정말 다양한 분들을 만났다. 클래스는 늘 화기애해 하고 웃음이 끊일 날이 없어 알터레이션 클래스를 지나갈 때마다 싱긋이 웃게 되니 참으로 보람이 있다.

또한 신학 대학을 통해 그동안 480여명의 다민족 졸업생들이 배출되었으니 하나님께서 부족한 종을 다독이시며 이루어주신 일 앞에 너무나 감사하고 분에 넘쳐 뭐라 할말을 잃게 된다. 신학교 졸업생들은 체계적인 공부와 영성 훈련을 통해 충성된 주의 종으로, 선교사로, 음악 사역자로, 어린이 전도사로, 전문 사역자로 거듭나는 역사가 계속 일어나고 있으니 하나님께 감사할 뿐이다. 특히 학생들은 통신으로도 공부하게 되니 인근에 신학교가 없어 목말라하는 시골 조그만 마을 출신으로부터 대도시까지 전미 방방곡곡에서 등록을 하고 있다.

이분들은 이름 있는 유명한 신학교를 갈 형편은 못되지만 본교 통신 과정을 통해 목마른 사슴이 시냇물을 찾듯 정말 열심히들 귀하게 말씀을 공부하신다. 그리고는 남이 잘 가지 않는 아골골짝 빈들이며 선교지며 흩어져서 묵묵히 귀한 사역들을 감당하고 계신다. 그리고 학교가 어려운 시기에 격려와 사랑으로 가장 큰 버팀목이 되어준 나의 동역자요 사랑하는 형제 자매님들이다. 나의 분신과도 같은 이 귀한 분들을 통해 주님의 복음이 더욱 더 많은 영혼들에게 전해지고 영향을 미치기를 간절히 기도드린다. 그리고 폭풍우 속에서도, 가뭄과 무서운 한파 속에서도 끝까지 이겨낼 수 있도록 붙잡아 주시고 비젼을 향해 오늘도 변함없이 걸어갈 수 있도록 축복해 주신 우리 하나님께 모든 감사와 영광을 돌려드린다.

❸ 세계 복음화를 향한 또 다른 꿈을 꾸며

'살다보면 이런 날도 온다.'는 말을 우리는 한다. 갑작스런 횡재를 하거나 기대 이상의 기쁨을 맛보게 될 때 흔히들 사용한다. 나는 요즘 그 말을 자주 하게 된다. '살다 보니 정말 이런 날도 오는구나.' 싶다. 내가 지나온 세월들은 고난의 연속이었다. 주님 주신 비젼 이루어 드리는 삶 살고자 몸부림 친 인생이었다. 부족하여 이리 부딪치고 저리 부딪칠지라도 내 인생에 주신 주님의 뜻 이루어드리는 삶 살고자 굳세게 그 비젼 부여잡고 달려왔다. 잠시 눈을 지긋이 감으니 살아온 날들의 한장면 한장면이 선명하게 내 앞을 스쳐 지나간다.

한바탕의 폭풍이 지나가고 난 뒤 2006년 6월 무일푼으로 하나님께서 전문 직업학교를 세우게 하셨다. 기적이 일어난 것이다. 오늘까지 150여만불이란 엄청난 재정을 이 모양 저 모양으로 채워주셔서 그동안 신학 대학은 480여명의 졸업생을, 직업학교는 천여명의 졸업생을 배출할 수 있었다. 본교를 졸업한 다민족으로 구성된 졸업생들은 19년만에 약 일천오백여명이 넘게 해주셨다. 누가 감히 이를 한 인간이 한 일이라

말할 수 있겠는가. 하나님의 역사가 아니면 누구도 할 수 없었던 사역임을 고백할 수 밖에 없다.

이제 나는 이땅에서 내 인생에 주어진 마지막 기회라 생각하고 세계 복음화에 더 놀라운 일익을 감당하기 위해 또 다른 꿈을 꾸고 있다. 계속 꿈을 달라고 하나님께 기도하고 있고 주신 비전들을 바라보며 또 믿음의 발걸음을 움직이고 있다. 이제 우리 학교 재학생들은 명실공히 국제적이다. 세계 각국에서 온 다양한 민족들이 있다. 선교지가 마치 미국에 다 들어와 있는 느낌이다. 한국, 중국, 캐나다, 멕시코, 동구권, 케냐를 비롯한 아프리카 지역에서 온 학생들, 아랍계 . . . 이제는 더 적극적으로 전 세계 사람들이 미국으로 올 수 있도록 돕는 역할을 감당하고자 한다.

또 미국에 와서 직업교육을 받아 안정된 직장을 갖고 신앙을 할 수 있도록 돕고 그들이 각자 자기 민족에게 돌아가 복음을 전하는 선교사 역할을 감당할 수 있도록 하는 꿈을 꾸고 있다. 학교 기숙사 시설도 늘리고 또 학교 부설 기관들도 늘려 취업도 시킬 수 있게 하고자 한다. 현재도 학교 부설로 알트레이션 홈 패션 샵, 출장 간병회사와 개인 양로원 사업을 시작부터 운영까지 돕는 Loving Hands Consulting 회사를 운영하고 있어 E-2 비자로 미국에 와서 사업을 하며 신앙을 접할 수 있도록 돕는 사역을 늘여갈 생각이다. ESL 영어 클래스도 확장 운영해 학생들이 현지에 잘 적응하며 정착할 수 있도록 돕고자 한다.

그리고 천여 에이커의 땅에 종합 세계 선교 센터를 건립하여 더 다이내믹한 세계 선교 사역을 감당하고 싶다. 보잘 것 없는 종에게 이런 꿈을 주시는 하나님의 은혜로 내 잔이 넘친다. 그러나 비전을 주신 하나님께서 지금껏 그랬듯이 그 비전을 또 이루어 가실 것임을 나는 또 믿는다. 종합 선교 센터에는 종합 대학 수준의 학교 시설과 부대 복지 시설로 병원, 양로원, 복지관, 농장, 묘지, 종합 연구소 . . . 등을 세워 세계 크리스챤 인재들이 모여 사역과 전문 분야의 연구를 병행하는 세계 선교의 놀라운 장을 마련하고자 한다. 거듭, 나는 할 수 없지만 꿈을 주신 하나님은 능히 하실 수 있는 일이기에 그저 순종하고 끝까지 또 인내하고자 한다.

미국은 정말 인종 전시장과도 같다. 세계 각 나라에서 들어온 온갖 민족들이 어울어져 살고 있다. 118개국이 모인 '93년도 대전 엑스포가 마치 미니 전시장이었다면 미국은 거대한 인종 전시장인 것이다. 아틀란타는 도미노 현상으로 한때는 백 여 민족이 몰려와 관계 기관이 초긴장을 하기도 했었다. 아직 이런 규모의 다민족을 감당할 여건이 못되기 때문이었다. 나는 그때 오히려 세계 복음화의 꿈을 꾸었다. 이 여러 민족들에게 직업 교육과 신앙 교육을 체계적으로 시켜 제자를 삼아 이들로 자신들의 민족에게로 가서 복음을 전하게 하는 사역자를 양육하는 비전을 품었다. 하나님께서는 이때를 위해 모든 것을 준비케 하신 줄 믿는다. 이제 남은 생 이 꿈을 위해 또 뛰리라 다짐을 해본다.

10년 전 세계 복음화의 꿈이 산산조각이 났을 때 모두가 이제 다시는 민학장이 일어설 수 없으리라 했지만 살아계신 하나님은 내 안에 주신 꿈을 거두어 가시지 않으셨다. 아니 더 강하게 키워주셨다. 험한 세월 만날 때마다 더욱더 나의 주인 되심을 경험케 하셨고 학교 사역의 크고 작은 일마다 주인이 되셔서 인도해 주셨다. 그럴 때마다 한결같이 느끼고 체험한 것은 욥기 1장 21절의 욥의 고백이다.

'주신 자도 여호와시요 취하신 자도 여호와시오니 여호와의 이름이 찬송을 받을 지니시이다.'

하나님이 만물의 주인이시니 주시는 자도 여호와요, 다시 거두어 가실 수 있는 분도 여호와심을 나는 인생을 통해 절실히 경험했다. 주셨다가 가져 가시고, 또 주셨다가 또 가져 가시고 반복되는 되풀이 속에 아! 하나님의 것이 내 것이요, 내 것이 하나님 것이구나 이런 진리를 깨닫는다. 그리고 사역은 내가 앞장서 행하면 필요한 돈도 사람도 하나님께서 채워주심을 일평생 경험을 했다. 나는 지금껏 하나님께서 사역을 명하실 때 수중에 돈이 한푼 없어도 겁내지 않고 순종을 했다.

믿음이 없는 사람들이 보면 황당하고 대책이 없는 사람으로 보였겠지만 하나님은 단 한번도 나를 실망시키신 적이 없으셨다. 고난과 아픔, 실패와 좌절들 . . . 그 모든 악조건들이 오히려 좋은 조건으로 바뀌어 합력하여 선으로 이루어 주시는 하나님의 은혜를 경험하는 성스러운 기회가 되었다. 그리고 그런 지난 날의 시련은 오히려 미래를 위해 더 나은 결과를 가져다 주었다. 2004년도에 겪은 시련 후에 우리 학교는 신학교와 직업학교가 분리되어 외형상으로는 아직 보잘 것 없으나 사실상

질적으로는 더 나은 학교로 거듭났고 이제는 미래의 비젼을 위한 단단한 초석이 되어가고 있다. 그 누구보다 하나님이 함께 하신 일임을 잘 알기에 그저 감사가 넘칠 뿐이다.

지긋이 눈을 감고 지나온 세월들을 다시 돌아보니 정말 감회가 새롭다. 나는 대형교회를 섬기는 유명한 목사도 아니요, 학문 연구로 뛰어난 신학자도 아니다. 그렇다고 현재 하고 있는 신학교 사역이며 부대 사역들이 성공의 괘도에 올라 있는 것도 아니다. 아직도 날마다 이런 저런 도전들과 씨름하며 하루 하루 하나님께 쓰임받으려 노력할 뿐이다. 내세울 것도 자랑할 것도 없다. 어디를 보나 부족하기 짝이 없는 정말 너무도 평범한 아니 교육수준, 문화 수준이 높은 많은 한국 사람들에 비해 아주 부족한 평범 이하의 사람이다. 그런 내가 책을 쓴다는 것은 가당치 않은 일이다.

그러나 나는 부족하지만 천지 만물을 지으시고 다스리시는 그 크신 하나님의 은혜가 한량없어 나는 그 은혜를 간증하지 않을 수가 없었다. 한마디로 보잘 것 없는 한 인생에 베푸신 우리 하나님의 은혜를 나누지 않고는 견딜 수 없어 이 글을 쓰게 되었다. 열등감으로 의기 소침해 글쓰기를 주저할 때 성령님께서 담대함을 주시며 나누라고 그냥 네가 경험한 그 하나님을 나누라고 격려해 주셨다. 나는 이글을 통해 나와같은 많은 평범한 사람들, 아니 평범 이하의 사람들이 힘과 용기를 얻길 바란다. 하나님을 경험하길 바란다. 하나님이 주시는 꿈을 품길 바란다. 그 어떤 인생의 어려움 속에서도 그 꿈을 잃지 않길 바란다. 끝까지 인내하며 그 하나님이 주신 꿈을 이뤄드리는데 귀히 쓰이는 삶 사시길 간절히 기도한다.

부족한 인생에게 구원을 베푸시고
하나님의 꿈을 품게 하시고
그 꿈의 실현을 위해
부단히 살아가게 하시는
좋으신 하나님께
모든 영광을 돌립니다.

맺는말

나는 20 대에 부름을 받고, "**오늘은 민족 복음화 내일은 세계 복음화**" 라는 슬로건을 하나님께서 주셔서 나름 이를 이루기 위해 밤낮 없이 달려왔다. 뒤돌아 보니 어느덧 30여 년이란 긴 세월이 흘러갔다. 그동안 해온 사역들을 돌아보니 험한 가시밭길, 숱한 역경과 시험들, 환난과 핍박, 멸시와 천대 . . . 예수님이 가신 그 길을 묘사하던 그 단어들이 내게 친근감 있게 다가왔다. 내가 걸어온 길이 예수님이 당하신 십자가 길만 하겠는가만은 내 지나온 인생도 그런 단어들이 아니면 묘사할 길이 없다. 그런 가운데서도 나를 홀로 버려두지 않으시고 언제나 함께 해주신 하나님의 한량없는 은혜의 자취를 뚜렷하게 찾을 수 있다. 크고 작은 어려움으로 '이젠 죽었구나' 하고 모든 것을 체념하고 눈을 떠보면 다시 살게 하셨다. '이젠 꼼짝 없이 끝이구나' 하고 큰 절망감에 사로잡혀 모든 것을 놓으려고 하면 또 다시 새 힘과 새 은혜로 새 길을 열어 주셨다.

부족하고 연약한 작은 종이 감히 한때는 대한 민국의 전국 교도소를 누비며 복음전도를 하게 하셨고, 국회 의사당 경찰 목사로, 118개 국가의 종교인을 대표하는 '93 대전 엑스포 총 종교관 관장으로 전국의 기도원과 교회에서 750회가 넘는 부흥회를 인도하는 강사로, 소록도 선교, 체육인 선교, 검찰 선교, 군부대 및 경찰 선교 등등 참으로 많은 일을 맡기시고 은혜로 감당케 하셨다. 어떤 때는 인내를, 사랑을, 자비의 마음을, 기적과 이적을, 놀라운 능력을 부어 주시며 영혼 구원과 영혼들을 세우는 목회를 감당하게 하셨다. 그리고 더 넓은 세상으로 나가 세계인들을 향한 복음 전파 사역을 하라고 미국까지 인도해 주셨다.

한때는 미국 이민 역사상 한인 신학교 중 가장 큰 신학교 (재학생 수 650 여명) 중 하나로 세워 주셨고 또 평신도 특수 선교사를 양육할 수 있는 직업 종합 전문 학교를 한인 이민 역사에 길이 남게 세워주시어 귀한 사역 감당할 수 있는 큰 은혜를 베풀어 주셨다. 이 모든 일들은 오직 하나님의 은총이요, 축복의 결과이다. 진실로 마음을 다해 모든 영광을 하나님께 돌려 드리며 미국에서, 고국에서, 전세계에서 기도로 함께하고 있는 모든 기도 동역자 분들과 그리고 지금 함께 동역하고 계시는 목사님들, 직원들, 힘들고 어려울 때마다 용기와 새 힘을 주시던 수많은 분들께 깊은 정말 마음을 다한 감사를 드린다.

그리고 이 간증을 끝맺으면서 지난 사역을 통해 얻은 교훈을 한마디로 정리해 보고자 한다. 그동안 종이 사역하면서 선교의 현장에서 핍박과 멸시천대 박해와 모략 중상 등등 온갖 고난을 몸으로 부딪쳐야 했다. 그런 경험을 하면서 얻어진 결론은 주님께서 누누이 강조하신 바로 그 사랑이 제일이라는 것이다. 사람이 누구나 '네가 내가 되어 보라'는 옛 말처럼 매를 맞아보지 않은 사람은 매맞는 자의 그 아픔을 감히 짐작할 수 없고, 모함을 당해보지 않은 사람은 그 억울함의 고통을 알 수가 없고, 배고파 굶주려 보지 않은 사람은 배고픈 자의 그 설움을 절대로 이해할 수가 없을 것이다. 한평생 동안 크고 작은 하나님 일을 감당해 오면서 수없이 느끼고 또 느낀, 진실로 뼈저리게 느끼고 깨달은 말씀은 바로 이 사랑의 말씀이다. 아무리 어려운 가운데도 이 사랑을 경험하면 일어설 수 있었다. 아무리 억울해도 하나님이 보내 주시는 사람들을 통해 하나님의 사랑을 경험하면 능히 이길 수 있었다. 나는 언제부턴가 사랑의 송가를 묵상하며 내 주위에 이런 사랑의 터치를 필요로 하는 사람들이 있나 살피는 버릇이 생겼다. 뼈저린 아픔을 통해 주신 아름다운 하나님의 값진 선물인 것이다. 아직도 많이 부족한 종이지만 이제 내 생애에 남은 사역은 정말 복음송 가사처럼 사랑의 대사로 주님을 닮은 사역을 하고 싶다.

"사랑의 송가"

1.   천사의 말을 하는 사람도 사랑 없으면 소용이 없고
     심오한 진리 깨달은 자도 울리는 징과 같네.
     하나님 말씀 전한다 해도 그 무슨 소용 있나
     사랑 없이는 소용이 없고 아무 것도 아닙니다.

2.   진리를 보고 기뻐합니다. 무례와 사심 품지 않으며
     모든 것 믿고 바라는 사랑 모든 것 덮어주네.
     하나님 말씀 전한다 해도 그 무슨 소용이 있나
     사랑 없이는 소용이 없고 아무 것도 아닙니다.

3.   지금은 희미하게 보이나 그 때는 주를 맞대고 보리
     하나님 나를 알고 계시듯 우리도 주를 알리.
     하나님 말씀 전한다해도 그 무슨 소용있나
     사랑 없이는 소용이 없고 아무 것도 아닙니다.

설 교 문

제목: 그중에 제일은 사랑이라
본문: 고린도 전서 13장 1-13절

내가 사람의 방언과 천사의 말을 할찌라도 사랑이 없으면 소리나는 구리와 울리는 꽹과리가 되고 내가 예언하는 능이 있어 모든 비밀과 모든 지식을 알고 또 산을 옮길만한 모든 믿음이 있을찌라도 사랑이 없으면 내가 아무 것도 아니요 내가 내게 있는 모든 것으로 구제하고 또 내 몸을 불사르게 내어 줄찌라도 사랑이 없으면 내게 아무 유익이 없느니라

사랑은 오래 참고 사랑은 온유하며 투기하는 자가 되지 아니하며 사랑은 자랑하지 아니하며 교만하지 아니하며 무례히 행치 아니하며 자기의 유익을 구치 아니하며 성내지 아니하며 악한 것을 생각지 아니하며 불의를 기뻐하지 아니하며 진리와 함께 기뻐하고 모든 것을 참으며 모든 것을 견디느니라

사랑은 언제까지든지 떨어지지 아니하나 예언도 폐하고 방언도 그치고 지식도 폐하리라 우리가 부분적으로 알고 부분적으로 예언하니 온전한 것이 올 때에는 부분적으로 하던 것이 폐하리라 내가 어렸을 때에는 말하는 것이 어린 아이와 같고 깨닫는 것이 어린 아이와 같고 생각하는 것이 어린 아이와 같다가 장성한 사람이 되어서는 어린 아이의 일을 버렸노라

우리가 이제는 거울로 보는 것 같이 희미하나 그 때에는 얼굴과 얼굴을 대하여 볼 것이요 이제는 내가 부분적으로 아나 그 때에는 주께서 나를 아신 것 같이 내가 온전히 알리라 그런즉 믿음, 소망, 사랑, 이 세 가지는 항상 있을 것인데 그 중에 제일은 사랑이라

본문 말씀은 성경 66권 중에 가장 중요한 핵심적 말씀이며 기독교 복음의 진수라고 할 수 있습니다. 본서를 기록한 바울 사도는 내가 사람의 방언과 천사의 말을 할지라도 사랑이 없으면 소리나는 구리와 울리는 꽹과리에 지나지 않다고 표현했습니다. 이 말씀을 좀더 쉽게 직설적으로 표현해 본다면 교회를 다니고 믿음 생활 기도 생활 신앙

생활을 하면서 입술로는 습관적으로 거룩하게 천사와 같이 말을 할지라도 그 속에 사랑이 없으면 이 모든 것이 소리 나는 놋쇠와 울리는 꽹과리가 되고 만다는 것입니다. 음정 박자 리듬 등의 조화를 이루지 못하고 제멋대로 울려대는 놋쇠 소리나 꽹과리 소리는 듣는 많은 사람들에게 불쾌감과 고통만을 주게 됩니다. 그래서 전문 수사 기관에서는 한때 고문 중의 무서운 고문으로 사용한 방법 중 하나가 소음 고문입니다. 다시 말해 겉 모양은 그럴 듯하고 모든 행동은 믿음이 있는 사람처럼 보이는데 그 속에는 복음의 진수인 참사랑이 없는 습관적이고 추상적인, 업무적 신앙 생활을 말합니다. 입으로 그리스도인이라고 말한다고 다 참 그리스도인이 아닙니다. 그 사람 속에 예수 그리스도의 참사랑이 나타나야 참 그리스도인이요, 참직분자요, 참목회자가 될 수 있다는 말씀입니다. 교회가 크고 교회 안에 온갖 악기와 모든 재능자들이 다 모여 예배드리고 큰 소리로 기도하고 오케스트라가 찬양을 한다 해도 그리스도의 참사랑이 그들 안에 없으면 그 아름다운 선율도 하나님 앞에서는 울리는 꽹과리 소음에 불과 하다는 겁니다. 성도들 뿐만 아니라 믿지 않는 사람들에게 불쾌감과 고통만 더 안겨 줄 뿐이라는 것입니다.

그러기에 예수님께서는 요한복음 13장 34절에 말씀하시길 '새 계명을 너희에게 주노니 서로 사랑하라 내가 너희를 사랑한 것같이 너희도 서로 사랑하라.' 하셨습니다. 그리고 요한복음 14장 15절에 '너희가 나를 사랑하면 나의 계명을 지키라.' 21절에는 '나의 계명을 가지고 지키는 자라야 나를 사랑하는 자라.'고 하셨습니다. 또 요한 1, 2, 3서에서 사도 요한은 형제 사랑에 대해 권면하고 있습니다. 요한1서 1장 10-11절에 '그 형제를 사랑하는 자는 빛 가운데 거하여 자기 속에 거리낌이 없으나, 그 형제를 미워하는 자는 어두운 가운데 있고 또 어두운 가운데 행하며 갈 곳을 알지 못하나니 이는 어두움이 그의 눈을 멀게 하였음이니라.' 했습니다. 요한1서 3장 14절엔 '우리가 형제를 사랑함으로 사망에서 옮겨 생명으로 들어간 줄을 알거니와 사랑치 아니 하는 자는 사망에 거하느니라.'고 했고, 요한1서 3장 18절에는 '자녀들아 우리가 말과 혀로만 사랑하지 말고 오직 행함과 진실함으로 하자.' 요한1서 4장 7-8절엔 '사랑하는 자들아 우리가 서로 사랑하자 사랑은 하나님께 속한 것이니 사랑하는 자마다 하나님께로 나서 하나님을 알고 사랑하지 아니하는 자는 하나님을 알지 못하나니 이는 하나님은 사랑이심이라.'고 했습니다.

요한1서 3장 23절엔 '그의 계명은 이것이니 곧 그 아들 예수 그리스도의 이름을 믿고 그가 우리에게 주신 계명대로 서로 사랑할 것이니라.'라고 말씀하십니다. 이때 계명이란 십계명을 말하는 것인데 1계명에서 5계명까지는 나 외에 다른 신을 두지 말라, 살인하지 말라 ... '하지 말라, 하지 말라'고 명령하고 6계명부터 10계명엔 이웃을 네 몸처럼 사랑하라, 네 부모를 공경하라 ... '하라, 하라'고 명하셨습니다. 1-5계명은 수직적 관계로 우리가 하나님과의 관계를 말하는 것이고 성경 말씀으로는 구약 성경을 가르키는 것으로서 피조물 된 인간들이 하나님을 섬기는 방법에 대해 말하는 것입니다. 6-10계명은 하나님을 사랑하는 방법으로 수평적 관계인 이땅의 이웃과의 관계로 형제를 사랑하는 방법을 말씀하신 것입니다. 이는 신약 성경을 가르키는 것인데 이 모든 십계명의 완성을 '십자가'라 하며 십자가는 신구약 성경의 완성이며 예수 그리스도의 구원의 완성 사랑의 완성 이기에 주님께서는 오늘 당신의 제자된 우리들에게 마가복음 8장 34절의 명령을 하셨습니다.
'아무든지 나를 따라 오려거든 자기를 부인하고 자기 십자가를 지고 나를 좇을 것이니라'

오늘 우리들은 어떠합니까?

날마다 입으로 찬송은 열심히 부릅니다. **'십자가 튼튼히 붙잡고 날마다 이기며 나가세 . . . '** 심지어는 아무 뜻없이 그저 습관적으로 부를 수도 있습니다. 그러나 주님께서 명령하시는 십자가는 너무 무겁고 메기 힘든 것입니다. 그래서 어떤 사람들은 메지 않고 끈으로 묶어 질질 끌고 다닙니다. 십자가를 가지고는 있는데 실제 삶 속에서 아무 능력이 없습니다. 사람들은 오히려 이런 사람들의 십자가에 걸려 넘어집니다. 어떤 사람은 십자가 옆에 날개(6-10계명에 해당되는 이웃과의 관계인 사랑)를 떼고 하나님만 향한 잘못된 신앙으로 '십자가 튼튼히 붙잡고'라고 찬송은 하지만 실상은 날개가 없는 막대기만 가지고 휘두르니 옆사람들은 눈도 배도 모두 찔려 큰 상처를 입습니다.

주님은 말씀에 십자가를 지고 당신을 따르라고 하셨지 끌고 따르라고 하시지 않았습니다. 다시 말씀드려 우리는 성경의 말씀을 잘못 가르치고 배워서 하나님을 올바르게 섬기고 사랑하는 방법을 잘 모르고 있는지도 모릅니다. 주님은 마태복음 5장 13-16절에 **'너희는 세상의 소금이요 세상의 빛이라.'**고 비유하시면서 특히 16절에 **'이같이 너희 빛을 사람**

앞에 비취게 하여 저희로 너희 착한 행실을 보고 하늘에 계신 너희 아버지께 영광을 돌리게 하라.'고 하셨습니다. 이 말씀은 우리가 이땅에서 사랑해야할 그 대상은 분명히 하나님이시지만 하나님을 사랑하는 빙법 하나님께 영광을 돌리는 방법은 바로 내 이웃을 먼저 하나님 사랑하듯 섬기고 사랑하라는 것입니다. 그렇게 함으로 나의 진실한 그리스도의 사랑을 받은 사람들이 하나님께 감사와 영광을 돌리게 하라는 말씀입니다.

저는 목회와 부흥 강사로 일선에서 경험한 한국 교회는 정말 하나님과의 수직적 관계 곧 1-5 계명을 지키는 것 까지는 정말 세계 어디에 내놓아도 빠지지 않을 정도로 열심이지 않나 싶습니다. 십일조, 감사, 특수 헌금이니 금식기도, 철야기도니 . . . 등등. 그러나 하나님을 진정 사랑하는 방법을 잘 몰라 교회와 기도원 생활은 100점인데 이웃과는 담을 쌓고 산다면 그것은 문제가 된다는 겁니다. 대체적으로 믿음이 좋으시다는 분들이 안타깝게도 이웃과의 관계 가정에서 가족과의 관계에 소홀한 경우가 많습니다. 왜냐하니까 하나님을 사랑하는 방법을 잘못 이해하고 있어 그렇습니다.

제가 오래 전에 시무하던 교회에서 이런 일을 겪은 적이 있습니다. 어느 날 한 가정이 제가 살고 있던 2층집으로 이사를 왔습니다. 그분들을 전도 하려고 몇번 방문을 했었는데 두번째 방문시에 남편되시는 분을 뵐 수 있었습니다. 그분은 대뜸 불쾌하고 퉁명스럽게 확 한마디 쏘아 붙였습니다. '목사님, 나도 이사오기 전까지 교회 안수집사로 누구보다 열심히 믿음생활 했습니다. 그런데 나까지 미쳐 교회에 빠지면 우리 두딸들과 우리 가정은 엉망이 됩니다. 그러니 더이상 찾아오지 마십시오.' 하고 문을 닫고 나가버렸습니다. 나는 순간적으로 아, 이분의 아내 되시는 분이 신앙생활에 문제가 있구나 하고 직감할 수 있었습니다. 그후 아내 되시는 분이 우리 교회에 출석을 하게 되셨는데 얼마나 열심이신지, 교회 모든 프로그램에서 그분을 뵐 수 있었습니다. 새벽기도, 철야기도, 구역예배 . . . 등등 정말 열정이 대단하셨습니다.

그런데 왜 이 집사님이 집에서는 인정을 못 받으실까 하고 조심스럽게 상담을 해보았습니다. 부인 집사님 말씀이 우리 남편은 마귀 사단이라 자신의 신앙생활을 너무도 많이 방해하고 핍박한다고 불만이 대단했습니다. 그런데 상담 중 발견한 것은 하나님을 정말 사랑하는 방법을 잘 몰라 무조건 수직적인 섬김은 대단하지만 수평적인 사랑, 하나님을 사랑하는 방법은 잘 모르고 계시구나 하는 생각이 들었습니다. 저는 그때부터 이 집사님께 조심스럽게 권면하길 '집사님 새벽 기도도 철야 기도도 대단히 중요하지만 가정에서 아직 아이들이 어리니 아이들 아침에 학교갈 때 챙겨 주시는 일, 남편 출근시 뒷바라지 하시는 일, 가정을 돌아보는 일도 기도하는 마음 예배 드리는 마음으로 할 때 하나님께서 영광을 받으십니다.' 이렇게 권면을 해드렸습니다.

그리고 몇 개월이 지난 어느 날 남편 되시는 분께서 흥분된 목소리로 전화를 해오셨습니다. '목사님 정말 감사합니다. 오늘 시간 나시면 점심 시간에 명동으로 좀 나오시면 제가 맛있는 음식으로 대접해 드리겠습니다. 그리고 저도 목사님 교회에 출석하겠습니다.' 저는 너무나 기뻐 단숨에 약속 장소로 달려 나갔습니다. 집사님께서는 그날 값비싼 음식을 사주시면서 그동안 가정에서 일어난 일에 대해 말씀해 주셨습니다.

'훌륭하신 민목사님을 만나 이제 우리 가정이 살았습니다. 그동안 우리 마누라가 무조건 예수에 미쳐서 돈이란 돈은 모두 있는대로 교회 갖다 헌금하고 새벽기도 갔다 온 날은 아이들도 나도 아침 밥도 못 얻어 먹고 학교로 직장으로 가야 했습니다.
그런데 목사님 교회에 다니고부터는 아침밥도 도시락도 챙겨주고 가정에서 나에게 아이들에게 얼마나 잘 하는지 모릅니다. 아니 우리 마누라가 갑자기 예수님이 되었구나 이런 생각이 들 정도입니다.'

나는 이 집사님의 말을 들으면서 얼마나 감사했는지 모릅니다. 그렇습니다. 우리 그리스도인들은 정말 예수님의 참 제자가 되어 많은 사람들에게 빛과 소금이 되어 착한 행실을 보일 수 있어야 합니다. 그럴 때 하나님께 영광이 되고 나 자신에게는 축복이 올 줄 믿습니다. 기독교의 완성은 사랑입니다. 사랑 중에도 예수님이 보여 주신 아가페 사랑, 무조건적 사랑, 바로 십자가 사랑입니다.

누가복음 10:25-37절 말씀에 어떤 율법사가 예수님을 시험해 보려고 '선생님 내가 무엇을 하여야 영생을 얻으리까?' 하고 많은 사람들 앞에서 질문을 했습니다. 예수님께서 율법사에게 말씀하시기를 '율법에는 무엇이라 기록되었으며 네가 어떻게 읽느냐'고 답변하시자 율법사는 말씀에 통달한 사람답게 대답합니다. '네 마음을 다하며 목숨을 다하며 힘을 다하며 뜻을 다하여 주 너의 하나님을 사랑하고 또한 네 이웃을 네 몸과 같이 사랑하라 하였나이다.' 하고 단번에 대답을 합니다. 예수님께서 율법사에게 '네 대답이 옳도다. 이를 행하라. 그러면 살리라.'고 하셨습니다.

오늘 우리는 이 율법사가 질문한 영생과 예수님께서 말씀하시는 영생, '살리라'는 말씀에 대해 깊이 생각해 보아야 합니다. 율법사가 질문한 영생이란 시간성을 가르킨다면 예수님께서 답변하신 영생이란 삶의 질을 가르키고 있다는 것입니다. 사람이 오래 이땅에서 죽지 않고 산다고 해서 장수와 영생의 축복을 받는 것이 아니라 비록 짧게 살지언정 하나님의 사랑으로 산 사람이 영생의 축복을 받은 사람이라는 것입니다. 율법사는 삶의 내용 질보다 삶의 량, 즉 가시적인 면에만 치우쳤던 것입니다. 오늘날 우리 가운데도 율법사처럼 오래 살고 많이 소유하고 누리는 것이 행복이요 축복이라 생각하고 양적인 면에 치우치는 삶을 사는 사람들이 많습니다. 그러나 참 영생, 참 행복은 비록 짧고 작은 것을 가졌을지라도 하나님의 사랑으로 말씀으로 바로 살다가 가는 것이 영생의 길이라는 것입니다.

우리 예수님은 이땅에 오셔서 33년 6개월밖에 머무르지 않으셨습니다. 그러나 예수님께서 남기신 사랑은 영원하며 그 사랑은 이땅에 지금도 살아 역사하고 있는 것입니다.
살아 있다고 다 산 것이 아니요,
많이 가졌다고 다 부자가 아니요,
교회를 오래 다녔다고 다 성도가 아니라, 그 삶 속에 내용이 바르고 본연의 생명을 지니고 있어야 한다는 것입니다.

가령 학생을 가르치는 교사라면 그 삶과 생활 속에 교사의 사명감이 살아 있을 때 비로소 참스승이라 할 수 있습니다. 나같은 목회자라면 예수 그리스도의 참사랑을 간직하고 그 사명을 감당할 때 비로소 참성직자라 할 수 있습니다. 그리스도인이 예수님의 사랑, 예수님의 십자가 사랑을 아멘으로 받아 들인 적이 없다면 그 사람은 교회를 출석하는 교인은 될 수 있어도 하나님의 말씀으로 거듭나 세상 사람과 구별된 거룩한 성도는 될 수 없다는 것입니다. 그리고 중요한 것은 마지막 심판날에 나는 너를 도무지 모른다고 하나님으로부터 버림을 받게 될 것입니다.

그래서 사도 바울은 수 많은 은사 체험과 세상 학문 지혜 지식 능력 권능을 다 체험하고 행했지만 믿음 소망 사랑 이 세가지는 항상 있을 것인데 그 중에 제일은 사랑이라고 했습니다. 왜 그 큰 능력의 사도가 복음의 결론을 사랑이라고 고백 했을까요? 사랑이 없으면 사람의 방언과 천사의 말을 할지라도 아무 소용이 없기 때문입니다. 그리고 울리는 꽹과리에 불과하기 때문입니다.

결론적으로 우리 예수님의 사랑, 기독교의 아가페 사랑은

첫째로, 용서하는 것입니다.

우리 예수님께서는 십자가에 달려 죽음 앞에서도 자신을 사형하고 있던 무리들을 위해 용서의 기도를 드렸습니다. 누가복음 23장 34절을 보시면 **'아버지여 저희를 사하여 주옵소서 자기의 하는 것을 알지 못함이니이다.'** 라고 기록하고 있습니다. 마태복음 18장 21-22절에는 베드로에게 **'네게 이르노니 일곱번 뿐 아니라 일흔번씩 일곱번이라도 용서하라.'** 하셨습니다. 베드로 사도는 베드로 전서 4장 8절에 **'무엇 보다 열심으로 서로 사랑할찌니 사랑은 허다한 죄를 덮느니라.'**고 말씀합니다. 그러므로 기독교의 사랑, 아가페 사랑은 먼저 남의 죄를 덮어 줄 수 있는, 용서할 수 있는 큰 마음이 있어야 합니다.

둘째는, 모든 책임을 내가 져야 합니다.

오래전 고국에 있을 때 천주교에서 행한 것 중에 크게 감명 받은 것이 있는데 '다 내 탓 입니다' 라고 고백하는 것입니다. '다 내 탓 입니다' 곧 '자신 때문이다' 라고 고백하고 기도하고 십자가를 스스로 질 수 있는 사람은 정말 큰 사람이요 하나님의 말씀과 성령으로 거듭난 사람들입니다. 이웃 교회가 어려움을 겪는 모습을 보면서 비판하고 멸시하기 보다는 '아버지여! 제가 이웃 교회를 위해 기도하지 못한 저의 책임입니다. 우리 교회가 형제가 어려움을 겪는 것은 모두 제가 기도하지 못하고 열심히 사랑하지 못한 제 탓 입니다' 하고 모든 책임을 내가 질 때 그 가정과 교회와 사회는 살아납니다.

반대로 은혜받지 못하고 성령으로 거듭나지 못한 사람들은 모두 남의 탓을 합니다. 누구 때문에 라고 불평하고 불만을 터뜨림으로 마귀 사단이

역사할 수 있는 빌미를 줍니다. 그 결과 그 가정과 교회는 큰 시험과 환난을 겪게 됩니다.

세째는, 화평을 이루는 것입니다.

하나님의 사랑 아가페 사랑은 가는 곳마다 화평을 이루어 하나님께 영광을 돌리고 이웃에게 덕을 쌓아 그들의 영혼을 구원시킵니다. 그래서 주님께서 마태복음 5장 10절에서 '화평케 하는 자는 복이 있나니 저희가 하나님의 아들이라 일컬음을 받을 것임이요'라고 말씀하셨습니다. 하나님의 사람 하나님의 사랑을 나타내는 믿음의 사람들은 어디에 가든지 가는 곳곳마다 웃음꽃을 피우고 서로 조화를 이루어 화평을 이룹니다.

네째는, 끝없는 관심을 갖는 것입니다.

아가페 사랑의 특성은 내가 존재 하고 있는 이유는 단 하나 너를 위함이며 네가 아니면 사랑할 대상 이 세상을 살아야 할 가치조차 느끼지 못한다는 일대일의 사랑을 말합니다. 요한복음 3장 16절은 말씀합니다. '하나님이 세상을 이처럼 사랑하사 독생자를 주셨으니 이는 저를 믿는 자마다 멸망치 않고 영생을 얻게 하려 하심이니라.' 이 무조건적 아가페 사랑은 끝없는 관심입니다. 늘 상대에 대해 관심을 갖고 그를 위해 기도해 주고 격려해 주고 보살펴 주고 배려해 줄 수 있는 그것이 참 사랑입니다.

마지막으로, 변함이 없는 것입니다.

우리 예수님은 십자가 형틀에서나 십자가 형틀 아래서나 평상시 복음 전파를 하실 때나 슬플 때나 기쁠 때나 고난과 환란이 닥쳐와도 언제나 한결같이 똑같으셨습니다. 하나님의 사람들은 예수님을 꼭 닮아야 합니다. 예수님의 인격과 성품과 신앙영성을 닮은 사람은 언제나 한결같이 변함이 없는 진실한 사랑을 나타냅니다. 그래서 바울 사도는 에베소서 6장 24절에 '우리 주 예수 그리스도를 변함없이 사랑하는 모든 자에게 은혜가 있을 지어다.' 라고 했습니다. 하나님은 변덕장이는 쓰실 수 없습니다. 고난 중에도 핍박 중에도 모함 중에도 변함없이 주님만을 사랑하는 사람을 귀하게 쓰십니다.

제가 대전 교도소에서 복음을 전할 때 어느 사형수 형제가 너무도 난동을 부려 담당 교도관이 저에게 특별 교화를 부탁해와 형제를 전도하기 위해 특별 면담을 하고 기도도 해주고 위로도 해주었습니다. 그리고 질문을 했습니다. '왜 형제님은 분노를 참지 못합니까? 왜 날마다 난동을 부려 교도소를 시끄럽게 하십니까?' 그 형제는 이렇게 답변했습니다. '내가 강도 살인을 했었습니다. 그당시 사귀던 아가씨가 있었는데 결혼까지 약속하고 몇 년 간을 교제하던 중 강도범, 살인범으로 체포되어 교도소에 들어오게 되었습니다. 그 후 1년 가까이 면회를 오다가 지금은 몇 개월 째 소식이 없습니다.' 그는 저를 붙잡고 통곡을 하기 시작했습니다. 저는 겨우 그 형제를 달랜 후 내가 한번 알아 보겠노라고 그 아가씨의 이름과 주소 전화 번호 등을 달라고 했습니다.

그후 저는 서울로 돌아와 그 아가씨를 찾기 시작했습니다. 그 자매님은 집안 가족들의 반대로 엄청난 갈등 속에 있었고 너무도 괴로와 하고 있었습니다. 그래서 저는 그분을 교회로 인도하고 마음을 안정시킨 후 많은 대화를 나누었습니다. 그러면서 그 아가씨에게 중대한 결단을 내릴 것을 당부했습니다. '끝까지 하나님의 사랑으로 교도소에 있는 사형수 형제를 사랑할 것인가 아니면 이대로 가족들의 주문처럼 깨끗이 잊어버릴 것인가'를 결정하라고 시간을 주었습니다. 몇 주가 지난 뒤 이 자매님께서 찾아와서 울면서 이렇게 말했습니다. '목사님, 제가 그 사람을 버리면 그 사람 곁엔 아무도 없습니다. 살인자 강도 사형수라 하여 그의 가족들도 모두 자취를 감춰 버렸어요. 이 세상엔 단 한사람도 그에게는 없습니다. 전 정말 너무 괴롭습니다. 어떻게 해야 할 지 저도 잘 모르겠습니다. 목사님께서 제가 어떻게 해야 옳은지 알려주세요.' 저는 이 자매님의 애절한 울음 소리를 들으면서 교도소에서 만났던 그 사형수 형제의 모습을 떠올리게 되었습니다.

그 순간 성령님께서 제 마음에 강하게 이런 말씀을 주시는 것 같았습니다. '좋아 그 아들을 구원시켜라. 그 아들을 버리지 말아라. 살인자라고 강도라고 사형수라고 버리지 말고 그의 영혼을 구원시켜라.' 저는 흐느끼고 있는 자매를 달랜 후 이런 제안을 했습니다. '자매님, 그럼 지금부터 저와 함께 그 형제를 도웁시다. 그가 예수님을 만나고 구원받아 옥중 선교사가 되게 합시다.' 그후 그 자매님은 매월 1-2회씩 서울에서 대전을 오가며 면회를 했고 나도 매월 특별히 교도소를 방문하여 그 청년을 신앙으로 지도하였습니다. 나중엔 신학 공부까지 체계적으로 시켰습니다. 이 형제는 하나님의 뜨거운 사랑을 체험한 후 전과는 전혀 다른 사람이 되어 있었고, 지극한 자매님의 사랑과 정성은 교도소 소장님과 법무부 장관님, 그리고 대통령께까지 알려지게 되었습니다. 결국 그 형제는 특별사면으로 15년만에 출옥했고 옥중에서 두사람은 결혼식을 올릴 수 있었던 축복까지 받았었습니다. 변함없는 한 여인의 사랑으로 한때의 살인자의 오명을 씻고 하나님의 사랑으로 거듭나 이 땅에 복음을 전파하는 귀한 선교사가 되었던 것입니다. 할렐루야!

사랑하는 형제 자매 여러분!

하나님께서 주시는 성령의 여러 은사들도 좋지만 은사 중에 가장 크고 가장 귀한 은사는 사랑입니다. 왜냐하면 사랑은 예수 그리스도 사역의 완성이기 때문입니다.

하나님의 사랑은
1) 용서하는 것이며
2) 모든 책임을 내가 지는 것이며
3) 화평과 평화를 이루는 것이며
4) 끝없는 관심을 쏟는 것이며
5) 변함이 없는 한결같은 것입니다.

끝으로 여러분의 가정에 직장에 계시는 곳곳에 그리스도의 이 뜨거운 사랑이 넘치시길 예수 그리스도의 이름으로 간절히 간절히 축원드립니다.

오늘은 민족 복음화
내일은 세계 복음화

오늘도 하나님의 꿈을 꾸며

민바울 목사 간증집